蒙古秘史　新譯並註釋

札奇斯欽・譯註

爲紀念
姚師從吾先生而作

目錄

漫談「元朝秘史」（代序）

姚從吾

假如　姚師仍然健在，必然樂於為這一篇拙作，寫一個長序。可惜，這篇拙作的完成為時太晚，只得以　姚師的前作，代為他的序了！　姚師這篇文章原載於大陸雜誌第十七卷第十二期，原是　姚師於四十七年九月三十日在聯合國同志會第二〇一次座談會的講演稿。

——著者——

一　引言

這一次討論的題目，是「漫談元朝秘史」。「元朝秘史」在漢籍中是一部很特別的奇書；保留下來的形式，也很特殊，值得加以注意。今天兄弟想就個人淺學所知關於這部奇書的內容、性質，在國內和國際間學術界對牠研究的概況，以及牠在國史中應有的地位，略作介紹，敬請諸位先生不吝指教。兄弟是治通史中的斷代史（宋遼金元史）的，「元朝秘史」祇是這一階段中直接史料的一種，所以祇能隨便談一談。

我國歷史悠久，材料豐富。從前北京大學曾把國史分成六段，或七段（上古、秦漢、魏晉南北朝、隋唐五代、遼宋金元、明清、近百年史）；想分段工作，把國史徹底清理一番。因此對於斷代史，也作專史看待，注重研究每一大段落中的一切直接史料，以期對於這一時代，有比較眞切的認識。元朝秘史是遼宋金元時代（九〇七——一三六八）元朝初年的重要史源，所以早在二十年以前，兄弟卽曾加以注意。又因卒業北大史學系後，與精通中西文史學的義寧陳寅恪先生同時留學德國；並認識法國的伯希和（Prof. P. Pelliot）先生，德國的海尼士（Prof. E. Haenisch）先生（兩位都是研究元朝秘史的歐洲學者），直接間接得到鼓勵，很早卽研讀葉德輝刋的漢譯蒙音元朝秘史。民國二十三年歸國，在北大擔任遼宋金元史，同時講授「蒙古史擇題研究」，又得認識蒙古青年學者札奇斯欽先生，作爲朋友，商榷學問，至今愈密。對於元朝秘史的研究，雖時作時輟，沒有專文發表。但因歷年稍久，材料愈積愈多，也頗有追隨時賢，酌加整理的打算。今承同志會邀約，辭不獲已。謹就這一名著依個人淺學所知，作一概括的報告。

就正名說，「元朝秘史」，實在應當叫作「蒙古秘史」。蒙古文稱這部書是「忙豁侖、紐察、脫察安。」忙豁侖，卽是「蒙古的」，紐察（紐古察）意卽「機秘」，脫察安，卽是「史綱」，或「大事記」。也就是元史卷三十六文宗紀（五）與卷一八一虞集傳所說的脫卜赤顏。這八個字合起來就是「蒙古的機秘史綱」或「蒙古的機密大事記」。但我們爲甚麼不改爲「蒙古秘史」，而仍漫談「元朝秘史」呢？這裏也應作簡單的說明。第一、「元朝秘史」是一部專書的名稱，通行已久，在國內知道的人較多；忽然改為「蒙古秘史」，尚須加以解說；不如仍用原名，比較簡便。第二、這部書到現在雖公認是用蒙古文寫的，但蒙古原文久已不存。現在存留在世界上的，是明朝初年的「漢譯蒙音本」。明人叫牠做「元朝秘史」那是當然的。我們的「漢文新譯本」與「蒙文還原本」一時尚沒有作好，自然以明人的譯音本為研究的對象；那末暫時仍稱牠為「元朝秘史」，方為公允。第三、這部書的名稱，在國際間，除日本外，已漸漸不叫「元朝秘史」，而直接叫做「蒙古秘史」了。德文、法文、英文中（海尼士教授、伯希和教授、洪煨蓮教授等）原書的譯名，就是實證。但國內情形不同；我們仍用舊名，一方面是由於容易瞭解，另一方面也還不想抹殺明人保存此一名著的功績。

二　元朝秘史的內容與性質

元朝秘史不僅是很特別的書，也是一部很難得的書。牠是十三世紀我國建立元朝蒙古族偉人成吉思汗（元太祖）、窩闊台汗（元太宗）父子珍貴的實錄；而不是甚麼一般人所說不可告人的秘密的隱史。為易於明瞭計，用歷史學的眼光，略略介紹這一部書的主要內容與重要段落，就今天漫談的場合說，也是有需要的。因此我在第二章內先報告這一部實錄的重要內容，其次再略略談談牠的性質。

（一）現存元朝秘史的內容與重要段落：現存元朝秘史就四部叢刊三編本（葉刻本除一處有

錯簡外，大體全同）說，共十二卷，二百八十二節。內容所述，前十一卷爲成吉思汗（元太祖）一生重要事跡；後一卷爲窩闊台汗（元太宗）繼位後的重要事跡。因爲原書記載成吉思汗的事跡，特別詳細，所以日本學者那珂通世（一八五一——一九〇八）就把「蒙古秘史」（忙豁侖、紐察、脫察安），改譯爲「成吉思汗實錄」。（日譯本，雖未區分章節，但每節上有標題，頗便閱覽。）現在我國旅美的歷史家洪煨蓮先生，近年爲組織出版的謝再善的兩種譯本，及德文海尼士教授的德譯本，都有分期與小的標題，頗覺醒目。兄弟久好此書，因爲便於記憶，也曾分原書十二卷，二百八十二節爲下列的幾個段落。

（1）成吉思汗的先世：這一章追述成吉思汗降生以前的祖先與家世。從第一册第一節到第五十八節。（卽叢刊譯音本，自第一卷一頁起，到四十頁上半頁止。）這一階段中，採取若干流傳蒙古的故事，追敍成吉思汗先世的歷史。詳明眞切，情節生動。（如阿蘭娘娘折箭訓子的故事等，都是很美的，頗像我們喜讀的左傳。）均遠較舊元史（一）太祖紀，元史譯文證補（一），多桑蒙古史（第一册第二、三章）等爲佳。

（2）成吉思汗的少年時代：從降生到結婚以前。自第五十九節起，到九十三節止。（卷一，頁四十一起，到卷二，頁三十六止。）（這一章所分節目與洪煨蓮先生等所分略有不同。）

（3）結婚後的聯結王汗與札木合：從結婚起，中經聯結王汗與札木合到與札木合的分裂。自第九十四節起，到一百一十九節止。（卷二頁三十六下起，到卷三頁三十三上止。）

（4）被推爲蒙古本部可汗，初步建立組織與收併鄰近部落：從收容各部小頭目起，到被推爲蒙古本部可汗，並毆殺不里孛可止。自第一百二十節起，到一百四十節止。（卷三頁三十三下起，到卷四頁二十九上止。）這一時期中，洪煨蓮先生等都依據秘史原文（一百二十三節），說帖木眞被推爲本部可汗的時候，卽建號成吉思汗。這自然是不確的。這時候帖木眞僅被推爲本部的可汗。秘史（一二三節）原文雖說：「這般盟誓了，立帖木眞做了皇帝，號爲成吉思。」實際上這裏的稱呼，應是追述。因爲牠與後文（二〇二節卷八，二十四頁，）一二〇六年「建號爲成吉思汗」相衝突。我是贊成帖木眞在丙寅，一二〇六年開始建號成吉思汗的，所以這裏祇說他是被推爲蒙古本部的可汗。

（5）闊亦田戰爭的擊敗札木合與泰亦赤烏人的被消滅：從一二〇一年札木合的自立，到消滅泰亦赤烏族。第一百四十一節起，到一百四十九節止。（從卷四，頁三十，到卷五，頁八下。）

（6）成吉思汗與王汗的戰爭：從雙方友好到突襲決戰與王汗的被消滅。從第一百五十節起，到一百八十八節止。（卷五頁九起，到卷七頁八下止。）這一段是成吉思汗一生成敗的關鍵，所以敍述詳盡，長達一卷以上之多。就中有若干節，敍述成吉思汗與王汗衝突事，特別詳細，頗爲難得。

（7）征服乃蠻、古出魯克的逃亡與札木合的自殺：從一百八十九節到二百零一節。（卷七頁九起，到卷八頁二十四止。）乃蠻是當時的大國，札木合本人秘史也對之特別推重；所以乃蠻之滅與札木合之死，在這幾節裏都有相當詳細的敍述。

（8）一二〇六年建號成吉思汗，大封功臣，任命九十五千戶，擴編護衞軍到一萬四千騎：從二百零二節，到二百三十四節。（卷八頁二十四上起，到卷十頁十下止。）這也是元秘史中最精彩的一章。就中如列舉九十五千戶的名字；封賞開國諸功臣時，一個一個的提名論功。從新擴大護衞軍的編制，嚴格定立塞北遊牧王朝護衞軍的制度。這些規劃與制度，在我們的國史上，都是極難知道的。

(9) 征討畏兀部與林木中的百姓及沙漫（巫）闊闊出的專權：從二百三十五節到二百四十六節。（卷十頁十下起，到卷十頁四十五下止。）

(10) 出征金國、西夏與花剌子模（秘史稱為撒兒塔兀勒，漢譯回回國）：從二百四十七節，到二百六十四節。（卷續一，頁一起，到頁五十三上止。）

(11) 攻滅西夏與成吉思汗的病死：從二百六十五節，到二百六十八節。（卷續二，頁一上起，到頁十三下止。）

(12) 窩闊台汗的繼立與他的滅金、他的派遣長子西征與他的自述功罪。從二百六十九節到二百八十二節。（卷續二，頁十三下起，到全書終了，續二，頁五十八止。）

（二）元朝秘史在史源學上的性質：現存元朝秘史二百八十二節，就上列內容說，是一部敍述元朝開國並震動世界的東亞英雄成吉思汗的一種實錄，也是一部很難得的元朝開國初期的直接史料。我們若拿近代史源學（Quellenkunde）（卽研究如何認識史料，如何尋找史實來源的學問）的眼光去估量元朝秘史，眞是難能可貴。牠不但是同時人遺留下的直接史料，而且大部分是「當事人自述甘苦」；所以親切生動，獨具一格。約略言之，牠卽有以下的幾種特點。（1）牠是蒙古極盛時代（一二四〇年前後）寫成的；並且有許多已往蒙古的好傳說、好習慣，都被用追記的方式保存下來。比方牠敍述成吉思汗先世的故事，從巴塔赤罕到孛端察兒（元史太祖紀的第十世祖），就比舊元史多出十一代。這卽是該書難能可貴的一例。（2）元朝秘史（就拿現存中文總譯說）多是當事人的對話，與自述甘苦，故天眞親切、生動可信。例如牠敍述成吉思汗十三歲（我是相信成吉思汗七十二歲說的）喪父後，部族離散、受人欺凌，母子們在斡難河過苦日子的情形；被泰亦赤烏人當作俘虜，徇示各營，終於運用急智逃歸的情形；尋找失馬，結識孛斡兒出等的情形；應付桑昆，與王汗暗鬪明爭，終於消滅王汗的情形；一二〇六年建號大汗，大封功臣，組織護衞軍的情形等等，都是很難得的報告。都可以補充元史太祖本紀，元史譯文證補（卷一）與多桑蒙古史（上册第一卷各章）的不足。秘史中敍述成吉思汗一生事跡，親切細密，富於草原風味。對於一位大可汗自幼到老的全部生活，都有敍述。這不但是描寫遊牧英雄生活的珍品，也是漢地帝王像漢高祖、唐太宗、宋太祖、明太祖等的傳記中所沒有的。（只有朱元璋的皇陵碑、朱氏世德碑，若干片段，可以與秘史相比擬。）日人那珂通世最早（一九〇八）翻譯秘史，改稱「成吉思汗實錄」，確有道理。

元朝秘史一書，敍事的技術很高，值得重視。全書十二卷二百八十二節，就中只有十四節（自二六九節到二八二節）講到元太宗（窩闊台可汗）的事跡。但就這十四節說，那就好極了。牠說到窩闊台如何接管護衞軍；如何自己統率大軍，征服金國；如何選派長子拔都等出征歐洲（蒙古第二次西征）。他們的兒子們拔都、貴由、不里等如何在外邊吵架、鬧意見。他如何與二哥察合台、長侄拔都商議設立驛站制度；如何改定（蒙地）賦稅；如何把荒地鑿井，散開百姓。這些都是極好的材料，都是在舊元史（二）太宗本紀所看不到的。

總之，元朝秘史在國史中的史料價值，極爲崇高，下邊一章將另有討論。茲舉該書最後一節（倒數第二節，第二百八十一節）斡闊台「自述四功、四過」的一小段，作爲記事親切的示例。

斡歌歹（斡闊台）皇帝說：「自坐我父親大位之後，添了四件勾當。一件平了金國，一件立了站赤，一件無水處教穿了井，一件各城池內立探馬赤鎮守了。差了四件：一件既嗣大位，沈湎於酒；一件聽信婦人言語，取斡赤斤叔叔百姓的女子；一件將有忠義的朶豁勒忽因私恨陰害了；一件將天生的野獸，恐走入兄弟之國，築牆寨圍欄住，致有怨言。」（以上是明朝初年的漢文總譯。此節與蒙古原文譯音對比，則總譯簡明扼要，惟遠不如原文的詳細。）

上述一段，就史料的性質說，是十三世紀蒙古朝元太宗的自述經歷，是直接的史料。明初漢譯雖尚不如原文的詳細，仍是很有價值，比二十四史中的舊元史太宗紀生動的多了。

三　元朝秘史現存的版本與牠在國內外研究的概況

上邊說過「元朝秘史」，就是「蒙古的機密史」。「蒙古」，在當時也叫做元朝，明人把牠譯成漢文，因而稱牠爲元朝秘史。最早的原形，應當是用初期的蒙古文（用畏兀兒字母寫的蒙古文，見元史卷一二四塔塔統阿傳。）寫成的。可惜最早的原本，目下已不存在了。（這一點、就是大陸上僞組織一九五七年出版的「蒙古秘史」、譯自俄文郭增（S. A. Kozin）的漢譯本，也不得不承認。見原書第十八頁導言。）實際上國際學者注意此書，是從一九〇八年（清光緒三十三年）葉德輝刊行文廷式漢字蒙音本開始的。葉氏刻本出版以後，法國漢學家伯希和先生一九一三年即在「通報」（Toung pao）中著文介紹。歐洲漢學家研究這部書的人，大都遵從葉氏的刊本。這部漢字蒙音本也叫做十二卷本，牠的特色，最顯著的有下列三點，爲自來譯本所少見。（一）漢字譯寫蒙古文原音。（二）漢文與漢字蒙音，逐字對譯。（三）漢文總譯。這本書的手鈔本、相當的多。國際間漢學家，蒙古學家也很注意這一部書，因此形成近五十年來一種「元朝秘史」研究的風氣，頗引起世人的注意。民國二十五年（西元一九三六年）上海商務印書館又將涵芬樓所藏顧廣圻校鈔本，印入四部叢刊三編，研究益覺方便。現在就淺學所知，分爲三項：（甲）元朝秘史現存版本。（乙）國人的研究與注釋。與（丙）國際學者研究的概況，略述如左：

甲、元朝秘史現存版本：此項以出世先後爲序。十五卷本，僅有漢文總譯，但因國內流傳較廣，也略略談及。

（一）葉德輝一九〇八年的精刻本：原書共十二卷，是十二卷本中最早印行的本子。（十卷以後爲續集二卷。共六册，分爲二百八十二節。）十二卷本的特色，上節也已述說。書前有清光緒「戊申（三十四年，西元一九〇八年）八月葉氏觀古堂據影鈔元足刻本」的題字。及葉氏丁未（光緒三十二年，一八〇七年）所作序文；後有錢大昕、張穆跋語。據新會陳援菴先生的考證，知葉刻本的底本，就是文廷式的鈔本。原鈔底本今藏陳氏勵耘書屋。據淺學所知，德文海尼士的譯本，法文伯希和的（六卷）譯本，日本白鳥庫吉的羅馬字「音譯元朝秘史」等，都是依據葉氏刻本的。

（二）四部叢刊三編本：這是十二卷本的另一個鈔本，世稱顧廣圻的鈔本。張元濟氏等將牠編入四部叢刊三編、原書款式與葉刊本相同。前有嘉慶乙丑（十年，西元一八〇五）顧氏原跋，後有張元濟（菊生）先生案語。據陳援菴、張菊生兩先生的研究與著者查對的結果，知道這個本子，有下列兩點比較葉氏刋本爲佳。（1）葉刻本卷八、頁三十五與三十七的錯簡，叢刋本不錯了（此點伯希和、白鳥庫吉本也已改正）。（2）卷三、卷四、卷七、卷八中有四十一葉，是換配北平圖書館所藏明初刋本的殘葉，字句也偶較葉刋本爲勝。這一部的原鈔底本，今藏上海涵芬樓。

（三）通行十五卷本：據張菊生先生的跋文，說是出於永樂大典的元字韻。全書僅有漢文總譯，沒有漢字譯寫蒙音。分卷雖不相同，而二百八十二節的數目却同。錢大昕所藏的元朝秘史，阮元進呈的本子，楊尙文連筠簃叢書，袁昶漸西村舍所刻李文田的注本，均是這個僅有漢文總譯的十五卷本。我國學者如李文田、高寶銓、沈子培等注釋時所根據的，也是這個總譯本（詳後）。

總之，所謂十二卷本，就是帶有漢字譯寫蒙音的本子。所謂十五卷本，就是祇有漢文總譯的本子。十五卷本，從前在中土流傳較廣。現在大家都知道追尋秘史的起源與原形，因此都注意研究十二卷本，不注重十五卷本了。關於元朝秘史鈔本流傳情形，可參看陳援菴先生的「元秘史譯音用字考」，日人那珂通世「成吉思汗實錄」序論（頁五十一到五十四附有秘史傳流圖），及洪煨蓮先生的「元朝秘史流傳考」（The Transmission of the Book Known as The Secret History of The Mongols，全文用英文寫成，一九五一年「哈佛亞洲學報」十四卷第三、四合期）。

乙、我國學者對於元朝秘史的注釋與研究

（一）李文田的「元朝秘史注」：全書共十五卷（因爲他所依據的是十五卷本），一八九六年（淸光緖二十二年丙申）刻入「漸西村舍叢刋」中。李氏此書繁稱博引，最稱詳富。除上述叢刻本外，有上海文瑞樓石印本（卽藩屬輿地叢書本）等。此注本最通行。但可惜原文不是漢譯蒙音全璧，而祇是十二卷蒙文本的總譯，刪略頗多、出入甚大。因此李氏對原書認識不淸，儼如瞎子摸象，且摸且猜，多與事實眞象不符。就現時研究的水準說，實有從新譯注的必要。

（二）高寶銓的「元朝秘史李注補正」：也是以十五卷本爲根據的。祇刻補注，未刻漢文總譯的原文，故僅有兩册（臺北南港中央研究院歷史語言研究所有此書。）

（三）沈曾植（子培）的「元秘史補注」：原書兩册，依李氏注本分卷、故爲十五卷。刻有總譯原文、爲敬躋堂叢書的一種。乙酉年（民國三十四年，一九四五年）北平團城古學院刋本。前有郭則澐的序，並王揖唐署簽。後有張爾田的校記。沈先生是當年西北史地的專家，注文雖不多而頗稱精審。他最早知道「忙豁侖、紐察、脫察安」，卽是蒙古文秘史的原名。卷首又有「九十五功臣名及事跡略考」，亦見卓識。但也有很顯然的錯誤、如分卷八、二〇二節、九十五功臣「阿刺忽失的吉惕忽里」一人爲二人之類。南港史語所有此書。此書雖爲日本人卵翼下的北平僞組織所刻行，但小林高四郞先生却並未見到原書。

（四）王樹柴（仁山）的「元朝秘史潤文」：精鈔稿本、現藏國立中央圖書館（台中北溝善本書庫），共八厚册。王氏所依據的也是十五卷總譯本。潤文者，卽是將元朝秘史所用明朝初年的俗話，加以潤色，改爲可讀的文言。如改「頭哨」爲先鋒等是。王氏雖然費了一番功夫，但材料並未多加，僅在瞭解方面、有些幫助而已。王氏浙江歸安（今吳興）人，生於同治十年（一八七一），甲午（一八九四）舉人，曾遊歷歐美，任職法院廳長，著有「紹邵軒七種」。此書爲國外學人所不知，日人小林氏也祇從沈家本的「沈碧樓偶存稿」（卷五）中，知道王氏尙有此書而已。

此外，近年來我國學者如王國維先生、陳寅恪先生、陳援菴先生等等，對元朝秘史的硏究，均有創見。王先生的「蒙古箚記」，與對於元朝秘史的論文，世人皆已早知，無待再說。寅恪先生精通蒙古、滿洲文，能讀施米特合印的德文、蒙文蒙古源流、與解說叢刊本譯音元朝秘史、滿洲文的三國演義等等。而援菴先生著有「元秘史譯音用字考」，論斷精審，爲世所重。勵耘書屋所藏元朝秘史鈔本之多、之精，擧世無匹（葉德輝刊本之底本，卽在先生處）。

此外如萬光泰（淸乾隆時人）的「元秘史略」（見昭代叢書，上下兩卷），孫承澤（淸初人）「元朝典故編年」（卷九）所收元秘史中的太宗朝事跡，施世杰的元秘史山川地名考，丁謙的元秘史地理考等，一時不能詳述，均從略。

又，大陸僞組織近年來也有兩種「蒙古秘史」相繼出版，均由謝再善執筆。一種是新譯葉德輝的刋本，一九五一年印行。一本是重譯俄國所編郭增（S.A. Kozin）的漢譯秘史，一九五七年印行。惟兩書均非專家主持，內容改竄甚多，不單通俗化，而且也宣傳化了，並無學術上的價值。

丙、國際東方學者對元朝秘史硏究的概觀

這一項異常繁多，自非淺學一人所能周知，也非片時演講所能說得明白。玆就個人淺學寡聞所已知者，分爲（一）法文、（二）德文、（三）英文、（四）日文、（五）俄文五個重心，略爲介紹如下。

（一）法文中關於元朝秘史的研究　（1）伯希和教授（Prof. P. Pelliot, 1878–1945）。他是歐洲漢學權威雜誌「通報」的重要主持人之一，也是法國的漢學家、語言學家、東方歷史家。著作精博，舉世皆知，無庸介紹。他對於「元朝秘史」的研究，因爲精通多種東方文字，甚富創見。自一九一三年起，卽在「通報」發表論文，介紹葉德輝刋本的重要，並指出秘史原名卽是「忙豁侖、紐察、脫察安」與葉刻本卷八的錯簡等等。同時並收集秘史鈔本，逐漸將秘史十二卷本的漢字譯音，依照蒙古原字，寫成羅馬字拼音；又將前六卷譯成法文。現在已由他的弟子漢比斯（L. Hambis）教授於一九四九年出版（大型本、共一九六頁，南港史語所有此書）。因爲教授學識淵博，熟知漢文、蒙文，我們很想把他有關元秘史研究的部分，儘可能的譯成中文，使國內同好，得以利用與討論。再就伯氏的遺著說，內有「蒙古札記」，與波斯文「拉施特哀丁集史的譯文」，也希望能早日出版，使我國得以早日譯成漢文，以補秘史與元代史研究的不足。他的門弟子中專治秘史、元代史的人甚多，如漢比斯、邵循正、韓儒林諸氏都有卓越的表現。（2）比國神父莫士泰（A. Mostaert）。（莫神父，英千里先生稱他爲田清波神父。）莫神父住中國甚久，曾在內蒙古鄂爾多斯、綏遠等地傳敎有年，精通蒙古語文，又曾任北平輔仁大學敎授，參加「華裔學志」編輯會，著有局部的蒙文字典等。對於元朝秘史曾有長篇論文，在「哈佛亞洲學報」（Havard Journal of Asiatic Studies）發表。最重要的一篇，名「元朝秘史中若干小節目的研究」，載該學報十三卷，第三、四合期（一九五〇等卷）。因爲重要，已請人譯成中文，以資研究。

（二）德文中關於元朝秘史的研究　（1）海尼士教授。前柏林大學漢學研究所的主任，中國史專家傅朗克教授(Prof. Dr. O. Franke, 1863-1946) 的繼任人，德國漢學家葛魯貝（W. Grube）的學生。海尼士曾任清季張之洞時代，湖北武備學堂的德文教員，後又遊歷蒙古，兼習蒙古文。曾有多篇討論元朝秘史、蒙古史的論文發表。最後於一九四〇年又將葉刊本元朝秘史譯成德文，名爲：Die geheime Geschichte der Mongolen。（德國 Otto Harrassowitz 書店發售，共一百八十四頁。）在歐洲文字中，比較上是一種最早的譯本。牠比伯希和先生的六卷不完全的法譯本（一九四九），約早十年。一九四八年再版。可惜海尼士教授的翻譯不免錯誤，有時錯的令人吃驚。比方秘史中第十九節漢文與蒙古文明明說「春間」，他把牠譯作「秋間」；第一五三節，明明說「狗兒年秋」，他却把牠譯作「狗兒年春」，就是一個例子。（小林高四郎曾在「元朝秘史研究」（頁三十六到五十二）中，舉出海氏全書錯誤甚多，據鄙人覆核，亦然。可知像元朝秘史這樣的書，譯成歐洲文字，也是不甚容易的。（2）雷興教授（Prof. F. Lessing）。雷氏曾在北平北京大學教德文，留華甚久，回德後曾任柏林大學附設東方語文學校教授，柏林民俗學博物館東亞部主任。後任美國加州大學教授，現已退休。他身邊有兩位蒙古學者與他合作。一位名迪魯瓦胡圖克圖，外蒙四大活佛之一，曾任立法委員，蒙古舊學尤佳。他們正從事編輯漢、蒙、英文字典。據說他對元朝秘史的研究，也甚爲注意。（3）鮑普教授（Prof. N. Poppe）。現爲美國西部西雅圖華盛頓大學教授，是一位蒙古語文專家，著有「蒙古文法」等書，頗爲有名。他並不專治元朝秘史，但也有若干篇討論元朝秘史的論文和評文，分用德英文發表。鮑普教授從前寫文章多用德文，故將他列入德文的這一組。

（三）英文中關於元朝秘史的研究　關於英文方面元朝秘史的研究，兄弟所知太少，甚覺抱歉。但就所知已往的成績說，英文方面，對於此一專書的研究，似乎遠不如法國、德國的積極。不過近年來美國各科學術，突飛猛進，東方學、漢學也不例外。玆略擧所知如下。（1）柯立夫教授(Prof. F. W. Cleaves)。哈佛大學蒙古史專家，年來在「哈佛亞洲學報」中發表若干蒙古碑文的詳解與注釋，「蒙古史書的重印出版」，評海尼士元朝秘史等，不但篇幅豐富，而且詳博精細，極見功力。據說柯立夫先生已將「元朝秘史」譯成英文了，不久卽可出版；謹在此表示歡迎。（2）上述鮑普教授的名字，也可兼列在此地，因爲他所發表的評論伯希和先生遺著「元朝秘史」，望是用英文寫的。（3）洪煨蓮先生(Prof. William Hung)。他是從前北平燕京大學國學研究所的所長，及引得編纂處的主持人，貢獻甚大。洪先生一九五一年曾用英文發表了一篇「元朝秘史流傳考」（見上，大本小字，共六十面），極爲詳博，甚爲難得。

（四）日文中元朝秘史的研究　東鄰日本，各科學術均甚發達。學者人數旣多，又復勤敏努力，故成就均甚有可觀，卽元朝秘史的研究說，也不例外。玆擧所知者，對元朝秘史研究成一家言者，有重大貢獻者，略述如下。（1）那珂通世先生（一八五一——一九〇八），一九〇七年卽用日文譯文廷式的「元朝秘史」抄本（據陳援菴先生「元秘史譯音用字考」，知道文氏鈔本卽是葉刻本的底本）爲「成吉思汗實錄」。並有很詳細的註解與考證。現在時隔四十年，猶爲中、日學者所重視。（2）白鳥庫吉先生（一八六五——一九四二）。可以說是近代日本東洋史研究的倡導人，名著甚多。就中如「東胡民族考」等，曾有鉅大的影響。他的最後的巨著，卽是有名的「音譯蒙文元朝秘史」，十二卷、一九四二年出版（東洋文庫叢刊第八種）。功力甚深，校勘亦精。（3）小林高四郎先生。早年曾在北京大學聽講，又曾譯「黃金史」、「元朝秘史」爲日文。日本戰敗後遊土耳其，一九四六年重返日本，賡續研究元朝秘史。一九五一年獲得京都大學文學博士，現任橫濱國立大學教授。小林先生的「元朝秘史研究」第一册一九五四年已經出版。（原書四二六頁，東京日本學術振興會發行。將爲他計劃四部著作中的第一種。）內容除序說外，共分十一章：（1）實錄，國史與脫卜（或作必）赤顏。（——這一章漢文句讀方面，略有問題，如原書頁七十五、七十八、七十九等。）（2）論 Altan-debter.（3）論所謂「Altan tobci nova」。（4）論聖武親征錄。（5）元朝秘史的書名與撰者。（6）元朝秘史寫成的年代。（7）元朝秘史漢字音譯的年代。（8）中期蒙古語的若干問題。（9）元朝秘史與八思八文。（10）論漢字音譯元朝秘史的「原典」。（11）元朝秘史的漢譯。詳博精深，新解甚多。（日本史學雜誌六十四卷第五期有村上正二副教授評文，可參考。該評文已由徐先堯先生代譯爲中文。）我希望我們可以把牠譯成漢文，以助研究。此外在日本討論有關元朝秘史個別問題的學者，可稱道的人甚多，恕不再贅（一九五三年京都大學人文科學研究所出有一册「一九〇〇——一九五〇年蒙古研究文獻目錄」厚四十六頁，可以參看）。

（五）俄文中元朝秘史的研究　據估計自帝俄時代算起，到近代俄國對於元秘史的研究，作者亦多，著作自甚豐富。惜俄文艱難，我們所知道的甚少，不能多談罷了。茲依諸書稱引，擧成家者一二人，以著梗概。（1）帕拉狄由斯（A. Palladius, 原名 Kafarov，1817–1878）。清季北平俄國傳道團僧正，長於漢文，一八六六年卽譯楊尚文所刻連筠簃叢書中元朝秘史（總譯）全部為俄文，刋於北平俄國東正教教刋第四卷內。當時英人霍渥兒斯（H. Howorth），洪鈞元史證補譯斯作特）「大蒙古史」，第一册業已出版，故霍渥兒斯不知有「元朝秘史」一書。一八七二年僧正又在中國獲得漢字譯音鈔本，乃改譯舊稿，送交另一蒙古學者鮑茲得尼夫（A. M. Pozdneev）（據說改譯文，不全，只有九十六節）。旋帕拉狄由斯亦死。（2）郭增。現代俄國元朝秘史專家，治此書甚勤，歷十五年之久，到了一九四一年，名著三册方陸續出版。一、「秘史原文與俄譯本研究」，二與三册，為「註釋和漢文譯本」（以上三書，均未見）。郭增的秘史原文（應叫做秘史蒙古文還原本）已由大陸偽組織譯成漢文（見上）。

以上是我國學者與歐美日本學者對元朝秘史研究的現狀。可參看陳援菴先生的「元秘史譯音用字考」，小林高四郎先生的「元朝秘史研究」，與洪煨蓮先生的「元朝秘史流傳考」等。

總括上述，依個人淺學所知，工作精細，漢文蒙文比較正確者，仍首推法文中的伯希和先生與莫士泰神父。他們的見解明快，推理精細，值得效法。其次是小林高四郎的工作，不但取材廣博，而且綜合允當，對我國初治元朝秘史的朋友說，節省精力不少。因為我們現時暫住臺灣，圖書比較缺乏，研究的設備與工作討論的環境，尚不十分理想。一個人除本國文字外，兼通英、法、德、俄文，實在不甚容易。若通日文，能用小林氏等已作的工作，接力的、批評的研究下去，自然就容易多了。德文中海尼士先生的譯本，對歐洲人說，用處甚大。今年二月匈牙利人 Michael de Ferdinandy，新寫的「成吉思汗傳」（Trchingis Khan der Einbrush des Steppenmenschen，一九五八年，正月出版。）增添了許多新材料，卽是依據海尼士教授秘史德文譯本的。後來居上，將是哈佛大學柯立夫先生，洪煨蓮先生將來的新工作了。

四　元朝秘史在國史中應有的地位與對於牠的新認識

甲、元朝秘史在國史中應有的地位

（一）東亞中華民族的歷史，不但年代悠久，而且史書數量繁多，種類完備。（這一點鄙人曾在大陸雜誌，另有報告，見四十六年十五卷六期，不再贅述。）但這些史書百分之九十五以上都是漢文；都是由中原漢人或準漢人所寫的。關於其他民族，完全另用一個立場寫成的歷史書，除了受佛教影響以後的翻譯與著述以外，眞如鳳毛麟角，不可多得。像富有十二卷之多的元朝秘史，那眞是例外中的例外了。因此之故，秘史一書，益覺難能可貴。牠實在是漢文正史，漢文記載以外唯一的、大部頭的，用蒙古文由蒙古人的立場，直接報導塞外邊疆民族生活的歷史鉅著。因此東亞中華民族史中，也有了一位相當忠實的被告可以陳述另一面的事情，以便與漢文正史彼此比較；因以說明我們洋洋大國兼容并包的精神。治史者痛快之事，無以逾此。

（二）我們可從這一部十二卷，將近十萬言的元朝秘史中，獲得新穎的材料與新異可喜的歷史知識。不但可以獲得十三世紀震驚世界，一度統一整個中國的元朝的太祖（成吉思汗，一二〇六——一二二七），太宗（窩闊台汗，一二二九——一二四一）的直接史料。且可從書中所記塞外遊牧民族，草原社會的生活，與四季田獵的習慣等等，與漢人所記有關東北，北方邊疆民族遊記、報告，等等作一比較的研究。使我們更有機會印證和瞭解「廿四史」中，與唐宋元明人著作報告中所述塞外住民（如匈奴、東胡、突厥、契丹、女眞、蒙古等）的習慣與文化。

（三）廿四史中的邊疆朝代史（如魏書、北周書、北齊書、北史、遼史、金史、元史……清史），廿四史中的外國傳，任職邊疆諸臣傳；等等所記東北、西北，邊疆民族的歷史、風俗、生活、倫常關係、婚姻習慣、公私活動……有時固然也生動可喜。但常使人有片面的，偶然的，甲國人記乙國事的感覺。未免單調貧乏。但有了這十二卷蒙古學者寫的「蒙古秘史」，我們對邊疆住民的生活、習慣、……有了長篇的描寫，整套的述說，這些缺陷，卽可獲得補充。

乙、對於現存元朝秘史應有的新認識

元朝秘史的寫成，約在一二四〇年，去今年（一九五八）已經七百一十八年了。恩怨不存，客觀的價值，自然更形顯著。有了這一部書，我們國史的研究，纔能更客觀，更忠實。我們承認牠不但是研究元太祖、太宗創業建國史的直接材料，也是東北邊疆住民的直接發言人。至少，今後對於以下諸問題，因爲秘史述說詳盡，我們可以獲得許多新的認識。此刻因時間關係，不及詳述，先列擧下列諸點，以便有機會時，再加說明。

（一）從成吉思汗的艱難創業史中，我們可以對東北遊牧民族首領們、創業建國的過程，得一具體的、詳明的認識。

（二）從成吉思汗時代的宮帳官吏制度，護衞軍的組織等等、可以得到幫助或啓示，使我們了解匈奴、鮮卑、突厥、回紇等可汗的宮帳官吏制度與營衞組織。

（三）草原社會的田獵習慣，漢文中如馬擴的茆齋自敍，彭大雅、徐霆的黑韃事略等所說女眞，蒙古的打獵生活，雖已相當詳細了。但有了元朝秘史，可以使我們得到更多的比較，得到更多的瞭解。

（四）從元朝秘史中我們可以明瞭所謂「安答」「分地」，所謂「正主」「從馬」等等，許多專門術語，特殊習俗實在的涵義。

（五）從元秘史中，我們將更能了解邊疆民族中所說部曲的關係、婚姻的關係、倫常的關係。

（六）草原社會中的養馬習慣、野戰情形（卽所謂人海戰術），是容易引起世人注意的。我們看了元朝秘史，如第一百七十節，札木合所說：「兀魯兀惕、忙忽惕兩種百姓能厮殺，雖當混戰時不亂」；與第一百七十一節，所說王汗隊伍與成吉思汗隊伍，波浪湧進，排陣衝殺的情形等等，都可以得到明晰清楚的認識。

（七）其他如書中所記草原社會中親屬主奴的關係；對於慶祝宴會、節日的種種娛樂；對於跳舞、音樂的欣賞等等，都可以從這十二卷書中，得到若干親切詳細的報導，栩栩如生的描寫，與委曲婉轉的陳述。總之，這一部十二卷二百八十二節的元朝秘史，是我們治國史的人的新園地。我們應當努力研究，多方發掘，以期獲得更多的比較，更多的認識。

自序

二十餘年前，斯欽曾追隨姚師從吾先生，譯註過一次蒙古秘史，並在臺灣大學文史哲學報第九、十、十一等期連續發表。其譯註的經過，已見姚師「漫談元朝秘史」一文，玆不贅述。但在發表之後，姚師和筆者都對這一份辛勞工作的成果，感到不甚滿意。不久，某書店與姚師商議出書。因內容尚須補充訂正，姚師不想同意；但又礙於情面，不便拒絕。彼時斯欽正在英倫執教，奉姚師手書，並囑在覆函中，說：「尚須修正，不便卽時付梓」，以便姚師以筆者之意，婉謝對方。因之出書的計畫，就如此擱置下來。

五十三年秋，筆者自英返國，姚師就以再度重新譯註，以期完成一個比較妥善的秘史訂正本相囑。可是那時筆者的研究方向略有變更，對於再度整理秘史一事，並不覺得太有興趣。於是一拖再拖，一直拖到五十九年姚師仙逝之時，也未着手，有違師囑，深覺歉疚。六十四年筆者在美執教，偶然讀到老友王民信先生「姚從吾先生的史學與史觀」一文（中華文化復興月刊第八卷第六期）。他說：「姚師準備與札奇斯欽先生有再譯一次的計畫。惜乎事情尚未着手，姚師就去世了。如今，札奇斯欽先生又遠去美國，重譯工作的完成，不知期以何日？」讀完此文，回憶當年與姚師及民信允在臺大文學院姚師的研究室裡，朝夕研討，互相切磋的時光，以及四十年前在北京大學聽姚師講課，和他諄諄的鼓勵筆者從事研究這部秘史的往事，不禁泫然淚下。於是遍搜箱篋，撿出舊稿，方擬從頭做起，不期忽爲病魔所纏，幾動手術，以致未及動筆，復行擱置。後來健康逐漸恢復，時以未能完成姚師屬咐歉疚不安。內子伍雲格爾勒女士也一再催促。如今，總算把這一份所謂重譯的蕪稿草草完成。內容雖有極大的缺憾，但也不揣訛謬，呈獻在讀者的面前，使我對姚師在天之靈也有一個交代。

關於秘史一書的內容，它的重要性，和一般研究的概況，已見姚師的前揭文，這裡無須再作蛇足之筆。下面僅就二、三未決的問題，和筆者所持的態度，略作一些說明。

一、這本書究應稱爲「元朝秘史」，還是「蒙古秘史」？這是一個爭論已久，而難決定的問題。主張稱爲「元朝秘史」的人說：因爲這本書被發現的時候，就以「元朝秘史」之名與世人見面，自然不宜以其他名稱代之。主張用「蒙古秘史」的人說：這本書本來就是「蒙古秘史」，爲什麼硬拿「元朝秘史」來頂替呢？對於這一個爭辯，筆者不擬有所偏袒，只是願從一個把原來漢字音譯的原文，復原成蒙古文，把從蒙古文誠實的翻譯成漢語一貫作業的系統上，根據蒙古文原標題：Mongghol-un ni'ucha tobchiyan，把它譯作「蒙古秘史」，以玆徵信。

二、蒙古秘史這本書是歷史，是歷史故事，還是史料？這又是一個難解的死結。主張它是歷史的人認爲，這是蒙古人以蒙古語寫成的唯一的大部頭的歷史。否定的人以爲，書中若干史實的記載時間顛倒，人物訛記，怎能稱之爲歷史呢？充其量不過是歷史小說之類的讀物而已。筆者以爲歷史不只是記載何時何地何人做了何事，而也是要記載當時人類的社會生活和文化內涵。因此卽或秘史的記事有時不及皇元聖武親征錄，元史太祖本紀，和拉施特 Rashid-al-Din 的史集 Jami al-Tawarikh 記載的詳實正確；但它所提供有關社會制度，文化生活史料的豐富，則不是其他書籍所能比擬的。至於歷史記事本身的問題，也有許多秘史所記，不見元史太祖本紀，但見於其他史料者。這一點也不能不說是秘史之所以重要的另一個因素。

三、秘史是文學還是歷史？關於這個問題，說秘史是史詩的人頗多。其實，它與其他古代的歷史一樣，旣是文學也是歷史。因之在翻譯上就大有問題。詩的部份自應譯成詩的格式；可是這樣又容易破壞了語氣和記事的連貫性。所以在這次重譯的時候，難免有不一致的感覺。若干部份，原文雖然是詩，但仍是以散文的格式譯寫出來。這也是筆者不嫺文墨，不得不求其次，只求其信，而不能兼顧到雅。

在最近幾年之內，對秘史的研究，不斷有專論的發表。關於通篇的大作，則有 de Rachewiltz, Igor 教授的羅馬字復原本的問世。他也將秘史英譯，並加註釋，陸續的在澳洲國立大學 Far Eastern History 發表。在美國的蒙古學人包國義 (Unensechen) 也以英語發表了秘史卷九的譯註。在外蒙則有達木丁蘇隆 Damdingsurung 和普爾賴 Perlee 兩氏的研究發表。前者是把秘史當作文學看待，把它用現代的蒙古語重新寫了一遍。後者則是把它當作歷史處理，將其中的若干史實，尤其是歷史地理方面，加以詳細的考證。這些著作，都對秘史的研究，作了相當的貢獻。

研究蒙古秘史，使用蒙古文獻，是一個無可爭議的必然步驟。所以在這次的註釋上，引用了不少蒙文史書的資料。而且就整理舊稿之餘，也把蒙文復原的草稿整理一遍。希望也能找到機會，把它出版。在蒙文史料之中，與秘史關係最密切的，則爲羅卜桑丹津 Lobsangdanjin 所編寫的黃金史 Altan Tobchi 一書。筆者曾於民國五十二年把它譯註過一次，並在中國東亞學術研究計畫委員會年報第二期發表；可惜册數有限，能看到它的讀者不多。因此在這篇蕪稿付梓的時候，也把那一篇拙作訂正一番，一併發表，以供讀者參考。

在國際蒙古學或阿爾泰學的研究上，秘史一書是衆所熟知，而且更是十目所視，十手所指的一部書。無論翻譯或是註釋，都難免引起爭辯和指責。當然，這是學術研究的正常現象，也是引起更深的研究興趣的地方。可是正因如此，譯法必須力求踏實，字譯、句譯勢所難免，容易造成旣不通達又不雅馴的缺憾。註釋也無法求其全；不然從蒙古語古音，文法，史實都加考證的話，不知將要寫多少專題研究的報告了。因此，在註釋方面難免有掛一漏萬之弊。若干人地名理應劃一；但是原書各節頗不一致。强求劃一，難免又與原文相距過遠。因此除重要人物如木合黎等外，其他偶一出現的，則爲了保持原書的面目，未敢多作更改。這些缺欠之處，都希望讀者惠予諒察是幸。

這篇拙作的完成，姚師當年的囑咐，自然是一個主要的原動力；但此一篇蕪稿之所以能和讀者見面，還是由於王民信先生的斡旋，聯經出版事業公司不計成本的惠予印刷，和內子伍雲格爾勒女士的謄寫，於玆謹致最大的謝意。

札奇斯欽　識於華盛頓假日旅社

民國六十七年一月二十三日夜深

卷一

第一節

成吉思可汗的先世㈠，是奉上天㈡之命㈢而生的孛兒帖・赤那。他的妻子是豁埃・馬闌勒㈣。〔他們〕渡海㈤而來，在斡難河㈥源頭的不峏罕山㈦前住下㈧。生了巴塔・赤罕㈨。

㈠ 原文蒙古語作 Chinggis Khaghan-u khujaghur (ijaghur)，在研究秘史之學者中，有以此一語為本書之原名者（請詳小林高四郎著元朝秘史之研究第一五三頁至一五六頁），然以其文法上之構造觀之，此語僅為首句之一部，似非全書之命名。

㈡ 「天」蒙古語作 Tenggeri，為蒙古薩滿信仰中之最高神，在本書中作 Möngke Tenggeri，卽元代譯語中之「長生天」。

㈢ 「命」字蒙古語為 jaya'atu, jayaghatu。此字本身卽有「奉天命」之意，故元文宗之蒙語尊稱或諡號為「札牙篤可汗」Jayaghatu Khaghan。

㈣ 孛兒帖・赤那 Börte-chino'a，原譯為「蒼色狼」，豁埃・馬闌勒 Gho'a-maral 為「慘白色鹿」。在所有蒙文文獻及傳說中，均謂成吉思汗祖先是 Börte-chino'a 和 Gho'a-maral；但僅作人名解，從未提及狼鹿交配而生人的故事。黃金史一書且特別註明說：「孛兒帖・赤那……娶了一個還沒有丈夫的女子豁阿・馬闌勒」。「孛兒帖」一字在現代語彙中為 bördö，字義是「淺褐色而帶斑點」，「豁埃」或 gho'a 則是「佳麗」。秘史第六十四節中有「豁阿」一字，其原旁譯亦為「美」字。故可直譯其義為「蒼狼」和「美鹿」。這種譯法，可以使人聯想到突厥史上關於狼的傳說。亦可由古代蒙古人的族外婚制，而又聯想到一個狼圖騰的氏族，和一個鹿圖騰的氏族間之聯姻的故事。關於「豁埃」一字，田清波（A. Mostaert）神父於其 Sur quelques passages de l'Histoire des Mongols 中論之甚詳，且引若干古字典以爲佐證。按 gho'ai 一詞在現代語彙中已不見使用，均以 gho'a 代之。白骨之色稱爲 khubkhai，白馬而略帶淡黃色者，稱之爲 khu'a 與 gho'a 甚相近也。故易於混雜而使「美麗」一詞變爲「慘白」。蒙文成吉思可汗傳（第四頁下第十行）於述說孛端察兒之故事中亦有：「一隻狼把一隻褐白的鹿困在山窪之中」一語。然狼鹿之說是否另有其所象徵的意義，已不可考。

㊄「海」原文爲「騰汲思」（tenggis 或 tinggis）乃突厥畏兀爾語之「海」或「大湖」之意，在現代蒙古語中已不使用；惟卡爾馬克 Kalmuck 蒙古人仍稱裏海爲 Köke Tinggis。在蒙古源流，成吉思可汗傳及黃金史三書均稱爲渡過騰吉思海 Tenggis Dalai 云。

㊅斡難 Onon 今作鄂嫩河也。蒙古源流及黃金史均不作 Onon 河，而作 Baighal 河，此字即貝加爾湖之貝加爾——Baikhal 或 Baighal，其意爲「無盡藏」，或「自然」。

㊆不峏罕山名，即今之大肯特山脈，Burkhan 一字在今日一般蒙古語中作佛敎的「佛」字解，是由梵文的 Buddhahan 傳來的。但在秘史的傳說時代，佛敎尙未到達蒙古，故 Burkhan 一詞，在成吉思可汗和他以前的世代中，並無神佛之意，而作林木繁茂之狀解，今一般作 burkhaligh。

㊇原文作「嫩禿黑」。此字在元代之文獻中均讀作 nontugh，今則作 notogh 專指居處之地而言。元史特薛禪傳作「農土」，並註解爲「猶言經界也」。伯希和、克立夫二氏亦曾注意及之。見哈佛亞洲學報十四卷。黃金史及成吉思可汗傳均稱其紮營盤居處之地名爲 Jad 平原。此一字與秘史第四十節 jad irgen（原譯作「世人百姓」，即「外族人民」之意）之 jad 爲同字。可見黃金史、成吉思可汗傳著作當時所用之史料，均認爲孛兒帖赤那夫婦住營之所，原爲外族之地也。

蒙古源流（卷三）說生子Bata-saghan, Bata-chaghan 二人。

第二節

巴塔赤罕之子塔馬察㈠。塔馬察之子豁里察兒・篾兒干㈡。阿兀站・孛羅溫勒㈢之子撒里・合察兀㈣。撒里・合察兀之子也客・你敦㈤。也客・你敦之子撏鎖赤㈥。撏鎖赤之子合兒出㈦。

㈠ 塔馬察 Tamcha 人名，成吉思可汗傳誤作 Temüjin。黃金史作 Tamachin。蒙史源流作 Demchug 爲藏語之一佛名，顯係錯誤。

㈡ 豁里察兒・篾兒干 Khorichar-Mergen,，Khorichar 人名，Mergen 今譯爲「賢者」，或「專家」，但古代則一般均指善射者而言。

㈢ 阿兀站・孛羅溫勒 A'ujim-boroghul 人名。A'ujim 寬大之意。

㈣ 撒里・合察兀 Sali-ghacha'u 人名。蒙古源流及 Rashipongsugh 書均作 Sali-ghaljighu。黃金史作 Sali-ghalchaghu。黃金史綱作 Ghali-ghaljuu 並誤爲撏鎖赤之子。按 ghacha'u 或 ghachighu 爲性格不正常之意，而 ghajighu 或 ghaljuu 則爲瘋狂之意。

㈤ 也客・你敦 Yeke-nidün 人名。Yeke 是大，nidün 是眼睛之意。蒙古源流作 Nige-nidün。

㈥ 撏鎖赤 Sem-sochi 人名，Sem 爲寡言或禁聲之意。

㈦ 合兒出 Kharchu 人名。蒙古源流作 Khali-kharchu，黃金史作 Kharchus。Rashipongsugh

書及成吉思可汗傳、黃金史綱三書均無此人。

第三節

合兒出之子孛兒只吉歹・篾兒干㊀，他的妻子是忙豁勒眞・豁阿㊁。孛兒只吉歹・篾兒干之子脫羅豁勒眞・伯顏㊂，其妻孛羅黑臣・豁阿㊃。〔他〕有個〔名叫〕孛羅勒歹・速牙勒必㊄的僕從㊅，〔和〕銀灰色〔及〕鐵青色的兩匹駿馬㊆。脫羅豁勒眞的兩個兒子是都蛙・鎖豁兒㊇〔和〕朶奔・篾兒干㊈。

㊀ 孛兒只吉歹・篾兒干 Borjigidai-Mergen 即孛兒只斤族的善射者之意。按成吉思可汗所屬之黃金氏族 Altan Uragh 即以 Borjigid 爲姓。但其用爲氏族名則在孛兒只吉歹・篾兒干曾孫孛端察兒 Bo-tonchar 之後。(見秘史卷1第四十二節) 然以此名考之，似在孛端察兒之前，業經使用 Borjigin 一語爲氏族之名稱。

㊁ 忙豁勒眞・豁阿 Mongholjin-gho'a 女子名，即忙豁勒眞氏族美人之意。其見於明代史料之中者，作「滿官嗔」。

㊂ 脫羅豁勒眞・伯顏 Torkholjin-Bayan 人名，脫羅豁勒眞一語今已不得其解。伯顏爲「財富」及「富翁」之意。脫羅豁勒眞・伯顏即財主脫羅豁勒眞之意。

㈣ 孛羅黑臣・豁阿 Boroghchin-gho'a 女子名。Boroghchin 是褐色雌鷹或雌雛鳥之意。關於此字可參照本卷第二十五節。豁阿是麗人之意。

㈤ 孛羅勒歹・速牙勒必 Boroldai-soyalbi 人名，「孛羅勒歹」是指「褐白相間」之色，「速牙勒必」似爲「萌芽」之意。此二字似爲兩個人名。

㈥ 僕從原文爲「札剌兀禿」 jalaghutu。「札剌兀」爲青年人之意，原旁譯作「後生」，頗爲正確。原總譯作「家奴」解。蘇俄蒙古學家近人拉地米爾索夫 B. Va. Vladimirtsov 氏於其名著蒙古社會制度史（一九三四年莫斯科出版，見日本外務省譯本第一七五頁）解此字爲奴隸、召使及家僕之意，恐係根據原漢譯而來，然亦爲共產國家學者一貫的論調。

㈦ 此處特別提及脫羅豁勒眞有僕從和駿馬，或者這就是他之所以稱爲「伯顏」（富翁）的原因。

㈧ 都蛙・鎖豁兒 Du'a-Sokhor 人名，Du'a 是中央之意，Sokhor 是盲人之意。請參看秘史下節本文。成吉思可汗傳作 Dün-Sokhor。

㈨ 朶奔・篾兒干 Dobun-Mergen 人名。Dobon 蒙古源流、黃金史、成吉思可汗傳、黃金史綱等書均作Dobu。Mergen 是善射者之意。據多桑書（馮承鈞漢譯本上册第三十五頁及三十六頁小註）稱剌失德 Rashid al-Din 書作 Dobun-Bayan。元史一，太祖本紀作脫奔咩哩犍。在脫奔咩哩犍以先的世系均不見於元史。

第四節

都蛙・鎖豁兒額中只有一隻眼睛，能看三程㊀遠的地方。

㊀「程」字原文作「揑兀里惕」ne'ürid。ne'üri 或 negüri 是路程的「程」字。一時無法說明一程究有多少里。蒙古在廢止驛馬站制度之前，通常以三十華里左右爲一程之地。黃金史（七頁）於 negüri 之旁加註 negüdel 一字，卽指游牧生活之移動營地之路程而言；但亦無示以固定之里數。蒙古源流卷三（箋證本卷三三頁上）稱：「其印堂中有一眼，能視三站」。

第五節

一天都蛙・鎖豁兒同着他的弟弟朶奔・篾兒干上不峏罕山。都蛙・鎖豁兒從不峏罕山上遠望，看見有一羣百姓正順着統格黎克小河〔游牧〕遷徙而來㊀。

㊀原文本節末字是「周」，ju 是動詞連接型語尾，按蒙文文法，這裏不能分節，甚至也不應分句。這種情形在一部秘史之中，誤分之處甚多。倘一一加以改正，則全書的二百八十二節無法維持，反有增加糾紛之弊，故仍一律保持其原有形式，不加更動。

第六節

〔他〕說：「在那羣遷徙來的百姓之中，在一個黑篷車㊀的前沿上，〔坐着〕一個好〔看〕的姑娘。若是還沒有許配給人家的話，就給我弟弟朶奔・篾兒干你求〔親〕吧。」說着就叫他弟弟朶奔・篾兒干前去看看。

㊀「黑篷車」原文「合剌兀台　帖兒格」khara'utai terge，原旁譯爲「黑車子」。按 kharaghutei terge 現代語作 khara terge 即篷車之意；但並不一定是黑色的。忽必烈時代的劉秉忠於其藏春集和林詩一首，描寫和林風光說：「玄車軋軋長轟耳，白帳連連不斷頭。」所謂玄車必是黑篷的車子。

第七節

朶奔・篾兒干到那些百姓那裏〔一看〕，果眞有一個美麗，很有名氣，聲譽高，名叫阿闌・豁阿㊀，還沒有〔許〕給人家的女子。

㊀阿闌・豁阿 Alan-Gho'a 女子名。Alan 字義是「紅色」，Gho'a「美人」之謂。蒙古源流、黃金史均作 Alun-Gho'a。成吉思可汗傳作 Alung-Gho'a。黃金史綱稱爲 Alagh-Khatun，Alagh 乃 Alan 之誤。元史太祖本紀作阿闌・果火。

第八節

那羣百姓是㈠〔屬於豁里剌兒台・篾兒干一族的〕。〔當初〕濶勒—巴兒忽眞㈡窪地㈢的主人，巴兒忽歹・篾兒干㈣把名叫巴兒忽眞・豁阿㈤的女兒嫁給了豁里—禿馬惕㈥部的首長㈦豁里剌兒台・篾兒干㈧。那個〔女子〕就是豁里剌兒台・篾兒干的〔妻〕，巴兒忽眞・豁阿，在豁里禿馬惕部，阿里克—兀孫㈨所生名叫阿闌・豁阿的女兒。

㈠ 按蒙語原文，此處似有脫落，於括弧之中略加補充數字。

㈡ 濶勒—巴兒眞 Ghol-Barkhujin 似爲地名，亦可作部族名解。Ghol 是「中心」或「河川」之意。今貝加爾湖東有一水源注入湖內，名爲 Barkhujin 河。今內蒙呼倫貝爾地區之巴爾虎族仍以此語爲其名稱。惟其原意爲何，已難解釋。現在巴爾虎人自稱其遠祖來自斡難河上游及貝加爾湖一帶之地。

㈢ 「脫古門」 Tököm，原旁譯作「窊的」。因之，謝再善漢譯達木丁蘇隆本竟訛爲「窮」字。實則 tököm 一字，當爲窪地或兩河夾心地解。

㈣ 巴兒忽歹・篾兒干 Barkhudai-Mergen 人名卽巴兒忽族之善射者之意。

㈤ 巴兒忽眞・豁阿 Barkhujin-Gho'a 女子名卽巴兒忽族的美人之意。

㈥ 豁里—禿馬惕 Khori-Tümed 部族名。Khori 作「制止」解，見第九節（卷一）。Tümed 爲 Tümen（萬）之複數。今內蒙各旗中以 Tümed 爲名者，如：歸化城土默特旗及卓索圖盟之吐默特旗等。貝加爾湖週邊之布里雅特蒙古 Buriyat-Mongol 諸部中，亦有一部以 Khori 爲名，今稱 Khorinsky ，故達木丁蘇隆本註爲「豁里—不里雅惕」族。又按秘史二四〇及二四一兩節，豁里—禿馬惕部乃林木中百姓勇敢善戰的一族。

㈦「首長」原文作「那顏」noyan。原旁譯及原總譯均作「官人」。自字面言之，「那顏」就是長官之意；但在氏族和封建時代，蒙古人稱氏族長及一旗之長，和其重要貴族都是「那顏」。外蒙喀爾喀舊時四大部之一的三音諾顏部 Sayin Noyan Aimagh，即「賢明那顏的部族」之意。於成吉思可汗封立萬戶、千戶、百戶之長，亦均稱之爲「那顏」。元朝元統三年（一六三五）所立張應瑞氏先塋碑中對 Noyan 一詞未加翻譯，只以漢字標注其音稱爲「那演」。元代白話碑中亦多如此。

㈧豁里剌兒台・篾兒干 Khorilartai Mergen 人名。即豁里剌兒氏族的善射者之意。關於豁里剌兒氏族的成立，及其解說請參照第九節（卷一）及其註㈡。

㈨阿里黑—兀孫 Arigh Usun 地名或河名。**其意爲「狹河」或「細流」**。

第九節

豁里剌兒台・篾兒干在自己的豁里—禿馬惕〔部〕有貂鼠、灰鼠㈠和〔其他〕野物的地方，互相禁〔獵〕，彼此交惡，〔自立〕爲豁里剌兒㈡氏。聽說不峏罕山的野物〔和〕可獵之物甚多，地方〔又好〕，就遷徙到不峏罕山的主人們㈢哂赤・伯顏㈣，〔和〕兀良合〔族〕㈤的地方來。朶奔篾兒干在那裏娶豁里—禿馬惕〔部〕豁里剌兒台・篾兒干〔之妻〕在阿里黑—兀孫所生的女兒阿闌・豁阿的經過是這樣。

㈠ 原旁譯及原總譯均作「青鼠」，想是明朝的說法。按原文「客列門」kermen 即今一般所說的灰鼠，爲通俗計，暫用今譯。

㈡ 豁里剌兒氏族之名。按本節之故事推察，可知其原意爲「約禁的」或「制止的」。

㈢ 此處原文有「不峏罕孛思黑三」Burkhan bosughsan 一語，原旁譯作「人名」，原總譯未提及此字。關於「不峏罕」一詞已於前第一節註㈢加以說明。「孛思黑三」一語乃「所建立的」之意，是動詞的過去形。按蒙古命名的傳統，從來沒有人用動詞的過去形作人名的。所以「不峏罕孛思黑三」一語似應譯作「不峏罕山所立的」；但爲語氣上的通順，只有略掉，未列入譯文之內。此一語或與當時的薩滿信仰有關，容他日另作詳考。

㈣ 哂赤・伯顏 Semchi Bayan 人名，Semchi 是「緘默者」或「不作聲的人」，「伯顏」是「富有」之意。

㈤ 兀良哈 Uriyangkha 部族名，原文作兀良孩 Uriyankhai。其實兩字是同一個字的兩個形態。因秘史其他各節多用前者，故改爲「孩」字爲「哈」字，以便統一。此一族即明代史料中之兀良合，與唐努烏梁海並非一族。

第十節

阿闌・豁阿來到朶奔・篾兒干那裏，生了兩個兒子。〔他們〕的名字叫作不古訥台㈠〔和〕

別勒古訥台。㊁

㊀ 不古訥台 Bükünütei 人名，蒙古源流作 Begüntei。

㊁ 別勒古訥台 Belgünütei 人名，蒙古源流作 Belgetei 。黃金史稱：「Belgünütei 等二子，」但於其旁註補加 Bükünütei 之名。

第十一節

他的哥哥都蛙・鎖豁兒有四個兒子。不久他的哥哥都蛙・鎖豁兒死了。都蛙・鎖豁兒死後，他的四個兒子㊀不把自己的叔叔朶奔・篾兒干當作親族，小看〔他〕，撇棄〔他〕，離開遷徙而去，遂成爲朶兒邊㊁氏族㊂。他們就是朶兒邊〔氏〕的百姓。

㊀ 蒙古源流及黃金史二書稱都蛙之子爲 Dunui, Doghshin, Emneg, Erke 四人。蒙古源流又稱此四子爲斡亦剌惕 Oirad（卽明代之瓦剌，淸代之衞拉特）四部 Ö'elüd 厄魯特， Baghatud 巴嘎圖特，Khòid 輝特，Kiraghud 奇喇古特之祖；而黃金史則僅稱其後裔在四斡亦剌惕之中。

㊁ 「朶兒邊」 Dörben 氏族名，其字義爲「四」。近代外蒙古西部之杜爾伯特 Dörbed 族，卽爲 Dörben 一字的複數形。

㈢原文作「斡孛黑」obogh，原譯作「姓」，即姓氏之意。按蒙古傳統及社會制度，obogh 就是氏族之意。請參照拉地米爾索夫之蒙古社會制度史日譯本一一九至一二三頁。

第十二節

那以後有一天朶奔・篾兒干上脫豁察黑—溫都兒〔山〕㈠去打獵。在森林裏遇見兀良哈〔族〕人㈡殺了〔一隻〕三歲牡鹿，正烤着牠的肋骨和內臟㈢。

㈠脫豁察黑—溫都兒 Tokhocagh-öngdör 山名。按 öngdör 即「高」字之意，普遍說某某溫都兒，就是某一座山之義；但為保持原形起見，仍作「脫豁察黑—溫都兒」山。

㈡原文作「兀良哈歹」Uriyangkhadai 就是「兀良哈族的人」之意。已見第九節註㈤。

㈢原文作「阿必惕」abid，原旁譯均作「肚臟」。此字現在已不使用。按蒙文文法語意未終，不宜分段。

第十三節

朶奔・篾兒干說：「朋友㈠把燒肉〔給我一點兒〕㈡。〔那兀良哈族的人〕說：「給你」，說着就〔自己〕拿了有胏的半截腔子〔和〕皮，把三歲牡鹿的肉全部給了朶奔・篾兒干。

㈠「朋友」原文作「那可兒」nökör，原旁譯作「伴當」。原總譯未提及此字，只以「他們」二字代之。在現代語中此字是「朋友」、「同志」、「伙伴」和「配偶」的對稱。按秘史時代蒙古社會制度「那可兒」有「戰友」、「部曲」、「親兵」和「伴當」之意；但「伴當」，與主人之間是有從屬關係的。請參照拉地米爾索夫蒙古社會制度史日譯本第二一八頁。在朶奔・篾兒干的故事中，他與兀良哈族人似乎沒有主從關係的存在，譯作「朋友」或較妥當。

㈡此處原文音譯，似有脫落之處。原文當為 shirulgha-dacha。

第十四節

朶奔篾兒干駄上那三歲牡鹿〔的肉〕，走的時候，途中遇見一個窮人，領着他的兒子行走㈠。

㈠按文法此處不宜分句或分段。

第十五節

朶奔・篾兒干問：「你是什麼人？」那人說：「我是馬阿里黑・伯牙兀歹〔氏人〕，而今窮困。〔你〕把那野物的肉給我些，我把我這個兒子給你。」

第十六節

爲了那句話，朶奔・篾兒干就把〔那〕三歲牡鹿的一隻後腿折下來給〔他〕，把那個男孩子帶到家裏去使喚。

第十七節

不久朶奔・篾兒干死了。在朶奔・篾兒干死後，阿蘭・豁阿沒有丈夫，却又生了三個兒子。〔他們的〕名字是：不忽・合塔吉㊀，不合禿・撒勒只㊁，〔和〕孛端察兒・蒙合黑㊂。

㊀ 不忽・合塔吉 Bughu-khatagi 人名。Bughu 是牡鹿。元史太祖本記作博寒・葛荅黑。

㊁ 不合禿・撒勒只 Bukhatu-salji 人名，Bukha 是犍牛。黃金史作 Bukhachi-salji。成吉思可汗

傳以此二人爲朶奔・篾兒干生前所得之子。元史太祖本記作博合覩・撒里直。

㊂孛端察兒 Bɔtonchar 人名。此節稱爲「孛端察兒・蒙合黑」。按「蒙合黑」mongkhagh 是「愚笨」之意。故可譯爲「傻子孛端察兒」。可能這是他的綽號。元史太祖本紀說：「孛端叉兒狀貌奇異，沉默寡言，家人謂之癡。」（百衲本卷一，第一頁上下）。

第十八節

以前從朶奔・篾兒干生的兩個兒子，別勒古訥台〔和〕不古訥台，背着他們的母親阿闌・豁阿互相說：「咱們這個母親，沒有兄弟一輩的親人㊀，〔又〕沒有丈夫，可是生了這三個兒子。家裏只有〔這個〕馬阿里黑・伯牙兀歹〔氏〕的人。〔莫非〕這三個兒子就是他的？」背着自己母親，這樣談論的〔事〕，被他們的母親阿闌・豁阿察覺了㊁。

㊀「兄弟一輩的親人」，原文作「兀也合牙」üye khaya，原旁譯作「房親」。這個字常成爲研究蒙古學者們討論的對象。按 üye 是「節」或是年輩的「輩」字。khaya 是蒙古帳幕四圍毡壁的下一截。üye khaya 一詞，在現代語中亦作 üyeled akha degüner 卽同輩親屬之謂。

㊁在文法上此處不宜分節。

第十九節

春季中有一天，〔阿闌・豁阿〕煮了臘羊肉㊀，叫別勒古訥台、不古訥台、不忽・合塔吉、不合禿・撒勒只、孛端察兒這五個兒子坐一排，給每人一隻箭桿說：「折斷吧！」〔他們〕就把每〔人的〕一隻〔都〕毫不費力的折斷了。〔她〕又把五隻箭桿捆在一起，交給〔他們〕說：「折斷吧！」五個人把五隻〔捆〕在一起的箭桿，每人輪流拿着折，都沒能折得斷。

㊀ 一般在蒙古地方陰曆冬十一月，把肥羊殺死，將其肉切成細條，使之陰乾，製成臘羊肉。於翌年春季，羊瘦不宜殺的時候取食。

第二十節

那時他們的母親阿闌・豁阿就說話了：「別勒古訥台、不古納台，我的兩個兒子啊！你們疑惑議論我生的這三個孩子是誰的？是怎麼〔來的〕孩子？你們疑心是對的。」

第二十一節

「每夜有黃白色的人，藉着天窗和門額上〔隙間〕露天地方的光㈠，進來撫摩我的肚皮，光明滲透了我的腹中，出去的時候，藉着日月的光，如同黃狗一般，搖搖擺擺〔飄升〕着出去㈡。你們怎敢造次〔胡說〕！這樣看來，顯然是上天的子息㈢啊！你們怎麼能比做凡人㈣呢！等〔他們〕做了萬衆的可汗㈤，那時候〔愚下的〕凡人們㈥纔能明白呢！」㈦

㈠ 蒙古穹帳的屋頂，是以傘骨般的木棍支搭而成的，當中凸處是天窗 erüke。這是光線的入口，煙和濁氣的出口。屋頂與四週毡壁均甚吻合，毫無空隙。惟門楣之上常有一些露空的地方，這就是此處原文所說的門額 dotogha。

㈡ 原文「拭察班勒札周」 sachabaljaju。原譯作「爬着」。此字在現代語中爲「搖搖擺擺」之意。

㈢ 原文爲「騰吉里—因 可兀惕」Tenggeri-yin ke'üd，原旁譯爲「天的子」，即天子之意。這與匈奴稱其單于爲「撐犁孤塗」者，在對音上正相吻合。見漢書九十四，匈奴傳。百衲本卷九十四上，七頁上。

㈣ 原文「合剌—帖里兀禿」khara terigütü，原旁譯爲「黑頭」，即「黎民」或「黔首」之意。請參照本節註㈥。

㈤ 四部叢刊本及葉德輝本之原文均爲「合水渾合惕」，原旁譯爲「普的帝王」。此處「水」字爲「木」

字之訛。按「普的帝王」即「萬衆的可汗」之意。

㈥ 原文爲「合剌除思」kharachus，原旁譯爲「下民」，即「合剌出」kharachu之複數形，在蒙古封建時代是常用的話語。貴族自稱爲 chaghan yasutan，而稱庶民爲 khara terigün, kharachu 或 khara yasutan。按 yasu 之直譯爲「骨頭」，即指氏族或副氏族而言。請參照拉地米爾索夫氏之蒙古社會制度史日譯本一一九頁。蒙古以白色爲聖潔、吉慶、豐富之象徵，故 chagan yasutan 一詞，就是純潔而吉慶的氏族。khara 的意思，則恰與前者相反，是卑賤凡俗的氏族之意。

㈦ 拉地米爾索夫氏以爲此一傳說，是母權制或原來母系社會的遺跡，以成吉思可汗之眞正世系只能溯及孛端察兒及其母阿闌・豁阿。並謂 Rashid al-Din 於其述說成吉思可汗之祖先時，有云：「萬人之祖先阿闌・豁阿」。見蒙古社會制度史日譯本一〇九頁及其註四。元史太祖本紀記載此一傳說稱：「阿蘭寡居，夜寢帳中，夢白光自天窗中入，化爲金色神人，來趨臥榻。阿蘭驚覺，遂有娠，產一子即孛端叉兒也。」元史沒有提到其他二子。（見百衲本卷一第一頁上）。

第二十二節

阿闌・豁阿又對自己的五個兒子講教訓的話說：「你們，我〔這〕五個兒子啊！〔都〕是從一個肚皮裏生〔出來〕的。你們正像方纔〔那〕五隻箭。如果是一隻一隻的〔分開〕，你們就要像那一隻一隻的〔孤〕箭一般，容易被任何人折斷。如果像那〔捆〕在一起的〔五隻〕箭一般，同心一體啊！任何人都難以把你們怎樣㈠。」不久他們的母親阿闌・豁阿就死了㈡。

㈠ 此處原文有「孛勒渾」bolkhun 一字，原旁譯作「壞的」，似爲因上下文關係的意譯，而非字譯。字譯當作「做」或「成爲」。

㈡ 十餘年前姚師與筆者合譯此書之時，曾於此處指出：「這個故事在塞北也是有歷史的根據的。魏書一〇一吐谷渾傳說：「吐谷渾……阿豺立，有子二十人。……兼並羌氐，地方數千里。臨死，召諸子弟，告之曰：『汝等各奉吾一隻箭，折之，〔棄〕地下。』又命母弟慕利延折之。又曰：『汝取十九隻箭折之！』延不能折。阿豺曰：『汝曹知否？單者易折，衆則難摧！戮力一心，然後社稷可固！』言終而死。」十二頁上。姚師曾作「從阿闌娘娘折箭訓子說到訶額侖太后的訓誡成吉思汗」一文，詳論這一段故事。見大陸雜誌廿二卷第一期（五十年、臺北）。

Henry Serruys（司義律）神甫曾寫 A Note on Arrows and Oaths Among the Mongols 一文，見 Journal of American Oriental Society, Vol. 78, No. 4, 1958。對蒙古人之誓辭與箭之關係論之甚詳，可作參考。

第二十三節

他們的母親阿闌・豁阿去世以後，兄弟五個人分他們的牲畜食物㈠，別勒古訥台、不古訥台、不忽・合塔吉、不合禿・撒勒只，四個人互相分了。因爲孛端察兒・蒙合黑㈡愚弱，不當作親人，沒有給他一份㈢。

㈠原文爲「亦迭額」ide'e，原旁譯爲「茶飯」。按 ide'e 就是「吃的東西」，並無「茶」字之意。且此處之「茶飯」一詞，在元明二代之白話中，也是指吃喝而言，並非指茶和飯而說的。此詞在元曲中屢見不鮮。原總譯把「牲畜食物」譯作「家私」，略有把游牧社會的財產，予以農業化之嫌。

㈡見十七節註㈢。

㈢「份」原文作「忽必」khubi，原旁譯作「分子」（即「份」字之意）。分 khubi，在當時蒙古社會的財產制度中，是一個主要的關鍵。在秘史一書中時可見到。分封土地人民，亦爲可汗一族分 khubi 的一個形態。遺產的處理當然是要按 khubi 而分的。

第二十四節

孛端察兒既不被〔哥哥們〕當作親族，就說：「還在這裏作甚麼？」就騎上了〔一匹〕背上有鞍瘡，禿尾巴黑脊梁的青白馬，〔心裡〕說：「死就死，活就活吧！」就順着斡難河，放〔馬〕奔馳而去。到了巴勒諄—阿剌勒㈠就在那裏做個草棚㈡住下了。

㈠「巴勒諄—阿剌勒」Balchun-aral 原旁譯作水名，原總譯則僅認爲是個地名。按 aral 作河岸解，故知其爲水名無疑。四部叢刊本及葉德輝本均作「阿剌」，錢大昕本作「阿剌勒」，白鳥庫吉氏亦訂正爲「阿剌勒」。此一水名黃金史作 Balchir-aral。元史太祖本紀稱爲八里屯—阿懶之地。

㈡「草棚」原文作「粘不列」nembüle，原旁譯作〔庵〕。此字在黃金史十三、十四兩頁作 embüle 其旁註爲 gürümül，其意爲用草編成之物。古畏兀兒體之蒙文 n 與 a 並不加標點區別，故能有 nembüle 或 embüle 之混。

第二十五節

就在那樣住着的時候，〔孛端察兒〕看見〔一隻〕雛黃鷹捉住個雉雞喫，〔他〕就用〔那〕脊背上有鞍瘡禿尾巴黑脊梁青白馬的馬尾，把〔牠〕套住，帶〔回〕去餵養調練㈠。

㈠「餵養調練」原文爲「阿撒剌罷」asaraba，原旁譯爲「抬舉了」，實卽養育關照之意。故譯爲餵養調練。

第二十六節

〔孛端察兒〕在沒有食物可吃的時候，就窺視着在崖谷中被狼所困住的野物㈠，把〔牠〕射殺來吃，〔有時〕揀狼吃〔剩下〕的東西㈡養活自己，也養活了自己的黃鷹㈢。〔就這樣〕過了那一年。

㈠成吉思可汗傳（第四頁下）特別指明此處之野物是個褐白色的鹿 khu'a maral。見第一節註㈣。

㈡按蒙古習慣，揀狼吃的或咬死的家畜是一件不潔而可恥的事，即使極窮的人，也不肯這樣作。家畜被狼咬死，其肉只有拋棄一途。因此可以想象，秘史的作者，是要特別强調孛端察兒的困迫，同時從這一點上，也可以看出蒙古興起之前，可能曾有一度遭遇食糧極度缺乏的時代。

元史中對太祖先世記載頗少，惟對此一傳說則記述甚詳，可見在元代當爲盛傳一時故事。元史卷一太祖本紀說：「飲食無所得，適有蒼鷹搏野獸而食。孛端叉兒以緡設機取之。鷹即馴狎；乃臂鷹獵兎以爲饍。或闕卽繼，似有天相之。」（百衲本一頁下）

㈢在這一段中有三個相互形的動詞，都表示雙方在一個行動中的相互作用。這是說明孛端察兒與那黃鷹相依爲命的情形。

第二十七節

春天到了，在野鴨來的季節，〔孛端察兒〕把他的黃鷹餓着放出去㈠，捉來野鴨和雁㈡。〔太多吃不完，掛在〕枯樹上，枯樹都臭了。

㈠「餓着」原文作「帖亦列溫勒周」teilegüljü，是「使牠餓着」之意。蒙古人在行獵前，不餵鷹，使牠因而急於捉捕，並且飛翔較速。在舉行長距離賽馬之前，數日間，亦減少其食量，減低體重，使其增加速度，並保護其健康。這種行動在現代語中作 echegekü。

㈡「雁」原文作「合老鳥兀惕」ghalaghud，原旁譯作「雁每」，而原總譯作「鵝」。蒙古無家鵝，ghalaghu 是雁。農業地區的鵝，稱為 ger-ün ghalaghu，即「家雁」。天鵝則稱為 khung-ghalaghu。

第二十八節

從都亦連㈠〔山〕後，順着統格黎小河㈡有一部百姓遷移來了。孛端察兒到那些百姓那裡去放他的黃鷹，白天〔在那裡〕討酸馬奶子吃㈢，夜間來到自己的草棚裡住宿。

㈠「都亦連—格魯」地名，黃金史作 Düyiren ger-üd。元史一一八，特薛禪傳中有一地名為「哈老哥魯」，柯立夫 F. W. Cleaves 教授曾按此一節之對音作 Ghala'u Gerü。（見哈佛亞洲學報第十四卷柯立夫氏之論文中）

㈡「統格黎克」河名，元史一，太祖本紀作「統急里忽魯」，「忽魯」是 ghokhan 的對音，即小河之意。成吉思可汗傳作 Kharkhan 河。黃金史（十四頁）雖亦稱為 Tunggelig Ghorkhan 但其小註則為 Chünggür Tököm（Chünggür 窪地）。

㈢酸馬奶子，原文作「額速克」esüg，亦可作 ösög, isüg，乃指發酵後有酸味之乳類的總稱。ayiragh

及 chige 纔是酸馬乳或馬湩的正名。這就是見於西文中的 kumis。

第二十九節

那些百姓〔向〕孛端察兒要他的黃鷹，〔他〕沒有給。那些百姓沒有問孛端察兒是誰，屬於何族，是幹甚麼的。孛端察兒也沒有問那些百姓是什麼百姓。〔就這樣〕彼此往來。

第三十節

他的哥哥不忽・合塔吉㊀因爲自己的弟弟「傻子」孛端察兒順着這斡難河走了下去，就前來尋找，向〔那些〕順着統格黎克小河遷移進來的百姓打聽，有〔沒有看見騎着〕那樣的馬，那般模樣的人㊁？

㊀ 不忽・合塔吉是阿闌・豁阿在她丈夫死後，所生三子中之最長者。

㊁ 按蒙古文法此處不能分句。

第三十一節

那些百姓說：「有〔一個〕連人帶馬〔都〕和你所打聽的一樣。他還有個黃鷹。每天到我們這裡來吃酸馬奶子，晚上一定會住在什麼地方，每當西北風的時候，〔他〕用黃鷹捉來的野鴨和雁的翎毛，就像雪片一般的隨風飄散。大概就在這附近吧，現在是該來的時候了。等一等吧！」

第三十二節

頃刻間有一個人遡着統格黎克小河前來。來到果然是孛端察兒。他哥哥不忽•合塔吉一看就認出。於是就領着〔他〕，遡着斡難河，策馬放着小跑，回去了。

第三十三節

孛端察兒跟在他哥哥不忽•合塔吉的後面，一邊策馬小跑，一邊說：「哥哥！哥哥！身子有頭，衣裳有領纔好吧！」〔可是〕他哥哥不忽•合塔吉都沒有理會〔他〕那句話。

第三十四節

〔他〕再說那句話，他哥哥還是沒有當做什麼，〔也〕沒作聲回答。孛端察兒〔一邊〕走，〔一邊〕還那麼說，他哥哥〔這纔〕對那句話〔回答〕說：「方纔你也這麼說，是要講什麼呀？」

第三十五節

於是孛端察兒說：「剛纔在統格黎克小河〔那裡〕的百姓，是沒有大小好歹，〔不分〕頭蹄〔上下〕，沒有頭腦管束㊀，容易〔對付〕的百姓。我們〔去〕擄掠他們吧。」

㊀ 原文作「撒察溫」Sacha'un 原旁譯作「一般每」，原總譯作「無箇頭腦管來」。現在此字的解釋是「平等」，為了不離原總譯太遠，仍譯作「沒有頭腦管束」。

第三十六節

於是他哥哥說：「好！如果那樣，回家之後，兄弟們商量商量，去擄那些百姓吧！」〔他們〕

談着㊀。

㊀ 在蒙文文法上此處不應分句。

第三十七節

回到家裡，兄弟們商議之後，就上了馬，叫孛端察兒作先鋒，前去擄掠。

第三十八節

孛端察兒先鋒在擄掠中，拿住了〔一個〕懷孕的婦人，問〔她〕：「你是什麼人?」那婦人說：「我是札兒赤兀惕族阿當罕氏的兀良合眞。」㊀

㊀「札兒赤兀惕」Jarchi'ud 是氏族名；「阿當罕」Adangkhan 是副氏族名。兀良哈眞 Uriyangkhajin 才是她自己的名字。黃金史稱她爲 Jarchighud Uriyangkhatai 氏族之人。喀喇沁本蒙古源流稱此女之名 Budan。黃金史綱（六十一頁）則稱此女爲一寡婦名爲 Baratai。

第三十九節

兄弟們五個人俘擄了那些百姓，在生活上馬羣、食糧、屬民㈠、僕婢㈡就都有了。

㈠ 屬民原文作「哈闌」kharan。此字至元末，已讀作 aran，其字首之 kh 音已消失。此字曾見元統三年所立之張應瑞碑蒙文第二十三行，今日 aran 一字已不使用，惟舊字典中作爲臣僕解（見漢滿蒙文三合第一册二十九頁）。惟其複數形之 arad「人民」，則普遍使用。又 kharan 一詞在當時似有臣僕，或被卑視者之意。「赤兒堅」irgen 一字纔是一般的百姓。故 arad 一語，在現代外蒙語彙中有時有所謂「勤勞人民」之意。

㈡ 「僕婢」原文作「禿惕合剌」tudghar，原字譯作「使喚」，原總譯作「使喚的」，當爲僕婢之意，今此字已不見使用，而以 jaruchi 一字代之。

第四十節

那個懷着孕的婦人歸了孛端察兒以後，生了一個兒子，因爲他是外族㈠人之子，給他起名叫札只剌歹㈡他就是札荅闌族的祖先。札只剌歹的兒子名叫土古兀歹㈢。土古兀歹的兒子是不里・不勒赤魯㈣。不里・不勒赤魯的兒子是合剌・合荅安。合剌・合荅安的兒子是札木合。他們就是札荅闌氏㊄。

㈠ 原文「札惕」 jad 原旁譯作「世人」，原總譯未譯此字。因其旁譯作「世人」，以致現代之譯秘史者，亦有訛誤之筆，玆不贅論。實則此字當作「外人」或「異族」解。筆者已於第一節註㈧略論及成吉思可汗傳第二頁稱孛兒帖•赤那渡海遷來之地，爲 Jad（札惕）之地，當爲「異域」或「外族之地」的意思。拉地米爾索夫於其「蒙古社會制度史」中曾詳論此字。亦謂之爲「他族」「他國人」或「無血緣關係的氏族」之意。（見日譯本一一八、一三五、一四一、一四三等頁）

㈡ 札只剌歹 Jajiradai 人名，黃金史十六頁作 Jachiratai，喀喇沁本蒙古源流稱爲 Wachirtai，黃金史綱六十二頁作 Jechiretei，均似訛誤。

㈢ 土古兀歹 Tügü'üdei 人名，字義不明。

㈣ 不里•不勒赤魯 Buri-bulchiru 人名。Büri 乃「全」「每」或「皆」字之意，bulchiru 是多數凸形之物，如疙疸等。黃金史作 Buri-bulshikhu。

㈤ 札荅闌 Jataran 世族名，黃金史十六頁稱之爲 Jachiratai 氏。蒙古源流作 Wachirtai 氏，黃金史綱爲 Jerchiged 氏。

第四十一節

那個婦人又跟孛端察兒生了一個兒子。因爲〔她〕是捉拿來的女人，就給那個兒子起名叫巴阿里歹。他就是巴阿鄰㈠氏的祖先。巴阿里歹的兒子〔是〕赤都忽勒・孛濶㈡。赤都忽勒・孛濶的妻子很多，他的兒子繁多。他們就成了篾年—巴阿鄰氏族㈢。

㈠「巴阿鄰」氏族名，今內蒙昭烏達盟巴林 Ba'arin 或 Bagharin 兩旗，仍以此字為名。

㈡「赤都忽勒・孛濶」Chidughul-Böke 人名。Böke 原譯作「力士」，今之摜跤選手均稱為 böke，仍沿「力士」之意。

㈢「篾年—巴阿鄰」，氏族名。「巴阿鄰」一字已見註㈠。「篾年」與原文中之「篾捏」（繁多），均為 mene 一字。但畏兀兒體蒙文 manan 與 menen 是難於辨認，只有憑習慣區別。故謝再善漢譯達木丁蘇隆本作「像霧似的多」，就是按 manan 一字譯的。黃金史十六頁作 Magha-Ba'arin。阿坦瓦齊爾 Altanwachir 氏之蒙文復原本（第九頁）作 manai。此字亦有繁多之意似乎合理。今內蒙烏蘭察布盟西南部陰山山脈之蒙名即為 Manai。其意為峰谷重疊。

第四十二節

別勒古訥台成了別勒古訥惕氏。不古訥台㈠成了不古訥惕氏㈡。不忽・合塔吉成了合塔斤氏。不忽・撒勒只成了撒勒只兀惕氏。孛端察兒成了孛兒只斤氏㈢。

㊀ 不古訥台 Bügünütei 黃金史十七頁作 Begünütei。

㊁ 不古訥惕 Bügünüd 黃金史十七頁作 Begünüd。

㊂ 「孛兒只斤」 Borjigin 的複數是孛兒只吉惕 Borjigid。這就是成吉思可汗所屬的那個氏族，也就是被稱爲「黃金氏族」——Altan uragh 的那一族。直到本世紀中，蒙古貴族除少數如喀喇沁部之 Uriyangkhai 及新疆土爾扈特部之 Kereyid 等氏族外，其餘均屬於此一黃金氏族，且其大多數都是成吉思可汗子弟之裔。此一氏族統治蒙古幾達八個世紀之久。元史證補（卷一）說，「孛兒」Bor 一字有棕色灰色或蒼色之意，故有人謂孛兒只斤乃「灰色眼珠者」之謂。然於蒙古並無此說。一般民衆稱他們爲台吉 taiji，即漢語太子之訛轉。清朝有關蒙古之法律，如理藩院則例等，亦以「台吉」一語爲此一氏族之稱。

第四十三節

從孛端察兒的正妻㊀所生的〔兒子〕，名叫把林・失亦剌禿・合必赤㊁。孛端察兒把〔隨〕合必赤「把阿禿兒」㊂的母親從嫁來的女子㊃收了作妾㊄，生了一個兒子名叫沼兀列歹㊅，以前沼兀列歹曾參加以竿懸肉祭天的禮節㊆。

㊀ 「正妻」原文作「阿卜鄰—額篾」ablin eme，亦可作 Abali-yin gergen，字義是髮妻或正娶之妻。她的地位在其他諸妻之上。按蒙古可汗的傳統，大都是由正妻之子繼承爵位，和大部分的財產。

㈡ 把林·失亦刺禿·合必赤 Barim-shiyiratu-khabichi 人名，黃金史(十七頁)作Barim-shikertu khabichi。成吉思可汗傳作 Khabichi-külüg。蒙古源流作僅稱之爲 Khabichi-baghatur，元史卷一，太祖本紀作「八林·昔黑刺禿·合必赤」與黃金史同。

㈢ 把阿禿兒 ba'atur 或 baghatur 即勇士或英雄之謂，在當時是一種尊稱或榮銜。成吉思可汗之父也速該 Yesügei，就是以「把阿禿兒」ba'atur 爲號的。元史卷九十九，兵志「四怯薛」條稱：「忠勇之士，曰霸都魯。」滿洲語作 baturu——「巴圖魯」，在有清一代，也曾是武職官的榮銜。合必赤是成吉思可汗祖先中第一個以 ba'atur 爲尊稱的人。

㈣ 「從嫁來的女子」，原文作「引者」inje，原旁譯作「從嫁」，即媵臣之謂。此字之曾見後至元四年（一三三八）所立之竹溫台碑之蒙漢文中。拉地米爾索夫於其「蒙古社會制度史」中曾詳論之（見日譯本一五五至一五六頁）。此種陪嫁之制度，直至本世紀初封建制度崩潰前仍然存在。近代普通所謂「引者」多半是女子；但王公貴族嫁女之時，亦有將其隸民 khariyatu 成戶，轉贈作爲「引者」的。在蒙古近代史中，滿洲皇帝將公主嫁與蒙古王公之時曾有成百滿洲人隨嫁而來。他們雖早已同化於蒙古人中，但有時仍被稱爲 inje Manju 即隨嫁的滿洲人之謂。秘史二〇八節亦記有「從嫁」，原文作「媵哲思」（複數）。

㈤ 原文作「塔塔周」tataju，原旁譯作「做妾着」，此字有將侍女收房之意。在封建時代貴族納妾稱爲 sula tatakhu，其妾稱爲 sula khatun。

㈥ 沼兀列歹 Je'üredei 人名。黃金史作 Jegüriyedei。

㈦ 「以竿懸肉祭天」，原文作「主格黎」jügeli，爲薩滿教儀之一。自佛教在蒙古普及後，此種習俗已不再見。惟於仍信奉薩滿之達呼爾部中仍舊行之。祭祀時以未切開之心肺肝（即前十三節中之所謂「只勒都」joildu）懸掛竿上祭天。滿洲人亦有此種習俗，即清代之所謂「祭堂子」的禮儀。北平清故宮內之神寧宮中，尚有此種設備，如：神竿供品等等。在十二世紀，此種祭祀乃全氏族主要大典，是全氏族成員對其氏族神或祖先——ongghon 的祭祀。凡由「主格黎」中被除名者，就等於被逐出族外。成吉思可汗幼年時，也曾遭遇到此一嚴重的打擊（見秘史七十節到七十四節）。拉地米爾索夫於其「蒙古社會制度史」中，論此一祭祀之禮甚詳。（見日譯本一一六至一一七頁）。今 ongghon 一語作祖先之靈，祖先厝骨之地，和被封禁的聖地解。在達呼爾語中讀爲 ongghor，它的意思是一切的神靈。

第四十四節

孛端察兒去世之後，因那沼兀列歹的帳裏，常有阿當合·兀良合歹氏的人往來，〔合必赤〕以爲〔他〕可能是此人之〔子〕，就〔把他〕從以竿懸肉祭天的儀禮逐出去，使〔他〕成爲沼兀列亦惕氏，於是他就成了沼兀列亦惕㊀氏的祖先。

㊀ 四部叢刊，葉德輝，錢大昕諸本均作「沼列敦」，旁譯爲「一種（氏）的」。可見漢字有脫落，當爲「沼列亦敦」Je'üreyid-ün 之訛。

第四十五節

合必赤・把阿禿兒的兒子是篾年・土敦㈠。篾年・土敦的兒子是：合赤・曲魯克㈡、合臣、合赤兀、合出剌、合赤溫、合闌歹、納臣・把阿禿兒㈢〔等〕七個〔人〕。

㈠ 篾年土敦 Menen-tudun 人名，黃金史作 Makha-tudun。成吉思可汗傳作 Makha-tüden。此二書均稱之爲 Bikir-ba'atur 之子，Khabichi-külüg 之孫，其輩數之排列與秘史顯有不同。蒙古源流作 Makha-tudan。黃金史綱作 Makhakaruda。並稱之爲 Beker-ba'atur 之父。Rashipongsugh 書作 Makhatubdan。元史卷一太祖本紀作「咩撚・篤敦」。黃金史（第十七頁）稱 Makha-tudan之妻Nomalun(或Omalun)生子七人，惟其名均與此處所列者不同。秘史第四十六節則記此婦人乃篾年・土敦之媳，合赤・曲魯克之妻。黃金史綱（六十三頁）稱她是 Münrül Khatun。Rashipongsugh 書（卷一第五十一頁）則稱其名爲 Mukhalun。此二書均謂此一婦人於其夫死之後，曾一度柄國，並與 Jalayir 族之間發生戰端。其所記之故事，大致與元史太祖本紀同。元史稱：「咩撚・篤敦妻莫拏倫」，則又與秘史相異。「篾年」一語已見第四十一節註㈢，茲不再論。

㈡ 合赤・曲魯克 Khachi-külüg 人名。Külüg 英豪之意。

㈢ 納臣・把阿禿兒 Nachin-ba'atur 人名。Nachin 是「鷹」，ba'atur（英雄），似爲納臣的尊稱。元史卷一，太祖本紀作「納眞」，但未記載其諸兄之名。

第四十六節

合赤・曲魯克的兒子海都㊀是那莫侖㊁母親生的。合臣的兒子名叫那牙吉歹㊂。因性格有點像貴族，就成了那牙勤氏。合赤兀的兒子名叫把魯剌台㊃，身材高大，吃飯粗魯，因此成了把魯剌思㊄氏。合出剌的兒子對飯食〔也〕粗魯，就被叫做大把魯剌〔和〕小把魯剌，叫〔他們〕成了把魯剌思氏。於是他們就成了額兒點圖・巴魯剌㊅和脫朶延・巴魯剌㊆等巴魯剌思〔氏〕了。合闌歹的兒子們爭吃粥飯，沒頭沒腦，他們就成了不荅阿惕氏。合赤溫的兒子名叫阿荅兒乞歹，因在兄弟之間搬弄是非㊇，就成了阿荅兒斤氏。納臣・把阿禿兒的兒子們名叫兀魯兀歹〔和〕忙忽歹。他們就成了兀魯兀惕氏〔和〕忙忽惕氏。由納臣・把阿禿兒的正妻。所生的〔兒子〕，名叫失主兀歹〔和〕朶豁剌歹。

㊀ 海都 Khaidu 人名，蒙古源流、成吉思可汗傳兩書均未記載其名。黃金史綱因受佛教影響訛爲 Khairab。元史太祖本紀稱之爲咩撚・篤敦之唯一長孫；但未記其父合赤曲魯克之名。元史記海都事較秘史詳盡，可供參考。

㊁ 那莫侖 Nomulun，女子名已見前節註㊀。

㊂ 那牙吉歹 Nayagidai，人名，即那牙勤 Nayagin 一字之變形。這兩字都是由 noyan（長官、貴族）一字轉出的。

㊃ 把魯剌台 Barulatai 人名，黃金史十八頁作 Barilutai。

㊄ 把魯剌思 Barulas 氏族名，是把魯剌的複數形。黃金史十八頁作 Barulaskhu。

㊅ 額兒點圖・巴魯剌 Erdemtü-Barula，氏族名。Erdemtü「有能力」之意。

㊆ 脫朶延・巴魯剌 Tödögen-Barula，氏族名。Tödögen「襁褓小兒」之意。

㊇「搬弄是非」一語，原文作「阿荅魯黑赤」adarughchi，原譯作「間諜」。此字在現代蒙古語彙中，已不見使用。謝再善譯達木丁蘇隆本作「好挑撥是非」，諒均由「好間諜」、「離間」之意轉譯的。又原字的語根「阿荅」疑為 ata'a 一字的（漢字）訛寫。Ata'a 是「嫉妬」「[Mongolian script]」之意。「蒙漢滿三合」（字典）第一册第十二頁有 atagharaghchi (ata'araghchi) 一字，其漢譯為「好扳扯人的人」。這與「搬弄是非」之意相合。

第四十七節

海都的兒子是伯升豁兒・多黑申㊀、察剌孩・領忽㊁、抄眞・斡兒帖該三個人。伯升豁兒・多黑申的兒子是屯必乃・薛禪㊂。察兒孩・領忽的兒子想昆・必勒格㊃……（此處，似有文字脫落）……俺巴孩㊄等成了泰亦赤兀惕氏㊅。察剌孩領忽所納為妻的嫂嫂㊆生〔子〕，名叫別速台，成了別速惕氏。抄眞・斡兒帖該的兒子們成了斡羅納兒、晃豁壇、阿魯剌、雪你惕㊇、合卜禿兒合思、格泥格思㊈等氏。

㈠ 伯升豁兒•多黑申 Baishongkhor-doghshin 人名。四部叢刊本及葉德輝本此處均誤作伯升豁兒•多申。錢大昕本作「多黑申」；惟本節以後同字諸本均作「多黑申」。Bai-shongkhor 爲鷹之一種，卽所謂海青者是也。Doghshin 乃「嚴厲」或「狂暴」之意。當爲綽號，言其狂暴如鷹鶻也。元史太祖本紀作拜姓忽兒。蒙古源流作 Shingkhor-dcghshin，並稱爲 Khabichi-külüg 之子。Rashipongsugh 書作 Bars-shingkhor-doghshin。成吉思可汗傳、黃金史及黃金史綱三書均作Baishingkhor-doghshin。以上諸書，除黃金史外，對海都之其他二子，均無記載。

㈡ 察兒孩•領忽 Charghai-lingkhu 人名。Charkhai 是枝葉茂盛之意。黃金史（十九頁）作 Charghai-linkhu'a。馮承鈞譯多桑蒙古史（上册八十三頁注釋部分）說：「剌失德云 lingkoum 爲中國官號，猶言大將軍也。」有人以爲此字或爲漢語「令公」之訛轉。

㈢ 「土必乃•薛禪」 Tumbinai-Sechen 人名。黃金史作 Tumbikhai-sechen。黃金史綱稱爲 Tumbikhai Khan。蒙古源流作 Tumbikhai-sechen。Rashipongsugh 書作 Tümbei Khan Nachin。惟成吉思可汗傳一書與秘史同作 Tümbinai-sechen。Sechen 卽「賢智、聰明」之義。其音譯有「薛禪」「徹辰」及「車臣」等，乃當時之貴族尊稱之一。忽必烈之蒙文之廟號，卽爲此語，故稱爲「薛禪可汗」。

㈣ 想昆•必勒格 Sengküm-bilge 人名。Bilge「智慧」之意。「想昆」與一六二節所記王汗之子「桑昆」皆爲 Sengküm 之對音。此字非人名，也是官稱的一種，似爲「詳穩」的轉音。

㈤ 俺巴孩 Ambakhai 或 Ambaghai 人名，黃金史此處脫落其名，而以 Sengkün-bilge 之子 Isali 代之爲泰亦赤兀惕氏之祖先。馮譯多桑蒙古史（上册三十八頁註釋）稱：「俺巴孩者，海都汗第二子速兒罕都•豁赤納（Sourcandou Goutchina）之子。」俺巴孩與想昆•必勒格之關係請詳第五十三節註㈡。

㈥泰亦赤兀惕 Tayichi'ud 或 Taichi'ud 氏族名。四部叢刊本此處誤「泰」字爲「秦」字。元史太祖本紀、聖武親征錄均作泰赤烏。

㈦原文作「別里堅 額篾」bergen eme，原旁譯作「嫂妻」。兄死弟納其嫂爲妻，原爲古代北方游牧民族逆緣婚的嫂婚制的習慣。今蒙古語中此一名詞已不見使用；惟兄死弟尚未婚者，與其嫂成婚之事，偶可見之。

㈧「雪你惕」Sünid 氏族名，今內蒙錫林郭勒 Shilin-ghol 盟蘇尼特左右兩旗，仍用此名。本世紀三十年代，倡導內蒙自治之成吉思可汗第三十一世孫德穆楚克棟魯普（Demchugdungrub德王），就是蘇尼特右旗的王公。

㈨格爾格思 Geniges 氏族名。黃金史十九頁作 Gerges。

第四十八節

屯必乃・薛禪的兒子是合不勒可汗㈠、撏・薛出列㈡兩個人。撏・薛出列的兒子是不勒帖出・把阿禿兒㈢。合不勒可汗有七個兒子㈣。最長的是斡勤・巴兒合黑㈤・〔其次是〕把兒壇・把阿禿兒㈥、忽禿黑禿・蒙古兒㈦、忽圖剌可汗㈧、忽闌㈨、合荅安、〔和〕脫朶延・斡惕赤斤㈩。

㈠合不勒可汗 Khabul Khan 人名，元史卷一太祖本紀稱爲葛不律寒，「寒」是 Khan 即可汗的轉音。他的故事所傳甚少。據秘史，他是成吉思可汗祖先中第一個有「可汗」尊稱之人，依他書則其前尚有二、三人，例如：Rashipongsugh 書卷一十八頁稱屯心乃爲汗。黃金史綱（六十六頁第四行）雖稱海都爲 Khairab，但亦稱之爲汗。多桑蒙古史（馮譯本上册三十八頁註釋）亦稱海都爲汗。可知當時蒙古部已經強大起來。洪鈞元史譯文證補（卷一上）及多桑書（馮譯本上册三十八頁）均有若干紀事，可供參考。

㈡ 撏・薛出列 Sem-sechüle 人名，黃金史十九頁 Kham-khachula，顯爲訛誤。Sem緘默之意。

㈢ 黃金史十九頁稱不勒帖出・把阿禿兒 Bültechü-Ba'atur 之子爲 Mergen-sechen，乃秘史所無。

㈣ 黃金史綱（六十六頁）稱合不勒可汗有子五人。多桑書（馮譯上册三十八頁）謂：「合不勒汗遺子六人，並有勇力」。

㈤ 斡勤・巴兒合黑 Ökin-barkhagh 人名。多桑蒙古史說：「先是月斤・別兒罕 Eukin-bercan 亦經塔塔兒人執送女眞，其被害與俺巴孩同。」（馮譯本上册三十九頁）。

㈥ 把兒壇・把阿禿兒 Bartam-Ba'atur 人名。Bartam 有險峻難以克服之意。Bartam-ba'atur 就是不能被克服的勇士。所有蒙文史料此人之名，記載均同。元史太祖本紀作八哩丹。

㈦ 忽禿黑禿・蒙古兒 Khutughtu-mönggür 人名。四部叢刊本作「忽禿禿・蒙古兒」，錢大昕本作忽禿黑禿・蒙古兒，較爲正確。Khutughtu 有福者之意。淸代譯爲「呼圖克圖」。

㈧ 忽圖剌可汗 Khutula Khaghan，黃金史作 Khutala Khaghan。Khutula 不知作何解，Khutala 則爲「全體」或「普遍」，似可從後者之意。

㈨ 忽闌 Khulan 人名，字義是「野馬」。黃金史稱此人爲 Khulan-Ba'atur。

㈩ 脫朶延・斡惕赤斤 Tödögen-odchigin 人名。Tödögen 襁褓之意，odchigin 乃末子之通稱。按當時社會制度，幼子繼承父親遺產，所以對於末子恆稱之爲「斡惕赤斤」，以示其地位之重要。成吉思可汗崩殂後，拖雷之爲監國，亦本於此一制度。拉地米爾索夫於其「蒙古社會制度史」中曾詳論之。（見日譯本一一〇頁）。「斡惕赤斤」一字四部叢刊本作「斡赤斤」不及錢大昕本正確。

第四十九節

斡勤・巴兒合黑的兒子是忽禿黑禿・主兒乞㈠。忽禿黑禿・主兒乞的兒子是薛扯㈡・別乞㈢、泰出㈣兩個人。他們就成了主兒乞㈤氏。

㈠ 忽禿黑禿・主兒乞 Khutughtu-jürki 人名，四部叢刊本作「忽禿禿・禹兒乞」，錢大昕本作「忽禿黑禿・禹兒乞」，惟總譯則作主兒乞。秘史一二二節，一三九節均作「莎兒合禿・主兒乞」Sorkhatu-jürki。黃金史十九頁第十二行作 Jorightu-jürke。按古文書及佛經中 j 與 y 在一字之首時，不加區別，只憑習慣辨認。此一人名可讀作主兒乞，亦可讀作禹兒乞。但依其字義，「主兒乞」一語有「心臟」之意，且與主兒勤 Jürkin 一氏族之成立有關，故訂正爲「主兒乞」。

㈡ 薛扯・別乞Seche-Beki人名。四部叢刊本及錢本均作「薛扯・別乞」Seche-Beki。而於一二二、一三七等節均作撒察・別乞。按 sa 與 se 二字依舊蒙文寫法，只可以習慣辨別。無法斷定何者究爲正確。元史太祖本紀作薛徹・別吉，可能元時是讀作 Seche-Beki。玆爲人名統一計，以後一律作薛扯・別乞。

㈢ 別乞 beki, begi。爲當時尊號之一。本爲突厥語，在今現代之維吾爾（畏兀兒）語中仍爲貴族之稱，漢語譯爲「伯克」。拉地米爾索夫以爲這是屬於各氏族長之長子的尊稱。（見日譯本一一〇頁）。

然按成吉思可汗以「別乞」之尊稱，加於兀孫老人一事（見秘史一一六節）觀之，則又是對薩滿的一種尊稱。在秘史中也可以找到可汗或族長女兒享有此一尊稱的，如成吉思可汗皇女阿剌合・別乞等。此一貴族女子之尊稱，十七世紀以降，鮮見使用。明代史料中多音譯作「比妓」，顯然是有惡意的寫法。

㈣ 泰出 Taichu 人名，四部叢刊本及錢大昕本均作台出，而於一二二、一三七等節則作泰出，茲寫為泰出以期統一。元史太祖本紀作大丑。

㈤ 主兒乞 Jürki 氏族名，四部叢刊本及錢本均作禹兒乞・惟原總譯及以後各節均作主兒乞，茲為譯名統一計，並基於本節註㈠之理由，改作「主兒乞」。黃金史稱之為 Jürken。

節五十節

把兒壇・把阿禿兒的兒子們㈠是忙格圖・乞顏㈡、揑坤太子㈢、也速該・把阿禿兒㈣、荅里台・斡惕赤斤㈤這四個人。忽禿黑禿・蒙古兒的兒子是不里・孛濶㈥。在斡難河樹林裏筵會時，砍破了別勒古台肩膀的就是他。

㈠ 把兒壇・把阿禿兒四子的本名是忙格圖 Menggetü，揑坤 Negün，也速該 Yesügei。荅里台 Da'aritai 四人。至若乞顏 Kiyan，太子 taishi，把阿禿兒 ba'atur，斡惕赤斤 odchigin 四個字，都是一種稱呼或尊稱，而非本名。

㈡ 忙格圖・乞顏 Menggetü-Kiyan人名。在一般通用的蒙古語中普通稱「痣」爲 mengge，面上有痣的人則恆以 menggetü 爲其綽號。秘史一二〇節作蒙哥禿・乞顏 Möngketü-Kiyan。Möngke 是永生之意。黃金史亦稱此人之名爲 Menggetü-Kiyan。其下有 mergen yeke-tei 一語，指此人善射或明快敏捷異常。蒙古源流稱此人爲 Menggetü-Sechen。

乞顏 Kiyan 是成吉思可汗所屬的 yasun（副氏族）之名。可汗的後裔自稱爲Borjigid oboghtan（氏族）Kiyad yasutan（副氏族）。黃金史（二十頁第一行）作 Kiya。Rashipongsugh書（第一卷五十一頁）稱：「以孛兒帖・赤那，及其後裔，天子孛端察兒，二名相連之故，遂成孛兒只斤氏族 Kiyod 副氏族；而漢文史書中所稱奇渥溫氏族 obogh 者，諒必誤將 Kiyod 一詞作爲氏族 obogh 之故耳」。多桑書（馮譯本上册三十八頁）稱：「合不勒汗遺六子，並有勇力。號乞牙惕 Kiyoutes，猶言急流也。」按黃金史所稱之 Kiya 卽乞顏——Kiyan，其複數爲 Kiyad，且爲 Kiyod之轉音無疑。Kiyod 是 Kiyon 的複數；而 Kiyon 或卽所謂「奇渥溫」之所本。清高宗修元史，改作「却特」，可能是根據 Kiyat 一字而改的。多桑書雖稱乞牙惕「猶言急流也」。惟今日在蒙古之一般說法，謂孛端察兒之出生係由光與氣 kei 而成，故以 Kiyan 爲其 yasun 之名。今伊克昭盟鄂爾多斯七旗成吉思可汗後裔之貴族，雖與其他盟旗之同系貴族均以 Borjigin 爲姓氏，但於習慣上多以 Kiyan 一詞代之。

秘史卷一中除此處稱忙格圖爲乞顏氏之外，並於六十三節及六十七節均稱也速該爲乞顏氏。其旁譯則作「人氏」，也就是人的姓氏之意。

㈢ 「揑坤太子」Negün-Taishi 人名。Negün 是本名，taishi 卽漢語之太子。蒙古語中原無 tze 音，故元末之蒙文碑中，凡遇 tze 音皆以 shi 字代之。故蒙古源流稱揑坤太子爲 Negün-taishi。久之太子又轉爲 taiji，故黃金史稱之爲 Negün-taiji。所謂 taiji 卽後日蒙古貴族所用爲通稱的「

台吉」一詞。

㈣ 也速該・把阿禿兒 Yesügei-ba'atur 人名，或作也速該勇士，他是成吉思可汗之父，元史說至元三年（一二六六）謚爲烈祖。黃金史（二十頁）稱也速該之母名爲 Süchigelejin，乃 Mongghol-Tarchi'uchin-yisütei 之女，爲他史所不見。

㈤ 荅里台・斡惕赤斤 Da'aritai-Odchigin 人名。秘史一百五十四節作「荅阿里台・斡惕赤斤」，他書或作「斡赤斤」，乃幼子之稱。請參照第四十八節註㈩。

㈥ 「不里・孛濶」Büri-Böke 人名。Büri 乃「全」，「每」，或「完全」之意。Böke 即力士之謂。他砍傷別勒古台 Belgütei 的故事，詳見一三一節和一四〇節。

第五十一節

忽圖剌可汗的兒子們是拙赤㈠、吉兒馬兀、阿勒壇㈡三個人㈢。忽闌・把阿禿兒的兒子是也客扯連㈣。他曾是把歹、乞失黎黑㈤兩位荅兒罕㈥的領主㈦。合荅安、脫朶延兩個人沒有子嗣。

㈠ 拙赤 Jochi 人名與成吉思可汗長子同名。黃金史（二十頁）作 Chochi。

㈡ 阿勒壇 Altan 人名，其字義是「黃金」。

㈢ 黃金史（二十頁五行）稱拙赤、吉兒馬兀 Girma'u、阿勒壇三人，後來成爲 Üyeged 氏，這是秘史所未記的。

㈣ 也客扯連，人名，黃金史作 Yeke-cheren；四部叢刊本此處於連字旁邊脫落了表示捲舌音的「舌」字。錢大昕本誤爲也可扯速。

㈤ 乞失黎黑 Kishilig 人名，四部叢刊本此處作乞失黎勒；錢本作乞失黎黑。較正確。

㈥ 「荅兒罕」darkhan，在現代蒙古語中有兩個同音字。一是銀匠、鐵匠一類的匠。一是指被免除勞役賦稅的功勳。前者與本文無關，後者纔是我們所要討論的。此一尊稱或來自突厥語。秘史一八七、二一九兩節，有封功臣爲「荅兒罕」九次犯罪不罰的記載。陶宗儀於其輟耕錄卷一云：「荅剌罕譯言一國之長，得自由之意，非勳戚不與焉。太祖龍飛日，朝廷草創，官制簡古，惟左右萬戶，次及千戶而已。丞相順德忠獻王哈剌哈孫之曾祖啓昔禮以英材見遇，擢任千戶，賜號荅剌罕。至元壬申，世祖錄勳臣復拜王宿衞官襲號荅剌罕。」在本世紀中蒙古封建制度崩潰之前，各旗王公對其勳舊，恆授以 darkhan 之稱謂，免其賦稅及勞役，於旗中舉行各種隆重典禮時，其坐次恆在現任其原職者席次之上，以示殊榮。滿洲興起後，對於最初合謀併力於明的蒙古貴族奧巴台吉 Obo'a Taiji 之裔，結以姻婭之好，並封爲達爾罕 darkhan 親王，足證此一尊號的地位是相當崇高的。

姚師前註：元初荅剌罕略考。㈠秘史荅兒罕，一作荅剌罕，原文蒙古音作darkhan。秘史此節「荅兒罕」，旁譯，說是「自在」者；實在可譯作「自由自在的王公。」㈡秘史中所述荅剌罕享有的特權，有以下幾點。(a)秘史第一八七節（卷七，頁二下至五），成吉思可汗對巴歹，乞失里黑說：「你二人有大功勳。……直至子孫都爲荅剌罕，自在快活。(b)「厮殺時搶的財物，可以隨得隨有；打獵時獲的野獸，可以隨捕隨收；不許別人分拿，盡自已要者。」（以上卷七）。(c)秘史第二一九節又說：「成吉思可汗對鎖兒罕失剌，說：「篾兒乞惕（人）的薛凌格河地面，作爲你的封地，使你爲荅剌罕，自在下營。」（以上卷九）。(d)成吉思可汗的命令又說：「鎖兒罕失剌、巴歹，乞失里黑，封你們爲

「自在者」。擄捕敵人時所得的財物，可以隨得隨取；圍獵時捕捉的野獸，可以隨殺隨拿。」(e)又說：「如今你們三人成了我的左右手，特准佩帶弓箭，喝盞，九次犯罪，不要罰；並教自在快活。」（同上卷九）。㈢陶宗儀輟耕錄（卷一）對荅剌罕的解說。荅剌罕譯言「一國之長，得自由自在之意」；非勳戚不與焉。」㈣元史（一三六）哈剌哈孫傳：「曾祖啓昔禮（即乞失里黑）始事王可汗。王可汗謀害太祖，啓昔禮潛以其謀來告，……還攻滅王可汗，併其衆。擢啓昔禮爲千戶，賜號荅剌罕。……」㈤元文類（二十五）劉敏中丞相順德忠獻王哈剌哈孫碑說：「曾祖啓昔禮……謚忠武。遇太祖皇帝於飛龍見躍之際，知〔王〕可汗將襲之，趨告帝爲備。大敗之。以功擢千戶，賜號荅剌罕，譯言一國之長。帝謂侍臣曰：「是人告我，殆天所使，我許爲自在荅剌罕矣！」㈥元馬祖常石田集（十四）太平王燕帖木兒碑曰：「荅剌罕、華言世貸之也。」（又見蘇天爵的元文類卷二十六）。十三世紀蒙古人所設置的荅剌罕，以及荅剌罕的特權，從上所引諸文中，可以得知大概。

㈦「領主」原文作「那顏」noyan，原旁譯作「官人」。noyan 一語，在這裏表示也客扯連是主子，而把歹、乞失黎黑二人是他的隸民、奴隸或屬民。故譯之爲領主。

第五十二節

合不勒可汗統轄了全部蒙古㈠。在合不勒可汗之後，〔按照〕合不勒可汗的話，雖然他自己有七個兒子，却使想昆·必勒格的兒子俺巴孩可汗㈡統轄了全部蒙古。

㈠「蒙古」原文作「忙豁里」，原旁譯作「達達」。「忙豁里」Mongghol，i是表示受格的接尾語，故其本字當爲「忙豁勒」，即蒙古。這是「蒙古」一詞在秘史中，除標題及第三節之人名「忙豁勒眞•豁阿」以外，第一次的出現。由忙豁勒眞•豁阿之名，可知「忙豁勒」一詞早就存在。它在這裏的出現。是說明合不勒可汗曾統一了這同一血緣的人們，因此纔有 khamugh Mongghol（普——達達）一語寫在這裏。或者這是說明蒙古各族達成了一次規模較大的氏族聯合。有人以爲契丹以鐵爲號，女眞稱金，蒙古乃以銀爲名，但皆爲揣測之詞。根據一位蒙古學者 Erinchen Kharadaban 的說法，Monggol 一字是「永存不朽」Möngke 與「中心」ghol 二字相拼而成的，其意義爲永存之中心。

古時這狹義的蒙古原與其同一血緣、語言、文化之塔塔兒 Tatar 族爲鄰。塔塔兒部常與金人往來或交戰，故漢人乃以其名，概括與塔塔兒同一血緣文化的各部族，而稱之爲達達或韃靼，如蒙韃、白韃靼、黑韃靼等等。合不勒可汗的蒙古，就屬於這黑韃靼的範圍之內。明人仍之，稱東部蒙古爲韃靼，以別西北蒙古的瓦剌（Oirad 斡亦剌惕）一族。

㈡想昆•必勒格與俺巴孩的關係，本節明確的指爲父子；而四十七節似作兄弟。按蒙語原文推究，本節記載是詳明無誤的；而四十七節的記事則爲「察兒孩領忽—因　可溫　想昆•必勒格　俺巴孩壇」，似有文字脫落之嫌。按秘史的筆法——尤其是本節——凡「兒子」的複數，都是可兀惕 kö'üd，其旁譯是「子每」。獨在此處於作「可溫」旁譯作「子」。可見四十七節的記載應是察兒孩、領忽的兒子想昆•必勒格……〔和他的兒子〕……俺巴孩等」纔對。同時按本節的記載來推察，見知第四十七節似有文字脫落，而造成了兩人關係的混淆不清。

第五十三節

在捕魚兒㊀、濶漣㊁兩湖之間兀兒失溫河㊂有阿亦里兀惕〔族〕、備魯兀惕〔族〕塔塔兒人。俺巴孩可汗把女兒嫁給〔他們〕，並且親自把女兒送去。塔塔兒的主因人㊃捉住俺巴孩可汗，送給漢地㊄金國㊅皇帝。臨行的時候，〔俺巴孩可汗〕派遣別速台氏的巴剌合赤傳來話說：「去對合不勒可汗七個兒子之中的忽圖剌㊆，對我十個兒子之中的合荅安太子說：『我身爲萬民的可汗，國家的主人㊇，〔竟因〕親身去送自己的女兒，以致被塔塔兒人擒拿。要以我爲戒！你們就是把自己的五個手指甲磨掉，十個手指頭磨斷也要儘力報我的仇！』」㊈

㊀ 捕魚兒 Büyir 或 Büir 湖，即今內部呼倫—貝爾 Kölön-Büir 盟之貝爾湖（亦作貝爾池）。湖中產魚甚多，或者就是被稱爲捕魚兒海子的原因。

㊁ 濶漣 Kölön 湖即今呼倫—貝爾盟境內之呼倫湖。

㊂ 兀兒失溫 Urshi'un 河，此河即南連貝爾湖北接呼倫湖之阿爾順果勒河（亦稱烏爾順河），此一地區爲全蒙古有名水草豐盛的地方，河中亦產魚。黃金史（三十頁）作 Uruskhu Mören。

㊃ 「主因人」原文作「主因亦兒堅」，旁譯「種、百姓」，即「主因人」。據王國維先生的研究，主因人也即是金朝當年的邊防軍，「乣軍」的一部份。

㊄ 「漢地」原文作「乞塔敦」即「乞塔惕」Kitad 之所有格形。也就是種族名契丹 Kitan 的複數型。

它是遼朝本身，並包括其屬下，北方諸民族，所用的國號。因其國土包括華北，蒙古人也就用它來稱呼這一塊領土和住民。這就是元人稱華北人爲漢人 Kitad，江南人爲南人 Nanggiyad，和歐洲人稱中國爲 Cathay 的由來。今日這一個字在蒙古語中仍是漢民族的通稱。

(六) 原文作阿勒壇 Altan 即黃金之意，乃是指金國，金帝而言。Altan 在女眞——滿洲語中爲 Ayisin 或 Aisin 即「愛新•覺羅氏」之「愛新」的來由。

(七) 忽圖剌 Khutula 人名。秘史四十八，五十一兩節中均有可汗的尊稱。本節則無，若以五十二節之記事考之，則忽圖剌彼時尚未被立爲可汗。他被推擧爲可汗之故事記載在五十七、八兩節。多桑蒙古史（馮譯本上册三十九頁）作忽必來 Khubilai。並稱：「俺巴孩既死，其宗親謀復讎。其子合丹太師 Khadan-taishi 與合不勒汗子忽必來汗，合不勒汗孫及成吉思可汗父也速該•把阿禿兒，約合擊女眞。忽必來在諸兄弟中爲最勇，遂繼合不勒汗位」。

(八) 原文爲「合木渾　合罕　兀魯孫　額氈」khamugh-un khan ulus-un ejen，原旁譯是「普的皇帝，國主人」。Khamugh-un khan 可以譯爲萬有或萬民的可汗。Ulus-un ejen 即一國之主。Ulus 有部衆和國家的雙重意義。現代阿爾泰學家多以 ulus 一字來代表游牧國家。本節是國或 ulus 一字在秘史中首次出現。可見在俺巴孩汗時代。蒙古游牧國家的雛型已經形成，所謂「至尊」的概念似亦開始。這可能就是金人要擒獲俺巴孩可汗，而處以死刑的主要原因。

(九) 關於蒙古與塔塔兒部交惡的歷史，多桑書所載較詳，但亦頗有出入，玆錄之於左，以供參考：

「合不勒汗之妻弟賽因•的斤 Sayin-tekin 遘疾，延塔塔兒部之珊蠻治之，不效而死。其親族追及珊蠻，殺之。塔塔兒部人怒，起兵復讎，合不勒諸子助其母族與之戰，未詳其勝負。其後海都曾孫俺巴孩可汗泰亦赤兀部之長也，求妻於塔塔兒部，塔塔兒人執之以獻金帝，女眞帝方挾前此合不勒汗殺使之忿，乃釘俺巴孩於木驢上，此蓋專懲遊牧叛人之刑也。」（馮譯本上册三十八頁）。

第五十四節

那時也速該・把阿禿兒正在斡難河放鷹行獵，〔恰好〕遇見了篾兒乞惕族的也客赤列都㈠，剛從斡勒忽訥惕族迎娶〔一個〕女子回來。一看果然是個容顏特別〔美麗〕的貴夫人㈡。〔他〕看見了就急速轉回家去，帶着他哥哥揑坤太子，弟弟荅里台・斡惕赤斤〔返回〕來了。

㈠ 也客赤列都 Yeke-chiladu 人名。多桑蒙古史於也速該妻月倫額格之註解中，稱之爲塔塔兒人（馮譯本上册四〇頁）。蒙古源流亦稱之爲塔塔兒人。成吉思可汗傳及黃金史綱則稱之爲泰亦赤兀惕族人；黃金史綱更稱其名爲 Ersiltü。惟證以此後之史實，則應以秘史所載者爲正確。黃金史所記與秘史同。

㈡ 原文作「合禿」，旁譯作「婦人」。khatu 即 khatun，乃皇后、王妃、貴族妻子之總稱。一般人之妻則稱之爲「格兒該」gergei。在現代語中 khatun 仍是夫人或太太之謂。白鳥庫吉曾作「可汗及可敦名稱考」，見東洋學報十一卷之三。

第五十五節

〔他們〕一來到，〔也客〕赤列都就害起怕來，〔他〕正騎着一匹快黃馬，就打那匹黃馬的後腿，越過山岡去躲避。〔那〕三個人〔也〕從他後面隨卽趕來。〔也客〕赤列都〔剛〕拐過山嘴，〔又〕囘到他車子那裏來的時候，訶額侖・兀眞㊀說：「你看出那三個人嗎？〔他們的〕臉色不對，有要害你性命的臉色啊！每輛車子的前沿上都有個閨女；每輛黑車的〔篷子〕裏都有貴夫人。如果你的性命得以保全啊！你一定還能得着閨女和夫人啊！你可以把一個叫別的名字的〔人〕，再叫做訶額侖！你〔快〕逃命！聞着我的味兒走吧！」說着就脫下自己的衫兒〔給了他〕。〔他〕剛從馬上探着身子接過來；〔他們〕三個人已經拐過山嘴前追上來。〔也客〕赤列都趕快打着那西黃馬的後腿，急急忙忙逆着斡難河，逃走了。

㊀「訶額侖・兀眞」 Kö'elün Üjin，成吉思可汗母親的名字。元史太祖本紀作宣懿太后月倫。在 Kö'elün 字首的 k 音在元朝成立後已逐漸消失，故讀爲月倫 Ö'elün。在許多蒙文史料中多作 Ögelün，g 是雙母音的標記，可不發音。「兀眞」 üjin 卽漢語夫人之轉音。蒙古語中無 f 音，在十三、四、五世紀中多以 u 或 w 代之。今則一律以 p 字代之。滿洲語稱「夫人」爲福晉，轉成蒙語就成了 püjin。

第五十六節

三個人從後面追趕，一直追過了七個山岡，才返囘來。也速該・把阿禿兒牽着訶額侖夫人〔車子」的轡索，他哥哥揑坤太子領着路，他弟弟答里台・斡惕赤斤靠着車轅走，訶額侖夫人說：「我的哥哥㈠赤列都啊！逆着風，飄散着頭髮㈡，在曠野餓着肚皮，現在〔不知道〕怎麼樣了？好像兩個練椎㈢一個垂在我的背後，一個垂在我的胸前，一個向前，一個向後。〔我〕這是幹什麼去呀？」說完就大聲哭起來，把斡難河〔水〕都震起波浪，把山谷森林都震出回音。荅里台・斡惕赤斤在傍邊勸〔她〕說：「你所摟抱的〔人〕已經越過了好些山嶺；你所痛哭的〔人〕已經渡過了許多河川。大聲呼喊啊，〔他〕也不能回顧再把你看見；追尋踪跡啊，你也不能找着他的路徑。住了聲吧！」於是也速該就把訶額侖夫人帶到自己家裡來了。也速該娶訶額侖夫人的經過就是如此。

㈠ 原文作「阿合」akha，原旁譯爲哥哥，原總譯作「丈夫」。此字在文字上雖爲「哥哥」，但用於夫妻之間，則爲妻對於丈夫的膩稱，以示親愛之意。今日亦然。

㈡ 原文作「客古里」 kegüli，原旁譯作「鬢攣」，原總作頭髮。kegüli 在現代語中是髮鬢。按「鬢攣」似爲結在兩鬢或耳旁的髮結，也就是華北一帶所謂的「抓髻」。邱處機弟子李志常所寫如「長春眞人西遊記」說：「男子結髮，垂兩耳。」（王國維蒙古史料四種本總頁二六九——正中版）。彭大雅黑韃事略說：「其冠被髮而椎髻。」（蒙古史料四種本，總頁四七八）。都是指「鬢攣」說的。這些記載都與 William Rubruck 等西方旅行家所記，蒙古人剃頂上之髮，而留四周，並垂其兩鬢之髮者相同。

㈢ 原文作「失不勒格兒」shibülger 原旁譯作「練椎」。蒙漢滿三合（第七册第四十一頁上）shibergel 一字之漢譯爲「蒙古婦人打的練垂」。這就是 shibulger 的音變。直至最近，蒙古已婚婦女將髮中分，編成兩個髮辮，垂於胸前，可能就是古代「練椎」的遺風。

第五十七節

俺巴孩可汗提名合答安、忽圖剌二人的話到達之後，所有的蒙古泰亦赤兀惕㈠族人就在斡難河豁兒豁納黑—主不兒㈡〔地方〕聚會㈢，奉忽圖剌爲可汗㈣。蒙古人快活跳躍㈤，筵宴享樂。推戴了忽圖剌爲可汗之後，〔他們〕跳躍起來，把豁兒豁納黑〔山翼〕一棵枝葉繁茂〔大〕樹周圍附近地方都蹈踏成了到肋骨的路溝，沒膝蓋的塵埃了。

㈠ 秘史在記載這個重要聚會時，只說到所有蒙古泰亦赤兀惕族人，而未提及其他氏族，足證泰亦赤兀惕在當時已經成爲蒙古氏族聯合體中強大的領導氏族。請參照註㈣。

㈡ 「豁兒豁納黑—主不兒」Khorkhonagh-jübür 地名，黃金史作 Khorkhogh-jübür。「主不兒」原旁譯作「川」字，其實它是山翼的意思，而非河川。

㈢ 「聚會」原文作「忽剌周」khuraju。Khura 就是元代宗親大會 Khuraltai，和現代語彙中「國會」khuraltan，這兩個古今政治名詞的語根。此處是「忽剌兒台」，也就是氏族長們及重要貴族的大會，同時也是元史一四六耶律楚材傳所說的宗親大會。（三頁上）

㈣ 這是由「忽剌兒台」大會推戴可汗之記載，在秘史中第一次的出現。按秘史到此處爲止，所記有可汗之號的氏族長，一共有三個人：㈠蒙古孛兒只吉惕氏的合不勒可汗，㈡孛兒只斤分支泰亦赤兀惕的俺巴孩可汗，㈢孛兒只斤的忽禿剌可汗。可見當時蒙古氏族聯合的首長多半是出於孛兒只吉惕主族和它的分族泰亦赤兀惕兩系的。

㈤「跳躍」原文四部叢刊本作「迭先」，旁譯作「跳躍」。錢大昕本作「迭卜先」，是正確的。

第五十八節

忽圖剌做了可汗之後，〔同〕合荅安太子，兩個人向塔塔兒人進軍，與塔塔兒的濶端・巴剌合、札里・不花㈠兩個人㈡廝殺了十三次，也未能報俺巴孩可汗的寃讎。

㈠ 札里不花 Jali-bukha 人名，jali 狡滑之謂，bukha 是犍牛，或牡牛之稱，是智勇兼備的象徵。

㈡ 黃金史（二十四頁）稱忽圖剌可汗、合荅安太子向塔塔兒的 Külten-barkha Ba'atur, Tümüjin-üge, Khori-bukha, Jali-bukha 等四人交戰，以下文觀之，黃金史的記載比較詳盡。

第五十九節

在那裡也速該・把阿禿兒擄獲了塔塔兒部的帖木眞・兀格、豁里・不花㈠等人回來，訶額侖夫人正懷着孕住在斡難河的迭里溫—孛勒荅黑㊁〔地方〕，就在那時候生了成吉思可汗㊂。出生的時候在他右手裡握着髀石㊃般的一個血塊。因爲是擒來帖木眞•兀格之時生的，就起名叫帖木眞㊄。

㈠ 豁里•不花 Khori-bukha 人名，khori 似卽現代語中之 ori，乃精神健壯之謂，bukha 是犍牛。

㈡ 「迭里溫—孛勒荅黑」Deli'ün Boldagh 地名。Deli'ün 或 Deligün 是乳牛的乳房，boldagh 是「丘岡」。十九世紀蒙古名小說家詩人 Injinashi 所寫的著名歷史小說「青史」Köke Sudar 稱之爲 Terigün Boldagh 當爲 Deli'ün 之訛。卡爾馬克 Kalmuck 蒙古史學家額林沁•喀爾達班 Erinf chen-Kharadaban 之名著成吉思可汗傳稱：「迭里溫—孛勒荅黑係指丘陵地而言。故 Banzarof-（也是卡爾馬克蒙古族的知名學者）踏查之結果，其地在斡難河流域 Chindan 村以上，Yeke-aral 對面右岸。位置約爲北緯五十度，東經一三二度之處。」一九二九年，伯爾格來得出版，日譯本二十五頁註二。

姚師前註：按成吉思可汗降生地點，今地位於何處？尙在學者追尋研究中。現在再列擧所已知者，作爲上文的補充。（一）聖武親征錄：「還駐軍跌里溫盤陀山，時我太祖聖武皇帝始生。」（王國維校注本，頁一下。）（二）洪鈞元史譯文證補（卷一上，十九頁），作「回軍駐於「迭溫•布兒荅克之地，」適謌倫，額格（母親）生子，因名曰帖木眞，誌武功也。」洪氏於「之地」下作註說：「秘史迭里溫、孛勒荅黑山，音是。西人譯黑字音，每重讀成克。」又說：「俄羅斯人訪查其地，在斡難河右岸。今地名猶如故，在曷克阿拉耳河洲（當卽 Yeke Aral）之上，十四華里。」（三）那珂通世：成吉思汗實錄（卷一，頁三七）說：「成吉思汗生地是迭里溫孤山。」下面註文說：「近有俄羅斯商人，居於捏兒臣思克者，名裕琳思奇，尋得此地，在斡難河右岸，也客阿剌洲之上，十四華里。」（四）屠敬山先生蒙兀兒史記（卷一，頁十七，）採自上列證補與實錄二書，與那珂氏文全同。（五）多桑蒙古史第一卷，第二章，（馮譯本頁四〇）說：「一一五五年也速該戰勝塔塔兒，殺其長二人，其一曰帖木眞•斡格(Temoutchin-oga)。及其還也，其一妻名月倫（雲）•額格（母），適在迭里溫，孛勒荅黑山附近之地，生一子，名曰帖木眞，誌武功也。」註文又說：「孛勒荅黑，蒙古語猶言丘陵，故中國載籍作「跌里溫、盤陀」。此陵在斡難河畔，見 Timckowski 行紀，第二册，三二六頁。」（馮承鈞譯本上册，第四十頁。）

㈢

成吉思可汗誕生年月日，秘史中並無記載可尋。黃金史（第二十五頁）稱：「壬午年（一一六二）孟夏月十六，日月圓滿之日 Ulaghan Tergel Edür，卯時，成吉思可汗誕生了。」蒙古源流（箋證本卷三，六頁下）稱可汗誕生之年爲壬午年。黃金史綱（六十八頁）之記載亦爲壬午年，並稱也速該彼時正三十七歲，Rashipongsugh 書（第二十二頁）稱：「佛誕後二千一百八十九年壬午年，孟夏月，日月圓滿之日（tergel edür），在斡難河迭里溫孛勒荅黑〔誕生〕。青史並蒙古民間之傳說均爲壬午年四月十六日，並以是日爲成吉思可汗祭日之一。但可汗大祭日，則爲陰曆三月二十一日，相傳這是可汗克服一大危機，轉敗爲勝之紀念日。

姚師前註：關於成吉思可汗的生年與月、日，秘史此節雖言及生地，但也未明說究在何年。關於此一問題，現有兩說。一爲壬午年說，（也就是六十六歲說，）舊元史，親征錄，蒙古源流，黃金史，多桑蒙古史等主之。就中以近年（民國四十六年）程發軔先生的成吉思汗年歲考，主張尤爲明顯。一爲生於乙亥說，（一曰七十二歲，卽是生於猪年，死於猪年說，）拉施特書，元史譯文證補，蒙韃備錄，蒙兀兒史記等主之，以洪鈞太祖年壽考異爲代表。我是相信生於猪年說的。（理由另文述說，實在，洪鈞太祖年壽考異言之已詳，無可置疑。）

㊃ 原文爲「失阿」shi'a 旁譯作「髀石」。這是指牛、羊及黃羊蹄與腿骨相接處之髀骨而言。蒙古人用它爲玩具。這裏所說的當指體積最小的黃羊髀骨而言。

㊄ 「帖木眞」Temüjin。成吉思汗名。惟黃金史一書作 Tümüjin。其眞意今已不得其解。多桑蒙古史稱：「鐵木眞一名，根據夏眞特書後附元史字彙，在蒙古語中猶言精鐵。此名曾與突厥語之鐵木兒赤相混。鐵木兒赤，鐵工也。由是人遂以爲成吉思可汗曾作鐵工。觀希臘史家帕基邁兒 Pachymeres 阿剌壁史家、諾外利，傳教師魯不魯乞，阿美尼亞王海屯等之所記，可以見已。此說現在蒙古人中似尚存在。」（馮譯本上册四十頁小註）。

斯欽按：此說就蒙古人觀點言之，乃純屬無稽之談。

姚師前註：鐵木眞的命名，應依從布勞色 Blochet 與拉底米兒索夫 Vladimirtsov 兩家的說法：可視爲古代蒙古的一種習俗，旨在紀念武功，並無其他意義。

第六十節

也速該．把阿禿兒的訶額侖夫人生了帖木眞、合撒兒、合赤溫、帖木格這四個兒子，一個名叫帖木侖的女兒。帖木眞九歲的時候，拙赤．合撒兒㊀七歲，合赤溫．額勒赤㊁五歲，帖木格．斡惕赤斤正是一個三歲的小老虎㊂，帖木侖還在搖籃㊃之中㊄。

㈠ 拙赤・合撒兒 Jochi-Khasar 人名，黃金史亦作 Jochi-Khasar，Khasar 乃猛犬之意。

㈡ 合赤溫・額勒赤 Khachi'un-Elechi 人名。Elechi 是「使臣」之意。

㈢ 原文作「忽難」，原旁譯為「三歲」。按 ghunan 乃三歲小牛犢之意。在此這一個字，是表示對小帖木格・斡惕赤斤的一種憐愛。「斡惕赤斤」是幼子或末子之稱，已見前註。

㈣ 「搖籃」原文作「斡列格台」ölgeitei。這是一塊二尺多長的木板，下面有兩個弓形的木條，使它易於搖盪。兩旁有孔，可以穿帶。把嬰兒縛在板上搖撼催眠，這種方法可以使幼兒腰腿，發育正常云。這種搖籃就是彭大雅在黑韃事略中所記的「孩時束以板，絡之馬上，隨母出入」的那種板子。（蒙古史料四種本總頁四九八）。

㈤ 關於訶額侖夫人所生諸子，蒙古史料黃金史與蒙古源流所記均與秘史同；惟成吉思可汗傳所記，略有訛誤，作 Temüchin, Khasar, Khachughu, Öchügü 四人。黃金史綱（六十八頁）稱，也速該三十七歲時，訶額侖夫人生帖木眞，三十九歲甲寅年生合撒兒。帖木侖則為也速該三十八歲時由別勒古台之母 Mangkala 所生之女。

蒙古在革命前，貴族十分之八九均屬於孛兒只吉惕一族。其中成吉思可汗之裔最衆。次為合撒兒系。再次則為其異母弟之別勒古台系。最少為合赤溫之裔。僅內蒙昭烏達盟翁牛特左右兩旗之貴族屬之。斡惕赤斤之裔在長年的內爭戰亂中消失絕跡。內蒙卓索圖盟喀喇沁等旗之貴族自稱為成吉思可汗的四傑之一，功臣者勒篾之裔，以兀良哈為姓，並以「塔布囊」tabunang（即駙馬之謂）為其尊稱。言其先世屬於成吉思可汗女兒之裔。但黃金史（六十八頁）稱：帖木侖之夫巴禿 Batu 塔布囊之裔，為喀喇沁 Kharachin 衆塔布囊之祖。其間相異之處容後日考之。

第六十一節

在帖木眞九歲的時候，也速該・把阿禿兒爲了〔給他〕從他母舅家，找一個女兒〔定親〕，就帶了帖木眞去他母親訶額侖的娘家㊀，斡勒忽訥兀惕㊁人那裡。走在扯克徹兒、赤忽兒古兩〔山〕之間，遇見了翁吉剌惕族㊂的德・薛禪㊃。

㊀「娘家」原文作「脫兒古惕」，原旁譯只作一「家」字。Törküd 乃 törküm（娘家）之複數形。在現代語中，此一複數形之 törküd 已不見使用。當時蒙古的族外婚姻制度是以氏族爲對象，故以 törküd 一語，代表其氏族的全體。

㊁斡勒忽訥兀惕 Olkhunu'ud 氏族名。據 Vladimirtsov 之研究，這一氏族曾附屬在翁吉剌惕 Onggirad 族之內。（見蒙古社會制度史日譯本一〇七頁本文及小註一）。

㊂翁吉剌惕 Onggirad 氏族名。黃金史（二十九頁末行）作 Khonggirad。喀喇沁本蒙古源流（日本羅馬字音譯本第二部七頁）作 Khonggirad。成吉思可汗傳（七頁第五行）亦作 Khonggirad。柯立夫 F.W. Cleaves 教授於其研究元末諸碑文中之 "The Sino-Mongolian Inscription of 1338"（H. J. A. S. Vol. 14, 1951）一文之註解中，曾提及該碑漢文作雍吉剌蒙文作 Qunggirad 云。翁吉剌惕族金史稱爲廣吉剌，當時已爲金朝北邊的一個强敵。請參照外山軍治的金朝史研究四七四—五頁。元史作弘吉剌。

㊃「德•薛禪」 Tei-sechen 人名。見元史卷一一八列傳五，特•薛禪傳。Sechen 賢者之義，有時作尊稱用。已詳見第四十七節註㊂。

第六十二節

德•薛禪說：「也速該親家㈠上誰那裡去？」也速該•把阿禿兒說：「要到我這個兒子的母舅家，斡勒忽訥兀惕人那裡，去求一個女兒來。」德•薛禪說：「你這兒子是個眼中有火，臉上有光㈡的孩子啊！」

㈠ 原文作「忽答」khuda，原旁譯作「親家」，卽兒女親家之稱謂。據秘史六十四節所記德•薛禪所說的話，和元史特薛禪傳，后妃、公主表的記載都可證明，翁吉剌惕與乞牙惕（或孛兒只吉惕）兩氏族之間，是由交換親而結婚姻契約的。這就是德薛禪逕稱 khuda（親家）的原因。

㈡ 原總譯作「眼明，面有光」。今按蒙語譯爲「眼中有火，臉上有光」。這句話至今仍是一句常用誇獎孩子們的諺語。意思就是「目光烱烱，熱情揚溢」，活潑熱情的孩子。蒙古人是不喜歡冷面孔的孩子的。

姚師前註說：「元史三四，孟速思傳：『畏兀人，世居別失八里。幼有奇質，年十五，盡通本國書。太祖一見大悅曰：此兒目中有火，他日可大用。……』可知『目中有火』是當日引人注意的特徵之一。」

第六十三節

「也速該親家！我夜裡做了一個夢，〔夢見〕白海青抓着太陽和月亮，飛來落在我的手臂上。〔我〕把這個夢講給人說：『太陽和月亮〔只〕是能望得見的；如今這個海青却拿着來落在我的手臂上，白〔海青〕㈠降下來了。這是要叫〔我〕看見甚麼好〔預兆〕呢？』也速該親家！我這個夢，原來是叫你帶着你的兒子前來的預兆啊。夢做的好！〔這〕是甚麼夢呢？〔必〕是你們乞牙惕人的守護神㈡前來指教的。」

㈠ 原文作「察罕 保兀罷」，原旁譯作「白 下了」。這一句話自文義上言之，chaghan 及 bo'uba 二字之間，似脫落 shingkhur（海青）一字。黃金史(二十九頁第六行)作 ghar tur minü gegen chaghan bolghaba。譯言之則爲「使我手臂上有了白色的亮光」。若以此推之，這一個字也可能是 gerel（光亮）。但就本節所見文字，加補「海青」一辭。

㈡ 「守護神」原文作「速勒迭兒」sülder，原旁譯及總譯均作「吉兆」。蒙漢滿三合（第七冊八十八頁上）有 süldetü 一字，其漢譯爲「有福祉」。按 sülde 一字，又爲軍中之大纛旗，它象徵全軍的守護神。拉地米爾索夫於其成吉思可汗傳（日譯本六十八頁）及蒙古社會制度史（日譯本三三〇頁）均曾論及之。在內蒙伊克昭盟的成吉思可汗陵寢，有可汗之大纛旗一座，其尖端爲一鋼矛，下綴黑犂牛尾，其名蒙語作 Ejen sülde。它有四個副纛旗，稱爲 Elchin sülde。它們象徵着保衞蒙古民族的守護神靈和他的使者，每年均有祭典，奉祀不絕。革命前內蒙各旗，亦均有神秘之地，奉祀成吉思可汗遺物，或祖先之遺物，謂之 sülde，象徵成吉思可汗的神威，並爲各旗的守護神。故譯 sülder 一字爲「守護神」。成吉思可汗傳（第六頁下第五行）及喀喇沁本蒙古源流（日譯本原文第二部第七頁）均於論及此一故事時，使用 sülde 一字，以代「速勒迭兒」。

第六十四節

「我們翁吉剌惕人自古就是：
外甥們相貌堂堂，
女兒們姿色嬌麗。
「我們不與別人爭國土，
但叫那臉兒艷美的女兒們，
坐在你們可汗人家的高輪車裡，
駕上黑色的駱駝顛顛的跑着去，
一同坐在可敦們的坐位裡。
「我們不與別人爭百姓，
但叫容顏美麗的女兒們，
坐在〔你們可汗人家〕有沿的〔蓬〕車裡，

駕上青色的雄駝嫁送出去，
並肩的坐在高位相連的席次裡。
「我們翁吉剌惕人〔自古〕就是，
夫人們都有圍屏㈠，
女兒們都有侍者㈡；
外甥們相貌堂堂，
女兒們姿色嬌麗㈢。」

㈠「圍屏」原文「哈勒合壇」khalkhatan，原旁譯作「圍牌每」。白鳥庫吉本之旁譯作「圍牌（有的）每」。按 khalkha 一字是屏障之意。小林高四郎曾查「至元譯語」一書的「車器門」，得其解爲「傍牌」，乃摭蔽貴家女子身體之物。（見小林譯「蒙古之秘史」第二十三頁）。故譯爲圍屏。

㈡「侍者」原文「斡赤勒田」öchilten，原旁譯爲「奏事的」。白鳥庫吉於其書中再加了一個「每」字。按 öchi 是「回答」。或「口供」之意。Öchilten 應是「傳達之人」，故譯爲侍者。

㈢德•薛禪的這一段話與前節中「親家」的稱謂，都是翁吉剌惕與乞牙惕兩族之間，有長期互換婚姻的證明。

第六十五節

「我們的男兒，要看他出身何處㈠；我們的女兒，要看她的姿色。也速該親家！到我家去吧。我的女兒還小呢。親家〔你〕看看吧！」說着德・薛禪就〔把他們〕領到他自己的家裡住下了。

㈠ 原文作「嫩禿黑」nontugh，現代語作 notugh，原旁譯作「營盤」。在現代語中它是原籍或故里之意。清代官文書中譯爲「游牧」，即某部某旗游牧地之意。

第六十六節

〔也速該〕一看他的女兒，〔果眞〕是個臉上有光，目中有火的女孩子，正合了自己的心願。〔她〕比帖木眞大一歲，有十歲了，名字叫做孛兒帖㈠。當夜住下，明天〔向德・薛禪〕求他的女兒，德・薛禪說：「多求幾遍，纔許給啊，會被人尊敬；少求幾遍，就許給啊，要被人輕看。〔但〕女兒家的命運，沒有老在娘家門裡的。把我女兒給〔你們〕吧。把你兒子當做女婿〔給我〕留下，回去吧。」這樣約定，也速該・把阿禿兒說：「把我兒子〔給你〕留下做女婿㈡。

我兒子怕狗。親家！可別叫狗嚇着我的兒子呀。」說了就把自己的從馬㈢，當作定禮給了，把帖木眞〔給德・薛禪〕留下當做女婿，〔自己〕回去了㈣。

㈠ 孛兒帖 Börte 人名，有若干蒙文史料稱爲 Börtegeljin。元史稱：「太祖光獻翼聖皇后・名旭眞，弘吉剌氏，特薛禪之女也」。卷一一四，有簡傳。元史一一八特薛禪傳則稱：「特薛禪女曰孛兒台，太祖光獻翼聖皇后。」較后妃傳中所記正確多矣。

㈡ 這是全部秘史中，唯一記載婚前把兒子留在岳家之處，拉地米爾索夫拿這一個故事，來說明這是母權制的遺跡。（見日譯本蒙古社會制度史一〇八頁）。

㈢ 「從馬」，原文作 kötöl mori，就是在出征或旅行時預備輪替的馬匹。徐霆在「黑韃事略」裏說：「其……頭目人騎一馬，又有五六匹自隨，常以準備緩急，無事亦須一二匹。」（蒙古史料四種本五〇二頁）。馬在蒙古游牧生活中，是居五種家畜——馬、牛、駝、羊、山羊之首位，而受重視。在訂婚時，馬一定是定禮的一種。

㈣ 按蒙文文法此處不能分段。

第六十七節

途中也速該・把阿禿兒在扯克扯兒的失剌—客額兒㈠，遇見塔塔兒人正在筵會。〔因爲〕渴了，就下馬入席。那些塔塔兒人認出來〔他〕說：「乞顏〔氏的〕也速該來啦！」就想起以前曾被虜掠過的寃讐，暗算〔他〕，給〔他在食物中〕摻入了毒藥。〔也速該〕在路間覺得不好過，走了三天，到家之後，就〔更〕壞了㈡。

㈠ 失剌—客額列 Shira-ke'er 地名。字義是黃野原。

㈡ 此處依文法，不可分段或分句。

第六十八節

也速該・把阿禿兒說：「我〔心〕裡不好受！有誰在跟前？」〔有人〕說：「晃豁壇氏㈠察剌合老人的兒子蒙力克在跟前。」就叫〔他〕前來，說：「我的孩兒㈡蒙力克㈢呀！〔我的〕兒子們還小呢！我把我兒子帖木眞當做女婿留給〔人家〕，回來的時候，路上被塔塔兒人暗算了！我裡面不好過！你要關照你那年幼被遺留下的弟弟們，〔和〕你那寡居的嫂嫂！我的孩兒蒙力克！快去把我的兒子帖木眞帶回來！」說罷就去世了。

㈠ 晃豁壇 Khongkhotan 氏族名。四部叢刊本作「晃豁塔歹」 Khongkhotatai，就是晃豁壇氏族之

第六十九節

蒙力克沒有違背也速該•把阿禿兒的話，就去對德•薛禪說：「也速該哥哥非常想帖木眞，心都疼了。〔我〕來接帖木眞〔回去〕。」德•薛禪說：「如果親家想念他的兒子啊，就叫〔他〕回去，看看〔再〕回來吧。」於是蒙力克老爹㊀就把帖木眞帶了回來。

㊀「老爹」原文作「額赤格」echige 原譯「父」字。此字與 abu 同。秘史在這裏稱蒙力克爲「額赤格」，是表示崇敬前輩的意思，等於漢語中的「父執」之意。也就是俗語中的「老爺子」。今日在蒙古社會中對於老者仍時常稱之爲 abu，以示敬重。烏玆別克汗阿不爾•戉西 Abu'l Gazi Baghatur Khan 於其所著之突厥族譜 (Geneology of the Turks) 一書中，因此一稱謂，訛稱訶額侖曾再嫁於蒙力克。小林高四郎氏亦曾寫「成吉思可汗生母再歸說之否定」一文，發表於善鄰協會調查月報第四八號詳論其事。秘史第六十八節說也速該稱蒙力克爲「孩兒」，本節中蒙力克稱也速該爲哥哥 akha，而一般則稱他爲「老爹」都證明蒙力克與也速該的關係，是非常密切的。參照本卷一〇三節註㊀。

第七十節

那年春天，俺巴孩可汗的可敦，斡兒伯與莎合台兩個人，在祭祖之地㊀，燒飯祭祀㊁，訶額侖夫人到晚了。因爲沒有等候她，訶額侖夫人就對斡兒伯、莎合台兩個人說：「因爲也速該•把阿禿兒已經死了，我的孩子們還沒有長大嗎？你們爲什麼在分領祭祖的胙肉㊂和供酒㊃之時，故意不等我呢？你們眼看着，連吃也不〔給〕，起營也不叫了！」

㈠「祭祖之地」，原文作「也客薛　合札魯」yekes-e ghajar，原旁譯作「大的每行　地裏」。yekes 是大人們或祖先們之意。「合札魯」之原旁譯作「地裡」，可能是合札剌 ghajar-a 之訛。查其原意，當爲祭祖先之地。謝譯達木丁蘇隆本作「祭祀祖宗大地」，並於括弧內註解爲「祖宗的墓地」。直至本世紀上半期，蒙古各旗，對其視爲聖地之處，均建立「敖包」oboo（地方神祇所居之處）而諱其名只稱之爲 yeke ghajar——大地。但王公們置骨之所則稱之爲 ongghon。

㈡「燒飯」原文作「亦捏魯」inerü。明葉子奇「草木子」三卷雜制篇云：「元朝人死，致祭，曰燒飯。其大祭，則燒馬」。現代語對死者焚燒貢之祭品爲 tüleshi。秘史一六一、一七七兩節「做燒飯」一語蒙文則爲 tüleshilen，與現代語合。元史卷七十七祭祀志六，國俗舊禮條云：「凡帝后……有不諱，……葬後，每日用羊二次燒飯以爲祭，至四十九日而後已。」惟燒馬羊以奠死者之事，在十六世紀後半期，蒙古人再度皈依佛教之後，概行停止。據蒙古源流記載，這是奉三世達賴喇嘛的法諭，而罷止的，見該書箋證本卷七，四頁上。

姚師於詮註卷五第一六一節時說：「燒飯」是一種祭祀的節目，蓋起自遼、金時代（第十世紀）。南宋李燾續資治通鑑長編（卷一百十）所說：「朔望節，忌辰日，輒置祭。築臺高踰丈，以盆焚食，謂之燒飯。」即是這一習俗簡單的說明。徐夢莘三朝北盟會編㈢：「女眞死者埋之，而無棺槨。貴者生焚所寵奴婢，所用鞍馬，衣物以殉之；所有祭祀飯食等物盡焚之，謂之燒飯。」也與上文所說義同。因此王國維先生說：「此俗亦不自遼金始。王沈魏書言烏桓葬俗，既有取死者所乘鞍馬衣服，皆燒而送之的事情。然燒飯之名，則始自遼金；而金人尤視燒飯爲喪禮中送死的一件大事，則甚爲顯然。……契丹、女眞既行此俗，蒙古亦當有之。此節說『將我們當做燒飯般撇了』，猶言視我如芻狗也。」（節錄王文大意）。親征錄譯此語說：「彼輩無乃異志乎？」拉施特說：「我今在火坑中，而王汗棄我。」屠敬山先生蒙兀兒史記㈡以蒙古旅行者用新竈，不用舊竈釋之，皆不得其解，玆並不取。（詳見王氏觀堂集林卷十六蒙古札記，燒飯條。）

㊂「胙肉」原文作「客石格徹」 keshig-eche，原旁譯作「分子內」。按 eche 是表示「從」字的接尾語。「客石格」—— keshig 一字，並不是「分子」，而是經過神祇、祖先祝福過，或長輩所賜食品，也可作「恩賜品」或「福澤」解。據前輩親告筆者，淸廷宮廷中，凡皇帝賜蒙古王公之食品，也是一律稱爲「客食」。

㊃「供酒」，原文作「撒兒忽」 sarghu，原旁譯作「胙」字。在現代語中 sarghu 或複數 sarghud，是指祭祀時盛酒之器皿而言的。蒙漢滿文三合第六册十四頁上有 sarghud-un shirege 一語，其僅譯爲「迎門酒器桌」。

第七十一節

對那句話，斡兒伯、莎合台兩個可敦說：「沒有把你請來，給你的道理，你若逢着啊，你纔可以吃！沒有你一來到，就給你的規矩；若賞賜你啊，你纔可以吃！因爲俺巴孩可汗死了，甚至都這樣被訶額侖給呵責了！」

第七十二節

〔又〕說：「你們想法子，把他們母子們撇在營盤裡，〔起營〕遷走！不要帶〔他們〕！」第二天，泰亦赤兀惕族的塔兒忽台・乞鄰勒禿黑㈠，脫朵延・吉兒帖㈡等泰亦赤兀惕人，順着斡難河移動。當〔他們〕把訶額侖夫人母子們撇下，遷走了的時候，晃豁壇氏的察剌合老人前去勸阻，脫朵延・吉兒帖說：「深水㈢已乾，明石已碎！」說完遷移而去。還說：「你憑什麼勸告！」就從背後，把察剌合老人的脓下㈣刺了一槍。

㈠ 塔兒忽台・乞鄰勒禿黑 Targhutai-Kiriltugh 人名，可作胖子乞鄰勒禿黑解。

㈡ 脫朵延・吉兒帖 Tödögen-Girte 人名，卽末子吉兒帖之意。

㈢ 原文作「扯額勒　兀孫」che'el usun 或 chegel usun 旁譯作「深水」。此字小林高四郎氏曾查華夷譯語，得其解爲「潭」字（見小林譯蒙古秘史五十四頁）。惟於蒙漢滿三合第十冊四十三頁上作「不涸淺水泉」解。元史卷一，太祖本紀作：「深水已乾矣，堅石已碎矣。」（三頁下）

㈣ 原文作「卓忽都思」，原旁譯作「脊肉順」。在現代語中，一時不得其解。查黃金史始知其爲 sügü

khudus 二字，（三十三頁第九行）乃腋下之意也。

第七十三節

察剌合老人受傷，回到家裡病痛臥倒，帖木眞前去看望，晃豁壇氏的察剌合老人說：「你賢明的父親所收聚的我們的百姓，全被〔人家〕帶起遷走的時候，〔我〕去勸阻，竟被傷成這個樣子！」於是帖木眞就哭着出來〔回〕去了。訶額侖夫人被〔他們〕撇下遷走的時候，拿着纛旗㊀，親自上馬前去，阻止住一部分百姓；但那些被阻止住的百姓，不能安頓，也隨着泰亦赤兀惕人之後，遷徙走了。

㊀ 原文作「秃黑剌周」toghlaju。togh 是軍旗或大纛旗之意，laju 是把名詞轉成動詞的語尾。今在成吉思可汗陵寢之大纛旗，即蒙古語稱為 Ejen sülde 者（見六十三節註㊂），是以青鋼的槍頭為頂，下繫用黑犁牛尾製成的纓子，故原總譯作英槍。英頭或纓頭至今仍是華北俗語的軍旗，在當時這個纛旗象徵全氏族的守護神 sülde，所以訶額侖夫人用它來感動背叛中的部下，喚起他們對本氏族的內向心。

第七十四節

泰亦赤兀惕兄弟們，把訶額侖夫人寡婦弱子，〔他們〕母子們，撇在營盤，遷移而去。

訶額侖夫人生來是賢能的婦人，
養育她幼小的兒子們，
端正的戴上固姑冠㊀，
沿着斡難河上下奔跑，
揀些杜梨山丁㊁日夜糊口。
母親夫人生來是有膽識的㊂，
養育她有福分的兒子們，
拿着杉木㊃橛子㊄。
〔沿着斡難河上下奔跑〕，
剜紅蒿㊅野葱養㊆育〔子嗣〕。
母親夫人用野蒜㊇野薤㊈養育的兒子們，
終於成了可汗；
能幹的夫人母親用山丹根㊉養育的兒子們，
於成了有法度(十一)的賢人。

㈠原文作「孛黑塔剌周」boghtalaju，旁譯作「固姑冠帶着」。固姑冠是元代貴婦人所戴的帽子，其形長而高，可於故宮博物院所存元代帝后像中見之。此冠今已絕跡，且「固姑」——kükül 一字，在現代語中，是頭頂毛髮，或馬頭上的鬃（見蒙漢滿三合第十二册七十四頁下）。且 boghtalaju 一語，在現代語彙中，是使女兒結婚給婿家，換上婦人的頭飾之意。關於「固姑冠」，江上波夫敎授曾爲「論蒙古婦人帽顧姑」一文，見人類學雜誌五十三卷第六號。

姚師前註說：關於元初固姑冠的形式，製法，趙珙蒙韃備錄（第十六婦女條），彭大雅等黑韃事略（第十五，其冠條），長春西遊記，楊允孚灤京雜詠等，均有記述。大致形如鵝鴨，幔以綾羅，飾以珠花寶石。至元末則上下通插雉尾。圖見淸故宮所存「元代帝后像。」余別有「說元代婦女所戴的固姑冠」，故此處從略。札奇認爲：「固姑冠應作 kügul，此冠今已不用。以上下文觀之，bogtalaju 一字應是將頭梳好，以便勞作。」（此處可參看小林高四郎元朝秘史的研究，頁十八到十九）。

㈡原文「抹亦勒孫」，原旁譯作「果名」。黃金史（三十四頁）此字作 muyilasun。小林高四郎於其「蒙古秘史」（五成員）及「元朝秘史之研究」（三十七頁），曾指出東西洋學者之種種譯法。按斯欽故鄉喀喇沁山中多此樹，muyil, muyilagh, muyilasun 都是它的名字。漢語稱其果爲山丁子。蒙漢滿三合（第十册第六頁下）作 muyil，其漢譯爲「稠李子」。

㈢原文「雪勒速台」sülesütei，原旁譯作「贍有的」，此字在現代語中爲 süsütei。黃金史（三十四頁）作 süldertei，乃有福有威之意。

㈣原文「赤戈兒孫」，原旁譯作「檜木」，惟 chigersün 一字，現在已不使用。黃金史（三十四頁）作 chügüresün 查於蒙漢滿三合第十册八十二頁下作「杉木」。阿拉坦瓦齊爾氏之蒙譯本第二〇頁第四行亦作 chügürsün。

㈤ 原文作「失羅」shiro，原旁譯作「橛子」。黃金史作 shiroa 乃叉子之意。海尼士 E. Haenisch 於其「元朝秘史研究」（二十五頁）謂其蒙古友人 Ischi Dordschi 告之爲烤肉用削尖的木棒，這也是對的。

㈥ 原文「速敦」südün，原旁譯「草根名」。蒙漢滿三合（第七册八十三頁下）有 südü 一字，其漢譯爲紅蒿，並 südüli 一字，其漢譯爲野蒜苗。

㈦ 原文「赤赤吉納」，原旁譯作「草根名」。小林氏於其前述書中論及此字時，曾查忽慧思所撰之飲膳正要卷一菜名之 chichigina 條，其漢譯爲「酸刺」。今 chichigina 一字已轉爲如黃金史所記之（三十四頁第九行） kichigina。其意爲野葱之一種。蒙漢滿三合（十二册四十九頁下）作「狗舌草」解。

㈧ 原文「合里牙兒孫」khariyarsun，原旁譯作「山薤」，其今意爲「野蒜」。

㈨ 原文「忙吉兒孫」manggirsun，原旁譯作「薤」。此字在現代語中爲「野薤」。

㈩ 原文「札兀合速」 ja'ughasu，原旁譯作「山丹根」。小林氏於其前述書（三十七頁）論及此字。謂：飲膳正要卷三解爲「百合」。又謂：羣芳譜引口北三廳志卷五風俗物產志。花之屬，作「一名紅百合，供食用，味少苦」。

㈩㈠ 原文「札撒黑」 jasagh，原旁譯作「法度」。此字在現代語中作「政治」或「政」字解。清代稱蒙古各旗之封建首長爲「札薩克」，即此字。也就是蒙古帝國時代的基本大法，即通稱之「大札撒」或「大雅撒」。蒙古史學家額林沁哈剌達班，於其成吉思可汗傳中論之甚詳，並集合一切有關史料列成條文（與日譯本二五一頁至二六九頁）。沃爾納德斯基 George Vernadsky 博士於其「蒙古與俄羅斯」The Mongols and Russia 中，分爲總綱、國際法、政府軍隊及行政民刑法等章節，詳論

第七十五節

美麗的夫人用〔野〕韮野葱養育的强悍㊀的兒子們，成了〔不知〕畏懼㊁的好漢，成了膂力過人的丈夫，成了鬪志高揚的〔豪傑〕㊂。他們說：「〔咱們〕要奉養母親。」就坐在故鄉斡難㊃河的岸上，整備了釣鈎，去釣有疾殘的魚，用火烘彎了針，去釣細鱗白魚㊄和鰺條魚㊅，結成了攔河網㊆去撈小魚和〔大〕魚。這樣來奉養了他們的母親。

㊀原文「合兀魯合」kha'ulugha，無旁譯。此字與卷1第三十六節之「哈兀魯牙」kha'uluya 屬於同一語根。其意當爲善擄掠的，故譯爲「强悍」。

㊁原文「豁亦剌兀惕」khoyiraghud 無旁譯。此字乃「畏懼者」的複數形。蒙漢滿三合（第四冊八十七下）作 khoyiraghu，其漢譯爲畏縮、狷者。以本句語氣觀之，在 khoyiraghud 1字之上，似脫落了否定詞 bosu。

㊂這一段話，是前第七十四節尙未說完的1部分。

㊃此處稱斡難河爲「額客　斡難」eke Onon，「額客」四部叢刊本，錢本，葉本均無旁註，白鳥本補加

一「母」字。這是說明斡難河水的恩惠對他們的故鄉有如慈母一般。因之蒙古語稱祖國爲 eke oron，故鄉爲 eke notugh 同屬一理。

㈤原文作「析不格」jebüge 原旁譯「無名」。此字今作 jibege 乃「細鱗白魚」之名，（蒙漢滿三合十一册二十七頁上）。

㈥原文「合答剌」khatara，原旁譯僅作「魚名」，蒙漢滿三合（第四册二十七頁下）作「鰺條魚」解。

㈦原文「赤魯箋　古卜赤兀兒」，原旁譯於此二字之旁作一「網」字。小林高四郎氏於其蒙古秘史五十五頁中，稱查華夷譯語韃靼雜字器用門，其「大網」一字爲 kübchigür 云。玆查蒙漢滿三合（第十册三十九頁上）chelme 作「打獸的套網」。göbchüür 一字爲「攔河網」（第四册六十九頁下），故譯爲「攔河魚網」。

第七十六節

有一天，帖木眞、合撒兒、別克帖兒、別勒古台四個人，一同坐着拉魚鈎的時候，一個很亮的小魚入了〔鈎〕。別克帖兒、別勒古台兩個人從帖木眞、合撒兒兩個人奪去了。帖木眞、合撒兒兩個人同到家裡對夫人母親說：「一個很亮的小魚啣了鈎，我們却給別克帖兒、別勒古台兄弟兩個奪去了！」夫人母親說：「不要那樣！你們兄弟之間，怎麼可以那樣？我們除影子以外沒有別的伙伴；除尾巴以外沒有別的㈠鞭子㈡。我們怎麼能報復泰亦赤兀惕兄弟們所加給的苦痛呢？」

〔又〕說：「你們怎麼像以前阿闌母親㊂的五個兒子一樣不和呢！不要那樣！」

㊀ 四部叢刊本原文作「不額」，原旁譯作「別」。錢大昕本作「不速」bosu。後者正確。白鳥本未加改正。

㊁ 姚師前註：這一蒙古俗語，喻意甚佳。蒙古源流㊂說：「爾等譬如影之隨，尾之在身，不可離異。」正與秘史所說，互相發明。這一句格言，極受當時人的重視。故第七十七節，七十八節，第一百二十五節等，曾再四言之。

㊂ 原文作「阿闌 額客」Alan eke，原總譯作「阿闌孃孃」。這裏的 eke 一字並非眞呼阿闌・豁阿為母，乃是要對她表示親愛和尊敬之意，一如稱訶額侖為「夫人母親」 üjin eke。

第七十七節

帖木眞、合撒兒兩個人就不以為然的說：「昨前已經那樣搶去了，用骲頭（無鏃的箭）射中的雀兒㊀。如今又那樣搶奪。我們怎麼能一同相處呢？」說着就把門〔簾子〕㊁摔出去了。別克帖兒正坐在一個小山上，看着九匹銀合（銀灰）色的騸馬，帖木眞隱藏着自後邊，合撒兒隱藏着自前邊，抽着箭來到的時候，別克帖兒看見了，就說：「正受不了泰亦赤兀惕兄弟們的苦害，正在說誰能報讎的時候，你們怎麼把我當做眼裡的毛，口中的刺呢？在除了影子沒有別的伙伴，除了尾巴沒有別的鞭子的時候，你們爲什麼想要這樣呢？〔我死就死！〕㊂不要毀滅我的火盤㊃，不要撇棄別勒古台！」說完就盤腿坐着等候〔他們射〕。帖木真、合撒兒兩個人〔一個〕從前，〔一個〕從後〔把他〕穿射而去。

㊀ 原文「必勒只兀兒」bilji'ur，四部叢刊本及葉本無旁譯，原總譯作「雀兒」。錢本有旁譯作「雀名」，白鳥本已根據總譯補加旁譯。

㊁ 姚師前註：蒙古源流㊂作：「伊等掀簾走出。」證以今日北平及蒙古習慣，門前或蒙古包的門前多掛簾子（毡的或布的），如此掀簾走出，似可信，加以「簾子」字。

㊂ 見原總譯，原文並無這一句話。

㊃ 火盤原文作「火爐木塔」gholumta，旁譯「火盤」。原總譯中未提及此字。謝譯達木丁蘇隆本四十九頁作「請不要斷絕灶火」。按 gholumta 一字雖有火架，火盆或火盤之意，但其含意則在表示家系的承傳。蒙古人家有時雖有許多火盤、火盆之類，但只有一隻視爲傳家聖潔之物，謂之gholumta，祭火之時，亦以此一 gholumta 行之。故斷絕 gholumta，就是斷子絕孫之義，也是一種咒咀的話。拉地米爾索夫於其蒙古社會制度史（日譯本一二三頁）中論末子繼承之制度時，稱：「末子是家爐的守護者，故又稱爲「爐之王」——odchigin，或 odjigin 云」。此處所謂之「爐」，即gholumta。同時也說明此一火盤之承傳，代表家世的延續。

第七十八節

一進家門，夫人母親就察覺了她兩個兒子的臉色，說：
「禍害㈠！
從我熱〔懷〕裡突然衝出來的時候，
你就生來手裡握着一個黑血塊㈡！
你這像咬斷自己衣胞㈢的兇狗一般的，
像奔向山崖衝撞的野獸㈣一樣的，
像不能壓制怒氣的獅子，
像生呑活噬的巨蟒，
像搏擊自己影子的海青，
像不出聲而呑噬的狗魚㈤，
像咬自己幼兒脚跟的雄駝㈥，
像窺伺㈦在暴風雪中的野狼，
像趕不走幼雛就喫掉牠們的鴛鴦㈧，
像那一動就袒護自己窩穴的豺狼，
像毫不遲疑捉撲的老虎，

像胡衝亂撞的野獸㊈，
在除了影子沒有別的伴當，
除了尾巴沒有別的鞭子的時候，
在受不了泰亦赤兀愓兄弟們的痛苦，
正說誰能去報仇，怎麼過活的時候，
你們怎自相這般作呢!?」

如此搜尋着古語，引證着老話，把兒子們痛加責叱了㊉。

㊀「八剌黑撒愓」baraghsad，原旁譯作「廢盡了的」。黃金史（第三十七頁第四行）作：khani-ban baraghsad，所以謝譯達木丁蘇隆本作「迫害自已的朋友，吃掉自已的伙伴」；但與秘史原文相距甚遠。在現代一般的咒罵話語之中 ger köröngge ben baraghsad，就是「敗家的子弟」；姚師意譯爲「禍害」，甚佳。

㊁血塊原文作「那敦」nödün，現代語作 nüji，字義是「淤血」。（見蒙漢滿三合第三册八十七頁下）參照秘史卷一第五十九節。

㊂衣胞原文作「合兒必速」kharbisu，是「獸胎之衣胞」（見「蒙漢滿文三合」第四册四十七頁下）。謝譯達木丁蘇隆本五十頁作「胸肋」，顯屬錯誤。

㊃「合卜闌」khablan，原旁譯作獸名，原總譯作「猛獸」，今不知其解。小林高四郎氏於其「蒙古秘史」（五十六頁）稱 N. Poppe 於一九二七至二八年，在列寧格勒刊印之「科學院紀要」之蒙古

語彙集中（一〇三九——一〇六二頁）有 khablan 一字，譯爲「虎」云。

㊄「出剌合」churagha，原旁譯作「魚名」，原總譯作「大魚」。蒙漢滿文三合（第十冊七十頁下）作「狗魚崽子」。

㊅原文「不兀剌」bu'ura，原旁譯「風雄駝」，原總譯作「風駝」；但「不兀剌」一字，是「雄駝」，並無「風」的意思。

㊆原文「失合忽」shikhakhu，原旁譯作「靠着」，此字有「靠近」和「窺伺」兩個意思的譯爲「窺伺」。

㊇鴛鴦原文「昂吉兒」anggir，蒙漢滿三合（一冊四十頁上）作 anggir nughusu，其漢譯爲「喇嘛鴨」。此鳥在現代通用語中稱爲 lama shibaghu。其形與鴛鴦無異，惟遠較內地一般鴛鴦爲大。在蒙古習俗上，鴛鴦並無象徵男女恩愛之意。

㊈原文「巴魯忠」barus，原旁譯作「獸名」，原總譯作「禽獸」。錢本作「巴魯」，今不得其解。

㊉姚師曾作「從阿闌娘娘折箭訓子說到訶額侖太后的訓誡成吉思汗」一文，見大陸雜誌二十二卷第一期（五十年一月，臺北）。

第七十九節

就在那不久泰亦赤兀惕族的塔兒忽台・乞都勒禿黑帶着㊀他的護衞㊁們說：「雛兒脫毛了；羔兒長大了㊂！」前來〔掩襲〕。母子們弟兄們都〔很〕害怕，就在密林裏做塞子；別勒古台折斷樹木紮成藩籬；合撒兒與他們厮射，把合赤溫、帖木格、帖木侖三個〔孩子〕藏在崖縫中間。

在相搏鬬的時候，泰亦赤兀惕〔人〕喊叫說：「叫你們的哥哥帖木眞出來！其餘的，你們都沒有事！」因這樣喊叫着，〔他們〕就叫帖木眞上馬逃避，走進樹林裏去，泰亦赤兀惕〔人〕看見了，前去追趕，〔帖木眞〕鑽進了帖兒古捏高山的密林裏，泰亦赤兀惕〔人〕進不去，就在密林周圍看守。

㈠ 原文四部叢刊本作「兀都里勒抽」，原旁譯作「弓着」，顯誤，錢本則作「引着」。

㈡ 「護衞」原文作「土兒合兀惕」turkhagh-ud，原旁譯作「伴當」。此字見秘史一九一節及二二四節，成吉思可汗初設置其宿衞時，僅置 turkhagh 七十人。其後大加擴充。在這兩段中，原譯均作「散班」。此時乞鄰勒禿黑之「土兒合兀惕」，似爲尙未制度化的，其本人的親兵護衞。元史九十八，兵志一，說：「至正十五年（一二七八），……或取諸侯將校之子弟充軍，曰質子軍，又曰禿魯華軍。是皆多事之際，一時之制。」又同兵一，兵制條云：「世祖中統……四年（一二三六）二月詔統軍司及管軍萬戶千戶等，可遵太祖之制，令各官以子弟入朝，充禿魯花。」請參照拙著「說舊元史中的『禿魯花』（質子軍）與元朝秘史中的『土兒合黑』」。（見華岡學報第四期）

㈢ 這是秘史中的難譯的一句。原旁譯作：「惡的每　退翎　涎收不的　長進」。原總譯作：「如今眞不似飛禽的雛兒般毛羽長了，走獸的羔兒般大了。」使人極感迷惑。小林氏於其「蒙古之秘史」（五十六頁）卷二之註解中稱：「查至元譯語飛禽門『豁魯合惕』作『雛』字解。」達木丁蘇隆氏於以蒙文譯後寫秘史時，亦因這一句話大費週折。在他的敍言裏曾提到黃金史上的記載，和一位前輩蒙古學人。誠圖公的解說：「此後泰亦赤兀惕部的乞鄰勒禿黑議論說：『原先拋棄的帖木眞母子們，現在像飛鳥雛兒似的羽毛豐滿了，像走獸羔子似的牙爪長成了。』遂領着人而來。」又說：卡法羅夫的俄譯本也是這樣。他自已的翻譯是：「住了些時，泰亦赤兀惕部人塔兒忽台•乞鄰勒禿黑率領着他們的護衞說：『羊羔兒的毛褪了；羊羔兒的身體長大了。』前來襲擊。」他說：shilügen 一語，現在各地口語中還存在着，就是二歲的小羊。」（見謝譯本二三一二四頁）。

第八十節

帖木眞在密林裏住了三夜，想要出去，正牽着馬走的時候，他的鞍子從馬上脫落下來，回頭一看板胸㊀照舊扣着，肚帶〔也〕照舊束着，〔可是〕鞍子竟脫落了。〔他〕想：「肚帶板胸都扣着，〔鞍子〕怎能脫落呢？莫非是上天阻止〔我〕嗎？」就回去。又過了三夜，再要出來的時候，在密林出口，有帳房㊁那麽大的〔一塊〕白岩石倒下來塞住了出口。〔他〕想：「莫不是上天阻止〔我〕嗎？」就又回去過了三夜。〔這樣〕沒有吃的東西住了九夜。〔他〕想：「怎能無名的死去呢？出去吧！」因爲那倒下來堵住了出口的，帳房那般大的，白岩石的周圍不能通過，就用他削箭的刀子，砍斷些樹木，叫馬一步一滑的走了出來。泰亦赤兀惕人正在把守，就〔把他〕捉住帶走了。

㊀「板胸」即「前肚帶」，現代蒙古語與秘史時代之 kömüldürge 同。

㈢　帳房原文「豁失里黑」khoshiligh 原旁譯作「帳房」。此字與一六九節的「豁室」khoshi 是同字。一六九節的旁譯是「房子」。楊允孚之灤京雜詠中作「火失」。另詳卷五，一六九節註㈣。

第八十一節

塔兒忽台•乞鄰勒禿黑把帖木眞捉去，通令自己部族㈠的百姓，叫〔他〕徇行輪宿，在每個營子㈡裡住宿一宵，那時正當孟夏（四）月十六的「紅圓光日」㈢，泰亦赤兀惕人在斡難河岸上舉行筵會，日落纔散。在那筵會中，叫〔一個〕瘦弱的少年看管帖木眞。等筵會的人們散去之後，〔帖木眞〕就從那瘦弱的少年〔手中〕拉起枷來，打他的頭顎，〔打倒了〕，跑進斡難河岸的樹林裡去躺下。恐怕被〔人〕看見，就〔跳進河裏〕，仰臥在水溜之中，讓枷順水冲流，露着臉躺下了。

㈠　部族原文「兀魯思」ulus 旁譯作國。按此字有「國」與「人們」的雙重意義，此時之泰亦赤兀惕之情況推之。似譯爲部族較爲妥善，參照卷一第五十三節註㈧。

㈡　「營子」原文作「阿寅勒」ayil，旁譯「營」。「營」不是軍營，乃是華北所說的村莊。「營子」這字也有村莊、人家、和鄰舍之意。這與譯「嫩禿黑」nontugh 爲「營盤」是同一的意思，並不是駐兵的營盤，而是居住之地。

㊂「紅圓光日」原文「忽剌安　帖兒格勒　兀都兒」khula'an tergel edür，原總譯未提及。此處是按照原旁譯譯出的。按 tergel 是「圓」字，「滿月」爲 tergel sara。每月十五或十六日爲 tergel edür，意思是滿月在天。通常是紅日未落，玉兎已昇，日月並輝的時光。「孟夏月十六日」，在秘史中除本節之外，並於一九三節見之；但除此一日期之外，全部秘史再無一處記載一個特定的日子。足證這不是一個平凡的日子，可能它是當時祭祖，或其他重要節日。（有的外蒙學者認爲是古代草原上的新年）。今雖稱月圓之日爲 tergel edür，但不再冠以 ula'an（紅）一字。證明這是一個節日已經失傳，而稱四月十六日是成吉思可汗的誕辰。關於可汗脫險的這一天，蒙古源流作五月十五日。日本刊羅馬字音譯喀喇沁本蒙古源流第二部十頁作仲夏月十五日。成吉思可汗傳（第八頁）也說是旧夏月之十五日。都與秘史差一天。近代蒙古地方則以此一日爲成吉思可汗誕辰。

第八十二節

失了人的人大聲喊叫：「拿住的人逃了！」這麼一叫，已經散的泰亦赤兀惕人〔又〕聚集起來。月光明朗好像白天，〔他們〕就在斡難〔河〕樹林裏挨排尋找。速勒都思氏的鎖兒罕・失剌㊀正經過〔那裡〕，看見〔帖木眞〕在水溜裡躺着，就說：「正因爲你這樣有才智，目中有火，臉上有光，纔被你泰亦赤兀惕兄弟們㊁那般嫉恨。你就那麼躺着，我不告發！」說完就走過去了，當〔泰亦赤兀惕人〕說：「再回去挨排尋找」的時候，鎖兒罕・失剌說：「就按着個人原來的路，看看所沒有看過的地方，回去尋找吧！」大家說：「好！」就按原來的路去尋找。鎖兒罕・失剌又經過那裡說：「你的兄弟們咬牙切齒的來了！還那麼躺下！要小心！」說罷就走過去了。

㈠ 速勒都孫　鎖兒罕・失剌 Süldüs-ün Sorkhan-shira 人名。黃金史(四十頁)，成吉思可汗傳（第八頁），喀喇沁本蒙古源流（日本刊第二部十頁）等蒙文史書中多稱爲 Torkhan-shira。Süldüs 氏族名。Sorkhan-shira 似有毛稍略黃之意。在泰亦赤兀惕族中有速勒都思氏，證明當時泰亦赤兀惕族的領袖已是一個氏族聯合體的首長。

㈡ 敵對的泰亦赤兀惕與成吉思可汗所屬的乞牙惕，均出於孛兒只吉惕一族，這就是本節和前幾節一再稱之爲泰亦赤兀惕兄弟們的原因。

第八十三節

當〔他們〕說：「再回去尋找」的時候，鎖兒罕・失剌又說：「你們泰亦赤兀惕官人們㈠啊！白天把人逃掉了，如今黑夜，我們怎能找得着呢？還是按原來的路跡，去看未曾看過的地方回去搜索之後解散，咱們明天〔再〕聚集尋找吧。那個帶枷的人還能到那兒去呢？」大家說：「好啦！」就回去尋索。鎖兒罕・失剌又經過〔那裡〕說：「大家說：『搜尋這麼久了，回去，明天找吧！』等我們都散了之後，找你母親和弟弟們去吧！如果遇見人，你可不要說見過我，〔也〕別說曾被人看見過。」㈡說完就走過去了。

㈠「可兀惕」 kö'üd, keüked 原旁譯作「大王」（錢大昕本作「人名」顯誤。）原總譯則未提及。按「可兀惕」一語是「兒子們」或「孩子們」之意。秘史中稱成吉思可汗之子嗣爲「可兀惕」，乃親王、宗王或王子之意。此處之「可兀惕」，在黃金史（四十一頁第二行）作 noyad，卽「貴族們」或「長官們」之意。按黃金史之意，譯爲「長官們」，似較妥當。

㈡這也是秘史中難譯的一句話，前譯中這裏曾參用田清波（A. Mostaert）神父的譯文，姚師在他的前註中說：「田清波神父曾列舉郭增（A. Kozin）、海尼士（E. Haenisch）、伯希和（P. Pelliot）三人譯文，加以研究，認爲都不滿意，最後提出了自已的改譯。」（見哈佛亞洲學報十三卷三、四合期，三〇八至三〇九頁。）

第八十四節

等他們㈠散了之後，〔帖木眞〕心裏想：「前些日子徇行各營子輪流住宿的時候，住在鎖兒罕・失剌的家裡，他兩個兒子沉白〔和〕赤老溫心疼〔我〕，夜裡看着我，鬆了我的枷，叫我睡覺，如今鎖兒罕・失剌又看見我也不告發，就走過去了。現在也就只有他們能救我！」就順着斡難河，尋找鎖兒罕・失剌的家去了。

㈠原文作「阿泥」原旁譯作「他每」。這一個代表第三身的代名詞，在現代蒙古語中，其名格 nominative 形，已不見使用。

第八十五節

〔他〕家的記號，是把鮮馬奶子灌到〔盛〕酸馬奶子〔皮囊〕裏，從夜間一直拌攪到天明㈠，聽著那個記號走，就聽到了正在拌攪〔馬奶子〕的聲音。〔來到〕他家，一進去，鎖兒罕・失剌就說：「我沒說過找你母親和弟弟們去嗎？你幹什麼來了？」他兩個兒子沉白和赤老溫說：「鳥兒被鷂子㈡趕到草叢裡，草叢〔還〕要救牠㈢。現在對來到我們這裡的人，你怎能那樣說呢？」就不以他父親的話爲然，卸了他的枷，〔丟〕在火中燒了。叫他坐在後面裝羊毛的車㈣裡，讓他們名叫合答安㈤的妹妹㈥去照管，說：「對所有的活人㈦，都別講！」

㈠ 舊時蒙古人家製馬湩，也就是西方人所說的 kumis，是把鮮馬奶加置於已經發酵的酸馬奶的皮囊或木桶之中，用棍時時拌攪，使它均勻，但不一定在夜裏拌攪。

㈡ ㈢：姚師前註說：

鶻子，原文作「土林台」(turimtai)，旁譯「龍多兒」。札奇說：「此字在蒙漢滿三合字典第九册，第十頁，則作 Torumtai，漢譯爲「琛兒」，下註小鷹名。應當卽是鷹鸇之類的鶻子。」又，元史（一二八）土土哈傳：「（曾祖）亦納思世爲欽察國主。篾兒乞主火都奔欽察，亦納思納之。太祖遣使諭之曰：『汝奚匿吾負箭之麋？……』亦納思曰：『逃鸇之雀，叢薄猶能生之。吾顧不如草木耶？』太祖乃命將討之。」則知叢草救鳥，實是當時蒙古流行的一句俗話，常被引用。明初總譯，反不如叢草云云，尤與土土哈傳所言彼此符合。李文田元朝秘史注卷二說：「是當時有此語」，自益可信。海尼士先生不得其解。他譯「龍多兒」爲籠子（Köfig）、應是受了蒙古源流（三）「禽鳥來放，養之籠中」的暗示，自然錯了。伯希和先生依 Kawalewski (p. 1886) 譯土林台（龍多兒）作鷂子，頗合。莫士泰認爲鷂子也不恰切，只寫作小猛禽。依據他的引文所描寫者，實與鷂子相同。但大家都沒看到元史一二八的土土哈傳，則頗爲可惜。（參考李文田元朝秘史注卷二，哈佛大學亞洲學報，第十三卷，第三第四期合刊，（一九五〇年出版），莫士泰的論文，海尼士先生的德文譯本，頁十七，伯希和先生的法譯本八十五節等。）

㊃ 在蒙古游牧地區，時常遷移，所有的財產，如非時時使用，多半是儲藏在環繞穹帳周圍的車上。因此羊毛也是載在車上存放。

㊄ 合荅安 Khada'an 人名，字義是「釘子」。她的故事見卷四第一六四節。元史一〇六，后妃表，太祖第四斡爾朶的哈荅 Khada'a 皇后似乎就是她。

㊅ 妹妹原文作「堆亦」düi。黃金史（四十二頁八行）用現代語 ökin-degüü 代之。元統三年（一三三五）所立張氏先塋碑漢文十八行「武宗皇帝妹」一語，在蒙文二十六行作 Külüg Khaghan-u düi，這一個字在現代語中已經絕跡。

㊆ 「對活人」原文作「阿米禿 古兀揑」amitu kü'ün-e，原旁譯「性命有的 人處」這種用法是加强語調。

第八十六節

第三天〔泰亦赤兀惕人〕大家說：「有人〔把他〕藏起來了！咱們自己互相搜查吧！」說着就互相搜查起來，在鎖兒罕・失剌的家裡，連車子裡，到床㈠底下都搜查了。又上後面裝羊毛的車上，把〔裝〕在車門的羊毛〔向外〕拖，快要〔拖〕到〔他〕脚的時候，鎖兒罕・失剌說：「在這麼熱的時候，在羊毛裡怎麼能受得了！」於是搜查的人就下來走了。

㈠ 床，原文「亦薛里」iseri，當即古代文獻中所說的「胡床」。在現代語中作几或椅解。

第八十七節

搜查的人走後，鎖兒罕・失剌說：「〔你〕差一點弄得我像風吹灰散般的〔毀掉〕了！現在找你母親和弟弟們去吧！」說着就叫〔他〕騎了〔一匹〕不生駒的白口甘草黃騍馬㈠，〔煮〕熟了〔一隻〕吃兩個母羊奶的〔肥〕羊羔，把大小兩個皮桶〔也〕給裝好了，沒有給〔他〕馬鞍和火鐮；給了〔一張〕弓兩隻箭。這樣備好，就叫〔他〕走了。

㊀ 騍馬就是牝馬。是華北的俗語。

第八十八節

帖木眞就那麽樣走了，回到他自己曾經立過藩籬，設過營寨的地方，按着草上被踏的蹤跡㊀，逆着斡難河踏蹤㊁尋找，〔那裡〕有從西邊來的〔一條〕小河，〔叫〕乞沐兒合，就向着那個方向踏蹤尋找，終於在乞沐兒合小河的別迭兒山嘴，豁兒出恢㊂小孤山那裡遇見了〔他的母親與弟弟們〕。

㊀ 原「阿魯兒孩」alurkhai 旁譯作掃道，卽指草上被踏出蹤跡而言。在現代語中作 mör。

㊁ 踏蹤原文作「抹赤吉周」möchigiju。黃金史（四十三頁）作 möshigiju。在今日一般通用語中作 mördejü。

㊂ 豁兒出恢 Khorchükhui 山名，黃金史（四十三頁第十行）作 Khorchaghai。

第八十九節

〔他們〕在那裏聚在一起，就往不兒罕山前面古連勒古〔山〕裏，桑沽兒小河的合剌—只魯格㊀〔山〕的闊闊海子㊁住下，那時候，曾捕殺土撥鼠〔和〕野鼠爲食㊂。

㊀ 合剌—只魯格 Khara-jirüke 山名。Khara 黑，jirüke 是心。以 jirüke 作山名。極爲普通，多爲錐形的山名。

㊁ 闊闊—納浯兒 Köke Na'ur 湖名，原旁譯及總譯均作「青海子」。今日青海，也是由 Köke Na'ur 轉譯的此處因其爲專有名詞，故作「濶濶海子」。

㊂ 土撥鼠 tarbaghan 在內蒙北部，外蒙東部及新疆北部均盛產。北疆之塔城—塔爾巴哈台Tarbagh-tai，卽因盛產土撥鼠爲名。其皮「塔兒皮」爲蒙古主要土產皮毛之一。原譯作「野鼠」küchügür，又稱田鼠，黃金史作 küchügüne 。獵者多以燒紅的石塊放在土撥鼠之腔內烘烤食之，稱爲 ghor-khogh，但無人以野鼠爲食。此處之記載是强調當時帖木眞一家生活的貧困。

第九十節

一天，八匹銀合色騸馬㊀正在家跟前的時候，强盜來了，等看見時，已經〔被〕刼走。步行去〔追〕，是來不及了。〔那時〕別勒古台騎着禿尾巴甘草黃馬，捉土撥鼠去了。傍晚太陽壓山以後，別勒古台在禿尾巴甘草黃馬上馱着土撥鼠，〔把馬〕都壓得顫動，就牽着〔馬〕步行囘來了。一說銀合騸馬都被强盜刼去了，別勒古台就說：「我去追！」合撒兒說：「你不行，我去追吧！」帖木眞說：「你們〔都〕不行，我去追！」帖木眞說着，就騎上〔那〕禿尾巴甘草黃馬，按着草上踏過的踪跡，追踪〔那些〕銀合色騸馬〔去〕了。過了三宵，清早在路上的大馬羣裏，遇見一個英俊的少年正在擠馬的奶子，就〔向他〕打聽幾匹銀合色的騸馬。那少年說：「今天清早，太陽出來以前，〔有〕八匹銀合色騸馬，從這裡趕過去了。我指給你蹤跡。」說了就把〔那〕禿尾巴甘草黃馬放了。教帖木眞騎上〔一匹〕黑脊梁的白馬。他自己也騎上〔一匹〕淡黃色的快馬，連家也不回，把他〔盛奶的〕皮桶子・皮斗子紮起來㈡，放在野地，說：「朋友㈢！你來的很辛苦了！男子漢的艱苦原是一樣啊！我給你作伴吧。我父親人稱納忽・伯顏㈣。我是他獨生子。我的名字叫孛斡兒出㈤。」說了就按跡去追蹤那些銀合色的騸馬。又過了三夜，晚間太陽將要壓山的時候。到了一圈子㈥百姓〔那裡〕。看見八匹銀合色馬正在那大圈子的外邊吃草。帖木眞說：「伙伴！你留在這裡！我〔去〕把那些銀合色的騸馬趕出來。」孛斡兒出說：「說是來〔給你〕做伴，我怎麼能留在這裡呢？」說了就一同放馬跑進去，把那些銀合色騸馬趕出來了。

㈠ 這八匹騸馬曾見七十七節，但計爲九匹，似乎是包括本節所說的那匹禿尾甘草黃馬。這就是當時帖木眞一家主要的財產。騸馬就是去勢的牡馬，是可以作爲騎乘或戰馬之用的，蒙古語作 mori 或 aghta。

㈡ 「紮起」原文「不忽周」boghuju，原旁譯作「蓋着」，原總譯作「着草蓋了」。此字在現代語是「紮起來」之意。以事實來看，把皮口袋紮起來是最合理的。皮口袋既不能蓋，全句中也找不出一個「草」字。故譯之爲「紮起來」。

㈢「朋友」原文「那可兒」nökör，音譯作「伴當」。在現代語中 nökör 是朋友，伙伴，同志和配偶之意。拉地米爾索夫稱之爲「親兵」即當時戰友之意。（見蒙古社會制度史記譯本二〇一—二三頁）。他以爲「那可兒」或「親兵」是對他的領主，有主從的隸屬關係，或某種封建性的從屬關係，自然是有相當的理由；但孛斡兒出稱帖木眞爲「那可兒」一事，和這節的故事，都是對前說的一個反證。

㈣納忽，伯顏 Nakhu-Bayan 人名。Bayan 是富翁或財主之意。從他有大馬羣一事來看，他的確也是個財主。

㈤孛斡兒出 Bo'orchu 人名。元史作博爾朮，卷一一九，有傳。

㈥「圈子」原文作「古里延」küriyen 一個游牧單位，常以車輛環繞帳幕放置，形成一個圈子，作爲柵寨之用。即在近代游牧地區。車輛較多之家仍是採用這種放置的方法。古代羣居之際，則其首長帳幕居中，其他從屬者之帳幕環列，形成一個圈子。北蒙古的庫倫（烏蘭巴托）在它的游牧時代，也是以哲布尊丹巴的佛帳居中，諸僧帳幕環繞而列，形成一個大圈形的游牧寺院，故稱之爲 küriye。庫倫一名，就是由它音譯而來的。

第九十一節

隨後有人陸續追趕。有一個騎白馬拿着套馬竿子㈠的人獨自趕上前來。孛斡兒出說：「伙伴！把弓箭給我！我〔和他〕斷射！」帖木眞說：「爲了我，恐怕使你受傷害，我來斷射！」說着就回頭斷射，那個騎白馬的人，拿着他的套馬竿子，站住指點，〔他的〕伴當們就從後面趕上前來。〔那時〕已經日落黃昏。後邊的那些人，因天色已暗，也就都站下了。

㈠　套馬竿是用細樺木竿製成的，長約一丈五尺，頂端繫皮繩一條，竿子上端三分之一處，有一皮環環用以控制那條皮繩，捕馬時，牧人騎在一匹馴練有素的馬上，追預定捉捕的馬，於追及時用套竿套住那馬的頸項；但拉緊時必須順着拉緊，否則就是有韌性的細竿，横拉也會折斷的。套馬是牧人的技術。姿式優美，非長時牧馬，是不會做得出色的。

第九十二節

那夜兼程而行，〔這樣〕兼程走了三日三夜纔到〔納忽・伯顏的家裡〕。帖木眞說：「伙伴！若不是你，我能找回這些馬麼？咱們分吧。〔你〕說要多少？」孛斡兒出說：「我因爲朋友，你來的〔很〕辛苦，我爲要幫助好朋友，纔給做伴。我〔還〕要外財麼？我父親是有名的納忽・伯顏（財主）。納忽・伯顏的獨子就是我。我爸爸所置下的，我已經够了。我不要！〔不然〕我的幫助，還有什麼益處呢？〔我〕不要！」

第九十三節

到了納忽・伯顏的家裡。納忽・伯顏正因他兒子孛斡兒出走失了，渧淚滿面，忽然看到他的兒子，就一面哭一面責備。他的兒子孛斡兒出說：「怎麼啦！好朋友辛辛苦苦的前來，我去〔給他做伴，現在回來了。」說完就騎着馬去，把放在野地裏紮起來的皮桶子和皮斗子拿回來。〔他們〕殺了一隻吃兩個母羊奶的肥羊羔，給帖木眞做行糧，把馱在馬上的皮桶，皮口袋也裝滿路上吃的東西。納忽・伯顏說：「你們兩個年青人！要互相看顧，從此以後，休要離棄！」帖木眞走了三夜三日，〔纔〕回到在桑沽兒小河的家裡。母親訶額侖，合撒兒等弟弟們正在發愁，一看見〔他〕，就歡喜起來了。

第九十四節

從那裡帖木眞、別勒古台兩個人，順着克魯漣河去尋找，從九歲見面以來，至今別離未見的，德・薛禪的〔女兒〕孛兒帖夫人㊀。〔當時〕德・薛禪〔的那部分〕翁吉剌惕氏族人正在扯克徹兒和赤忽兒忽兩〔山〕之間。德・薛禪一看見帖木眞，非常高興，說：「聽說你那些泰亦赤兀惕弟兄們嫉恨你，〔我〕愁得都絕望了。好容易纔見着你啊！」說了就把孛兒帖夫人許配了〔他〕。迎娶前來的時候，在路上，德・薛禪從客魯漣河的兀剌黑啜勒附近就回去了。他的妻子，孛兒帖夫人的母親，名叫搠壇。搠壇送她的女兒，一直到帖連勒古〔山〕裡桑沽兒小河〔帖木眞家裡〕。

㊀ 這裏夫人——「兀眞」üjin 一詞，是後人加給孛兒帖的尊稱，不然不會在出嫁之前就稱爲「夫人」

的。元史一一四，后妃傳所稱「旭眞」之名，亦卽「兀眞」的訛轉。

第九十五節

搠壇回去以後，〔帖木眞〕叫別勒古台去叫孛斡兒出前來做伴。孛斡兒出在別勒古台來到之後，連對他父親都沒有說，就騎上〔一匹〕拱脊的甘草黃馬，在馬鞍上綑上〔一件〕青色毛衫，和別勒古台一同來了。他前來做伴的經過如此㊀。

㊀ **原總譯結尾，有「再後不曾相離」一語，爲原文所無。**

第九十六節

從桑沽兒小河遷移到客魯漣河源的不兒吉灣子㊀地方安營住下。〔孛兒帖夫人的〕母親搠壇曾拿〔一件〕黑貂皮褂子來，作〔她女兒〕初見翁姑的禮物㊁。〔帖木眞〕說：「客列亦惕㊂〔部〕的王汗㊃在前曾和汗㊄父也速該，互相結爲『安荅』㊅。既然和父親互稱『安荅』，那麼就和父親一樣了。」知道王汗是在土兀剌㊆〔河〕的合剌屯㊇〔黑林〕那裡，帖木眞、合撒兒、別勒古台三個人就拿了那件〔黑貂皮〕褂子前去。到王汗那裡，〔帖木眞〕說：「〔你〕在前與我父親曾結爲『安荅』，就和父親一樣。〔我現在〕娶了妻，把〔我妻〕呈送翁姑的衣服㊈拿來給你。」說着就把貂皮褂給了。王汗非常喜歡，說：「〔當作〕黑貂褂的酬答，把你那散失的百姓〔我〕給你聚合起來。〔當作這〕貂褂的酬答，把你那背離的百姓，〔我〕給你統合起來！〔這件事我要切記〕在腰子的尖裡，胸膈的腔裡。」㊉、(十一)

㊀ 灣子或河灣原文「額兒吉」ergi，原旁譯作「岸」。今按一般通用語譯爲河灣。

㊁ 「初見翁姑的禮物」，原文作「失惕坤勒」shidgül，黃金史（四十八頁第六行）於此字之旁加註 emüsgel（穿戴之物）。按蒙古習俗，新娘初至婿家，對其家族無論老幼尊卑，均贈給穿戴之物。明蕭大享在他的北虜風俗一書的匹配條說：「……拜公、姑、伯、叔禮成，各送一衣。似亦爲贄。」（文殿閣本第二頁）。

㊂ 客列亦惕 Kereyid 在成吉思可汗創業之前，是據蒙古中部的一個强大的部族。其裔仍存。今新疆地區之蒙古土爾扈特 Torghud 族及南俄伏爾迦河口卡爾馬克 Kalmuck 蒙古，其中以 Kereyid 爲姓者頗不乏人。且其貴族多爲王汗之裔。

㊃ 王汗 Ong Khan 原作王罕，是客列亦惕部首長脫斡鄰勒 To'oril 的尊號。〔罕〕就是「汗」字。「王」是漢語的「王」字，是金帝因其征塔塔兒族之功所贈者。其事見秘史一三四節。

㊄ 也速該生前並未稱汗，這一個「汗」字似爲後人所加給也速該的尊稱。

㊅ 「安荅」anda 原文作「安達」，以後各節多作「安荅」，旁譯作「契交」。是互換贈物，明誓結爲弟兄者而言。秘史一一六節詳記帖木眞與札木合二人幼時結爲「安荅」的經過。秘史一〇八節有「安

達合兒壇」andaghartan 一字，其原旁譯為「做誓有的每」，可知結為 anda，是必須立誓的。王國維氏於其觀堂集林卷十六蒙古札記中論「安荅」之掌故甚詳。

㈦ 土兀剌 Tu'ula 或 Tula 河名，即今外蒙的土拉河。

㈧ 合剌屯 Khara Tün 字義是「黑林」；但以其為地名，故仍其音「合剌屯」。

㈨ 原文「額木思格克」emüsgeg，原旁譯作「上見」，就是呈贈翁姑及婿家諸人的衣服。請詳本節註㈡。

㈩ 這句話的意譯就是「銘記在心」。

(十一) 錢大昕十五卷本，此節為卷二之尾。

第九十七節

從那裡回到不兒吉河灣子的時候，兀良合歹氏的札兒赤兀歹老人，背着風箱㈠，領着他名叫者勒篾㈡的兒子，從不峏罕山前來。札兒赤兀歹說：「當初在斡難〔河〕迭里溫孛勒荅〔山〕，生〔你〕帖木眞的時候，我給過一個裹小孩兒的貂皮襁褓。我也曾想把我這個兒子者勒篾給〔你〕，因為還小，就帶回去了。現在教者勒篾給你備馬鞍開屋門吧！」說着就把他給〔留下〕了㈢。

㈠ 風箱原文「窩兀兒格」Kü'ürge，原旁譯作「扇爐的風匣」。這就是鐵匠鍛鐵時用的風箱。因此可以證明札兒赤兀歹 Jarchü'udai 老人是一個鐵匠。華北用的一般是用木製的箱匣，在蒙古游牧社會中有用皮囊製成的。

㈡ 者勒篾 Jeleme 是成吉思可汗創業功臣「四傑」之一。元史無傳；新元史有傳，亦嫌過簡。他的後裔是現代內蒙喀喇沁部的首長們。因以 Uriyangkha 爲姓，所以在清以前此部是以兀良哈爲名的。

㈢ 拉地米爾索夫曾以這一段故事，說明親兵 nökör 與其領主間的關係的建立。見蒙古社會制度史日譯本二〇四頁。

第九十八節

在客魯漣河源不兒吉河灣居住的期間，有一天清晨，曙光微現，快天亮的時候，在訶額侖母親房內使喚的老媽媽豁阿黑臣㈠起來說：「母親趕快起來！聽見地都震動的聲音啦㈡！莫不是不斷〔擾亂咱們〕的泰亦赤兀惕人〔又〕來了？母親快起來吧！」

㈠ 豁阿黑臣 Gho'aghchin 人名，黃金史四十九頁作 Ghonoghchin。

㈡ 在寂靜的大草原上，以耳伏地靜聽，可以察覺二、三十里以外衆馬奔馳或大型汽車震動的聲音。這裏所記的是實況，並非神話。

第九十九節

訶額侖母親說：「趕快把兒子們叫醒！」說完，母親訶額侖也急急忙忙的起來了。帖木眞等幾個兒子也趕快起來，去抓自己的馬㈠。帖木眞騎了一匹馬。母親訶額侖騎了一匹馬。合撒兒騎了一匹馬。合赤溫騎了一匹馬。帖木格・斡惕赤斤騎了一匹馬。別勒古台騎了一匹馬。孛斡兒出騎了一匹馬。者勒篾騎了一匹馬。把帖木侖抱在母親訶額侖自己的懷裡，又整備一匹馬，作爲從馬。孛兒帖夫人缺了馬。

㈠「抓馬」，意指在用馬的時候，把個人的馬抓來使用。在蒙古游牧地區，極少有把馬拴在槽上餵草過夜的。一般把不用的馬，總是放在離家三、四十里以外的馬羣裏去放牧。所用的馬，夜間加上脚絆chüder使它可以自由的在離家不遠的地方吃草行動。有時牠們也會走到二三里以外的地方去，所以騎馬的時候，必須要把馬抓回來。這就是此處所說「抓馬」的意思。

第一〇〇節

帖木眞兄弟們騎上馬很快的向着不兒罕〔山〕上去了。老媽媽豁阿黑臣想要把孛兒帖夫人藏起來，就叫〔她〕坐在一輛有篷子的黑車裡，套上〔一匹〕花脊梁的牛，逆着統格黎克㈠小河走去。在天將要亮，還昏暗不明的時候，迎面有〔些〕軍人，放馬小跑，迂迴前來，問：「你是什麼人？」老媽媽豁阿黑臣說：「我是帖木眞〔家裡〕的人，是到主人家裡剪羊毛來的。〔現在〕要回我自己的家去。」那邊〔的人〕說：「帖木眞在家嗎？〔他〕家有多遠？」老媽媽豁阿黑臣說：「〔他〕家倒是不遠，可是不知道帖木眞在家不在家。我是從後邊㈡起來就〔出〕來的。」

㈠ 統格黎克 Tünggelig 小河，原文作「騰格里」，參照以後各節，似爲「統格黎克」小河之誤。黃金史（五十頁九行）於述說此一故事時，作 Tünggelig-ghorkhan，即統格黎克小河。並於河名之旁加註「chüngkür 窪地」一語，以示其所在。謝譯達木丁蘇隆本已改正爲統格黎克小河。

㈡ 按蒙古習俗穹帳的安排，卑下之人的帳幕是設於左下方（東北角上）。他們的出入，也不經過主人穹帳之前，而是從後面繞過的。

第一〇一節

於是那些軍人就放馬小跑着走了。老媽媽豁阿黑臣打着她那花脊梁的牛，正要趕快走的時候，車軸斷了。車軸已經折斷，就一齊說：「跑進樹林子裡去吧！」這時候，那些軍人〔捉住〕

別勒古台的母親㊀，叫〔她〕疊騎在馬上，垂着她的兩條腿，跑過來說：「這車裡載的什麼？」老媽媽豁阿黑臣說：「載的羊毛。」那些軍隊中較年長的說：「弟弟們、孩子們㊁下馬看看。」兵丁們、他的弟兄們、孩子們就下了馬，把那有門的車子的門摘下來，〔一看〕，裡面坐着〔一個〕貴婦人，就把他從車子裡拖了下來。叫豁阿黑臣〔他們〕兩個人疊騎在一匹馬上，按着在草上踏過的踪跡，向不兒罕山上，追踪帖木眞去了。

㊀ 秘史雖在這裏和一一二節，都提到別勒古台的母親，但都沒有說出她的名字。黃金史（二十八頁第九行）稱她爲 Süchigel eke。喀喇沁本蒙古源流（日本羅馬字版第二部第六頁末行）作 Tagha-shi Khatun。Rashipongsugh 書（第一卷二十五頁第十行）作 Megele Khatun。黃金史綱（六十七頁第七行）作 Mankala。諸書均不一致。

㊁ 此處稱軍中地位較高者爲「扯里兀敦 阿合-納兒」cherig-üd-ün akha-nar 即「軍中的兄長們」；稱一般士兵則爲「迭兀-揑兒 可兀惕」de'ü-ner kö'üd，就是「弟弟們孩子們」。可見在這氏族時期，軍隊是一族的子弟兵。一族中的青年充當士兵，而由其年長者統率之。可能這一個制度，在成吉思可汗制定兵制之時，纔漸漸有所改變。

第一〇二節

隨帖木眞的後面，〔他們〕把不兒罕山環繞了三次，都未能搜得。想各種方法要鑽進去；可是陷泥難〔越〕，森林繁密，連吃飽的蛇都難穿得過去，就是跟隨在他後面也未能尋獲。他們是三〔族〕篾兒乞惕人；兀都亦惕——篾兒乞惕的脫黑脫阿，兀洼思——篾兒乞惕的答亦兒兀孫，〔和〕合阿惕—篾兒乞惕的合阿台．荅兒麻剌。這三〔族〕篾兒乞惕人是爲事先前把訶額侖母親從〔也客〕．赤列都搶過來的緣故㊀，如今前來報那個寃讎。那些篾兒乞惕人說：「爲報〔搶奪〕訶額侖的讎，如今捉住了他們的婦人，我們已經報讎了！」說着就從不兒罕山下來，回他們的家裡去了。

㊀ 這段故事見秘史五十四，五十五，五十六節。

第一〇三節

帖木眞爲了要〔探知〕那三〔族〕篾兒乞惕人確實回了他們的家，或是仍在埋伏，就派別勒古台、孛斡兒出和者勒篾三個人，在篾兒乞惕人的後面，追隨了三夜。等篾兒乞惕人遠離之後，帖木眞〔纔〕從不兒罕山下來，捶着胸說：

「使豁阿黑臣〔老〕母㊀，
像鼬鼠般能聽的緣故，
像銀鼠般能看的緣故，

纔使我身體能够躲避！
騎着轠繩絆蹄的馬，
踏着牡鹿走的小徑，
拿着〔叢茂的〕柳條㈡做遮蔽㈢，
爬上了不兒罕山來，
不兒罕山祐護了我這微如虱蚤的性命！
愛惜我唯一的一條命，
騎着我僅有的一匹馬，
循着馴鹿㈣走的小徑，
拿着劈開的樹枝當掩護，
爬上了不兒罕山來，
不兒罕山蔭庇了我這小如螻蟻的性命！
我好受驚嚇呀！
對不兒罕山，
每天清晨要祭祀，
每日白晝要祝禱！
我子子孫孫，
切切銘記！」

說了就面向太陽，把腰帶掛在頸上，把帽子托在手裏㈤捶着胸，〔對着〕太陽灑奠㈥祝禱，跪拜了九次㈦。

㈠ 豁阿黑臣老母，原文作「豁阿黑臣 額客」Gho'aghchin eke。「額客」原旁譯作「母」字解。此處帖木眞之稱呼豁阿黑臣爲老母，恰與六十九節稱蒙力克爲老爹，是同一的情形。是表示尊敬和感謝之意，並非說她眞做過他的母親，這種稱呼老翁老媼的方法，在現在也是很普通的，參照本卷六十九節註㈠。

㈡ 「柳條」原文「不兒合孫」burghasun，原旁譯爲「楡條」，恐「楡」字乃「柳」字之訛。這是指一叢一叢的柳條而言，這就是灌木或灌柳。

㈢ 原文「格兒 格兒連」ger gerlen，原旁譯作：「房 做着」，也就是「做成房屋」之謂。這是爲音韻的美麗，用以說明來作掩避的意思。故譯爲「做遮蔽」，「當掩護」。

㈣ 「罕荅孩」khadaghai，原旁譯僅作「獸名」，三合第四册五十頁上作「四不像子」，實卽馴鹿的一種。在蒙古還有少數人飼爲家畜的。

㈤ 按蒙古習俗，腰帶是權威的象徵，在男子服裝上不可缺的。因此在封建時代稱男子爲 büsütei，卽「繫腰帶的人」。稱已婚女子爲 büsü ügei，卽「無腰帶的人」，並指其在衣外不再加繫腰帶，表示順從她丈夫的權威。男子非因犯罪或因直系尊親屬的死亡，不去掉腰帶。帖木眞的這種行動，可以說是表示極端的謙恭，和對不兒罕山的尊敬。但祭祀時去掉腰帶的禮節，今已不存。革命前蒙古人在正式禮節中，一定要戴上帽子，謁見君王長上時亦然；惟於拜佛時，則把帽子摘掉，想必爲古代祭天時禮節的流傳。

㈥「灑奠」原文「撒出里」sachuli，原總譯作「將馬妳子灑奠了」，想係推測之詞。可能當時灑奠必用馬湩；但爲愼重計，仍按原文譯做「灑奠」，而不說曾用什麼灑奠。元史卷七十七祭祀志，國俗舊禮條稱：「太僕卿以朱漆盂奉馬乳酌奠」。可作參考。在近代的「灑奠」，馬湩，牛乳或酒類均可使用。

㈦按蒙古習俗數字中九是最大的，也是吉祥、富足的象徵。因此九次跪拜是最崇敬之禮。九種的賞賜也是最高的獎賞。秘史說被封爲「荅兒罕」darkhan，九次犯罪不罰，也表示最大的恩寵。清代外蒙保持汗號的貴族向清帝進「九白之貢」（卽九種白色的貢品，如白馬、白駝等九類），也是表示由最尊貴的人獻給最尊貴之人的貢禮。

卷三

第一〇四節

那樣說了，帖木眞、合撒兒、別勒古台三個人，就在客列亦惕部脫斡鄰勒王汗正在土兀剌河合剌屯〔黑林〕的時候，去到〔他〕那裡說：「三族篾兒乞惕人突然來，把我的妻兒㊀擄去了！我們是求汗父搭救我妻兒來的。」回答那話，王汗脫斡鄰勒說：「去年我沒有對你說過嗎？〔你〕把〔那件〕貂褂給我拿來的時候，說：『父親〔在〕的時候做「安荅」，就和父親一樣。』給〔我〕穿上的時候，我說：『〔當作〕黑貂褂的酬答，把你那散失的百姓，〔我〕給你聚集起來！〔當作〕這件貂褂的酬答，把你那背離的百姓，〔我〕給你統合起來！』我不曾說過：『要切記在腰子的尖裡，胸膈的腔裡』嗎？如今要實踐我〔說〕的那句話了。當作那件貂皮褂子的酬答，我要毀滅全部篾兒乞惕人，營救你的孛兒帖夫人！當作黑貂褂的酬答，我們擊破所有篾兒乞惕人，奪回你的孛兒帖夫人！你派〔人〕去通知札木合弟。札木合弟正在豁兒豁納黑山翼㊁。我從這裡派〔兵〕兩萬㊂，做右翼。〔教〕札木合弟將兩萬〔兵〕做左翼。咱們會師〔的時間地點〕由札木合作主吧。」

㊀ 此處的「兒」字──「可兀」，恐係爲加强語調而寫的，否則帖木眞此時尙無子嗣，當然提不到兒子被擄的事。

㈡ 豁兒豁納黑—主不兒 Khorkhonagh-Jübür 地名。Jübür, jigür 或 jibür 是「翼」或「山翼」。黃金史（第五十四頁第七行）作 Khorkhon-Jigür。

㈢ 「萬」原文「土篾惕」，旁譯作「萬每」。Tümed 即萬的複數形。其單數爲 tümen。這裏所說的「萬」tümen，恐怕是當時軍事單位的一個名稱。就實際的情形而言，在這一次的戰役，王汗與札木合似乎都沒有每一人發動兩萬人的可能。

第一〇五節

帖木眞、合撒兒、別勒古台三個人，從脫斡鄰勒汗處，回到家裡之後，帖木眞就派遣合撒兒、別勒古台兩個人到札木合那裡去，對〔他〕說：

「三族篾兒乞惕人來，
把我的床鋪給弄空了㈠！
我們不是每人有個箭扣兒嗎㈡？
怎樣報我們的仇呢？
〔他們〕把我的胸脯給弄斷了！
我們不是〔心〕肝〔一樣〕的親族嗎㈢？
怎樣報我們的仇呢？」

這就是派人去告訴札木合「安荅」。又教〔他們〕把客列亦惕脫斡鄰勒汗所說的話，告訴札木合，說：「〔脫斡鄰勒汗〕想念昔日曾受我汗父也速該的恩惠㊃，要給〔我〕做伴。〔他說〕『我發兩萬〔兵〕做右翼。去告訴札木合弟，叫札木合弟〔也〕發兩萬〔兵〕。相會的時間地點，由札木合弟作主！』」

〔他們〕把這些話都〔說〕完之後，札木合說：

「聽說帖木眞『安荅』的床鋪被弄空了，
我的心都疼了！
知道他的胸脯被弄斷了，
我的肝都疼了！
報我們的仇啊！
殲滅兀都亦愓—兀洼思—篾兒乞愓，
營救我們的孛兒帖夫人！
報我們的仇啊！
擊破全部合阿愓—篾兒乞愓，
救回我們的孛兒帖夫人！
如今那〔聽見〕拍鞍韂的響聲，
就以爲戰鼓而驚慌的脫黑脫阿，
正在不兀剌—客額兒㊄。
〔那看見〕有蓋的箭筒搖閃，

就爭相逃遁的歹亦兒・兀孫，
正在斡兒洹㈥・薛凉格㈦兩〔河〕之間的塔勒渾—阿剌勒㈧。
〔那看見〕被風吹起的蓬蒿，
就急於躲進黑林的合阿台・荅兒馬剌，
正在合剌只—客額兒。
現在我們要一直橫斷勤勒豁—沐漣〔河〕㈨，〔那裡〕不是有猪鬃草㈩嗎？⑪捆成筏子渡過去。我們從那受驚慌的脫黑脫阿〔穹帳〕的天窗上降下〔一般〕的：
撞毀他緊要的帳房骨架⑫，
把他的婦人兒〔女〕擄掠盡絕！
撞折他供奉福神的門框⑬，
把他的全體百姓擄掠一空！」

㈠ 位子或床舖原文作「斡羅」oro，「把我的床舖給弄空了」所以原 總譯譯爲「我的妻子被……擄去了」。
㈡ 這是說明結爲「安荅」之時，所交換之盟物，用以提醒「安荅」互助之義。
㈢ 事見秘史第四節。
㈣ 事見秘史一七七節，並參照卷二，第九十六節註㈥。
㈤ 不兀剌—客額兒 Bu'ura-Ke'er 地名。「不兀剌」是雄駝，「客額兒」是曠野之意。

(六) 斡兒洹 Orkhon 河即外蒙古鄂爾渾河。其流域向為游牧帝國宮帳所在之地。

(七) 薛涼格 Selengge 河即今外蒙色楞鄂河。此河與鄂爾渾河均為葉尼塞河的主要上流。

(八) 塔勒渾─阿剌勒 Talkhun-aral 地名。「塔勒渾」是「廣濶」之意；「阿剌勒」是河岸，島嶼平川，或洲。

(九) 勤勒豁．沐漣 Kilkho Müren 河名，沐漣可譯為「江」字。

(十) 豬鬃草原文「撒合勒─巴顏」Sakhal-bayan 原旁譯作「豬鬃草」。三合第六册第三頁下有 Sakhal ebüsün 一詞，即此字。其漢譯為「沙草」，「簾草」，「烏拉草」。乃一種輕柔而堅韌之草。東北地方冬季多用以製鞋取暖，以防凍瘡。俗稱：「關東三宗寶：貂皮、人參、烏拉草」。惟以此草做筏渡河之事，雖見秘史，今蒙古各地均無以此草做筏渡河之事。

(十一) 這句話的翻譯是參照黃金史第五十六頁第四行所記 sakhal-bayan ese atughai 一語譯出的。

(十二)、(十三) 此處一處作「額兒勤　額額迭」erkin e'ede其，旁譯作「緊要的帳房骨子」；一處作「忽禿黑額額迭」khutughu-e'ede，其旁譯作「福神的門框」；原總譯均未提及。按蒙古未奉佛教之前，以及後日仍有薩滿遺跡之處，多敬畏鬼神之事。其中尤對 Doghshin Khara 或 Kara Tenggeri 為最。有時以油脂膏抹蒙古包傘骨形屋頂的幾根椽條，而把他們供奉在那裏，這可能就是此處所說的「要緊的帳房骨子」。有時則用油脂膏抹門上與傘骨形屋頂相連接之處，（即秘史二十一節所說的門額），可能就是這裏所說的「福神的門框」。這種神祇蒙古語稱為 Jola Jiyagha。信奉佛教之後，西藏的房屋之神 Khyim-lha，代替了他的地位，而受脂油的膏抹。

第一〇六節

札木合又說：「對帖木眞『安荅』〔和〕脫斡鄰汗哥哥兩個人說：

「我祭了遠處能見的大纛旗，
我打了用黑牤牛皮製做有鼕鼕之聲的戰鼓，
我騎了黑色的快馬，
我穿上堅硬的鎧甲㊀，
我拿起鋼做的長槍，扣好了用山桃皮裹的〔利〕箭㊁，
我上馬前去與合阿惕—篾兒乞惕厮殺！」

又說：

「我祭了遠處能見的高軍旗，
我打了用犍牛皮製做有沉重之聲的〔戰〕鼓，
我騎了黑脊的快馬，
我穿上用皮繩繫成的鎧甲，
我拿起有柄的環刀，扣好了帶箭扣兒的〔利〕箭，
我要和兀都亦惕—篾兒乞惕拼個死活！」

又教〔他們〕去說：「脫斡鄰汗哥哥出發的時候，要從不峏罕山前經過帖木眞『安荅』〔那

裏〕，我們在斡難河源的孛脫罕—孛斡兒只相會。〔我〕從這裏出發時，逆着斡難河走，『安荅』的百姓正在那裏。從他的百姓裏起〔兵〕一萬，我從這裏起〔兵〕一萬，一〔共〕編成兩萬，溯着斡難河前進，在孛脫罕—孛斡兒只地面裏會師吧！」㊂

㈠ 原文作衣服。

㈡ 原文「合惕忽刺速禿」khatghurasutu，旁譯作「有挑皮的」。「挑皮」乃「桃皮」之訛。各家譯者多有困難。玆查三合（第四册五十五頁下）有 khatghura 一字，其漢譯爲「箭上裹的山桃皮」，始得此字的正確解釋。

㈢ 本節原總譯中有：「札木合再說……帖木眞安荅的百姓，在我這裏有」。但蒙文原文並無「在我這裏有」一語。這一個筆誤，造成了不少研究這一段歷史的錯誤。

第一〇七節

合撒兒、別勒古台兩個人回來，把札木合的這些話說給帖木眞，〔也〕傳達給脫斡鄰勒汗。脫斡鄰勒汗在札木合的這些話傳來之後，就將〔兵〕兩萬出發。脫斡鄰勒汗出發的時候，向着不峏罕山前客魯漣河不兒吉灣前進。〔那時〕帖木眞正在不兒吉灣。因爲正在〔大軍經過的〕路上，就躲開，逆着統格黎克河㈠遷移到塔納小河㈡附近，不峏罕山的山懷住下。帖木眞從那裏舉兵前來，當脫斡鄰勒汗〔的〕一萬〔兵〕，脫斡鄰勒汗之弟札合・敢不㊂〔的〕一萬〔兵〕，〔這〕兩萬〔兵〕在乞沐兒合小河的阿因勒—合剌合納紮營的時候，〔和他們〕一同會師駐下。

㊀ 由本節所提到統格黎克河的方位，似可說明第一〇〇節中所說的「騰格里河」就是這統格黎克河之訛。

㊁ 塔納小河 Tana Ghorkhan 黃金史（第五十七頁第十行）作 Tagh Ghokhan。Tana 是「大珠」或「東珠」。

㊂ 札合・敢不 Jakha-Ghambu 人名。「敢不」一詞，一般學者均認爲是藏語的 sGam-pɔ，但亦有謂應作 gem-bü 者。玆承歐陽無畏教授指教，謂當作 rGan-pɔ，乃鄉賢之謂。小林氏於其「元朝秘史之研究」第四十五頁曾述各家之主張頗詳。

第一〇八節

帖木眞、脫斡鄰勒汗、札合・敢不三個人會合從那裏動身，當抵達斡難河源頭孛脫罕—孛斡兒只的時候，札木合已在三天之前就到了〔那〕約定的地方。札木合看見帖木眞、脫斡鄰勒、札合敢不等的這些軍隊，就把他自己的兩萬軍隊整列好，這方面帖木眞、脫斡鄰勒汗、札合・敢不等也整列了自己的軍隊。在到齊相認之後，札木合說：「我們不曾說過：『就是有風雪，也要守約；就是下雨，在聚會的時候，也不得落後』嗎？不是我們蒙古人一經應諾，就和立了誓一樣嗎㊀？我們不曾說過：『把不守約的從行列當中趕出去』嗎？」對札木合的話，脫斡鄰勒汗說：「因爲躭誤三天（纔到）約定的地點，由札木合弟隨意責罰吧！」（如此）商談了（違）約的責罰㊁。

㊀ 這一個諺語，仍是現代蒙古人所共認的道德標準。

㊁ 按蒙文原文文法此處不能分句或分段。

第一〇九節

自孛脫罕—孛斡兒只出發，到勤勤豁河，捆好筏子渡河之後，在不兀剌—客額兒（就像）由脫黑脫阿—別乞的天窗上降下（一般），撞塌了他緊要的帳房骨架，把他的婦人兒（女）擄掠盡絕。撞折了他供奉福神的門框，把他的全體百姓擄掠一空。本來可以在脫黑脫阿還睡着的時候來到，（可是）放在勤勤豁河捉魚、捕貂（和）打獵的人們在夜裏兼程報信說：「敵人來了！」得到那消息，脫黑脫阿（和）兀洼思—篾兒乞惕的歹亦兒•兀孫兩個人一同，和少數的幾個人，順着薛涼格（河），逃亡到巴兒忽真㊀去了。

㈠ 巴兒忽眞 Barghujin 在今貝加爾湖之東，巴兒忽眞河流域。卷一第八節註㈡。

第一一〇節

篾兒乞惕百姓夜間順着薛涼格河驚慌逃走，我們的軍隊在夜裏也緊隨着驚慌逃走的篾兒乞惕人，上前擄掠。帖木眞在〔那〕驚慌逃走的百姓中喊着：「孛兒帖！孛兒帖！」走的時候，遇見了〔她〕。孛兒帖夫人在那些驚慌逃走的百姓當中，聽出帖木眞的聲音，就從車上下來，跑上前去。孛兒帖夫人〔和〕豁阿黑臣兩個人〔雖〕在夜裏〔也〕認出帖木眞的韁轡，就〔上前〕抓住。〔那夜〕月光明亮，一看就認出孛兒帖夫人，就互相用力擁抱起來。帖木眞當夜派人去告給脫斡鄰勒汗〔和〕札木合「安荅」兩個人說：「我所要找的，我已經得住了！夜間不必兼程前進，我們就在這裏下寨吧！」篾兒乞惕人驚慌逃走，夜裏流離失散，也在那裏住下了。這是遇見孛兒帖夫人，〔和〕把〔她〕從篾兒乞惕人那裏營救〔出來〕的經過。

第一一一節

當初兀都亦惕—篾兒乞惕的脫黑脫阿．別乞，兀洼思，篾兒乞惕的歹亦兒．兀孫，合阿台．荅兒馬剌等，這三族篾兒乞惕的三百人，爲了以前也速該．把阿禿兒曾將訶額侖母親，從脫黑脫阿．別乞的弟弟也客．赤列都搶來的緣故，前來尋仇。三次環繞不兒罕山，〔追蹤〕帖木眞的時候，捉得孛兒帖夫人，交給〔也客〕・赤列都的弟弟赤勒格兒・孛濶㊀看管。就在這樣繼續看管的時候，赤勒格兒・孛濶逃奔出走，他說：

「老烏鴉的命本是吃〔殘〕皮〔剩〕殼的，
竟想吃鴻雁、仙鶴；
我這不能成器㊁的赤勒格兒，
竟侵犯到〔極尊貴的〕夫人！
全篾兒乞惕人的罪孽㊂，
已經臨到我不肖下民㊃赤勒格兒的黔首㊄之上了！
想逃我這僅有的一條命，
我想鑽進幽暗的山縫啊；
可是誰能作我的盾牌〔保護我〕呢？
壞白超㊅的命本是吃些野老鼠的，
竟想吃天鵝、仙鶴，
我這服裝㊆不整的赤勒格兒，
竟收押了有洪福的夫人！
全篾兒乞惕人的災殃，
已經臨到我汚穢不堪赤勒格兒的髑髏㊇之上了！
想逃我這羊糞般的〔一條〕命，

我想鑽進幽暗峽谷啊！
可是誰能作我的圍墻〔保護我〕呢？」
說完就逃命去了。

㈠ 赤勒格兒・孛濶 Chilger-Böke 人名，「孛濶」力士之意。

㈡ 原文作「合塔兒」ghatar，四部叢刊本、葉本、錢本均無旁譯。白鳥本補加「外貌」二字，作為旁譯，似與 ghadar 誤為一字。Lessing 字典三五四頁、三四三頁說此字應作容器解。

㈢ 「罪孽」原文作「渾討兀」khunto'u，旁譯作「禍」。此字在現代語中作 untoghu，秘史時代字首的 kh 已消失。三合（第二冊第七十八頁上下）有幾個由此字之語根 unto 構成的字，其意大都是「忿惱」。黃金史（六十一頁第二行）作 borughu，其字義是罪過。又原文在「渾討兀」一字之下，似有文字脫落之處，黃金史此處作 borughu bolghaba。白鳥庫吉氏於其音譯元朝秘史中，補加「孛勒罷　必」二字亦頗正確。

㈣ 「子民」原文「合剌出」kharachu，註解見卷一，第二十節註㈥。

㈤ 「黔首」原文「合剌　帖里溫」khara terigün，註解見卷一第二十節註㈣。

㈥ 「白超」原文為「[忽鳥]剌都」khuladu，旁譯僅作「鳥名」，未指明其為何鳥。三合（第五冊十三頁上）有 khuladu 一字其漢譯為「白超」。其註云：「似鶻鷹而小，無本事」。

㈦ 「服裝」原文為「忽納兒」khunar，四部叢刊本、葉本、錢本均無旁譯，白鳥本加註「服裝」二字於其旁，正確。

㈧ 「豁乞埋」khokimoi 原旁譯為「枯乾」，這字在現代語中就是「骷髏」或「髑髏」。

第一一二節

捉住合阿台・荅兒馬剌，給帶上枷解到不兒罕山去。〔有人〕告訴，別勒古台的母親就在那個營子裏，別勒古台就去，想要接同他的母親來。別勒古台到那個房子，剛從門的右側進去，他母親穿着有洞的破羊皮襖，就從門的左側出去了㈠。在外邊對別人說：「聽說我的兒子們已經做了可汗，我在這裏〔却被〕配給了㈡壞人。如今我怎麼能〔再〕見我兒子們的臉呢？」說罷就跑到樹林裏鑽進去了。因此就沒有找到。別勒古台「那顏」㈢說：「還我的母親來！」就把篾兒乞惕各族㈣的人都用箭射〔死〕了。甚至把〔那〕曾圍繞過不兒罕山的三百篾兒乞惕人子子孫孫都如揚灰一般的，給滅絕了。將所剩下婦孺們，凡可以摟抱的，都給摟抱了，凡可以叫進門裏〔使用〕的，都叫進門裏〔使用〕了㈤。

㈠ 這句話原總譯作：「自門右裏入去。……自門左裏出去」。這只是描寫別勒古台之母不願與其子見面的一種筆法。按穹廬只有一個門，開向東南（因爲西北風之故）。門前懸一氈簾，蒙古習俗，出入均須用右手掀簾，所以入室者均從門之右側入，出者均從左側出。倘顚倒左右出入，則認爲不祥。此種風俗卽在今日亦然。倘別勒古台之母於其子入門之時才走出，則絕無不被尋到之理。

㈡ 原文作「土別周」Tübe'ejü，原旁譯作「配着」，卽「分配」之意。這是當時對女性俘擄的待遇，在被俘後分配給族內的男子作妻妾。請參照註㊄。

㊂「那顏」noyan 原旁譯作「官人」，此字在封建時代是「封主」之意。別勒古台此時似尚未用此一尊稱。「那顏」當爲其後日的封號。

㊃原文「牙速禿」yasutu，旁譯作「骨頭的」。按此一「骨」字，係指同一血緣的氏族或副氏族而言。

㊄這句話就是：「凡可納爲妻妾的都納爲妻妾，凡可做爲奴僕的都用做奴僕」。原總譯作：「他的其餘的妻子每（們），可以做妻的做了妻，做奴婢的做奴婢」。這也是意譯。

第一一三節

帖木眞感謝㊀脫斡鄰勒汗、札木合兩個人說：「由我的汗父〔和〕札木合『安荅』兩個人給做伴，由天地給增加力量，被有權威的蒼天所眷祐，被〔有〕母〔愛的〕大地所顧及，我們把有男兒〔必報〕之仇的篾兒乞惕百姓們的胸膛弄穿了，把他們的肝臟搗碎了！我們把他們的床位掠空了㊁，把他們的親族毀滅了；把他們殘餘的人們也都俘虜了！」㊂既然把篾兒乞惕百姓這樣擊潰㊃，大家就說：「咱們撤兵吧！」

㊀「感謝」原文作「不識怜」。原旁譯作「知感」。此字之發音秘史時代雖爲 büshiren，今已讀作 bishiren。意思是信仰和敬佩。

㊁把床位掠空，就是把家室破壞，掠刼了他們的妻子之意。參照本卷一〇五節註㊀。

㊂「俘虜了」原文作「阿兒必剌罷」arbilaba，旁譯作「擄要了」。此字今作「節省」或「使之增多」解。故其意當爲「未予殺戮而留下使用了」，或「因俘虜敵人使奴僕爲之增多」之意。

㊃「擊潰」原文爲「不散合周」。是白鳥本作 bosangghaju。原旁譯爲「教毀亂着」。黃金史六十三頁第一行作 bosangghaju，並加註解 talkha bolghaju，即「使其毀滅」之義。

第一一四節

當兀都亦惕—篾兒乞惕人驚慌逃走的時候，我們的軍隊得着一個被失落在營地的，戴着貂皮帽子，穿着母鹿皮的靴子，〔身〕穿光板皮革㊀用水獺㊁沿邊的衣服，目中有火㊂，名叫曲出的〔一個〕五歲男孩，就拿來送給訶額侖母親收養㊃了。

㊀光板皮革原文「亦赤勤—札兒合黑」**ichikin jarkhagh**，旁譯「粉皮」。黃金史六十三頁第二行作 **ilkin jarkhas**。**Ilkin** 一字，見三合（第二册二十二頁下）作「革」字解，其註云：「無毛皮也」。**Jarkhagh** 或 **jarkhas** 今已不見通用。

㊁水獺原文「兀速訥 不⿰鼠勒罕」usun-u bolghan，旁譯作「水的貂鼠」。黃金史六十三頁第二行作 **usun-u khalighu** 即水獺也。

㊂「目中有火」見二十二節註㊁。

㊃收養原文作「掃花」**saukha**，旁譯作「人事」。黃金史六十三頁第四行亦作 **saukha**，而加旁註

tejiye，卽收養之謂。

姚師前註：「人事」，原作「掃花」。「俗謂餽贈之物曰人事」，實卽禮物。關於「掃花」，王國維先生在觀堂集林，卷十六，蒙古札記對於這一術語有專條的解說。

第一一五節

帖木眞、脫斡鄰勒汗〔和〕札木合三個人，一同搗毀了篾兒乞惕㊀寬濶㊁的居室，擄獲了美好的㊂婦女，從斡兒罕、薛涼格兩〔河〕之間的塔勒渾—阿剌勒撤退的時候，帖木眞、札木合二人一同向豁兒豁納黑山翼退去。脫斡鄰勒汗撤退的時候，靠着不兒罕山的背後，經過訶闊兒禿㊃山翼、合察兀剌禿山峽㊄，〔和〕忽里牙禿山峽，圍獵野獸㊅之後，向土兀剌〔河〕的合剌屯退〔回〕去了。

㊀ 原總譯作蔑兒乞惕達達。「達達」一語並無出處。

㊁ 「寬濶」原文作「綽兒罕」chorkhan，無旁譯。此字爲「洞」「空」或「空隙」「明亮」之意。

㊂ 「美好」原文「綽黑台」choghtai，旁譯作「固姑」，原總譯作「好」字。按 choghtai 是「有精神的」，「看着順眼的」，或「伶俐的」之意，並非頭戴「固姑冠」之意。秘史中他處多稱「固姑」爲「孛里荅」而非「綽黑台」。

㊃ 訶濶兒禿 kükertü 地名，地點不詳。其字卽今之 ükertü。其意爲「有牛的」。

㊄ 合察兀剌禿—速卜赤惕 Khacha'ulatu-subchid 地名。黃金史六十三頁第八行作 Khaghuratu,「速卜赤惕」subchid 一字,原總譯均未指出何謂,只云地名。查黃金史六十三頁第九行,此字改寫爲 khabchil,其意爲「山峽」或「山溝」。

㊅ 圍獵野獸在當時並非僅爲一種戶外的娛樂,也是訓練戰鬪和補充軍糧的一種方法。

第一一六節

帖木眞、札木合二人,在豁兒豁納黑㊀山翼一起安營住下,想起以前他們結爲「安荅」的〔舊〕事,〔又重〕申㊁「安荅」〔之誼〕說:「〔咱們〕要互相親愛!」起初互相結爲「安荅」之時,帖木眞十一歲,札木合把一個麅子的髀骨給帖木眞〔換了〕帖木眞灌銅的髀骨㊂,結爲「安荅」。在斡難河冰上一起打髀骨玩㊃的時候,就互相稱爲「安荅」了。第二年春天,在一起,用木頭做的弓射箭〔玩〕時候,札木合將他〔用〕兩歲牛角粘成鑽了眼有聲的髐頭〔箭〕給帖木眞,交換帖木眞有柏木頂的髐頭箭,〔又〕互相結爲「安荅」。這就是〔他們〕第二次互相結爲「安荅」的經過。

㊀ 豁兒豁納黑 Khorkhonagh 地名,黃金史第六十三頁第十行作 Khorkhogh。

㊁ 原文「統忽勒都周」tungkhuduju,旁譯作「共重新着」。按此字之本意是聲明、佈告或宣言之意。此處可做「申」字解。原旁譯及新譯的「重」字,乃會意之詞,並非原字本意。

㊂ 原文在髀骨「石阿」shi'a 一字之下，似有文字脫落之處，黃金史（六十四頁第二行）於此處有使役格接尾語 bar 一字，以連貫之。小林於其秘史研究一一五頁亦曾提及。

㊃ 髀骨 shi'a 是游牧地區最普遍的玩具牛、羊及黃羊之髀骨，均爲兒童及成年人的玩具之一。髀骨的四面，均作凹凸不同之狀。冬季兒童或青年多在冰上投擲或踢牛髀骨爲戲。黃羊髀骨最小，多於室內用手指來彈，比賽準度。羊之髀骨則多於室內拋擲，而以其所出之，凹凸形狀定勝負。此種游戲今在蒙古仍極普遍。

姚師前註：①元史㈠太祖紀：「莫拏倫第七子納眞詣押剌伊而（部），至一山下，有馬數百，牧者惟童子數人，方擊髀石爲戲。納眞熟視之，亦兄家物也。」可證擊髀石確爲元初蒙古人的風俗。②契丹國志（二十三）宋眞宗時晁廻往契丹賀生辰。還言：「國王皆佩金玉錐，又好以銅及石爲搥以擊兎。」是髀石用以擊兎，契丹人已好之。③楊賓柳邊紀略曰：「寧古塔童子相戲，多剔麞、麅、麋，鹿腿前骨，以錫灌其竅，或三、或五堆地上擊之。中者盡取所堆。不中者與堆者一枚。……」這是說擲的方法。秘史所言當亦類是。

第一一七節

〔帖木眞、札木合〕說：「聽以前老人們的話說：『凡結爲安荅的，性命是一體，不得互相捨棄，要做性命的救護者』。彼此親愛的道理，〔應〕是那樣，如今〔又重〕申做『安荅』，〔咱們〕要親愛呀！」帖木眞把擄掠篾兒乞惕脫黑脫阿所得的金腰帶，給札木合「安荅」繫在腰上，把脫黑脫阿幾年來不生駒的海騮馬，教札木合「安荅」騎上。札木合把擄掠兀洼思—篾兒乞惕的歹亦兒・兀孫所獲的金腰帶，給帖木眞「安荅」繫在腰上，把歹亦兒・兀孫有角的白馬㊀，教帖木眞〔安荅〕騎上。在豁兒豁納黑山翼，忽勒荅兒山崖前面，〔一棵〕枝葉茂盛的〔大〕樹那裏，彼此稱爲「安荅」，互相友愛，大開筵會，一起享樂，夜間共被而眠。

㊀「有角的白馬」，原文作「額別兒禿　兀訥昆　察合阿呢」eber-tü unughun chaghan，旁譯作「角有的　羖攊羔兒般　白馬（行）」。原總譯作「有角的白馬」，並未提及「羖攊羔兒般」一語。按 unughun-chaghan 一語，是指「白馬而略帶黑黃色者」而言。關於「羖攊羔兒」，其本意是「山羊羔」，三合第二册二十四頁下有 onughun 一字作「公黃羊」解。這可能就是秘史原譯者所說的「羖攊」。惟所謂「有角的白馬」一節，從秘史本文上，不能看出所指究爲何種馬，可能這是一匹馬的馬名。

第一一八節

帖木眞、札木合二人互相友愛的〔過了〕一年，〔到〕第二年的一半，〔仍是〕彼此友愛。有一天，在〔他們〕所住的地方說：「〔咱們〕起營吧」，說了就在孟夏〔四〕月十六日，「紅圓光日」㊀，〔那天〕起營了。帖木眞、札木合兩個人一同在車輛的前邊走着的時候，札木合說：「帖木眞、『安荅』！『安荅』！靠近山麓住下吧！我們放馬的可以得到帳篷㊁住啊。沿着澗邊住下吧！我們放羊、放羊羔的可以得到東西吃呀。」㊂帖木眞不能體會札木合這句話的意思，一語不發的就停留下來，等着正在移動中落後的車輛。在移動之中，帖木眞對訶額侖母親說：「札木合『安荅』說：『靠近山住下吧！我們放馬的可以得到帳篷住啊，沿着澗邊住下吧！我們放羊、放羊羔的可以得到東西吃呀。』我不明白這話的意思，我也沒有回答他甚麼，我來問問母親。」訶額侖母親還沒有作聲，孛兒帖夫人就說：「人說札木合『安荅』好厭舊。如今已經到厭煩我們的時候了。方纔札木合『安荅』所說的，是要圖謀我們的話吧。我們別住下，就這樣一面移動，一面趕快分開，夜裏兼程走吧！」㊃

㊀這是此一日期在秘史上第二次的出現，足證這在秘史時代這是一個重要的節日。請參照卷二第八十一節註㊂。

㊁「帳篷」原文「阿剌出合」alachugh-a，旁譯作「帳房行」。Alachugh 一字今已不得其解。小林氏曾查明鈔續增華夷譯語之珍寶門，帳房一詞當爲 chachir（見日譯蒙古秘史五十五頁註二十二）。惟 chachir 是指擧行大宴時，所張之華麗大帳，並非牧人所用者。黃金史（六十五頁第九行）作 ghal chogh。Ghal 是火，chogh 是「微火」或「火光」之謂。此語雖與原意不符；但以「靠山的易得柴燒」之理推之，則黃金史之說，亦未嘗無理。

㊂札木合的這一句話，成了他與帖木眞二人分裂的原因。然其原意何在，非僅今日吾人難知其詳，卽在當時帖木眞本人亦未能立卽了解其意。足證這是一句極其費解的話了。史家隨着自己的心意，加以解釋，反多構成畫蛇添足之謬。例如：W. Barthold 氏以爲從這句話中可以看出「牧馬者」是代表草

原貴族的，「牧羊者」是代表平民的。札木合則為傾向平民的「民主份子」。帖木眞則為牧馬階級的代表。其後以成吉思可汗傳及蒙古社會制度史著名的拉第米爾索夫於其成吉思可汗傳中（日譯本第三十九頁）也說：「札木合所說的『牧馬人』是指游牧社會或草原貴族中最上級之富者；而『牧羊人』則指彼所同情之平民而言。……聽其妻孛兒帖……之言後，〔帖木眞〕以為雖屬至友，亦不得不與札木合分裂，蓋其民主傾向，恰與已身之利益相反也。」額林沁‧喀喇‧達班 Erinchen-Khara-daban 也在他的名著成吉思可汗傳中（日譯本四二——四三頁）採用了 W. Barthold 氏的意見謂「牧馬者即指馬羣之所有人，及一般上層階級，亦即草原貴族之謂。牧羊者則指札木合衷心嚮往的平民而言。」因此一般西洋研究蒙古史之學者多採此種揣測之說。近年「蒙古與俄羅斯」的著者，沃爾納德斯基 G. Vernadsky 博士則謂：「沃拉第米爾索夫曾首肯此說（即 Barthold 之說），但後來予以更正。（我們還沒有看到他所作的更正）這與著者的意見相合。事實上也找不出札木合傾向民主的證據。他們分離肇因於權力之爭。」（見漢譯本第一册第十八頁）

斯欽生於蒙古，知牧羊亦須由乘馬之牧人管理，但從未聞牧馬者有何高於牧羊者之處。亦未聞馬羣之主人有何高於羊羣之主人之處。更未聞二者之間有所謂貴族與平民之分者。馬是草原動力之源，但馬與羊羣從不放牧於一起。故札木合之言，似以馬羣既應分開放牧，使其牧人各得其所，諷諭吾輩各有部屬，何必混在一起，以至不能各展其長。故孛兒帖夫人指出其好厭舊之性格，而主張急速離去也。

按聖經創世紀第四十六章說到以色列人因荒年逃入埃及時，約瑟對法老說：「我的弟兄和我父的全家……他們本是牧羊的人」對於這一句話，米勒 Miller 氏在其聖經生活百科辭典 Encyclopedia of Bible Life, Harper & Brothers, N. Y. & London, 1944 第三十二頁中曾謂牧羊人在當時社會中被人所卑視，而非高貴階級之所為者。由此可知 Barthold 一派之主張，或來自西方人士對於聖經故事之種種解釋而非眞對當時蒙古之社會實況有所了解也。

㈣ 錢大昕十五卷本，第三卷終。

第一一九節

〔帖木眞〕贊同孛兒帖夫人的話，就沒有住下，夜裏兼程行走的時候，路上從泰亦赤兀惕人〔的地方〕。泰亦赤兀惕人驚惶起來，也就在那夜裏，交錯着，向札木合那裏移去。在泰亦赤兀惕的別速惕〔氏〕居住的地方，有一個名叫濶濶出的男孩子，失落在那裏，我們的人〔把他〕帶來，交給訶額侖母親，訶額侖母親就〔把他〕收養了。

第一二〇節

那夜兼程而行，天亮一看，札剌亦兒氏的合赤溫・脫忽剌溫㈠、合剌孩・脫忽剌溫〔及〕合闌勒歹㈡・脫忽剌溫等，這三個脫忽剌溫兄弟們㈢夜裏一起兼程而來。還有塔兒忽惕氏的合荅安・荅勒都兒罕〔等〕兄弟們，五個塔兒忽惕〔氏的人〕也來了。還有蒙格禿・乞顏㈣的兒子汪古兒㈤等，和他們敞失兀惕㈥、巴牙兀惕〔兩個氏族的〕人們也來了。從巴魯剌思氏來了忽必來、忽都思兄弟們。從忙忽惕氏來了哲台、多豁勒忽「徹兒必」㈦兄弟二人。孛斡兒出的弟弟斡歌連㈧「徹兒必」離開了阿魯剌惕氏，前來和他哥哥孛斡兒出相會。者勒篾的弟弟察兀兒罕㈨〔和〕速別額台㈩「把阿禿兒」離開了兀良罕氏，前來與者勒篾相會。從別速惕氏來了迭該、古出沽兒⑪等兄弟二人。從速勒都思氏赤勒古、塔乞、泰亦赤兀歹⑫兄弟們也來了。札剌亦兒氏的薛扯・朶抹黑⑬、阿兒孩・合撒兒、巴剌帶着他們兩個兒子也來了。雪亦客禿「徹兒必」也來自晃豁壇⑭氏。速客堅的者該〔和〕晃荅豁兒⑮的兒子速客該・者溫也來了。捏兀歹・察合安・兀注⑯也來了。斡勒忽訥兀惕氏的輕吉牙歹⑰〔來了〕。薛赤兀兒從豁羅剌思⑱氏，抹赤・別都溫⑲也從朶兒班氏來了。亦乞列思氏的不圖正來這裏做女婿⑳也〔一同〕來了。種索㉑也從那牙斤氏前來。只兒豁安從斡羅納兒㉒氏前來。速忽・薛禪㉓〔和〕合剌察兒與他的兒子也從巴魯剌思㉔氏前來了。還有巴阿鄰氏的豁兒赤、兀孫㉕老人〔和〕濶濶搠思帶㉖同他們篾年—巴阿鄰㉗族的一個部落㉘也〔都〕來了。

㈠ 合赤溫・脫忽剌溫 Khichi'un-Toghura'un 人名，黃金史（六十六頁末行）作 Ghachughun 和 Toghuraghun 兩個人，似屬訛誤。

㈡ 合闌勒歹 Kharaldai 人名，葉本脫落「合」字。

㈢ 黃金史（六十七頁第一行）雖仍稱三個脫忽剌溫兄弟們；惟誤合赤溫・脫忽剌溫一人爲二人，並脫落合闌勒歹 Kharaldai 一人之名。

㈣ 蒙格禿・乞顏 Möngketü-Kiyan 人名，秘史卷一第五十節作忙格圖・乞顏。請參照同節註㈡。

㈤ 汪古兒 Önggur 人名，原文作「翁古兒」，此後秘史均作汪古兒，故於此處改爲「汪古兒」，以期一致。

㈥ 敞失兀惕 Changshiud 氏族名。錢本正確，葉本誤爲「敞失兀惕」，白鳥本未加改正。黃金史（第六十七頁第三行）作 Changshighud。

(七) 「徹兒必」cherbi，乃蒙古兵制中之官名。黃金史（六十七頁第五行）於 cherbi 一字之旁，補註 türüküü noyan，即指揮官或司令官之謂。

(八) 斡歌來 Ögerei 人名，此處原文作「斡歌連」，一一四節以後多作「斡歌來」。又此處稱他是孛斡兒出之弟，秘史第九二節則稱孛斡兒出爲納忽伯顏之獨生子，與此處之記載不合。故疑「斡歌連」可能是孛斡兒出的堂兄弟。否則成吉思可汗首遇孛斡兒出之時，斡歌連尚未出生；但以時間推之，此時之斡歌連恐仍在十餘歲左右，當不能携部衆，捨札木合而就帖木眞。

(九) 察兀兒罕 Cha'urkhan 人名，黃金史（六十七頁第七行）作 Chorkhan，恰爲第一百十五節無旁譯的「綽兒罕」之對音。見一一五節註㊁。

(十) 姚師前註：速別額台，即元史卷一二一的速不台，和元史一二二的雪不台。速別額台元史有兩個傳，大同小異。從編史的體例說自是一個缺點；但就史料說毋寧是研究上的一種方便。

(十一) 古出沽兒 Güchügür 人名，原文此處做「窟出沽兒」，以後各節多作古出沽兒，故改爲「古出沽兒」。

(十二) 泰亦赤兀歹 Tayichi'udai，旁譯作「人名」，原總譯作泰亦赤兀歹。雖未明說其爲人名或氏族名，但以其上下文推之，此處似可作爲人名解。惟於下（一二二）節，原旁譯註泰亦赤兀歹一字，爲種名解，其總譯作「泰亦赤兀歹忽圖」。這樣，此一「泰亦赤兀歹」，則爲忽圖之姓氏。總之此字以解爲氏族名稱，較爲妥善。

(十三) 薛扯・朶抹黑 Seche-domogh 人名，黃金史（六十七頁第九行）作 Sere-domogh。

(十四) 晃豁壇 Khongkhotan 氏族名，黃金史（六十七頁第十行）訛爲 Khongghatan。

(十五) 晃答豁兒 Khongtakhor 人名，黃金史（六十七頁第十行）作 Khongtaghar。

⑯ 察合安•兀洼 Chaghan-u'a 人名，此處原文作「察合安•兀洼思」。此人之名再度出現於秘史卷四第一二九節時作「揑兀歹—察合安—兀洼」。黃金史（六十七頁十一行）作 Chaghan-go'a，似為正確。玆依第一二九節改為「察合安•兀洼」。

⑰ 輕吉牙歹 Kinggiyadai 人名，黃金史（第六十七頁末行）作 Kinggedei。

⑱ 豁羅剌忽 Ghorolas氏族名，黃金史及其他蒙古文史料均多作 Ghorlas。即今郭爾羅斯旗之名也。

⑲ 抹赤•別都溫 Mochi-bedü'ün 人名。柯立夫 F. W. Cleaves 教授於其「論竹溫台碑」一文（見哈佛亞洲學報十四卷，一九五一年六月）中，曾就蒙文 mod（木）一字，加以論述，謂此人之名「抹赤」一語，乃木匠之意云。

⑳ 不圖 Butu 人名，見元史作孛禿，卷一一八列傳第五、有專傳。黃金史綱第六十八頁第九行亦曾記其娶可汗妹帖木侖事，惟稱其名為 Batu ，稱後嗣乃今喀喇沁貴族之祖。按通說喀喇沁乃者勒篾之裔。Rashipongsugh 書第一冊第二十七頁亦詳載其事，大致與元史所載者略同；惟亦稱其裔為喀喇沁貴族之遠祖，不知 Rashipongsugh 與黃金史綱之著者 Mergen Gege'en 何所根據，而作如是之記載。

㉑ 種索 Jöngsö 人名，黃金史（六十八頁首行）作 Jöngki。

㉒ 斡羅納兒 Oronar 氏族名，黃金史（六十八頁首行）作 Khorkhor。

㉓ 速忽•薛禪 Sughu-sechen 人名，黃金史（六十八頁第二行）作 Gho'a-sechen。

㉔ 巴魯剌思 Barulas 氏族名，黃金史（六十八頁第二行）作 Barulagh，可能是 Barulas 之訛。

㉕ 豁兒赤 Khorchi 人名。惟葉刻本、四部叢刊本、錢本、白鳥本均將豁兒赤與兀孫 Usun 之名，寫在一起；因之而有柯鳳孫、屠敬山兩先生在新元史（卷一二五）與蒙兀兒史記（卷二十四）中的誤解。（兩先生書蓋沿那珂通世的疏忽，均有「豁兒赤兀孫」傳，且有謬論，頗可惜。）豁兒赤與兀孫

老人均爲當日珊蠻（巫）教的術士，以倡言符瑞獲得大汗信任。李文田先生說：「以本書（秘史）考之，豁兒赤在當時，無功可紀，而封以萬戶，爵賞次於木華黎、博爾朮，殆以闡揚符命之力，足以收羅豪傑，效命股肱也歟？」這些話甚有卓見。

㉖ 濶濶搠思 Kököchös 人名，黃金史（六十八頁第二行）作 Köke-chogh 當爲 Köke-chos 之誤植。

㉗ 篾年—巴阿鄰 Menen-Ba'arin 氏族名，黃金史（六十八頁第三行）作 Makha-Ba'arin，請參照卷一第四十一節註㊂，及四十五節註㊀。

㉘ 「部落」原文作「古列延」Küriyen，旁譯作「圈子」，見卷二第九十節註㊅。此處似可譯作部落。

第一二一節

豁兒赤來說：「我們是聖賢㊀孛端察兒擒獲的婦人所生的，我們與札木合同是〔生於〕一個肚皮、一個胞衣的。我們本不應該和札木合分離的。〔上天的〕神告臨到我，使我親眼看見了。有〔一隻〕黃白色乳牛，圍繞着札木合走，把他的房子車輛㊁都撞了以後，就撞札木合，弄折了一隻犄角。還剩了一隻犄角，就揚起塵土㊂，連聲向札木合吼叫：『把我的犄角拿來！』〔又有一隻〕沒有犄角的黃白色犍牛馱着、拉着大帳的樁子，在帖木眞的後邊，順着大車路前來吼叫：『天地商議好，要叫帖木眞做國家之主，〔我〕把國家給載來了！』〔上天的〕指示教我親眼目睹，指教給我了。帖木眞！你如果做了國家之主，因我曾經告訴過的緣故，你要使我怎樣享福呢？」帖木眞說：「如果，眞那樣掌理國家的話，叫〔你〕做萬戶的長官。」㈣〔豁兒赤〕說：「把我〔這〕曾經告訴了許多道理的人，教做個萬戶的長官，有什麼享樂呀！做〔我〕做萬戶的長官，特許〔我〕自由娶三十個全國的美女做妻子㈤，還不論我所說的〔是〕什麼〔都〕要傾聽！」

㈠「聖賢」原文作「孛黑多」，旁譯作「賢明」。Boghda 也是「神聖」或「聖人」之意。蒙古稱「聖天子」爲 Boghda Khan——「博克多汗」。今日通稱成吉思可汗爲 Chinggis Boghda，卽聖者成吉思之意，一如古代對孛端察兒之稱謂。在佛教普及後，對於地位崇高之「活佛」，如班禪、哲布尊丹巴等均稱之爲 Boghda——「博克多」。

㈡「房子車輛」原文作「格兒 帖兒干」ger tergen，旁譯作「房子 車子」。在蒙古語中，這有時是表示所有的財產（動產）而言。

㈢「土」原文「失羅埃」，葉本、錢本、四部叢刊本之旁譯均誤作「上」字，惟白鳥本改正爲「土」。

㈣「長官」原文作「那顏」noyan，旁譯作「官人」。這個字是長官，也有封主和世襲的長官之意。

㈤姚師前註：豁兒赤被准許在投降的百姓內挑三十個女子，見下文第二〇七節。後因在禿馬惕人中挑選女子，曾惹起嚴重的民變，力戰方始平定。（見下文第二四一節）

第一二二節

忽難㊀等格你格思〔氏的〕一個部落㊁也來了。還有荅里台・斡惕赤斤〔的〕一個部落也來了。木勒合勒忽㊂也從札荅闌〔氏〕來了。還有溫眞〔等〕撒合亦惕〔氏的〕一個部落也來了。那麼多的〔人〕離棄了札木合起營〔而來〕。在乞沐兒合小河的阿亦勒—合剌合納住下的時候，主兒乞㊃〔氏的〕莎兒合禿・主兒乞㊄的兒子薛扯・別乞㊅、泰出二人〔等〕一個部落，和揑坤太子的兒子忽察兒・別乞〔的〕一個部落，還有忽禿剌汗的兒子阿勒壇・斡惕赤斤〔的〕一個部落，也都離棄了札木合前來。當帖木眞正在乞沐兒合小河的阿亦勒—合剌合納住下的時候，〔都〕會合一起住下了。〔隨後又〕從那裏起營〔到〕古列勒古〔山〕中，桑沽兒小河的合剌—主魯格〔山〕的濶濶海子住下了。

㊀ 忽難 Ghunan 人名，三歲幼虎或三歲牛犢之意。

㊁ 見一二〇節註㊅。

㊂ 木勒合勒忽 Mulkhalkhu人名，黃金史（六十九頁第八行）作Mokhula-gho'a。

㊃ 主兒乞 Jürki 氏族名，卷一第四十九節作禹兒乞。請參照該節註㊀。

㊄ 莎兒合禿・主兒乞 Sorkhatu-Jürki 人名。卷一第四十九節作「忽禿黑禿・禹兒乞」Khutughtu-Jürki。見該節註㊀。

㈥ 薛扯•別乞人名，此處原文作撒察—別乞。卷一第四十九節作薛扯•別乞 Seche-Beki。參照四十九節註㈡。黃金史作 Seche-Beki。

第一二三節

阿勒壇、忽察兒、撒察•別乞共同商議好，對帖木眞說：

「立你做可汗！
帖木眞你做了可汗啊㈠！
衆敵當前，
我們願做先鋒衝上陣去，
把姿色姣好的閨女貴婦，
把〔明朗寬敞〕㈡的宮帳房屋，
拿來給你！
把外邦百姓的美麗貴婦，
臀部完好的良駒駿馬，
拿來給你！
圍獵狡獸，
我們願給你上前圍堵，

把曠野的野獸〔圍在一起〕，
肚皮擠着肚皮，
把谷中的野獸〔圍在一起〕，
後腿挨着後腿！
廝殺之際，
如果違背了你發的號令，
叫我們與妻兒家屬分離，
把我們的頭顱㊂拋在地上！
和平之時，
如果破壞了與你的協議，
叫我們與妻妾屬下㊃分離，
把〔我們〕丟棄在無人野地！」

〔他們〕議定了這些話，這樣發了誓，就稱帖木眞爲成吉思㊄可汗，奉爲皇帝㊅。

㈠ 原文「孛魯阿速」bol'asu，原旁譯爲「做漢」。葉本、四部叢刊本均如是，白鳥本亦未加更正，惟錢本作「做呵」，無訛誤。

㈡ 在「格兒」ger—「房子」，一字之下，白鳥庫吉本補加：「禿里—顏 斡羅周 斡勒周 阿卜赤剌周 斡克速」-tür-jen orǰu olǰu abčirazu ögǰu，其旁譯爲：「自的行 入着得 將來着與」。不知根據何本所加，可能因覺其文詞有脫落之處而增添者。查黃金史第七十頁，其詞句雖略有不同，但大致當與秘史相似，也沒有白鳥氏所加的這一段話。斯欽在譯文中補加的這句話，是按一一五節的語氣所添的，見一一五節註㈡。

㈢「頭顱」原文做「合剌　帖里兀」khara teri'ü 原旁譯「黑頭」。是平民向貴族自稱謙卑之詞，這裏是自謙說的「不値錢的頭顱」之意。

㈣「屬下」，原文作「額列思　哈剌」eres khara，原旁譯作「家人每（們）家活」。按 eres 是男人的複數形，khara 與 kharachu 同有平民或下民之意。似可解爲「屬民」或「屬下人等」，也就是封建制度中的「部屬」之意。

㈤「成吉思」Chinggis 秘史原旁譯作「太祖帝號」。此字爲研究蒙古史者應加解釋而又難以解釋的一個課題。此字雖是一個專有名詞，甚至在蒙古人之間，是個有神聖性的人名；但其原意如何？爲什麼帖木眞的部下用它來作他們可汗的尊號？秘史本身未加說明。元史太祖本紀亦僅謂：「諸王羣臣共上尊號曰成吉思皇帝」，亦未加註解。魯布魯克 Willian of Rubruck 游記（第五十四章）所載，蒙哥可汗致法蘭西王路易九世之國書中稱：「在天只爲永生之上帝，在地除成吉思可汗，上帝之子帖木眞外，別無主宰」。他又說：「成吉思」是鋼鐵之聲「彼等稱成吉思爲鋼鐵之聲，蓋因其曾爲鐵匠。殆其尊貴後，彼等稱之爲上帝之子」。蒙古史書如黃金史，成吉思可汗傳，蒙古源流，及青史等均稱可汗即位時一鳥飛鳴「成吉思、成吉思」，衆以爲天意，而以此聲爲尊號。此說雖近於神話不可憑信，然至今仍爲蒙古一般的傳說。伯希和 Pelliot 氏稱此字之來源係由突厥語「海洋」—dengis 一字，氏以爲貴由可汗御璽上有 Dalai Kha'an 一語。Dalai 爲「海」字，言其大也。故推定 dalai 一字亦必爲海洋之意。蒙古史學家近人額林沁・喀喇・達班 Erinchen Khara-daban 於其「成吉思可汗」一書中稱：「對『成吉思可汗』一語，從未見過有滿意的解釋。在西部蒙古卽衛拉特——卡爾馬克 Kalmuck 族之方言中，它有『聳固』或『堅强』之意；但此字不能解釋爲屬肉體的，乃是屬智能、性格、或是屬精神的。基於此理，有些著述家認爲它是『不屈不撓』之意。實則此種解釋雖與帖木眞之性格相近，然亦不免僅屬片面的。蓋此種解釋只能表示意志的强固，而不能概括智識與體力各方面。當時在蒙古貴族之尊號中，有以『把阿禿兒』（勇士）表示肉體之强健與勇敢者。有以『薛禪』（賢者）表示聰明智慧者。故其加於帖木眞之『成吉思』一詞，自然必須與帖木眞之全面性格一致。蓋帖木眞除有出色屬肉體的强健外，更有他人所無之智能，强固的意志，軍事的及組織的天才與雄辯的才能。故認爲『成吉思』一語爲概括上述各種才能，而具體的顯現在一個人之身上的稱謂，似較妥當」。（見日譯本五十二頁）。惟「聳固」與「堅强」二語，在喀爾喀語系中則爲 cingha 而非 Chinggis。額林沁・喀喇達・班氏認爲此係成吉思可汗崩御後，一般人避諱使用，以致其原意漸漸被人忘却。惟西部蒙古則自忽必烈時代起，即形成實際上的獨立，故仍保留其原來的面目。然此說亦不免有牽强之嫌也。海尼士敎授於其「蒙古秘史」一六一頁中稱 Chinggis 一語乃漢字之「誠」字而附加 s 者，頗屬妄斷。

㈥ 姚師前註：這裏的記事，顯與下文第二百零二節衝突。鄙人意見：㈠這一次帖木眞只是被立爲蒙古本部可汗。「成吉思可汗」是後人追記往事的時候追加的。又，據蒙古源流卷三，成吉思可汗被推爲蒙古本部可汗時，年二十八歲。是年爲己酉，即金朝世宗大定二十九年，西元一一八九年。

第一二四節

成吉思做了可汗。孛斡兒出的弟弟斡歌來「徹兒必」佩帶了箭筒㈠。合赤溫・脫忽剌溫佩帶了箭筒。哲台、多豁勒忽•「徹兒必」兄弟兩人〔也〕佩帶了箭筒。汪古兒、雪亦客禿•「徹兒必」、合荅安•荅勒都兒罕三個人說：「不叫早晨的飲〔食〕缺少，不教晚夕的飲〔食〕錯亂。」於是就叫他們做了廚官㊁。迭該說：「拿兩歲的羯羊做肉湯，早晨不叫缺少，夜間不使落後。放牧花色的羊；叫〔牠們臥〕滿了車輛的底下；放牧黃頭的羊，使〔牠們〕充滿了營子的周圍㊂。我嘴饞又不好，就使我放羊吃肥腸吧。」於是就叫迭該管理羊羣㊃。他的弟弟古出沽兒說：「不叫有鎖頭的車輛傾倒㊄；不使有車軸㊅的車輛壞㊆在車轍之上。」〔可汗〕說：「〔你〕管理帳幕車輛吧。」說：「多歹•撒兒必管理家裏的家人丁口㊇。」叫忽必來、赤勒古、合兒孩•脫忽剌溫三個人，與合撒兒一同佩刀㊈。說：「把好逞氣力之人的頸項斬斷㊉；把好逞雄勇之人的胸膛刺穿！」說：「別勒古台、合剌勒歹•脫忽剌溫兩個人，調度軍馬做軍馬官⑪。」對泰亦赤兀惕氏的忽圖、抹里赤、木勒合勒忽三個人說：「〔你們〕放牧馬羣。」對阿兒孩•合撒兒、塔孩、速客該、察兀兒罕四個人說：「〔你們〕當我射遠程的遠箭，射程的近箭⑫。」速別額台「把阿禿兒」說：「我願做個老鼠，〔爲你把東西〕收藏起來，我願做個烏鴉在外把所有聚集起來。我願做披蓋的毛氈，大家一同披蓋；我願當擋風的毛氈，共同遮護家鄉。」

㊀「箭筒」原文作「豁兒」khor，使之佩帶箭筒，就是使任「豁兒赤」khorchi之職。元史九十九，兵志二，宿衞，四怯薛條云：「主弓矢……之事者曰火兒赤」。又卷一百二十列傳第六博爾忽傳附塔察兒傳稱：「火兒赤者，佩櫜鞬侍左右者也」。

㈡「厨官」原文「保兀兒臣」bo'orchin，旁譯作厨子。元史九十九，兵志二，宿衞，四怯薛條稱：「親烹飪以奉上飲食者曰，博爾赤」。斯欽曾作「說元史中的『博兒赤』」一文，載「田村博士頌壽東京史論叢」（六六七—六八二），一九六八，日本京都。

㈢「營子」原文「豁團」khoton，旁譯「圈子」，現代文言讀 khotan，是村落或營子之意，也作城市解。

㈣元史卷九十九，兵志第二，宿衞，四怯薛條云：「牧羊者曰火你赤」khonichi。

㈤原文葉本、錢本及四部叢刊本均作「不赤兀迭勒速」，旁譯作「不敎倒了」。白鳥本加以改正，作「不　赤兀迭兀勒速」，並在「不」字之旁補加「休」字。

㈥原文作「騰吉思格台」，原旁譯缺。白鳥本補加「車軸」二字於其旁。小林高四郎氏於其「蒙古秘史」（八十五頁註三十）曾論及之。謂成吉思可汗實錄譯作「車軸」解。至元譯語作 tenggelig。斯欽按車軸在現代語中做 tenggelig，乃一極普通之字。「騰吉思格台」一字之「思」字，乃「里」字之訛，當改正之。

㈦葉本、錢本及四部叢刊本均作「不帖兀列兀勒速」。白鳥訂正之作：「不　帖兀列兀勒速」於「不」字之旁，補加旁譯「休」字。

㈧「家人丁口」，原文作「格兒堅禿惕合里」，旁譯作「人口行」，原總譯作「人口」。此處之蒙文不易了解。黃金史作 ger-ün todghar（見七十二頁第七行）。阿拉坦瓦齊爾氏之蒙譯蒙古秘史（第四十九頁第五行）作 gerchin dotugharin，其意均爲家裏的人。斯欽以爲「格兒堅」gergen 當爲「格兒該」geregei（妻）之音變，可能是妾媵之謂。禿惕合里 todghar-i 就是 totughar-i 之變音。Totughar 一字是「裏邊的」之意，也可解爲「家裏的僕婢」。卷一第三十九節有「禿惕合剌」一字，其旁譯爲「使喚」也就是同一的字。

㈨「刀」原文「兀勒都思」üldüs，旁譯作「刀每」，今讀作 üldüs。元史九十九，兵志二，宿衞、四怯薛條云：「侍上帶刀……者曰云都赤」。輟耕錄卷一云：「雲都赤乃侍衞之親近者……三日一次輪流入直，負骨朶於肩，佩環刀於要（腰），或二人四人多至八人。時若上御控鶴，則在宮車之前，上御殿廷，則在墀階之下，蓋所以虞姦回也。雖宰輔之日覲請先，然有所奏請，雲都赤在，固不敢進。今中書移咨各省，或有須備錄奏文事者，內必有云都赤等等。」沃爾納德斯基於其蒙古與俄羅斯一書中，稱：佩刀與佩弓箭同爲突厥與蒙古君主對於其武士之榮典（見斯欽漢譯本一册第一〇一頁）。

㈩「斬斷」原文「輕古里惕坤」，旁譯作「截斷您每」（按錢本）。黃金史（第七十二頁第九行）作 gergegdekün，旁註作 oghtalughtun 即斬斷之意。阿拉坦瓦齊爾氏之蒙文蒙古秘史（第四十九頁第六行）作 chünggürigtün。此字今日已不見使用。秘史第一〇五節有「輕古思」一字，其旁譯作「模斷」，當爲同字無疑。前者之「思」字，或即後者「里」字之訛。

⑪「軍馬」原文「阿黑塔」 aghta，旁譯作「騸馬」。此字有時爲 cherig-ün aghta（軍馬）之略稱，故譯之爲「軍馬」。「阿黑塔臣」 aghtachin 原旁譯作「籠馬人」。即管理軍馬之軍馬官也。

⑫元史九十九，兵志二，宿衞、四怯薛條只言及「典……馬者曰莫倫赤 morinchi」，而未及此字。

⑬對這一句話達木定蘇隆氏解釋爲作遠近情報之搜集者。似屬合理。見謝譯達木定蘇隆本第八十七頁。又據旺欽多爾濟先生見告，當解爲「在近處作隨從，在遠處作先行」之意，似更正確。

第一二五節

成吉思可汗做了皇帝，就對孛斡兒出、者勒篾兩個人說：

「你們兩個，

在我除了影子，

沒有別的伴當的時候，

來做影子，

使我心安！

你們要〔永遠〕記在我的心裏！

在〔我〕除了尾巴，

沒有別的鞭子的時候，

來做尾巴，

使我心安！

你們要〔永遠〕記在我的懷裏！」

又說：「你們兩個人，既〔從〕起初就在〔這裏〕，爲什麼不做這所有人的首長呢？」成吉思可汗〔又對衆人〕說：「蒙天地增加力量，保祐蔭庇，你們心裏想念我，遠在對札木合之上，而前來給我做伴的人，爲什麼不做我〔那〕年長有吉慶的伴侶呢？〔我〕處處都託靠你們了！」

第一二六節

爲了已奉成吉思可汗爲皇帝，就派荅孩、速客該兩個人做使臣，前往客列亦惕〔部〕的脫斡鄰勒汗那裏。脫斡鄰勒汗叫〔他們〕回來說：「教我兒帖木眞做可汗，是很對的。你們蒙古人，沒有可汗，怎麼能行呢？」

「你們不要破壞自己的協約；
不要折散自己的團結；
不要扯毀㈠自己的衣領！」㈡

㈠「扯毀」，葉本原文作「談禿魯渾」。四部本作「談禿魯黑渾」。錢本正確作「談禿魯惕渾」tem-türüdkün。

㈡按文法和句子的構造，此處不能分句分段。

卷四

第二二七節

派阿兒孩•合撒兒、察兀兒罕兩個人〔作〕使者，到札木合那裏去。札木合說：「去對阿勒壇、忽察兒兩個人說：『阿勒壇，忽察兒你們兩個人㊀，在帖木眞「安荅」我們二人之間，爲什麽戳「安荅」的腰窩，扎〔安荅〕的肋骨，使〔我們〕分裂呢㊁？在你們尙未離間「安荅」我們兩個人，〔我們都〕在一起的時候，爲什麽不立「安荅」爲可汗呢？你們如今打什麽主意，立〔他〕爲可汗呢？阿勒壇、忽察兒你們兩個人，可要做到〔你們〕所說的話，使「安荅」安心，好好的給我「安荅」做伴吧！』」

㊀ 黃金史第七四頁，五、六，兩行，均作 Altan-Khuchar, Sechen-Beki 二人，誤以阿勒壇及忽察兒兩人爲一人。

㊁ 關於阿勒壇，忽察兒二人怎樣離間帖木眞、札木合之事，秘史及黃金史均無記載。

第二二八節

其後，札木合的弟弟紿察兒，在札剌麻㊀〔山〕前，斡列該水泉居住的時候，來搶刼我們在撒阿里曠野，拙赤・荅兒馬剌的馬羣。紿察兒把拙赤・荅兒馬剌的馬羣劫奪而去。拙赤・荅兒馬剌的馬羣〔雖〕被劫奪，他的伴當們膽怯不敢〔去追〕；還是拙赤・荅兒馬剌〔一人〕前去追趕。夜間來到他馬羣的旁邊，伏在他的〔所騎〕的馬鬃上，近前把紿察兒的脊骨射斷殺死，趕〔回〕來他的馬羣。

㈠ 札剌麻 Jalama 山名，黃金史七四頁末行作 Alama。

第一二九節

因為弟弟紿察兒被殺，札木合等札荅闌〔氏的〕十三部㈠連合起來〔組〕成三萬〔人馬〕，由阿剌兀兀惕㈡，土兒合兀惕越山而來，要進襲成吉思可汗。成吉思可汗正在古連勒古〔山〕的時候，亦乞列思〔氏〕，木勒客・脫塔黑、孛羅勒歹兩個人把消息給傳送過來了㈢。知道了這個消息，成吉思可汗也把〔他〕十三個部族㈣，〔編〕成三萬㈤〔兵卒〕，迎着札木合出發，在荅闌—巴勒主惕對戰。在那裏成吉思可汗被札木合進迫，退到斡難〔河〕的哲列揑㈥山峽。札木合說：「我們教〔他們〕躲到斡難〔河〕的哲列揑峽地去了！」回去的時候，把赤那思〔族〕㈦的孩子們㈧煮了七十鍋㈨，又砍下揑兀歹・察合安・兀阿㈩的頭，拖在馬尾上回去了。

㊀ 「部」字，四部叢刊本及葉德輝本均作合鄰，Khalin 錢本及白鳥本作 kharin。以黃金史證之，後者正確。kharin 是各各獨立的部族，也有部屬之意。

㊁ 「阿剌忛忛惕」（Ala'u'ud）山名，黃金史（七五頁七行）作 Alaghud。

㊂ 「木勒客•脫塔黑」（Mülke-totagh）人名，錢本作「木勒客脫塔黑」，他本多作「木惕客•脫塔黑」，黃金史（七五頁第八行）Mülke-totugha，佐證錢本正確，小林高四郎於其「元朝秘史之研究」（九三頁），謂拉施特稱在泰亦兀惕部之亦乞列思氏的 Nekün 命把魯剌思氏的 Mülke，Totaka 二人告密云。

㊃ 「部族」原文「古列額惕」 küriyed，（küriyen 複數形），原音譯爲「圈子每」。也就是部族或部落之意，黃金史（六九頁第七行及第七五頁第十行作）küriye 並加旁注 aimagh，字義是部族。其實它與註㊀的 kharin 沒有太大區別。請詳九十節註㊅。

㊄ 「萬」字原文「土篾惕」（tümed 即 tümen 之複數形），按 tümen 即蒙古帝國時代和元朝的「萬戶」，或萬人軍團。一二〇六年，成吉思可汗即大位後，始編成左右中三個萬戶組織。因此這裡的「萬」tümen，在實際上是小於「萬戶」，而一二〇六年之 tümen 又是大於「萬戶」。總之 tümen，是軍隊的大單位組織無疑。至於其所轄士兵的數字，倒是一個值得研究的問題。

㊅ 「哲列揑」（Jerene）地名，黃金史七五頁十一行作 Chirkhan。

㊆ 「赤那思」（Chinos）族名，原文「赤那孫」（Chinos-un）即「赤那思」一詞的所有格形。原音譯作「地名的」，似不甚正確。秘史卷八，二〇七節稱「赤那思」爲「種名」。其前一字爲「阿荅兒乞訥」，原旁譯爲「種名的」。以此推之，它可能是阿荅兒斤氏族的分支，或副氏族。

㊇ 「孩子們」原文「可兀的」（kö'üd-i）是可兀惕 kö'üd 的受格。「可兀惕」之原意爲兒子們或孩

子們。此處之原旁譯作「大王每」。按此字在秘史二六九，二七七節多譯作「大王」，即「宗王」之意。惟此處譯爲「大王」或「宗王」，似不相當。且從其上下文中，亦看不出有「宗王等」之意；但因其爲 Chinos-un kö'üd，而譯之爲「狼子」或「狼仔」，亦屬不可（蒙語稱幼狼爲 bülteg）。此字謝譯達木丁蘇隆本譯爲「青年」（見該書九十頁）。

㈨ 聖武親征錄稱：「札木合敗走，彼初軍越二山，半途爲七二竈，烹狼爲食。」指「赤那孫」爲狼。（蒙古史料四種本總三〇頁）

㈩ 揑古歹・察合安・兀阿 Negüdei-Chaghan-gho'a 人名，此人於卷三之一二〇節作揑古台・察合安・兀洼思。黃金史（六七頁十一行及七六頁首行）作 Chaghan-gho'a。

(十一) 這場戰役就是元史㈠太祖本紀及親征錄中所載的「十三翼之戰」。關於成吉思汗十三翼之戰的組織，親征錄記載甚詳。秘史稱敗績屬於成吉思可汗，親征錄則謂札木合敗北，顯有改變竄史實之嫌。關於誰煮赤那思族人一事，秘史與拉施特書各執一詞，王國維氏曾於其「聖武親征錄校注」中，代成吉思可汗辨誣（見四部叢刊本總三〇頁）。

第一三〇節

札木合從那裏回去以後，兀魯兀惕氏的主兒扯歹㈠領着他的兀魯兀惕氏，忙忽惕氏的忽余勒荅兒㈡帶着他的忙忽惕氏，離開札木合，來到成吉思可汗那裏。晃豁壇氏〔的〕蒙力克老爹〔原〕在札木合那裏，也同他的七個兒子一同離開札木合，來到那裏，與成吉思可汗合在一起。成吉思可汗因爲從札木合〔那邊〕來了這麼多的百姓，〔又〕因爲百姓〔都〕到他自己這邊來，就〔

很〕歡喜。成吉思可汗、訶額侖夫人、合撒兒、主兒乞〔氏〕的薛扯・別乞、泰出等都說：「咱們在斡難河的樹林裏宴會吧。」當宴會的時候，在以成吉思可汗、訶額侖夫人、合撒兒、撒察・別乞等爲首的〔一席之前，放了〕一甕〔馬奶子派人〕司酌㊂。在以薛扯・別乞的庶母㊃爲首的〔一席之前，放了〕一甕〔馬奶子，派人〕司酌。因此豁里眞可敦、忽兀兒臣可敦㊄兩個人說：「怎麼不讓我們爲首，而叫額別該爲首，給斟〔馬奶子〕呢？」就打厨官失乞兀兒。厨官失乞兀兒挨了打，說：「因爲也速該・把阿禿兒、揑坤太子兩個人都死了，我就這讓人家打嗎？」說了就放聲大哭起來㊅。

㊀ 姚師前註：元史（一二〇）有傳，作朮赤台。本傳說：「當開創之先，協贊大業。厥後太祖卽位，命其子孫各因其名爲氏，號五投下。」卽是因爲早期來歸的緣故。主兒扯歹的事蹟詳見本書第一七一節，（卷六，頁七至十一），並註㊂，註㊃，第二〇二節，（卷八，頁二十五），第二〇八節（卷八，頁四十三到四十九）等。

㊁ 忽亦勒荅兒（Khuyildar）人名此處作「忽余勒荅兒」，惟一七一節以後均作「忽亦勒荅兒」。姚師前註：元史卷一二一有傳，作畏荅兒。與主兒扯歹同爲五投下之一。因勇決忠誠與成吉思可汗又「約爲安荅，尊爲薛禪。薛禪者，總明之謂，安荅者，定交不易之謂。」事蹟見本書第一七一節（卷六，頁七到頁十一），第一七五節（卷六，頁十八到十九），第二〇二節，（卷八，頁二十五）及本節註㊀。

㊂ 「司酌」原文爲「禿速兒格　禿速兒出爲」（tüsurge tüsürchüküi）旁譯作「甕　傾了」。按「禿

速兒格」一字在秘史二一三節及其他各處之旁譯均作「酒局」。按蒙古習俗，每於大宴之時，在帳幕入口處，置巨甕，內盛馬湩或酒。其旁有一小台置飲器。有官員著禮服，面北向主坐侍立或跪坐，專司進酒之事。另有二人將盛滿馬湩之杯，獻與主坐及重要賓客。至於次要者，則由人提甕或壺至其坐次，斟於杯中。這就是此處所說的「禿速兒出爲」。故譯之爲司酌。請參照秘史卷九第二一三所記之故事。

(四) 按蒙古游牧社會，正妻與其他妻子的地位不同，所生子嗣的地位也不同；但農業社會的嫡妻庶妾的制度並不存在。因之「庶母」一詞頗不適合；可是「小娘」、「小母」又容易使讀者誤解，不得已暫以極不相當的「庶母」一辭代之。

(五) 姚師前註：小娘，元史(一)太祖紀，說是薛徹別乞的次母。豁里眞可敦是薛徹別乞的嫡母。證補說：「豁里眞見次母的酒不與衆同，故怒以掌打主膳者。」註文因說，是怒酒之異同，而非爭行酒之先後。亦可參看。但就秘史蒙文說，爭行酒之先後，應爲主因。

(六) 姚師前註：此節元史太祖紀敍述較詳。（元史太祖紀，自「當是時諸部之中，……帝功德日盛，諸部皆慕義來降。帝會諸族，宴於斡難河上。……」至「於是頗有隙。」約三四百字，可補秘史這一節的簡略。

第一三一節

那場宴會，我們〔這邊〕由別勒古台主持。〔他〕牽着成吉思可汗的馬，站着。主兒乞〔那邊〕由不里・孛濶〔力士〕主持那場宴會。在我們繫馬的地方㊀，捉住了〔一個〕偸轡繩的合答斤氏的賊。不里・孛濶袒護那個人，就和別勒古台搏鬪了很久，撕掉〔別勒古台〕右邊的袖子，赤裸了〔他的〕肩膀。不里・孛濶用環刀把他那撕掉〔袖子〕裸露的肩膀劈開口子㊁。別勒古台〔雖〕被砍傷，却不在乎，也不理睬㊂，正流着血走的時候，成吉思可汗在〔樹〕蔭下坐着，從筵席中看見了，就出來說：「怎麼被弄成這個樣子？」別勒古台說：「沒傷着。可不要爲了我，兄弟間起摩擦！我不礙事，我不礙事。在兄弟們剛剛互相熟識的時候，哥哥可不要〔打架〕，暫且忍一忍吧！」

㊀「繫馬的地方」，原文作「乞魯額薛」，（kirü'es），又見秘史二四五節，也就是元史中所說的「怯列思」。在游牧首長的宮帳，衆人繫馬之所，是交通樞紐之區，向視爲重要之地。斯欽曾於拙作「說元史中的却列思」一文中申論之。見大陸雜誌二六卷，第四號（五二年二月）。

㊁「劈開口子」原文「康合思」（khangghas），旁譯作「劈開」。今字首之 kh 音已消失，讀作 angghas。

㊂「褁格連」（senggeren 或 sengkeren）四部叢刊本旁譯作「來」字，有訛誤。按此字應作「提醒」，「甦醒」，「明白」或「醒過來」之意。故「兀祿　褁格連」，不是「不來」，而是「不介意」，錢本作「釆」字，卽「睬」字之意，正確。

第一三二節

別勒古台這麼勸解，成吉思可汗仍是不聽，就折下樹枝，抽出皮桶〔裏〕攪馬乳的木棍㊀，撕打，制住了主兒乞〔人〕，〔並〕把豁里眞可敦，忽兀兒臣可敦兩個人奪過來。後來，他們說要和解。在正要交還豁里眞可敦，忽兀兒臣可敦兩個人，互派使臣商談的時候，漢地㊁的金〔朝〕皇帝㊂，因爲塔塔兒的篾古眞・薛兀勒圖㊃等，不接受他和約〔的約束〕派人教王京丞相㊄，整頓軍隊，切勿猶疑。〔成吉思可汗〕知道王京丞相逆着浯泐札〔河〕㊅，爲了進襲篾古眞・薛兀勒圖等塔塔兒〔人〕，帶着牲畜和食糧等物前來的消息之後㊆，

㊀「皮桶裏攪馬乳的木棍」原文「亦禿格孫 不列兀惕」（itüges-ün büle'üd）旁譯作「皮桶的 撞馬乳椎」。按 büle'üd 是 bele'ür 之複數形。蒙古游牧地區大量飲用馬湩。其製造的方法，直至最近，是將鮮馬乳倒入以整個牛皮製成的大皮桶裏，使其發酵，並以一木棍（即 büle'ür 或 bülegür）時時攪動，以免其蛋白質凝結，並使酸度平均。此棍長約四五尺左右，故可用爲武器。參照卷一，第八五節的記事。

㊁「漢地」原文「乞塔惕」（Kitad）即契丹（Kitan）之複數形。旁譯作契丹。此字即元代漢人和漢地的代稱。今日仍是用以稱漢人，漢地的。參照卷一，第五一節註㊄。

㊂「金朝皇帝」原文「阿勒壇罕」（Altan Khan）原譯「金皇帝」，即金章宗，（一一九〇——一二

〇八）

㈣「篾古眞・薛兀勒圖」（Megüjin-se'ültü）人名。姚師前註說：即是元史㈠太祖紀：（頁五）的塔塔兒部長，篾兀眞・笑里徒。

㈤「王京丞相」即完顏襄，見金史卷九四內族襄傳。姚師前註說：元史㈠太祖紀：會塔塔兒部長篾兀眞・笑里徒背金約，金主遣丞相完顏襄帥兵逐之北走。」即指此事。

㈥「浯勒札」（Ulja）河名，原文此處作「浯泐札」，以後有時亦作「浯勒札」，故改爲浯勒札河。姚師前註說：案浯泐札河，當即金史（九四）完顏襄傳中斡里匝河。金史原文如下：「追奔至斡里匝河，降其部長。」

㈦按文法此處不宜分段。

第一三三節

成吉思可汗說：「從早日起，塔塔兒族就是殺害祖先們和父輩㊀的仇族。我們現在趁着這個機會，夾攻吧！」說了就派使臣到脫斡鄰勒汗處去傳話，說：「聽說金國皇帝的王京丞相正逆着浯勒札河，進迫塔塔兒〔部〕篾古眞・薛兀勒圖等塔塔兒人。我們夾攻〔那〕曾殺害我們祖先們和父輩的塔塔兒族吧！脫斡鄰勒汗父親，快快來！」這話傳到之後，脫斡鄰勒汗說：「我兒叫說的〔話〕很對。〔好〕，我們夾攻吧。」說了就〔在〕第三天，集合他的軍隊，舉兵急速前來㊁。成吉思可汗、脫斡鄰勒汗二人，派人去對主兒乞的薛扯・別乞、泰出等主兒乞人說：「把早先曾殺害我們祖先們和父輩的塔塔兒〔人〕，一起趁着這個機會，出兵夾攻吧！」派人到主兒乞去，等了六天之後，〔仍無回信〕㊂，不能〔再〕等。成吉思可汗、脫斡鄰勒汗二人就一同擧兵，順着浯勒札河，與王京丞相一同前進夾擊。這時，塔塔兒〔部〕篾古眞・〔薛兀勒圖〕㊃等塔塔兒人，已經在浯勒札〔河〕忽速圖－失禿延〔和〕納剌禿－失禿延地方，建立了營寨。成吉思可汗、脫斡鄰勒汗二人，從他們的營寨中，捉住了那些建立營砦的人和篾古眞・薛兀勒圖。就在那裏把篾古眞・薛兀勒圖殺了。成吉思可汗在那裏獲得了〔小孩睡〕的銀搖籃〔和〕有大珠的被子。

㈠「祖先們和父輩」，原文作「額不格思　額赤格思」(ebüges echiges)，都是複數形。似在說明，在前被塔塔兒人殺害的，除俺巴孩、也速該之外，恐怕尙有他人。

㈡「急速前來」原文作「斡帖兒連　亦克禿揑周」Ödterlen igtünejü，葉本、錢本、四部叢刊本均無旁譯，白鳥本補加「作急」「赴着」二語爲旁譯。按 igtünejü 亦有「直前不廻」之意，故譯爲「急速前來」。

㈢姚師前註：元史㈠太祖紀也說：「仍諭薛撤別吉，帥部人來助。候音不至。」蓋猶記第一三二節中所說爭吵的仇恨。

㈣原文作「篾古眞」，爲前後一致計，補加「薛兀勒圖」一詞。

第一三四節

篾古眞・薛兀勒圖被殺。王京丞相知道成吉思可汗、脫斡鄰勒汗二人殺了篾兀眞・薛兀勒圖，非常喜慰，贈給成吉思可汗「札兀惕—忽里」㈠的名分。對客烈亦惕的脫斡鄰勒汗贈以王號。王汗㈡之名，就是在那裏由王京丞相所贈給的名號而來的。王京丞相說：「你們夾擊〔塔塔兒〕，殺死篾古眞・薛兀勒圖，爲金國皇帝立了大功。我要把你們這個功勞上奏金國皇帝，請金國皇帝給成吉思可汗加贈比這個名分更大的招討㈢的名分吧。」王京丞相就從那裏很歡喜的，撤〔兵〕回去了。成吉思可汗、王汗兩個人在那裏擄掠塔塔兒人，〔把〕所得的〔戰利品〕分了之後，各自回家去了。

㈠「札兀惕忽里」ja'ud-khuri，無原譯。白鳥本補加官名二字於其旁。錢本作「扯兀惕忽里」。黃金史（八二頁四行）作 chagh-un türü 似爲 chaghud khuri 之訛寫。姚師前註說：「札兀惕・忽里」註者甚多，但罕得眞解。伯希和先生譯註聖武親征錄（九節），說是：這個字的眞正意思，我們還是不能確定；連王國維先生所說的「百夫長」也在內。大約是「一個有威權的部落首長。」（李文田在秘史注卷四中說：「札兀忽里，部長也」，但解釋則不佳。）按此字也作「察兀惕・忽里」，見下文第一七九節，（秘史卷六，頁三十七上）。旁譯官名。第一七九節警告阿勒壇、忽察兒二人說：「休讓人家議論，說：你們全倚仗着察兀惕・忽里呢？」這裏指的卽是帖木眞。如是則伯希和「有威權的部落首長」的說法，自可相信。（參看下文，第一七九節註㊂）。

㊁「王汗」，「王」即漢語的王爵，「汗」蒙古語的可汗。秘史原文作「王罕」，其對音爲 Ong Khan。（現在語的寫法是Wang Khan。秘史自本節以後，改稱脫斡鄰勒汗爲王汗）。

㊂招討，金官名，金史卷五七，百官三，諸府鎭兵馬等職條云：「招討司三處，置西北路、西南路、東北路使一員，正三品。副招討使二員，從四品，招懷降附，證討離判，」（百衲本十一頁上）。姚師前註說：由文意觀之「札兀惕—忽里」，自然尚在招討使之下。

第一三五節

在破壞塔塔兒人建立營寨的納剌禿・失禿延地方的屯營地之時，我們軍隊在營盤裏，揀到一個被拋棄的小男孩兒。成吉思可汗就把〔這〕戴着金耳環〔金項〕圈㊀，穿着金花紵絲緞子，用貂皮做裏子小襖㊁的小男孩兒，帶回來，交給訶額侖母親收養㊂。訶額侖母親說：「這必是好人〔家〕的兒子，是有好淵源人家的子孫啊！」於是就收養做她五個兒子們的弟弟，第六個兒子，起名叫失吉刋・忽都忽㊃。

㊀「耳環項圈」原文「額額篋克」e'emeg，旁譯僅作「圈」字，及「環子有的」，總譯則作「鼻上帶一箇金圈子」。但蒙文原文，並無「鼻上」一語。e'emeg 一字在現代語中，作耳環解。故按今意譯之。恐原總譯之「鼻」字亦爲「耳」字之訛。此處所說的「圈子」似乎是一個「項圈」。

㈡ 「小襖」原文「赫里格卜赤」keligebchi 卽現代語之 elikebchi。原譯爲「兜肚」。此字亦可作「小襖」解。以貂皮作「兜肚」一事，似不合理，故譯爲小襖。

又以此兒身着貂皮小襖一事推斷，此一戰役之時間，似在寒冷的季節之內。

㈢ 「收養」原文「掃花」saukha，原旁譯爲「人事」。此字在現代語中已不使用，黃金史於八三頁首行 saukha 一字之旁，加注 asara（阿撒刺）一語，卽「關照」，「扶養」之意。「掃花」一語，在卷三，第一一四節，訶額侖收養濶濶出時，曾見過一次，請詳同節註㈣。

㈣ 「失吉刊•忽都忽」(Shigiken-khutughu) 人名，秘史又作失吉•忽禿忽。shigi, shikiken 在蒙語中有「小」的意思，khutughu 乃吉祥福澤之意。

姚師前註：一作失吉•忽禿忽。失吉或失吉刊。這是成吉思可汗幕府中一個了不起的人物。他的事跡也見本書第二〇二節，（卷八，頁二十五），第二〇三節（卷八，頁二十七到三十三）等。我們懷疑他不但曾創立了蒙古寫青册子的記事制度，（見下文第二〇三節），並相信我們譯註的這一部蒙古秘史，也許就是他的作品。他也就是彭大雅徐霆合著黑韃事略（第二十七節）中的胡丞相。又南港史語所新到德文書，一九五六年出版，捷克包哈（Prof. P. Paucha）教授所著蒙古秘史是史源也是古典文學（die Geheime Geschichte der Mongolen als Geschichtsquelle und Literaturdenkmal）頁一八七到一九一中，卽有同樣的推論。認爲失吉忽突忽應當就是蒙古秘史的作者。

（斯欽本人對於秘史的著者，不敢有所假設，也找不出可靠的證據來說明它的著者是誰。對於姚師前列的意見願持保留的意見。在這個註釋之外，姚師曾於四六年發表「黑韃事略中所說窩濶台汗時代胡丞相事跡考」一文，見中央研究院歷史語言研究所集刊第二八本下册，慶祝胡適先生六五歲論文集。Paul Ralchenvsky 也曾寫過一篇專論失吉•忽禿忽的文章 "Sigi-Qutugu Ein Mongolischen Gofolgsmann in Jahrunder,"Central Asiatic Journal, Vol. 10, 1965。)

第一三六節

成吉思可汗留守的老營㈠在哈澧氻禿㈡海子。主兒乞人〔襲刼〕在老營裏留守的人員，搶奪了五十個人的衣服，殺死了十個人。因被主兒乞人那樣蠻幹，留守在我們老營裏的人〔就去〕報告成吉思可汗。成吉思可汗聽了這話，非常忿怒，說：「我們爲什麼要被主兒乞人弄成這樣呢？〔先前〕在斡難河樹林裏宴會的時候，打厨官失乞兀兒的是他們，砍別勒古台肩膀的也是他們。因爲他們說要和解，我們就交還了豁里眞可敦、忽兀兒臣可敦兩個人。那以後要一同出兵，夾攻素有怨仇，並且曾殺害我們祖先父輩們的塔塔兒人，等待六天，也沒有把主兒乞人等來。現在又向敵人靠攏，他們也就是敵人了！」說罷，成吉思可汗就向主兒乞族出發。當主兒乞族正在客魯倫河的濶朶額—阿剌勒㈢的朶羅安—孛勒荅兀惕㈣的時候，攻掠了他們的部衆。薛扯•別乞、泰出二人僅與少數隨從逃出。〔我軍〕隨後追趕，在帖列禿山口趕上，擒獲了薛扯•別乞、泰出兩個人。捉住之後，成吉思可汗對薛扯•〔別乞〕、泰出兩個人說：「早日我們大家是怎麼說的？」薛扯•〔別乞〕、泰出兩個人說：「我們沒有實踐我們所說的話，〔現在〕就按我們的話辦吧！」說完，知道自己的話，就任憑處分㈤了。〔成吉思可汗〕使〔他們〕知道他們自己〔所說〕的話，之後，就按他們的話處分，〔把他們〕結果了，撇在那裏。

㈠「老營」原文「阿兀魯兀惕」，旁譯作「老小營」。白鳥本於其下補加一「每」字，即 a'urugh 之複數形，亦即元史上的「奧魯」。此字在今日已不見通用，但若干舊文典中仍可看出它在蒙古帝國建立前，曾具備「留守司」的作用。在元朝建立後，就成爲每個軍團兵源物資供應基地。日本岩村忍教授於其巨著「蒙古社會經濟史」兵員之補充與物資之補給一章中論之甚詳。見二四五—二六〇頁（一九六八，京都大學版）

㈡哈灃沕禿 **Khariltu** 湖名，錢本作「哈灃惕禿」。黃金史（八三頁第四行）作 **Arghalitu-naghur**。

㈢濶朶額—阿剌勒 **Küdö'e-aral** 地名，字義是「野河」。

㈣朶羅安—孛勒塔兀惕 **Dolo'an-boltagh-ud** 地名，字義是「七個小丘」。

㈤「任憑處分」原文「土失周」 tüshijü。原旁譯作「伸頸着」，似是按全文情節所作的意譯，而非該字的本意。這字的本意是依靠或委託，故譯爲「任憑處分」。

第一三七節

處置了薛扯．〔別乞〕、泰出兩人以後，回來移動㈠主兒乞百姓的時候，札剌亦兒〔氏〕帖列格禿．伯顏㈡的兒子古溫．兀阿㈢、赤剌溫．孩亦赤㈣、者卜客三個人正在主兒乞族那裏。古溫．兀阿教他的兩個兒子木合黎㈤、不合㈥拜見〔可汗〕說：

「我敎〔他們〕做你門限裏的奴隸；

若〔敢〕繞過你的門限啊，

就挑斷他們脚筋！

我教〔他們〕做你梯己㊆的奴隸；
若〔敢〕離開你的〔大〕門啊，
就剜出他們的心肝！」

說着，就獻給了〔可汗〕。

赤剌溫・孩亦赤也教他的兩個兒子禿格㊇、合失㊈謁見成吉思可汗，說：

「我把〔他們〕獻給你，
看守你的黃金門限；
若敢離開你黃金門限，
到別處去啊，
就斷他們的性命，撇棄〔他們〕！
我把〔他們〕獻給你，
抬起你的寬濶大門；
若敢越出你寬濶大門，
到別處去啊，
就踏他們的心窩，撇棄〔他們〕！」

〔古溫・兀阿〕把者卜客給了合撒兒。者卜客從主兒乞營盤裏，帶來〔一個〕名叫孛羅兀勒㊉的小男孩兒，拜見訶額侖母親，獻給〔她〕了。

㈠ 這裏所謂移動，就是把新征服的部族，予以新的安排，整編到自己的舊部中去的意思。

㈡ 帖列格禿•巴顏 Telegetu-Bayan 人名。Bayan 是「富」或「富翁」之意。

㈢ 古溫•兀阿 Kü'ün-gho'a，人名，元史一一九本華黎傳作孔溫•窟阿。

㈣ 赤剌溫•孩亦赤 (Chila'un-khayichi) 人名，其字義是「石剪」或「石鉗」。

㈤ 木合黎 Mukhali 人名，惟此處原文作「模合里」，二〇二節以後均作「木合黎」。
姚師前註：模合里卽是木華黎，元史（一一九）有傳。模合里的異譯甚多。趙珙蒙韃備錄所謂：「元勳太師國王沒黑肋，中國人呼爲摩睺羅，彼詔誥則曰謀合理。」模華里的事跡見本書第二〇二節，第二〇六節。比較上元史中的木華黎最爲通行。

㈥ 不合 Bukha 人名，其字義爲「牡牛」或「牡鹿」。

㈦ 「梯己」原文「奄出」ömchü，旁譯爲「梯己」，卽個人的或私人的之意。Ömchü 一語在現用之蒙語中極普通。「梯己」一詞在華北之地方語中亦極普通。

㈧ 禿格 Tüge 人名，原文此處作統格 Tüngge。黃金史（八五頁第三行）作 Tüge。秘史於二〇二節也作「禿格」，故改正之。

㈨ 合失 Khashi，人名，黃金史（八五頁第三行）誤作 Khasar。合失，就是河西的轉音，是指唐兀惕 Tungut 人說的。

㈩ 孛羅忽勒 Boroghul 人名，元史一一九有博爾忽專傳。

⑪ 拉地米爾索夫曾以這一段故事，來說明封建關係中親兵—伴當（nökör）與領主間的誓約。見日譯本二〇四，二〇五兩頁。姚師在前註中說：「門限裏的奴隸」，卽「貼身家將」的意思。

第一三八節

訶額侖母親把從篾兒乞惕營盤裏得來，名叫古出的小男孩；從泰亦赤兀惕裏邊，別速特〔氏〕營盤裏得來，名叫闊闊出的小男孩；從塔塔兒營盤裏得來，名叫失吉刊・忽禿忽的小男孩，從主兒乞營盤裏得來的，名叫孛羅兀勒的小男孩，〔他們〕這四個，收養在家裏。訶額侖母親〔想〕：「叫誰來給〔我〕兒子們做白天看望的眼睛，夜裏聽聞的耳朵呢？」因此就在家裏〔把他們〕收養大了㊀。

㊀ 姚師前註：收養古出見上第一一四節，闊闊出見第一一九節，失吉・忽突忽見第一三五節，孛羅兀勒見第一三七節。這四個人就是著名的訶額侖的四養子，就中忽突忽與孛羅兀勒尤爲有名。參看下文第二〇三節，第二一四節等。

第一三九節

這些主兒斤百姓，成了主兒勤〔一族〕的緣故是；當初合不勒汗七個兒子之中，最年長的是斡勤・巴剌合黑㊀，他的兒子是莎兒合禿・主兒乞㊁，因他是合不勒汗諸子中最年長的，就從百姓當中，揀選肝強膽壯，姆指善射，滿懷雄心，滿口傲氣，有丈夫技能，有力士強力的人給他，成爲有傲氣，有膽量，有勇敢，無人能敵的〔部衆〕。因此就被稱爲主兒斤㊂族。成吉思可汗制服了那樣剛勇的百姓，滅亡了主兒勤〔族〕。成吉思可汗將〔主兒斤〕的百姓部衆，變成了屬於他個人梯己的百姓㊃。

㊀ 斡勤•巴剌合黑 Ökin-barkhagh 人名。黃金史（八十六頁首行）作 Ökin-baragh。

㊁ 莎兒合禿•主兒乞 Sorkhatu-Jürki 人名。秘史卷一，第四十九節稱之爲忽禿黑禿•禹兒乞 Khutughtu-Jürki。

㊂ 主兒斤原文作主兒勤，茲依他節改爲主兒斤。Jürki, Jürkin 是心臟之意。現代文言寫作 jirüke，口語讀作 jürki 的。因之主兒斤一族之名，似有「中心」或「心臟」之意。

㊃ 「梯己的百姓」原文「奄出 亦兒堅」Ömchü irgen，旁譯作「梯己 百姓」，原總譯做「自己的百姓」。關於 ömchü（梯己）一字，已見前一三七節註㊆，茲不贅述。所謂 ömchü irgen，可能是這一部百姓，不是國家所有，也不是皇室所有，而是可汗個人所私有的。在近代封建制度中，封主在其旗內，有時另有 ömchü khariyatu，是屬於他個人的百姓，與全旗行政無關。他們的義務是配給封主個人服務。

㊄ 姚師前註：成吉思可汗能制服蒙古內部的主兒斤人，也是他統一內部成功的一個重要因素。

第一四〇節

一天，成吉思可汗說：「我們教不里・孛濶㈠、別勒古台兩個人摔跤㈡吧！」不里・孛濶原來在主兒斤族〔那邊〕。不里・孛濶曾〔有一次〕將別勒古台，用一隻手抓着，用一隻脚絆倒，壓着〔他〕使〔他〕不能動。不里・孛濶是〔全〕國〔有名〕的力士。就在那裏教別勒古台、不里・孛濶兩個人蹟跤。無敵的不里・孛濶故意倒下。別勒古台壓不住〔他〕，就抓住〔他〕肩膀，騎上〔他的〕臀部。別勒古台回頭看成吉思可汗。可汗咬了咬自己的下嘴唇。別勒古台明白〔可汗的〕意思，就騎在他身上，從兩邊交錯的扼住他的頸項，〔向後〕扯，用膝蓋按住，折斷了他的脊骨。不里・孛濶斷了脊骨說：「我本是不會被別勒古台所勝的！因為怕可汗，故意倒下，我在猶疑之間，喪了性命！」說完就死了。別勒古台把他脊骨折斷，拖了一下撇下走了。

合不勒可汗七個兒子的長兄是斡勤・巴兒合黑。次爲巴兒壇・把阿禿兒；他的兒子是也速該・把阿禿兒。再其次是忽禿黑圖・蒙古兒㈢，他的兒子是不里・〔孛濶〕。因爲疏遠巴兒壇・把阿禿兒的子嗣，而去給〔斡勤〕・巴兒合黑驕猛的子嗣們作伴，所以〔全〕國〔有名〕的力士不里・孛濶，被別勒古台折斷脊骨而死㈣。

㈠ 不里 Büri 人名，字義是「全備」或「完美」之意。「孛濶」böke 是「力士」，也是「蹟跤者」之意。「孛濶」一字此處作「孛可」，第五十節及一三節均作「孛濶」，故改作「孛濶」。

㈡「教摔跤」原文「阿巴勒都兀魯牙」abaldu'ulya，原旁譯為「教廝搏咱」。因別勒古台、不里二人均以「孛濶」böke—力士稱著。按蒙古習慣，力士角力，多採蹟跤方式。所以改譯為「摔跤」。

㈢「忽圖黑圖・蒙烈兒」人名，秘史卷一第四十八、五十兩節均作「忽禿黑禿・蒙古兒」。黃金史（八十七頁第七行）也作 Khutughtu-mönggür。足證此處「列」字乃「古」字之訛也。

㈣十五卷本，第四卷於此終了。

第一四一節

其後雞兒年（辛酉，一二〇一年），合荅斤、撒勒只兀惕〔兩族〕連合，合荅斤的巴忽・搠羅吉㈠等合荅斤〔人〕為首，撒勒只兀惕的赤兒吉歹・把阿禿兒㈡等為首，與朶兒邊、塔塔兒〔兩族〕和好。朶兒邊的合只溫・別乞等，塔塔兒〔部〕的阿勒赤—塔塔兒㈢的札鄰・不合㈣等，亦乞列思的土格・馬合等，翁吉剌惕的迭兒格克㈤、額篾勒、阿勒灰等，豁羅剌思的綽納黑・察合安㈥等，乃蠻的古出兀惕，乃蠻的不亦魯黑汗，篾兒乞惕〔部〕脫黑脫阿・別乞的兒子忽禿㈦，斡亦剌惕㈧的忽都合・別乞，泰亦赤兀惕的塔兒忽台・乞鄰勒禿黑，豁敦・斡兒長、阿兀出・把阿禿兒㈨等泰亦赤兀惕〔人〕，這〔十一個〕部族，在阿勒灰—不剌黑㈩聚集，說是要擁立札只剌歹〔氏的〕札木合⑪為汗，一同砍殺牡馬、牝馬，立誓結盟⑫。從那裏順着額洏古涅河⑬前進，到刊河水注入額洏古涅河之處的三角洲地方，在那裏擁立札木合為「古兒」⑭汗。擁立古兒汗之後，大家〔一致〕說：「〔咱們〕向成吉思可汗、王汗兩個人進攻吧！」當成吉思可汗正在古連勒古的時候，豁羅剌思〔族〕的豁里歹，把這話給傳送來了。這話傳來之後，成吉思可汗就把這話轉達到王汗那裏。王汗得了〔此〕訊之後，就擧兵，急速來到成吉思可汗那裏。

㈠ 巴忽•搠羅吉 Bakhu-chorogi 人名，錢本作巴忽搠渾吉。黃金史（八十七頁末行）作 Bakhu-chorokhu。

㈡ 赤兒吉歹•把阿禿兒 Chirgidei-Ba'atur 人名，黃金史（八十七頁末行末字）作 Irgidei-Ba'atur。

㈢ 阿勒赤—塔塔兒 Alachi-Tatar 部族名。原文此處之旁譯誤以阿勒赤爲人名。秘史第一五三節對塔塔兒內部三個氏族有比較詳細的記載，其處阿勒赤—塔塔兒作種名解，是正確的。

㈣ 札鄰•不合 Jalin-bukha 人名，黃金史（八十八頁首行作） Jali-bukha。按蒙文 jali 同 jalin 爲一字的兩個形態，Jali-bukha 的字義是「狡黠的牡牛」。如此人爲 Jali-bukha，卷一第五十八節之曾記塔塔兒人札里•不花事，可能是一個人。

㈤ 迭兒格克 Dergeg 人名，黃金史（八十八頁第二行）作 Terge。這與秘史第一七六節所說的帖兒格同。

㈥ 綽納黑•察合安 Jonagh-chagha'an 人名，Jonagh 字義是「拙笨」，chagha'an 是「白」。黃金史（八十八頁第二行）作 Chinden-chaghan。

㈦ 忽禿 Khodu 人名，今讀作 odu，字義是「星」。

㈧ 斡亦剌惕 Oyirad 部族名。這就是明代的瓦剌，和清代的衞喇（拉）特蒙古。

(九) 阿兀出•把阿禿兒 A'uchu-Ba'atur 人名。黃金史（八十八頁第四行）在其名上加 Mongghol 一字。足證泰亦赤兀惕氏曾爲蒙古族之代表氏族。又黃金史於此處之後，稱此人爲 Naghachu-Ba'atur。

(十) 阿勒灰—不剌黑 Alakhui-bulagh 地名。阿勒灰不知何解，不剌黑是水泉。

(十一) 此處稱札木合爲札只剌歹氏。惟第四十節，第一二九節均稱札荅闌氏。

(十二) 關於這一段故事，馮譯多桑蒙古史（上册第一卷第二章四十八頁）稱：「其他蒙古部落哈塔斤、撒勒只兀、朶兒邊、弘吉剌諸部，及塔塔兒之一部落，見鐵木眞又勝，皆不自安，乃聚而會盟。諸部長共學刀斫一馬、一牛、一羊、一狗、一山羊，爲誓曰：『天地聽之，吾人誓以此諸牲之長之血爲誓，設有背盟者，死與諸牲同！』」凌純聲教授於民國四十六年，在中央研究院民族學研究所集刊第三期中發表「古代中國與太平洋區的犬祭」一文，曾論及東北地方，長城以北，大興安嶺以東之地及契丹女眞等族（第六頁）及西伯利亞東北地區（二十二頁）之犬祭習俗。故疑十二世紀之時，此種犬祭的習俗，或曾一度傳入蒙古。惟蒙古人立誓或祭祀用犬一事，只見多桑書一處，故亦無法使人深信不疑。英國 John A. Boyel 教授曾寫 A Form of Horse Sacrifice Amongst the 13th and 14th Century Mongols 一文。見 Central Asiatic Journal, Vol. 10, 1965.

(十三) 額峏古涅 Ergune 河名，即今黑龍江上流，西伯利亞與內蒙呼倫貝爾間之額爾古納河。

(十四) 「古兒汗」原文「古兒 合」Gür Kha 的訛誤，其旁註爲「可汗名」。Gür 或 Güür 一語在現代語中已不使用。此一尊號，即西遼（Kara-Kitai）皇帝耶律大石的尊稱「葛兒罕」。（遼史三十、六頁上。）字義是一切的可汗。

第一四二節

等王汗到來之後，成吉思可汗、王汗兩個人會師，一同說：「迎着札木合出發吧！」就順着客魯漣河行軍。成吉思可汗派阿勒壇、忽察兒、荅里台三個人做先鋒；王汗派桑昆㊀、札合•敢不㊁、必勒格•別乞三個人做先鋒。在這些先鋒的前面，還派出哨望，在額揑堅—歸列禿㊂放置一隊哨望。在他們那邊的徹克徹列放了一隊哨望。在更那邊的赤忽兒忽㊃放了一隊哨望。我們的先鋒阿勒壇、忽察兒、桑昆到了兀惕乞牙㊄，剛說要下寨的時候，有人從放在赤忽兒忽的哨望那裏，跑來報告，說：「敵人來啦！」那消息到來，就不駐營，說：「迎着敵人〔去〕討個回話吧。」〔雙方〕相遇就問：「〔來者〕是誰？」札木合的先鋒〔回答說〕：「蒙古㊅的阿兀出•把阿禿兒、乃蠻的不亦魯黑汗、篾兒乞惕的脫黑脫阿•別乞的兒子忽禿、斡亦剌惕的忽都合•別乞，這四個人來做札木合的先鋒。」我們的先鋒對他們喊話說：「天色已晚，明天廝殺！」說着就退回大營一同住下了。

㊀ 桑昆 Sengkün 是王汗脫斡鄰勒之子。

㊁ 札合•敢不 Jakha-gembo 是王汗之弟。Gembo 是藏語「長老」之義。

㊂ 額捏堅—歸列禿 Enegen-gületü 地名。黃金史（八十九頁第五行）只稱 Güiletü 而無 Enegen 一字。

㊃ 赤忽兒忽 Chikhurkhu 地名，黃金史（八十九頁第六行）作 Chokhurkhu。

㊄ 兀惕乞牙 Udkiya 地名，黃金史（八十九頁第八行）作 Edüküye。

㊅ 蒙古，原文忙豁勒 Mongghol，旁譯作「達達」。黃金史於第一四一節之處，在阿兀出‧把阿禿兒一名之上，已冠以 Mongghol 一詞。足徵泰亦赤兀惕人曾是代表蒙古部的主要氏族。參照一四一節註㊈。

第一四三節

次日出發〔兩軍〕相接，在闊亦田㊀列陣，在互相向上向下對峙㊁，雙方劍拔弩張之際，對方不亦魯黑汗、忽都合‧〔別乞〕二人懂〔用「札荅」石〕招致風雨的法術㊂，就施此術；〔不意〕風雨逆襲他們，以致不能走脫，倒在溝壑之中。〔他們〕說：「上天不喜悅我們。」於是就潰散而去。

㊀「濶亦田」Küyiten 地名，其字義為「寒涼」。這一個戰場可能是一個寒冷的高原。現代蒙古地名中，凡以此字為名的，都是指高空之地而說的。

姚師前註：闊亦田，元史㈠太祖紀作闕奕壇。此一戰役，元史太祖紀說是乃蠻卜魯欲罕納朶魯班諸部來侵。依這裏所述，則主兵者是札木合。應當是札木合聯結卜魯欲罕等人合兵尋隙。

㈡「對峙」原文「亦忽里合勒敦」ighurighaldun，旁譯作「相梆」。這是一個有問題的字。黃金史（九十頁第二行）於該書本節之處，作 ighurildun，也就是 nighurildun 一字，字義是「面對面」。與「相梆」同。所以秘史之 ighurighaldun，可能就是 nighurighaldun。在蒙古舊文獻中 n 音多不加標記，時與代表母音之字母相混。例如：秘史中常見的「亦出牙」ichuya（退），就是現代文語中之 nichuya。

㈢「札荅」jada，原旁譯作「能致風雨的事」。此種薩滿巫術，在蒙古一般地區，自佛教普及之後，已經絕跡；惟新疆天山北路之蒙古地方，仍有人自稱能致風雨，而行「札荅」之術。其法大致為將若干經過咒鍊的小石塊置於水中，施行法術，使該地之龍王 loos 降風雨；但其術因人因地而異。藏族中之信奉「黑教」Bon 之徒，常有類似薩滿之 sangaspa，施展此種巫術。且常有人來至蒙古地區，作法謀生。

第一四四節

〔潰退中，〕乃蠻的不亦魯黑汗向阿勒台山㈠前兀魯黑—塔黑㈡離去。篾兒乞惕的脫黑脫阿・〔別乞〕的兒子忽禿，向薛凉格㈢〔河〕去了。斡亦剌惕的忽都合・別乞，為要爭奪森林，向失思吉思㈣去了。泰亦赤兀惕的阿兀出・把阿禿兒，〔潰〕向斡難〔河〕去了。札木合把曾經擁立他自己做可汗的百姓們擄掠之後，順着額洏古湼〔河〕回去了。那般擊潰他們〔之後〕，王汗順着額洏古涅〔河〕，去追擊札木合。成吉思可汗向斡難〔河〕去追擊泰亦赤兀惕的阿兀出・把阿禿兒。阿兀出・把阿禿兒回到他自己的百姓那裏，〔却〕使他的百姓驚惶逃走。阿兀出・把阿禿兒、豁敦・斡兒長〔等〕泰亦赤兀惕〔人〕，在斡難〔河〕的那一邊，整頓剩餘的軍隊㊄準備廝殺。成吉思可汗到達以後，〔就〕與泰亦赤兀惕廝殺起來，互相反覆衝殺非常激烈，天色已晚，就在那廝殺之地，互相對峙着住宿下來。〔泰亦赤兀惕〕百姓驚惶逃走，也就在那裏，與他們的軍隊，圍成一個圈寨，一同住下了。

㈠ 阿勒台 Altai 原旁譯作地名，即今之阿爾泰山。黃金史九十頁第五行作 Alta。Alta, altan 皆黃金之意。

㈡ 「兀魯黑—塔黑」Ulugh-tagh，地名。是突厥語「大山」之意。

㈢ 「薛涼格」Selengge 河就是現在葉尼塞河上游，蒙古境內的色楞額河。

㈣ 失思吉思 Shisgis 地名，黃金史（九十頁第七行）作 Shigshig。

㈤ 原文在這句話中，有「禿剌思」turas 一字，旁譯作「方牌」。原總譯中未提及此字。按托鉢僧伽比尼John of Pian de Carpini 遊記第十五章，雖列舉蒙古兵士之武器及用具甚多，獨無「盾牌」一物。此處蒙文的 Turas 及漢文的「方牌」，均甚費解。小林教授於其「元朝秘史之研究」（第四十六頁），於批評海尼士德文本蒙古秘史譯作「有盾牌裝備的戰士」之誤。並指出親征錄有「月良兀禿剌思之野」一詞，拉施特書一卷一一八頁作 Engut-Turas 的反證。黃金史（九十頁末行）作 Onan-u chinachi eteged Ulghud-Turas cherig-ud ayan jasaju。其意爲：「在斡難河的那邊 Ulghud-Turas 整頓軍隊」，洽與聖武親征錄的「月良兀、禿剌思 Uriyanghud-Turas 之野」相對。但筆者爲愼重計未敢將禿剌思作爲專有名詞揷入，亦不能不把原旁譯中的「方牌」一詞去掉。

第一四五節

成吉思可汗在那次戰鬪中，頸項脈管受了傷，血流不止，慌忙中太陽落下，就在那裏相對峙着住下了。者勒篾不停的用嘴咂吮〔那〕淤塞的血，他的嘴都染滿了血。者勒篾不肯委託別人，相守直到半夜，把滿口淤塞的血嚥的嚥了，吐的吐了。到了後半夜，成吉思可汗心裏清醒過來說：「血都乾了，我很渴！」於是者勒篾把帽子、靴子、衣服都脫下，只〔剩〕褲子，赤裸着〔身體〕，跑進正相對峙的敵〔營〕裏面，上了在那邊圍成圈寨的百姓們車裏，〔却〕沒有找到馬奶子。原來在驚惶中，〔他們〕沒擠奶，把牝馬㊀都放出去了。尋不到馬奶子，就從他們車裏扛出一大桶酪㊁來。來去之間，都未曾被人看見。啊！這眞是上天的保祐！

把成桶的酪拿來之後，者勒篾自己又去找水，把酪調和好，敎可汗喝了。可汗一邊喝着，一邊休息了三次，說：「我心裏〔淸醒〕，眼睛〔也〕看淸楚了。」說着就探身坐起來。〔這時〕天纔放曉，一看，在那坐的周圍，者勒篾咂吮所吐出來的淤血，把〔那〕四周〔都〕弄成泥漿了。成吉思可汗看了就說：「這怎麼行，爲什麼不吐得遠些呢？」者勒篾說：「當你正慌迫的時候，〔我〕如果遠去，怕你難過。忙得我嚥的嚥，吐的吐了。在慌忙中，也有好些進到我肚子裏去了。」成吉思可汗又說：「我〔傷〕了這個樣子，躺着的時候，你爲什麼赤身跑入〔敵營〕裏頭去？若是被捉着，你不會把我這個情形告訴〔他們〕吧！」者勒篾說：「我想，赤着身子去，若被捉住，我就說：我打算來投降你們，可是〔他們〕發覺了抓住〔我〕要殺，把我的衣服都給脫光了，只剩下褲子還沒有脫完的時候，我突然逃脫，就這樣趕到你們這裏來了。〔他們必〕信以爲眞，給我衣服，收容我。我騎上馬，看看這麼近，我還不會回來麼？我那麼想，是要安可汗乾渴的心，我就不顧一切的㈢，這樣想着就走下去了。」成吉思可汗降聖旨說：「現在〔我〕還有什麼可說呢？以前三部篾兒乞惕〔人〕前來〔襲擊我〕，三次圍繞不峏罕〔山〕的時候，你曾救過我的性命一次。你現在又用嘴咂吮要淤塞的血，救了我的命。又在〔我〕乾渴發慌的時候，你又不顧一切的捨着性命，跑到敵〔營〕裏邊，〔拿來酪漿〕，使我甦醒過來。你這三次的大恩，我當〔永遠〕記在心裏！」

㈠「牝馬」原文「格兀」geü 旁譯「騍馬」，也就是華北俗語的「牝馬」，錢本「騍字」訛爲「騾字」。

㈡「酪」原文「塔剌黑」taragh，是用牛奶略微發酵而作成的半流質食品類似歐美人所吃的 yugurt。吃的時候，可以用水調稀食之。在蒙古草原上，這多半是陰曆四月間的食物。由「塔剌黑」這個字，和者勒篾脫衣前往一事推測，這一個戰事的發生，可能是在初夏。

㈢「不顧一切」，原文「你敦—合剌」nidün khara，旁譯作「眼黑」。此處暫譯作「大膽」或「不顧一切」解。

第一四六節

天亮之後，相對峙着住宿的〔敵〕軍，已經在夜間潰散了。圍成圈寨住下的百姓們，因爲不能逃出，就沒有從那圍成圈寨住下的地方移動。成吉思可汗爲要截回那些驚惶已經逃走的百姓，就從那住宿之地出發，正追趕那些驚惶逃走的百姓時，在嶺上有一個穿紅衣服的婦人，大聲哭着喊叫：「帖木眞啊！」成吉思可汗自已聽見了。就派人去問：「什麼人的女人那樣喊叫？」〔派〕人去一問，那婦人說：「我是鎖兒罕・失剌㊀的女兒，名叫合荅安。這些軍人抓着我的丈夫要殺！我的丈夫要被殺啦！我哭着、喊叫，〔求〕帖木眞救我的丈夫！」去的人回來，把這話報告成吉思可汗。成吉思可汗聽罷，就騎馬小跑着到〔她那裏〕。成吉思可汗在合荅安〔前面〕下馬，〔與她〕擁抱〔爲禮〕。〔可是〕在那以前，我們的軍隊已經殺死了她的丈夫。把那些〔逃散的〕百姓追回來之後，成吉思可汗〔的〕大軍就在那裏下寨住宿。〔可汗〕把合荅安喚來，叫她並坐在旁邊㊁。

第二天，曾爲泰亦赤兀惕〔氏〕脫朶格㊂家人的鎖兒罕・失剌、者別兩個人也來了。成吉思可汗對鎖兒罕・失剌說：「把〔我〕頸項上沉重的木頭，給扔在地上；把〔我〕脖領上枷鎖的木頭，給卸下撇開，你們父子都是有大恩〔於我〕的。您爲甚麼〔來〕遲了呢？」鎖兒罕・失剌說：「我想，心裏有現成的倚仗，忙什麼？若是忙着先來，泰亦赤兀惕的『那顏』們就會把我所留在後面的妻子、馬羣、食糧，如揚灰一般的毀掉了。因此沒有忙。我們如今趕來，與我們的可汗合在一起了。」等〔他〕把話說完，〔可汗〕說，「對！」

㊀ 鎖兒罕・失剌 Sorkhan-shira 人名，已見第八十二節註㊀。黃金史及其他蒙文史書多作 Torkhan-shira。

㊁ 合荅安搭救帖木眞的故事見卷二，第八十五節。秘史卷五第一五五節記述成吉思可汗納也速干、也遂兩夫人的故事，其中所說的坐次問題。歐洲傳敎士魯不魯克 William of Rubruck 游記第二十三章也記載大汗宮廷中，可汗與后妃們並坐的席次。此處所說「敎坐在旁邊」可能就是叫她坐在后妃們應坐的席位之上，而納爲夫人的意思。元史后妃表，太祖第四斡耳朵之哈荅皇后。也許就是這裡所說的合荅安。

㊂ 脫朶格 Tödöge 人名，似卽卷二第七十二節所說的脫朶延・吉兒帖 Tödögen-Girte。

第一四七節

成吉思可汗又說：「〔在〕濶亦田㊀作戰互相對峙㊁，持械待發之際，從那山嶺上〔射〕來了〔一支〕箭，把我那匹披甲的㊂白口黃馬鎖子骨給射斷了。是誰從山上射的？」對這句話，者別說：「是我從山上射的。如今可汗若要敎〔我〕死，不過是使手掌那麼大的〔一塊〕土地染汚。若被恩宥啊，願在可汗面前橫渡深水㊃，衝碎堅石。在叫〔我〕前去的地方，願把青色的磐石給〔你〕衝碎！在叫我〔進攻的〕㊄地方，願把黑色的礬石給〔你〕衝碎！」成吉思可汗說：

「凡曾是對敵的，都要把自己所殺的和所敵對的事隱藏起來。因懼怕而諱其所為。這個〔人〕却把所殺的所敵對的事，不加隱諱，告訴〔我〕，是值得做友伴的人。〔他〕名字叫只兒豁阿歹，因為射〔斷〕了我那披甲白口黃馬的鎖子骨㈥，就給〔他〕起名叫作者別㈦。教他披起鎧甲，名為者別，在我跟前行走！」〔這樣〕降下了聖旨。這是者別從泰亦赤兀惕前來，成為〔可汗〕伴當的經過。

㈠「濶亦田」Köyiten 地名，已見一四三節註㈠。

㈡「對峙」原文作「亦忽里合勒敦」，此字曾見一四三節。請參照該節註㈡。

㈢原文「者別列古」jebelekü，原旁譯作「戰的」。黃金史九十五頁第十行在此字之旁，補註 khuya-ghlakhu，即披「鎧甲的」之意。迦比尼游記第十五章中，亦曾提及披甲的蒙古戰馬。

㈣「深」原文為「徹額勒」che'el，旁譯作「深」。此字在現代文語中，作不涸的泉水解。

㈤此處原文似有一二字脫漏。

㈥原文作「阿蠻—你魯兀」aman niru'u 旁譯作「鎖子骨」。此字在本節出現兩次，前者作「阿蠻—你里兀」，「里」字為「魯」字之訛。

㈦「者別」Jebe 人名，原總譯末尾稱：「者別，軍器之名也」。此字在一般語彙中，作箭鏃解。三合第十一冊二十頁下稱 jebe 為梅針箭。

卷五

第一四八節

成吉思可汗在那裏俘擄泰亦赤兀惕〔人〕，把泰亦赤兀惕氏㊀的阿兀出．把阿禿兒，豁敦斡兒長，忽都兀答兒等的子子孫孫，都如吹灰一般殺盡，把〔他們〕的人民徙來，成吉思可汗在忽巴合牙㊁過冬。

㊀ 原文作「牙速禿」yasutu，原旁譯作「骨頭有的」，卽氏族之謂。

㊁ 姚師原註：聖武親征錄作忽八海牙，約在大肯特山東南，克魯倫河發源的近處。李文田氏原註說：「地在客魯漣河源頭」。海尼士在德譯本一七七頁說在克魯倫源頭附近。蓋出自李氏譯文。

第一四九節

你出古惕—巴阿鄰〔氏〕的失兒古額禿老人同他的兒子阿剌黑㊀、納牙阿㊁等，在泰亦赤兀惕的「那顏」塔兒忽台．乞鄰勒禿黑正要走入森林的時候，因爲〔他〕是〔可汗的〕仇人，就把〔這〕不能騎着馬走路的塔兒忽台．乞鄰勒禿黑㊂捉住，放在〔他們的〕車上。失兒古額禿老人與他兒子阿剌黑、納牙阿一同捉住塔兒忽台．乞鄰勒禿黑前來時，塔兒忽台．乞鄰勒禿黑的兒子們、弟弟們就來追趕，要奪〔他〕回去。當他的子弟們趕上來的時候，失兒古額禿老人把不能起來的塔兒忽台翻過來臉向上，騎在他〔身〕上，拿出刀子來說：「你的子弟們來了，要把你搶回去。因爲已經對你—我自己的可汗—動過了手，雖然沒殺死你，也會因爲對自己可汗下了手，而殺我。殺了〔你〕，也是被殺，反正是死。我找個墊背的㊃死吧！」說罷，就騎着〔他〕，拿把大刀子，要割他的喉嚨。塔兒忽台・乞鄰勒禿黑用〔很〕大的聲音，對他的弟弟們兒子們喊叫着說：「失兒古額禿要殺我啦！若是殺死，你們把我沒命的身子拿去作甚麼！趁着還沒有殺我，趕快回去吧！帖木眞不會殺我的。帖木眞小的時候，因他眼裏有火，臉上有光的緣故，被撇棄在沒有主的地方。〔我〕曾去把〔他〕帶回來。一教訓，就有能學的樣子。〔我〕就像訓練兩三歲新馬駒一般的教訓〔他〕來呀。〔有人〕說弄死他吧；可是我不忍弄死他㊄。如今聽說他還記得，心裏也漸漸明白。帖木眞不會教我死的。你們，我的孩子們，弟弟們啊！快回去吧！小心失兒古額禿殺死我呀！」如此大聲的喊叫。他的子弟們彼此說：「我們是來救父親的命，若是失兒古額禿要了他的命，我們空空的〔拿〕他沒命的〔屍〕體做甚麼呀？趁着還沒有殺死，趕快回去吧！」〔他們〕大家〔這樣〕說着就回去了。當〔他們追〕來的時候，失兒古額禿老人的兒子阿刺黑、納牙阿等不曾在一起的人〔也〕來了。等他們來了就〔向前〕走，路間在忽禿忽勒—訥兀惕，納牙阿說：「若是咱們捉住這塔兒忽台・乞鄰勒禿黑前去，成吉思可汗以爲我們是向正主，自己的可汗動了手而來的，〔必〕說：『對自己的正主下了手而來的，是怎能是可信任的人呢？這些人又怎能給我們做伴當呢？把這些不能做伴當，〔而且〕對自己的可汗正主動過手的人斬了吧！』〔這樣〕我們豈不就被斬了嗎？我們還是在這裏把塔兒忽台・乞鄰勒禿黑放掉，去說：『我們前來，獻身給成吉思可汗効力！我們曾經捉住塔兒忽台前來，〔因爲〕捨不得自己的正主，怎麼能看着教〔他〕死呢？就放〔他〕走了。請相信我們是前來効力的。』我們就〔這樣〕說吧！」父子們都贊同納牙阿的話，就在忽都忽勒—訥兀惕，把塔兒忽台・乞鄰勒禿黑放回去了。失兒古額禿老人和他兒子阿剌黑、納牙阿們一同來到之後，〔可汗〕就問〔他們〕是怎麼來的？失兒古額禿老人對成吉思可汗說：「捉住塔兒忽台・乞鄰勒禿黑前來的時候，却因怎能看着自己的正主叫他死呢？捨不得，就放〔他〕走了。前來給成吉思可汗効力。」成吉思可汗說：「如果你們是對自己的可汗，塔兒忽台・乞鄰勒禿黑動手〔捉〕來的人，就把你們〔這些〕對自己正主下了手的，全族斬首！你們捨不得正主的心是對的！」因此恩賞納牙阿。

㈠ 姚師原註：元史卷一二七伯顏傳：「蒙古八隣部人。曾祖述律哥圖事太祖爲八隣部左千戶。祖阿剌襲父職，兼斷事官。平忽禪有功，得食其地。……」傳中所說的述律哥圖，應當卽是這裡的失兒古額禿，阿剌應卽阿剌黑。

㈡ 納牙阿事跡，後見秘史一九七、二〇二、二二〇等節。

㈢ Targhun 是「胖」字。Targhutai 塔兒忽台，是肥胖的之意。此處謂不能騎馬，並未說出他不能騎馬的原因。可能是因他過於肥胖的緣故。也可能乞鄰勒禿黑 Kiriltugh 是他本名，而塔兒忽台則是個綽號。

㈣ 「墊背」一語，是華北俗話，意思有時是「替死鬼」。這裡是說他們要殺我一個，我就是殺死他們一個。同一字「迭列」dere，在一五四節旁譯，誤作「藉背」。

㊄ 關於這一段故事，秘史前無記載，可能就是指七十九節所說塔兒忽台・乞鄰勒禿黑率泰亦赤兀惕人突襲並擄走帖木眞之時的故事說的。

姚師原註說：元史一，太祖紀對此事也有記述：「族人泰赤烏部舊與烈祖（也速該）相善，後因塔兒不（忽）台用事，遂有隙，絕不與通。」可與上述秘史各節參看。

第一五〇節

其後，成吉思可汗在帖兒速惕的時候，客列亦惕的札合敢不前來作伴。在他來了以後，篾兒乞惕〔人〕前來厮殺，被成吉思可汗與札合敢不殺退。在那裏有許多土棉－禿別干、斡欒－董合亦惕〔等氏族〕潰散的客列亦惕人，都來歸附了成吉思可汗。客列亦惕的王汗以先在也速該可汗的時候，友好共存，與也速該可汗互稱「安荅」。他們互稱「安荅」的經過是：〔當初〕因為王汗殺死他父親忽兒察忽思・不亦魯黑汗的諸弟，而與他叔父古兒汗㊀交惡，被趕進了哈剌溫㊁山峽，〔僅〕與一百人〔逃〕出，來到也速該汗那裏。也速該汗因他來到自己這裏，就親自率軍前去，把古兒汗趕到合申㊂〔之地〕，把〔王汗的〕百姓帶回來交給了王罕，因此互結「安荅」。

㊀ 古兒汗（Gür Khan）即「可汗之汗」的意思，已見第一四一節註㊃。

㊁ 哈剌溫 Khara'un 山，通常以為是興安嶺山脈。今據外蒙學人普爾賴 Perlee 氏的考證，此一哈剌

溫山峽當在色楞額（即秘史薛凉格）河流域的境內。

㊂ 河申 **Khashin**，即河西之轉音，係指西夏（唐兀惕）之地而言。

第一五一節

其後，王汗之弟額兒客・合剌，在幾乎被他的哥哥王汗所殺的時候，逃亡，歸附了乃蠻的亦難察汗㊀。亦難察汗派兵前去，把王汗沿着三坐城㊁，趕到合剌－契丹的古兒汗那裏㊂。〔不久又〕在那裏〔和古兒汗〕反目，經過畏兀兒、唐兀惕的諸城，擠乾了五隻山羊的奶吃，刺出了駱駝的血吃着，〔很〕困頓的，來到了古泄兀兒湖㊃，成吉思可汗因〔他〕曾與也速該汗互稱「安荅」，派塔孩・把阿禿兒、速客該・者溫兩人為使者前去〔慰問〕。成吉思可汗自己從客魯倫河的源頭親去迎接。因〔他〕飢餓消瘦而來，就〔從自己的百姓〕徵收科斂贈給〔他〕，叫進入營裏，養活〔他〕。那年冬天〔與他〕在一起游牧；成吉思可汗在忽巴合牙㊄過冬。

㊀ 根據 De Rachewiltz 教授的考證，亦難察汗的全名是 Inach-bilge-bügü-khan。他是不亦魯黑汗 Buyirukh-Khan（見第一五八節），塔陽汗 Tayang Khan 兩人之父。（見澳洲國立大學 Far Eastern History 第十三號，一九七六年三月。）

㊁ 姚師前註：「三座城池」，原漢文總譯省略。那珂通世成吉思汗實錄（五）說：即是唐兀惕、畏兀兒及哈剌魯兀惕三國的地域。

㈢ 姚師前註：古兒汗，應即遼史（卷一一六國語解）的葛兒汗。西遼耶律大石建國以後的稱號，意即「汗中之汗」。考西遼後都虎思・斡兒朵，應即八剌沙袞，詳王國維西遼都城考。如此，所謂古兒汗處者，應當是指虎思・斡兒朵。

㈣ 古泄兀兒 Güse'ür 湖，據普爾賴氏的考證，在今外蒙東戈壁部 Ghurban Köbesgöl 山附近，今已乾涸。

㈤ 已見第一四八節註㈡。

第一五二節

王汗的弟弟們和「那顏」〔官人〕們都說「我們這個可汗哥哥，客嗇小器，懷着臭心肝，把兄弟們都毀掉了。又投降合剌―契丹，又使百姓受苦。如今，我們把他怎麼辦呢？若從早先說起呀，〔他〕七歲的時候被篾兒乞惕人擄去，穿上有黑花的山羊羔皮皮襖，在薛涼格〔河〕的不兀剌曠野給篾兒乞惕人舂米㈠。等他父親忽兒察忽思・不亦魯黑汗破篾兒乞惕人，纔把他救出來。十三歲的時候，塔塔兒的阿澤汗，又把〔他〕連〔他〕母親〔都〕擄去，教他放駱駝。後來阿澤汗的牧羊人帶〔他〕逃出來。其後又懼怕乃蠻，躲避到回回㈡的地方，在垂河㈢去投靠合剌―契丹的古兒汗。在那裏不等到一年，又叛變而去，沿着畏兀兒、唐兀惕諸地〔逃〕走，窮乏到抓着五隻山羊擠奶，刺出駱駝的血來吃，只有〔一匹〕瞎眼黑鬃黑尾的黃馬，〔很〕窮困的來到帖木眞那裏。〔帖木眞〕就給征收科歛來扶養他。如今〔却〕忘記帖木眞兒子對他所作的那些事，懷起來臭心肝來，我們怎麼辦呢？」把大家這樣所說的話阿勒屯•阿倏黑告密給王汗。阿勒屯•阿倏黑說：「我也曾參與商量，只是捨不得你，我的可汗。」於是王汗就把曾說這樣話的人，額勒•忽禿兒、忽勒巴里、阿鄰太子等諸弟，和「那顏」們，都捉拿起來。諸弟之中〔只有〕札合敢不逃亡，投降了乃蠻。〔王汗〕把他們捆綁起，叫到屋裏，說：「我們從畏兀兒、唐兀惕的地方來的時候，彼此是怎麼說的？我怎能像你們這樣打算呢？」說完就唾在他們的臉上，叫人放開他們的捆綁。被〔王〕汗這樣唾了，在屋裏的人也都起來唾〔在他們臉上〕。

㈠ 蒙古的米舂，用樹幹製成，高約二尺，一端挖成深穴，置穀其中，另以一長約三四尺的木棍擣之，以去穀皮。蒙古人以穀子(即小米)爲食物一事，曾見迦比尼及魯布魯克兩傳教士之游記中。見 Christopher Dawson ed., The Mongol Mission S & W, London & New York, pp. 17 & 100. 宋趙珙在他的蒙韃備錄中亦有類似的記載；但是他的同時人彭大雅在他的黑韃事略裡則說：「其食肉而不粒。」見王國維箋證本蒙古史料四種，臺北（正中），四四七頁及四七五頁。北亞游牧民族以穀類爲食物一事起源甚早，並未因其不事耕耘，而不食用。不然從漢與匈奴對立時代，由南向北的輸出品中，就不會包括大量的糧食了。

㈡ 回回原文作撒兒塔兀勒 Sarta'ul，這是當時對信奉回敎的西亞和中亞人的總稱。今日新疆地區之蒙古人，仍稱纒頭之回敎徒爲 Sartaghul，稱其不纒頭者爲 Chaghan Malghai，亦即戴白帽子的人之意。維吾爾人（即畏吾兒人）稱波斯一帶之回敎徒爲 Sartaghul。一般蒙古語稱回敎徒則爲 Khotang，俗語爲 Chaghan Malghai。

㊂ 垂河，又名吹河，唐時稱爲碎葉河，在中亞錫爾河之北。

第一五三節

那〔年〕冬天過了冬。狗兒年〔壬戌，一二〇二〕秋天，成吉思可汗在荅闌－捏木兒格思㊀，對察阿安－塔塔兒、阿勒赤－塔塔兒、都塔兀惕－〔塔塔兒〕、阿魯孩－塔塔兒等諸塔塔兒部作戰。事前，成吉思可汗當衆討論軍法㊁，說：「戰勝敵人，不得貪戀戰利品。一戰勝那些財物就是我們的。我們共同來分。倘若戰友被〔敵〕人趕退，就要翻過來，衝到原來突擊的地方。凡不翻過來衝到原來突擊之地者，斬首！」如此共同定立了軍法。〔在〕荅闌－捏木兒格思廝殺，擊敗塔塔兒〔人〕。乘勝迫使〔他們〕集合在兀勒灰〔河〕㊂失魯格勒只惕地方他們的國〔土〕裏，加以擄掠。在那裏征服了察罕－塔塔兒、阿勒赤－塔塔兒、都塔兀惕－塔塔兒、阿魯孩－塔塔兒的主要百姓㊃。對於共同所議定軍法，阿勒壇、忽察兒、荅〔阿〕里台三個人沒按照所說的做，逗留在戰利品那裏。因爲沒有按照所說的去做，〔可汗〕就命者別、忽必來兩個人，把〔他們〕所擄獲的牲畜等等，全部沒收。

㊀ 荅闌－捏木兒格思 Dalan-nenürges，其地在今喀爾喀河（Khakha-yin ghol）附近。喀爾喀河曾於日本侵佔東北之際，一度成爲日本軍與外蒙、蘇俄軍交戰之地。

㈡ 軍法，原文作「札撒黑」jasagh。突厥語作 yasa。因之西方史學家多稱蒙古帝國之基本大法爲「大雅撒」the Great Yasa。軍法爲其中的一部。此字在現代語中作政治解。清代各旗的首長均稱之爲「札薩克」，也就是這一個字，其意爲治理者。秘史本節的總譯爲「號令諸軍」。其原文「嗚詁列勒都論」，原旁譯爲「共說」。這個字是相互動詞，換言之，就是互相討論。正和「忽剌兒台」會議的制度。原總譯「號令諸軍」一詞，似與原意相距甚遠。

㈢ 兀勒灰 Ulkhui 河名，可能卽今錫林郭勒盟烏珠穆沁左旗境內之 Olghai 河，其地離捕魚兒海子並不過遠，當爲塔塔兒人所據之地。

㈣ 原總譯此處作「並四種奧魯擄盡」，按「奧魯」，秘史原文中作「阿兀魯黑」a'urugh，其旁譯多爲「老小營」。此字之原意爲大本營，或軍需供應基地。請詳卷四，一三六節註㈠。

第一五四節

既把塔塔兒覆滅擄掠完畢，爲了怎樣處理他們的國家人民，成吉思可汗召開大會，叫自己親族〔都〕進一間房裏，共同商量。說：「早先，塔塔兒人就殺害了〔我們的〕祖宗〔和〕父輩。要給祖宗和父輩們報仇雪恨。〔把〕凡比車轄〔高〕的，殺個盡絕㈠。把剩下的，作爲奴隸，分散到各處。」商討完了，一從房子出來，塔塔兒的也客•扯連就問別勒古台：「商定了什麼？」別勒古台說：「大家說把你們凡比車轄〔高〕的全殺盡！」爲了別勒古台這句話，也客•扯連就〔把消息〕傳遍給他塔塔兒人，立起了營寨。我軍攻打立起營寨的塔塔兒人很受損傷。克服了立起營寨的塔塔兒人，要〔把他們〕與車轄相比，殺絕的時候，塔塔兒人說：「每個人在自己袖子裏藏把刀，找個墊背的死吧！」〔這〕也很使〔我們〕很受損傷。把那些塔塔兒人與車轄相比，殺絕之後，成吉思可汗就降聖旨說：「因別勒古台洩漏了我們全族大會所議定的事，我們士兵很受損失。今後的大會，不許別勒古台參加，在商量完了之前，要在外面『整備』(彈壓)一切，審判鬪毆、竊盜、說謊的人們。等商討完畢，喝盞㊁之後，纔許別勒古台、答阿里台兩個人進去！」

㈠ 原總譯（兩處）作「將他男子似車轄大的盡誅了。」按蒙語原文並無「男子」ere 一字。又從成吉思可汗納也速干爲夫人一事觀之，亦可知女子高於車轄的，並未被殺。

㈡ 原文作「斡脫克」ötög，旁譯作「進酒」，總譯作「一鐘酒」。此字卷七第一八七節，譯爲喝盞。錢大昕本誤爲「唱盞」。陶宗儀輟耕錄卷二十一喝盞條稱：「天子凡宴饗，一人執酒觴，立於右階，一人執有拍板，立於左階。」西洋旅行家魯布魯克遊記，及奧多里克 Odoric 遊記之第十一及第十四章中均記之至詳。

小林高四郎於其「元朝秘史之研究」第四一五頁中，列舉：㈠孔齊至正直記卷三張昱論解條，謂：「江西張昱光弼嘗與予言。其鄉先生論解「管氏反坫」之說。便如今日親王貴卿飯酒。必執事者唱一聲。謂之喝盞。飲畢則別盞斟酌，以飲衆賓者。浙江行省駙馬丞相相遇賀正及常宴。必用此禮。蓋出于至尊。以及乎王爵也。」㈡虞集道園學古錄卷十一孫都思氏世勳之碑謂：「國家凡宴饗。自天子至親王。舉酒將釂。則相禮者贊之。謂之喝盞。非近臣不得其執政。」㈢馬祖常石田文集卷十四敕賜太師秦王佐命元勳之碑（元四大家本所收）謂：「至順元年。將命有大勳勞于天下。凡飲宴賜以月脫之禮。國語喝盞也。」

三十八年夏，斯欽曾陪同烏蘭察布盟盟長林沁僧格 Rinchensengge 氏（合撒兒之後裔），於蘭州與隆山，正式獻祭於成陵。獻爵時，取一盛滿約二斤餘酒之鉅大赤銅鑲以銀花之酒盞，獻於祭棹之上。於儀禮將終之時，由司祭者將該鉅盞交與主祭者。主祭以極謹愼之態度飲酒一口，然後交與陪祭。陪祭者各按其官級，依次飲酒。最後仍將該鉅盞交還司祭員，同向陵寢行三跪九叩之禮，禮遂告成。此或元代喝盞的遺規。

伯希和 Paul Pelliot 曾作專文論之。見通報第二十七號（一九三〇）。

第一五五節

成吉思可汗納了塔塔兒人也客扯連的女兒也速干夫人㊀，因被寵幸，也速干夫人說：「如蒙可汗恩典啊，請叫我確確實實受人抬擧。我姐姐名叫也遂，比我强，〔更〕配得上可汗。〔她〕纔有了夫婿。如今在這離亂中不知到什麼地方去了。」爲了這句話，成吉思可汗說：「若是你姐姐比你還好，〔我〕就叫人去找。若是你姐姐來，你把〔這〕位子讓給〔她〕嗎？」也速干夫人說：「如蒙可汗恩典，只要看見我姐姐，我就讓給她。」因此成吉思可汗傳聖旨，叫人尋找，當〔也遂〕正和〔她〕所許配的夫婿一同進入森林的時候，遇到我們的軍隊，她丈夫逃走了，〔他們就〕把也遂夫人從那裏帶回來。也速干夫人一看見她姐姐，就實踐前言，站起來，叫她坐在自己的坐位上。自己坐在下邊。正像也速干夫人所說的一樣，〔她〕很合成吉思可汗的心意，於是就娶了也遂夫人，叫〔她〕坐在列位裏㊁。

㊀ 原文作「合敦」khatun，亦即其他漢文史料中之「可敦」，原旁譯作「娘子」。實則此字即「貴婦人」或「夫人」之意。無論皇后、王妃，或夫人在蒙古語中都是 khatun。在十三世紀初期「兀眞」ujin 這一個外來語，原是「夫人」一詞的訛轉。蒙古帝國時代一夫多妻制雖是通行；但於汗室制度中，並無皇后與妃嬪的嚴格分別，一律稱爲 khatun。今暫譯爲夫人。元史卷一〇六，后妃表，也速干夫人列於第四大斡耳朶首位。

㊁ 原總譯作：「列位裏敎坐了。」按元代舊俗每於式典之中，可汗多與皇后諸妃並坐於大「斡兒朶」之中，可汗面向南居中央，其左側爲后妃之席位，其地位愈尊貴者，距可汗愈近。此種情形，詳載於迦比尼游記第二十章，魯不魯克游記第二十一章及第二十三章，並奧多里克 Friar Odoric 游記第十二章。

第一五六節

把塔塔兒百姓俘虜完畢後，一天成吉思可汗在外面飲宴㊀。坐在也遂夫人、也速干夫人兩個人中間同飲的時候，也遂夫人大大的嘆了一口氣。成吉思可汗心裏疑惑，就叫孛斡兒出、木合黎等「那顏」們前來，降聖旨說：「你們叫這些聚會的人，都按各個部族㊁〔聚〕在〔一起〕從自己人當中，把其他部族的人，孤立出來！」於是各個都按部族〔聚〕在〔一起〕。有一個年青苗條的人，〔孤立〕在各部族之外。問〔他〕：「你是甚麼人？」那個人說：「我是塔塔兒也客・扯連名叫也遂的女兒所許配的夫婿。被敵人俘擄的時候，害怕逃走。以爲現在安定，就來啦。〔我〕想在衆人當中，怎能被認出來呢？」把這話奏禀成吉思可汗。〔可汗〕降旨說：「仍懷造反之心，流爲刼賊，如今窺伺甚麼？像他這樣的人，〔還不〕比着車轄〔斬了〕，遲疑什麼！在眼目所看不到的地方殺掉！」於是馬上〔把他〕斬了。

㈠ 原文只說「飮」或「與人共飮」，但未說飮酒還是喝什麼。又按其他記載，可汗似乎不是喜歡飮酒的人。極可能是在喝馬湩 kumis。爲了存眞，只有省略「酒」字。

㈡ 這一個悲劇說明當時氏族組織的嚴密，任何一個外族人都無法羼入。又這裏所說的「部族」，原文是「阿亦馬黑」，旁譯是「部落」。按 aimagh 一字，就是散見於元史中的「愛馬」。其字義是部族、種類或類別。

第一五七節

也在〔這〕狗兒年〔壬戌，一二〇二〕，成吉思可汗征伐塔塔兒人的時候，王汗去攻蔑兒乞惕人，向巴兒忽眞平灘地㈠方面，追趕脫黑脫阿・別乞，殺死脫黑脫阿的長子脫古思・別乞，要了脫黑脫阿的兩個女兒，忽禿黑台、察阿侖，和他的夫人們，還擄獲了〔他〕兩個兒子忽圖、赤剌溫和他們的百姓；對成吉思可汗甚麼也沒有給㊁。

㊀ 巴兒忽眞—脫窟木 Barkhujin Tökön 地名。Tökön 是平灘、窪地或兩河夾心地。Barkhujin 水自東注入貝加爾湖。已詳卷一，第八節註㊁、註㊂。

㊁ 從這個記錄，似可推知當時部族（或氏族）間，如有軍事同盟的關係，彼此似應互贈所擄獲的戰利品。可是成吉思可汗是否曾把擄自塔塔兒部的戰利品贈給王汗，因無記載，只得從缺。

第一五八節

其後成吉思可汗與王汗兩個人去征乃蠻古出古惕〔氏族〕的不亦魯黑汗。當〔他〕在兀魯黑—塔克㊀的濱豁黑—兀孫㊁的時候〔殺〕到。不亦魯黑汗㊂不能對抗，就越過阿勒台〔山〕退却了。從濱豁黑—兀孫追趕不亦魯黑汗，越過阿勒台〔山〕，順着忽木升吉兒㊃〔地方〕兀瀧古〔河〕㊄追襲的時候，有個名叫也迪•土卜魯黑〔乃蠻〕的「那顏」做哨望，被我們哨兵所追，正要上山逃走，〔馬〕肚帶斷了！就在那裏被擒。順着兀瀧古〔河〕去追擊，在乞濕泐—巴失湖㊅，趕上不亦魯黑汗，就在那裏使〔他〕陷於絕境。

㊀ 兀魯黑—塔克 Ulugh-tagh，突厥語「大山」之意。姚師前註說：元史一，太祖紀：「〔元年〕遂發兵復征乃蠻。時卜欲魯罕獵於兀魯塔山，擒之以歸。」即指此山。並見一四四、一七七節。

㊁ 瑣豁黑—兀孫 Sokhogh-usun，是河名或水名。

㊂ 不亦魯黑汗已見前第一五一節註㊀。根據 De Rachewiltz 教授之說他是塔陽汗之兄（？）。出處同前。

㊃ 忽木升吉兒 Khumsinggir, Kömshinggir 地名。元史二，定宗本紀說：「三年戊申〔一二四八〕春三月，帝崩于橫相乙兒之地。」當即此地。據 De Rachewiltz 之推斷，當在烏隴古河上游之地。

㊄ 兀瀧古 Ürünggü 河，即今烏隴古河，有東西二源，皆出於阿爾泰山。東源名布爾干 Bolghan 河。西源曰青吉爾 Chinggir（Shinggir?）河。二河相滙向西流，是爲烏隴古河。其水注入烏隴古湖，又名赫薩爾巴什（乞濕泐—巴失 Keshilbash）湖。此湖今又名布倫托海。

㊅ 乞濕泐巴失湖，即今烏隴古湖，已見註㊄。

第一五九節

成吉思可汗、王汗兩個人，同來的時候，乃蠻善戰的可克薛兀・撒卜剌黑㊀，在巴亦答剌黑—別勒赤兒㊁整備軍馬，準備斷殺。成吉思可汗、王汗兩個人，爲要斷殺也整備軍隊前往。天色已晚，因明晨將要斷殺，就並列住宿。王汗在他自己安營的地方，燒起〔營〕火，夜裏〔却〕溯着合剌—泄兀泐㊂〔河撒〕走了。

㈠可克薛兀・撒卜剌黑 Kögse'ü-sabragh 人名，其事另見一六二，一八九，一九〇節。

㈡巴亦荅剌黑—別勒赤兒 Baidaragh-belchir 地名，Belchir 乃兩河會流地之意。聖武親征錄作邊只兒—別勒赤兒。據普爾賴氏之研究，此地今名 Jagh-Baidaragh-yin belchir，地在杭愛山脈之南，Baidaragh 河流入札克（Jagh, Zag）之處。

㈢根據普爾賴氏此河在 Baidaragh-belchir 的東北。

第一六〇節

那裏札木合與王汗一同移動，走的時候札木合對王汗說：「我安荅帖木眞從早就有使臣〔駐〕在乃蠻。現在〔他〕還沒有來。可汗、可汗！我是在〔這兒〕的白翎雀兒，我『安荅』是失散的告天雀兒㈠。〔怕〕是要投降乃蠻〔故意〕落後的吧。」對札木合那句話，兀卜赤黑台〔氏的〕古鄰・把阿禿兒說：「爲什麼心懷奸詐，對自己正直㈡的兄弟進讒言呢？」

㈠白翎雀兒，原文爲「合翼魯合納」khayirukhana，今作 khayiraghuchai。三合第四册四十五頁下即有此字，其漢譯爲百靈，鳥名。此鳥在蒙古草原，到處皆是，極其普遍。告天雀兒原文爲「鸎勒都兀兒」bildughur，疑即現代語之 biljuumar。此字在一般通用語中，與 biljukhai，同爲麻雀之總稱。惟三合第五册六十一頁下稱之爲虎頭雀。其註云：「彷彿家雀，身小，其頭眼獨大。」姚師於其前註之中，亦曾列李文田、海尼士等人之說，但均不中肯，從略。姚師在這裏的前註中又說：元史太祖紀：「札木合言於王汗曰『我於君是白翎雀，他人是鴻雁耳。白翎雀寒暑常在北方，鴻雁遇寒，則南飛就暖耳。』意謂帝心不可保也。王汗聞之疑，遂移部衆於別所。」

㈡ 原文「識理溫」shili'un，旁譯「君子」。在現代語彙中，shilughun 是正直之意。

第一六一節

成吉思可汗夜間還住在那裏，爲要斷殺，明天早晨天將亮的時候，一看王汗所安營的地方，〔什麼都〕沒有了。〔成吉思可汗〕說：「這些人要拿我們當做燒飯㈠啊！」說了，就從那裏移動，渡過額垤兒—阿勒台的谷口，到撒阿里曠野住下。從那時起，成吉思可汗、合撒兒兩個人，曉得了乃蠻的大概情形，就不把〔他們〕當作人〔看〕了。

㈠ 「燒飯」已見卷二第七十節註㈡，玆不贅述。惟「燒飯」一字，該節做「亦捏魯」——inerü，本節作「土列食連」——tüleshilen。inerü 一語現代已不使用。tüleshi 一字則極普通，有兩種意思：一是燃料，二是爲死人所燒的物品，包括食物衣服等等。在這裏的意思就是「要拿我們做祭鬼的犧牲」。

第一六二節

可克薛兀・撒卜剌黑從王汗後面追襲，擄獲桑昆的妻兒人口百姓，又擄掠了王汗在帖列格禿山口的一部分百姓，家畜〔和〕食糧而去。其間㊀蔑兒乞惕脫黑脫阿的兩個兒子，忽圖〔和〕赤剌溫，〔也〕趁機帶着他們在那裏的百姓離去，順着薛涼格〔河〕與他們的父親會合去了。

㊀「梭斡兒」（so'or 或 soghor 旁譯作「引闘」〔錢大昕本誤作「引門」〕，原總譯中作「初」字。其字義不詳。黃金史一二一頁第八行於該當秘史此處之句中作 khoghor 並加旁註爲 jabsar，即「間隙」之謂，故譯爲「其間」。

第一六三節

被可克薛古・撒卜剌黑擄掠之後，王汗差使臣於成吉思可汗，說：「我百姓人口妻兒〔都〕被乃蠻俘擄了。我派〔人〕去求我兒，差你的四傑來救我的百姓吧！」成吉思可汗就叫他的四傑孛斡兒出、木合黎、孛羅忽勒〔和〕赤剌溫・把阿禿兒整備軍隊前去。在這四傑到達之前，桑昆在忽剌安—忽惕㊀作戰，馬的大腿被射中，幾乎被擒的時候，這四傑趕到營救。將百姓人口妻兒

〔也〕都給〔他〕解救了㊂。於是王汗說：「先前他的賢父曾把我這樣潰散的百姓給搭救過；如今他兒子又派他的四傑來，把我潰散的百姓給搭救了。〔我應〕報恩，願天地垂鑒吧！」

㊀ 忽剌安—忽惕 Khula'an-khud，據普爾賴氏的考證就是現在的 Ula'an-khus。地在外蒙巴彥—斡羅吉 Bayan-ölgii 部境內。

㊁ 姚師前註：王汗遣使向成吉思可汗求援，請派四良將（即四傑）率師來救事，元史卷一太祖紀也有類似的記載。元史太祖紀，聖武親征錄與秘史的關係，這裏擬略加聲明，以示體例。就大體說太祖紀與親征錄甚相近，但二書與秘史則出入甚大。三書的關係，他日將專文論之。今註釋秘史，凡是與太祖紀沒有顯著的差別者，即不特別舉出，以省篇幅。

第一六四節

王汗又說：「我的『安答』也速該勇士曾把我散失的百姓給搭救過一次。〔如今〕帖木眞兒子又把我散失的百姓給搭救了。這父子兩個人把走散了的百姓，給我收復了。究竟爲誰收復，而受辛苦呢？我現在老了，要登高山，成爲過去。倘若我一旦成了過了，上了山崖㊀，由誰來管理全國百姓呢？我弟弟們沒有品德。我僅有獨子桑昆，〔也〕和沒有一樣㊁。教帖木眞當桑昆的哥哥，〔我若〕有兩個兒子，也就安心了。」

成吉思可汗與王汗一同在土兀剌㊂河的黑林聚會，互相稱爲父子。〔他們〕互相稱爲父子〔的緣故〕是因早先汗父也速該曾與王汗互稱「安荅」，同父親一樣，所以互相稱爲父子。同時一起說：「征伐衆多的敵人，要一同出征；圍獵狡猾的野獸，要一同圍獵。」成吉思可汗、王汗兩個人又說：

「我們兩個人受人嫉妒，
若是被有牙的蛇所挑唆，
不要受牠挑唆；
要用牙用嘴互相說明，
彼此信賴。
若是被有齒的蛇所離間㊃，
不要受牠離間；
要用口用舌互相對證，
彼此信賴。」

那樣把話說定，就互相親睦的過活。

㊀ 這一話的意思就是說，我已經年老，倘若有個山窮水遠的話……。秘史第一七五節曾記成吉思可汗的「安荅」忽亦勒荅兒死後，成吉思可汗追念前勞，把他的屍骨安葬在山崖之上。這似乎是說明當時貴

族們有把屍骨葬於山崖的習慣。

㈡ 四部叢刊本、葉德輝本、錢大昕本均作「失圖」。白鳥庫吉本改為「篾圖」。黃金史一一二頁末行，該書秘史此句之處作 shitü，足證舊有諸本並無訛誤。亦察知在秘史時代 shitü 與 metü 是可以互相通用的。

㈢ 原文「土兀剌」，玆按第九六節改作「土兀剌」。

㈣ 原文「阿荅兒荅阿速」 adarda'asu 及「阿荅兒合泥」 adarkhan-i 葉德輝本、四部叢刊本均無旁譯，總譯均作「離間」。白鳥本根據總譯，補加旁譯。以上均證明卷一第四十六節之「阿都魯黑赤」一字的旁譯「間諜」，當解為「離間」。請參照第四十六節註㈧。

第一六五節

成吉思可汗想在親睦之上再加上一層親睦，要給拙赤求桑昆的妹妹察兀兒・別乞，同時把自己的〔女兒〕豁眞・別乞㈠嫁給桑昆的兒子禿撒合㈡，做為交換。一求〔親〕，桑昆就妄自尊大的說：「我們的親人若是到他們那裏去，就要站在門後，專心的向着正坐看；他們的親人若是到我們這裏來！就要坐在正面向着門後看！」㈢這樣妄自尊大，說卑視我們的話，不肯給察兀兒・別乞，不同意〔這件事〕。為了那些話，成吉思可汗對王汗、你勒合・桑昆㈣兩個人寒了心㈤。

㈠ 別乞 Begi, Beki 是男女貴族通用的尊稱。加之於女子則有公主或翁主之意。

姚師前註：豁真•別乞，太祖（成吉思汗）女，後嫁駙馬不圖。元史卷一〇九公主表：「昌國大長公主帖木侖，烈祖（也速該）女，適昌忠武王孛禿。主薨，繼室爲昌國大長公主火臣別吉。」蒙韃備錄也說：「成吉思皇帝女七人，長公主曰阿眞•鱉拽，今嫁豹突駙馬」。火臣，別吉，阿眞•鱉拽均應是這裏的豁眞•別吉。（王國維蒙韃備錄箋證⑷太子諸王條注文，並參考李文田元朝秘史注卷六，頁十二以下。）

㈡ 姚師前註：禿撒哈，元史㈠太祖本紀，認爲是王汗的兒子。因說：「王汗之子，禿撒合亦欲尙帝女火阿眞•伯姬，俱不諧；自是頗有違言。」

㈢ 這一句話，按蒙古穹廬的構造，門向東南開，室內北面正中與門相對處是主人坐位。離門不遠的左邊是年輩身份較底者謁見長親或長官時站立的地方。桑昆這句話的意思就是我們親人到他家去作僕婢；他們親人到我家來作主人。

㈣ 在桑昆之名原無「你勒合」Nilkha 一字，惟從這時起，秘史就給他加上了 Nilkha 一字。此字義爲「赤子」、「孺子」或「黃口孺子」。可能這是成吉思可汗與王汗交惡之後，卑視他，而給他的綽號。

㈤ 從這一段婚姻安排的內容來看，兩對的輩分都有相當的差別，好像當事人的輩分完全被忽視似的。這正是族外婚制的一個特徵。婚姻是氏族與氏族間的事，個人的輩分是無關重要的。

第一六六節

那樣寒心的事被札木合察覺了。猪兒年〔癸亥，一二〇三〕㊀春天，札木合、阿勒壇、忽察兒〔和〕合兒答乞歹、額不格眞、那牙勤〔三族的人，〕雪格額台、脫斡鄰勒㊁、合赤溫•別乞等一同說妥，移動到者者額兒—溫都兒㊂山後的別兒客—額列惕㊃，「孺子」桑昆那裏去。札木合進讒言說：「我的安荅帖木眞和乃蠻的塔陽汗有約定，也派有使臣。他口裏叫着父子，心裏却另有打算。你們還信靠〔他〕呢，如不趁先〔下手〕，你們還想怎樣？若是攻打帖木眞安答，我從橫裏一同〔殺〕入。」阿勒壇、忽察兒兩個人說：「把訶額侖母親的諸子我們為〔你〕殺其兄，滅其弟！」額不格眞、那牙勤、合兒荅乞惕〔三氏的人〕說：「我們為〔你〕用手捉他們的手，用腿絆他們的腿。」脫斡鄰勒說：「想法子奪取帖木眞的百姓，若能把他百姓奪掉，他們失去百姓，還能怎樣呢？」合赤溫•別乞說：「你勒合•桑昆〔我〕兒，〔無論〕你打算做什麽，我們就與〔你〕一同到長的稍兒、深的底兒。」㊄

㊀ 姚師前註：這一次的「猪兒年」應當是癸亥年，一二〇三年，即是金章宗泰和三年，南宋寧宗嘉泰三年。這一年即是王汗被滅的那一年。但元史（一五〇）耶律阿海傳則說「壬戌（一二〇二）王汗叛盟」則先此一年，容待詳考。

㈡ 脫斡鄰勒 To'oril 此人與王汗同名，原為成吉思可汗一家奴僕，其事見第一八〇節。
㈢ 溫都兒 öndr 字義是高，或高地，有時也是「山」字的代稱。
㈣ 別兒客—額列惕 Berke-Eled，沙丘名。Berke 是「困難」，Eled 是沙漠的複數。從字義來看，可能是一處難於通行的沙漠。據普爾賴氏的考據，地在南巴顏烏拉山區，約東經一〇九，北緯四七度之地。
㈤ 姚師前註：「長的稍頭，深的水底」，應是當年蒙古的俗話。意即「赴湯蹈火，休戚相共」。

第一六七節

你勒合·桑昆聽到這些話，就叫撒亦罕·脫迭額到他父親王汗那裏去述說。聽到這些話，王汗說：「你們為什麼對我兒帖木眞那樣想呢？如今〔我們〕還拿他當做倚仗㈠呢。現在若對吾兒懷那樣懷險惡的心呀！我們必不為〔上〕天所庇祐！札木合好說沒有準的話。對不對都〔亂〕說。」就不贊同，打發〔他〕回去了。桑昆又使人〔給他父親〕帶話來說：「有口有舌的人都說着為甚麼不相信啊？」如此反覆的叫人去陳說，都不聽從，於是自己親身去勸，說：「當你還在的時候，就看不起我們。如果，汗父你〔萬一〕被白的戕着，被黑的噎着㈡的話，你父親忽兒察忽思·不亦魯黑汗辛辛苦苦所收聚的，你這些百姓，是叫我們管，還是教誰怎樣來管理呢？」對那些話王汗說：「怎能把我赤子〔一樣〕的兒子捨棄呢？到今還拿他做倚仗，往壞處去想，是應該嗎？〔上〕天必不庇祐我們。」〔聽了〕那話，他兒子你勒合·桑昆惱怒着，摔門出去了。可是王汗疼愛他兒子桑昆，就叫他同來說：「我們果眞能爲上天所祐護嗎？怎能捨棄〔我〕兒〔帖木眞〕呢？你們盡所能的去做吧。隨你們的便！」

㈠ 原文作「秃魯黑」 turugh，原旁譯作「倚仗」。此字再見於本節時，則作「秃魯黑」 tulugh，前者似誤。Tulugh 或卽現代語 tulgha, tulghaghur 的來由。

㈡ 原旁譯作「父自的〔行〕 你行白行 搶着呵 黑行 噎着呵」。原總譯爲：「若父親年老呵」。這裏的新譯是：「汗父你〔萬一〕被白的戕着被黑的噎着的話」。按蒙古語稱乳食品爲 chaghan idegen，稱白水爲 khara usun，此處所說的「白的」，是指奶子，「黑的」是指水說的。意思就是：「萬一你將來連乳水都不能喝的時候」。姚師前註說：這是秘史中一個難解的句子，（也是蒙古味最濃厚的句子。）特提出加以研究。⑴德文譯本，海尼士先生只譯漢文總譯：「若父親老了呵，」爲「Wenn Du einmal alt geworden bist」（卽是「一旦你老了」），沒有譯「白的嗆着，黑的噎着。」⑵田清波神父據鄂爾多斯方言說：「白，指馬奶，黑指肉類。」札奇君認爲這裏的「肉類」，也是指純淨的肉（卽瘦肉）說的。

第一六八節

於是桑昆說：「他們曾要我們的察兀兒・別乞，現在約定日子，請〔他們〕來吃許婚的筵席㈠，在那裏捉拿〔他〕。」〔衆人〕都說：「好。」商議既定，就派〔人〕去說：「把察兀兒•別乞許給〔你們〕，來喫許婚的筵席吧！」成吉思可汗既被邀請就同十個人前來，路間住在蒙力克老爹㊁的家裏。蒙力克老爹說：「以前求察兀兒•別乞，他們曾卑視我們，不肯許給；現在怎麼反到請去吃許婚的筵席？妄自尊大的人爲什麼反到說要許給，又來邀請呢？說不定是什麼心？〔吾〕兒可以明白。〔莫如〕以春天到了，我們的馬瘦，要養養馬爲詞，派人去推辭掉。」說着〔可汗〕就沒有去，派不合台、乞剌台兩個人去吃許婚的筵席。成吉思可汗就從蒙力克老爹的家裏囘去了。不合台、乞剌台兩個人一到，〔桑昆等人〕就一起說：「我們〔的計策〕被發覺了，明天早晨去包圍，捉拿〔他〕吧！」

㊀「不兀勒札兒」一字，意指「羊的頸喉」。羊頸喉的筋肉、堅靭、耐嚼，意示堅久不離；用以象徵夫妻百年好合。此俗如今尚流行，此語今猶存。蒙古青年男女從結婚之日起，連吃三天，用爲祝賀。因而「吃羊頸喉肉」卽成爲「男女成婚的喜筵」，也成了「許婚的筵席」。略有內地「奠雁」的意義。

㊁哈佛大學本蒙文黃金史綱下卷，第一六六頁第六行，記達延可汗(Dayon Khaghan)時代事跡，曾稱一個名叫 Oyaghtai 的老者爲 echige（額赤格），就是對老年人的1種尊稱，可以作爲這裏的旁證。姚師前註說：蒙文譯音作「蒙力克•額赤格」。「額赤格」旁譯「父」。但這裏應當祇是對長輩或老者的尊稱，故用國語譯作老爹。

第一六九節

把那樣議定要包圍捉拿的話，阿塔㈠的弟弟也客・扯連〔帶〕回他家裏說：「大家說好明天早晨，去捉拿帖木眞。若是有人把這話告訴帖木眞，〔不知〕將會怎樣呢？」他的妻子阿剌黑赤愓㈡說：「你怎麼泛言濫語？當心會有人當作眞的！」正那樣說話的時候，他的放馬人巴歹來送奶子，聽見這話就回去了。巴歹回去對〔他〕夥伴放馬人乞失里黑㈢述說〔也客〕・扯連所說的話。乞失里黑說：「我也去察聽察聽。」說了就去〔也客・扯連〕的家。〔這時也客〕・扯連的兒子納鄰・客延，正坐在外面磨着箭說：「方纔我們說的甚麼？要把舌頭去掉嗎？〔這〕當得住誰的嘴呢！」說完，納鄰・客延又對他放馬的乞失里黑說：「把蔑兒乞愓的白馬和白嘴的棗騮馬兩匹，〔從馬羣裏〕抓來拴上，夜裏早早要騎。」乞失里黑回去對巴歹說：「方纔你的話，體察過了，是眞的。現在我們兩個去告訴帖木眞吧。」把話說定，就去把篾兒乞愓的白馬和白嘴的棗騮馬兩匹抓來拴起。晚上在自己的帳棚㈣裏，殺了一隻羊羔，用自己的槐子㈤煮熟，把現成拴住的篾兒乞愓的白馬〔和〕白嘴的棗騮馬騎上，連夜趕到成吉思可汗那裏。巴歹、乞失里黑兩個人從帳房後面㈥，把也客・扯連所說的話，〔他〕兒子納鄰・客延坐着磨箭所說的話，〔還有〕「把篾兒乞愓的白馬〔和〕白嘴的棗騮馬兩匹抓着拴起來！」等等的話，都述說了。巴歹、乞失里黑兩個人又說：「如蒙成吉思可汗信任，就請不要疑惑。〔他們〕已經議定包圍捉拿〔你〕了！」

㈠ 阿塔 Ata 人名，錢大昕本作阿勒塔。阿塔可能是阿勒塔的訛誤。黃金史一二七頁第六行作 Altan。

㈡ 阿剌黑赤愓 Alaghchid 人名，四部叢刊本及葉德輝本作「阿剌黑亦愓」，白鳥本改「亦」字爲「

赤」字。較爲妥善。其字義爲「花色的」。黃金史一二七頁第八行，稱此婦人之名爲 Alaghud，其字義仍是「花色的」。

㈢姚師前註：乞失里黑的事跡也見於元史與西遊記卷下。元史（一三六）哈剌哈孫傳：「曾祖啓昔里，始事王可汗脫斡璘。王可汗與太祖約爲「兄弟」（安答），及太祖得衆陰忌之，謀害太祖，啓昔禮潛以其謀來告。……還攻滅王可汗幷其衆，擢啓昔里爲千戶，賜號荅剌罕。」啓昔禮卽此乞失里黑，傳中所敍卽此事也。（以上李文田案語。）邱處機李志常西遊記（下）：「上獵東山，馬踣失馭，罷獵還行宮。師（邱長春）入諫，「宜少出獵……」上顧謂吉息利・荅剌汗曰：「神仙勸我語，以後都依也。」吉息利卽啓昔禮，也就是乞失里黑。荅剌汗亦卽荅剌罕，見上第五十一節註㈥。乞失里黑與巴歹事跡也見於下邊的第一八七與二一九兩節。

㈣原文爲「豁室」 khoshi，原旁譯作「房子」。小林高四郎於其「蒙古之秘史」中譯爲「房車」，又於其一三九頁，引元楊允孚之灤京雜詠之詩一首：「先帝妃嬪火失房。前期承旨達灤陽。車如流水毛牛捷。韂縷黃金白馬良」。其原註謂「毛牛，其毛垂地。火失氈房，乃累期后妃之宮車也」。按此字曾見卷二第八十節作「豁失里渾」其原旁譯爲「帳房的」。又彭大雅黑韃事略云：穹廬有二樣……草地之制，以抑木織定硬圈、逕用氈撻定，不可卷舒，車上載行（蒙古史料四種本總頁四七四頁）。可能就是楊允孚，所說的「火失房」。惜此字與此種車帳，均不存於現代，頗難考明。請參照卷二第八十節註㈡。楊氏詩中的「毛牛」，蒙語爲 sarlagh，英語作 yak。

㈤原文「亦薛里」 iseri，旁譯「床」字。也就是古代文獻中，所說的「胡床」。可譯爲「榥子」，或「椅子」。

㈥按成吉思可汗的營規，夜間凡有稟告者應於帳幕之後（卽帳幕之北外面）稟告之。請詳卷九第二二九節。

卷六

第一七〇節

被勸說之後，成吉思可汗相信巴歹、乞失里黑兩個人的話〔是眞的〕，當晚傳話給跟隨的親信們，就減輕〔馱載〕，拋掉一切，〔趕快〕躲避，連夜動身。沿着卯溫都兒㊀〔山〕的背後移動的時候，在卯溫都兒的山後，託付兀良合〔氏〕的者勒篾・豁阿㊁在後面殿後，放出哨望而走。如此繼續走着，第二天〔過〕午，太陽偏〔西〕時，到合剌－合勒只惕沙磧㊂停下歇息。在午間歇息的時候，給阿勒赤歹放馬的赤吉歹、牙的兒〔兩個人〕，正在各種青草裏，放着他們的馬走，看見了從後面沿着卯溫都兒山前經過忽剌安－不魯合惕㊃前來的敵人所〔揚起的〕塵土，說：「敵人來了！」就趕着他們的馬回來。〔大家〕聽說敵人來了，一看，就望見了沿着卯溫都兒山前，經過忽剌安－不魯合惕〔起來的〕塵土。說：「那是王汗追上來了！」成吉思可汗在那裏看見灰塵，就叫抓馬來馱上〔東西〕出發。如果不曾看見那些〔灰塵〕，必然遭受意外。那次〔他們〕前來的時候，札木合和王汗在一同。王汗問札木合說：「在帖木眞〔那裏〕能厮殺的有那些人？」札木合說：「那裏有稱爲兀魯兀惕〔和〕忙忽惕的百姓。那些是能厮殺的，愈轉戰愈能守着陣勢，愈翻旋愈能顯出技能㊄，是從小熟練刀鎗的百姓，他們有黑的和花的旗幟。他們是應該當心的百姓。」王罕聽了這〔些〕話，就說：「如果那樣，我們就叫合答黑，統領〔他〕只兒斤氏的勇士們，去衝〔殺〕。叫土綿－土別干〔氏〕的阿赤黑失侖作只兒斤的後援，衝向前去。繼土別干之後，教斡欒・董合亦惕〔氏〕的勇士們去衝。繼董合亦惕之後，由豁里・失列門太子，所指揮我們的㈥一千護衛㈦去衝。繼一千護衛之後，叫我們的大中軍去衝吧！」王汗又說：「札木合兄弟，你調度我們的軍隊。」於是札木合獨自出去對他自己的伙伴們說：「王汗叫我調度這支軍隊。我以前斷殺就敵不過『安答』。說叫我整備這軍隊，〔可見〕王汗還遠不如我。〔不過〕是個普普通通㈧的伙伴啊。叫〔人〕去給『安荅』傳話，叫『安荅』堅持吧！」說着，札木合就暗中叫人去傳話給成吉思可汗說：「王汗問我：『在帖木眞兒子那裏能斷殺的有誰和誰？』我說：『以兀魯兀惕〔和〕忙忽惕領頭。』按照我的話，他們調動他們的只兒斤〔氏〕領頭作先鋒，以土綿－土別干〔氏〕的阿赤黑失侖爲只兒斤的後援㈨。以王汗一千護衛的長官豁里•失列門太子爲董合亦惕的後援。他們的後繼就是王汗的大中軍了。王汗又託付我說：『札木合兄弟你調度這支軍隊。』由此可知〔他〕是個普普通通的伙伴，怎能一同調度軍隊呢？以前我與「安荅」斷殺，就敵不住。王汗比我還差，『安荅』不要怕〔多〕堅持吧！」

㈠ 卯－溫都兒 Mau-öndör，山名。「卯」，不好之謂。「溫都兒」是高山或高地之意。卯－溫都兒就是「不好的高山」。

㈡ 姚師前註：者勒篾，原爲成吉思可汗四傑之一，戰功最著。這裏蒙文稱他是「者勒篾•豁阿」，意即美好或漂亮，有稱贊誇美的意思。

㈢ 合剌－合勒只惕－額列惕 khara-Khaljid eled，原譯作「沙磧名」，意思是「黑禿禿的一堆沙丘」。

㈣ 忽剌安－不魯合惕 Khula'an-burughad，地名。字義是「紅色的柳條子」。

㊄原蒙音，讀如「點」(dem)。但旁譯「次序」、似不甚合。若讀如 dem，意思不是秩序、而是「技巧」或「才能」。若爲「次序」則當讀如 des。兩字用蒙古字寫之，區別甚小。黃金史頁一三〇第五行第八字正作 dem，可知漢文作點字是正確的、但旁譯則應作「技能」。

㊅原文作「王汗的」；但此處就文法而言，仍是王汗自述的語氣，不應自稱「王汗的」，故改爲「我們的」。

㊆原文作「土兒合兀惕」turghagh-ud，乃「土兒合」之複數形，原旁譯爲「護衞」，即元史之「禿魯華」軍。元史卷九八兵志一有云：「或取諸侯將校之子弟元軍，曰質子軍，又曰禿魯華軍。」(百衲本卷八九，二頁下。)又兵制條云：「世祖……中統四年二月，詔統軍司及管軍萬戶千戶等，可遵太祖之制，令各官以子弟入朝充禿魯花。」(同第五頁下)關於「禿魯花」請詳拙著「說元史中的禿魯花(質子軍)與元朝秘史中的土兒合黑(散班)」一文，華岡學報第四期，五十六年，臺北。

㊇原文「察黑圖」chaghtu，旁譯「酌中」。按 chaghtu 一字的否定形 chaghlashi ügei 是「無限的」，「不變的」之意。因此可以測知「察黑圖」的字義是「普普通通」，而非優等的意思。小林高四郎氏於其元朝秘史之研究(第三十九頁)中，曾詳論此字，引海尼士諸家之說，證其正誤，並解「酌中」一語，爲「中等的」之意。謝再善譯達木丁蘇隆本(一四五頁)作「平常不中用的」，雖屬正確，但嫌過火。

㊈原文似乎脫落一句話。伯希和氏於其法譯本中補加 "Tübegän-ü gäjigä Olon-Dongqayïd-kö,äldübä" 一句。意思是：「說派衆董合亦惕爲土別干的後援」。這是很正確的。

第一七一節

這話傳來後，成吉思可汗說：「兀魯兀惕〔氏〕的主兒扯歹伯伯㈠，你有什麼說的嗎？你做先鋒吧！」在主兒扯歹作聲之前，忙忽惕〔氏〕的忽亦勒荅兒・薛禪㈡說：「在『安荅』面前，我去廝殺，自今以後請安荅關照我的孤兒們吧！」主兒扯歹說：「在成吉思可汗面前，我們兀魯兀惕、忙忽惕當先鋒廝殺！」說罷，主兒扯歹、忽亦勒荅兒兩個人就把他們兀魯兀惕、忙忽惕〔兩族人馬〕在成吉思可汗前面，排立陣勢。纔立好，敵人就以只兒斤〔族〕當先鋒〔衝〕過來了。〔他們〕一來，兀魯兀惕、忙忽惕〔兩族〕就迎着衝上前去，壓制了只兒斤。正乘勝前去的時候，土綿・土別干〔氏〕的阿赤黑・失侖衝過來了。衝殺間，阿赤黑失侖把忽亦勒荅兒刺下〔馬〕來。忙忽惕〔氏的兵丁〕就在忽亦勒荅兒〔落馬之處〕翻轉。主兒扯歹〔領着〕他兀魯兀惕〔氏〕，衝殺過去，壓制了土綿—土別干〔族〕，正乘勝前進，斡欒—董合亦惕〔族〕迎面衝殺過來。主兒扯歹又把董合亦惕壓服。乘勝前進的時候，豁里・失烈門太子帶着千名護衞衝過來了。主兒扯歹又把豁里・失烈門太子擊退。乘勝前進時，桑昆未得王汗同意，就迎面衝過來，〔這時〕桑昆紅色的臉腮被射中，倒下〔馬〕來。桑昆既被〔射〕倒，客列亦惕〔人馬〕全都翻回到桑昆那裏，站下來。戰勝了他們，在日落銜山的時候，我們的〔人馬〕翻回去，把倒地受傷的忽亦勒荅兒帶回來。成吉思可汗〔和〕我們的人〔馬〕從與王汗廝殺之地撤離，夜間移動，到他處住宿。

㈠原文「額賓」ebin，旁譯、總譯均作「伯父」。謝再善漢譯達木丁蘇隆之蒙古秘史（一四六頁）亦譯爲「主兒扯歹伯父」。伯希和氏於其法譯本（第一八五頁）作 Oncle。按兀魯兀惕氏與忙忽惕氏同爲納臣•把阿禿兒之裔，但降至成吉思汗時代，親屬關係已甚疏遠，而成吉思汗仍稱主兒扯歹爲「伯父」，對忽亦勒荅兒則稱爲「安荅」。元史一〇二，有朮赤台（主兒扯歹）傳。

㈡忽亦勒荅兒•薛禪 Khuyildar-sechen，元史一二一有畏荅兒傳。又元史九五，食貨志三，歲賜條作慍里荅兒•薛禪（百衲本，第二十頁上）。姚師前註說：此事元史卷一二〇朮赤台傳，卷一二一畏荅兒傳與牧庵集卷十四平章政事忙兀（蒙古）公神道碑，所載事跡視秘史爲詳，玆略採之，⑴元史卷一二一畏荅兒傳：「畏荅兒（即秘史忽亦勒荅兒）與兄畏翼俱事太祖。畏翼叛去，畏荅兒止之不聽。無以自明，取矢折而誓曰：『所不終（身）事主者，有如此矢！』太祖（成吉思汗）察其誠，更名薛禪，約爲按達。薛禪者，聰明之謂也；按達者，定交不易之謂也。」⑵牧庵集（十四）：「輝和爾（即忽亦勒荅兒）兄俄伊特（即畏翼）叛去，苦止之，不歸。乃折矢誓不貳，帝（成吉思汗）感其誠，易名希禪（即薛禪），約爲按荅。蓋『明秉幾先，與友同死生』之稱。」沈子培曰：「明炳幾先，釋希禪（薛禪）；友同生死、釋按荅。」（元朝秘史補注卷七頁二）。⑶「太祖與克烈（部）王汗對陣於哈剌眞，師少不敵。帝命兀魯一軍先發，其將朮赤（徹）台橫鞭馬鬣不應。畏荅兒曰：『我猶鑿也，諸君斧也；鑿匪斧不入。我請先入，諸軍繼之。萬一不還，有三黃頭兒在，唯上念之！』遂先出陷陣，大敗之。至脯時，猶追逐不已。敕使止之，乃還。腦中流矢創甚。（此事當以秘史中鎗爲可信。）帝親傅以善藥，留處帳中，月餘卒。帝深惜之。」（忽亦勒荅兒的死，亦當從秘史。）⑷同上本傳：「太宗思其功，復以北方萬戶封其子忙哥爲郡王。歲丙申（一二三六）忽都忽大料漢民，分城邑以封功臣，授忙哥泰安州（山東）民萬戶。帝訝其少。忽都忽對曰：『臣今差次，惟視舊數多寡。忙哥舊纔八百戶！』帝曰：『不然，畏荅兒封戶雖少，戰功則多。其增封二萬戶，與十功臣同爲諸侯者，封戶皆異其籍。』兀魯爭之曰：『忙哥舊兵不及臣之半，今封顧多於臣？』帝曰：『汝忘而先（人）橫鞭馬鬣時耶？』兀魯遂不敢言。」（以上舊元史卷一二一本傳，參考牧庵集（十四）平章政事忙兀公神道碑，「四部叢刊」本，頁三以下。）（以上帖木眞、王汗在合剌・合勒只惕的惡戰。）

第一七二節

停〔在那裏〕過了一夜，天明點視〔人馬〕不見斡歌歹、孛羅忽勒、孛斡兒出三個人。成吉思可汗說：「斡濶歹與可信賴的孛斡兒出、孛羅忽勒兩個人一同落後，或生、或死，他們怎能相離呢？」我〔軍〕夜間把馬匹備好住下。成吉思可汗說：「如果從我們的後邊追來，就斷殺！」於是調度齊備，停在〔那裏〕。等到天亮一看由後邊來了一個人。來到時原是孛斡兒出。孛斡兒出到達後，成吉思可汗捶着胸說：「願長生天作主㈠！」孛斡兒出說：「衝〔出〕來的時候，馬被射倒，徒步跑着，趁客列亦惕〔人〕翻回到桑昆那裏的機會，見有〔一匹〕馱着東西的馬，弄歪了牠所馱的東西，我就把牠所馱的東西割斷，騎在馱東西的鞍架上，〔跑〕出來，踏着我們分離後的踪跡，找來了。」

㈠　原蒙古文漢字譯音是「蒙客・騰格理・篾迭禿該！」旁譯漢字是：「長生天知道者！」「篾迭禿該」(medetugei) 原總譯「知道者！」也有「聽憑」，或「依賴」的意思。

第一七三節

過了一會兒，又有一個人前來，將到的時候，〔見〕他下邊垂着〔兩隻〕腿看來好似只有一個人。來到後乃是孛羅忽勒與斡歌歹疊騎着〔一匹馬〕，從〔孛羅忽勒〕的嘴角還有血流出。原來斡潤台的項脈，爲箭所中。〔淤〕血凝塞，孛羅忽勒用嘴來咂，那凝塞的血〔還〕從他的嘴角流着就來到了。成吉思可汗一看，心裏難過，從眼裏流出淚來，趕快叫〔人〕燒火，用熱烙烙過〔傷口〕，叫拿〔喝的東西〕來給斡潤台止渴。說：「如敵人前來，就厮殺！」孛羅忽勒說：「敵人沿着卯—溫都兒山懷，向忽剌安—孛魯合惕揚起〔很〕高的塵土，向那邊退去了。」〔聽了〕孛羅忽勒的那一番話，〔成吉思可汗〕說：「如果來，就厮殺！如果敵人躲避，我們就整補咱們的軍隊〔再行〕厮殺！」說着就動身出發，朝着浯泐灰、濕魯格泐只惕〔兩條河〕，進了荅闌—揑木兒格思㊀〔地方〕。

㊀「荅闌」之意爲七十，「揑木兒格思」意思是「許多可披蓋的東西。」又見於第一五三節、一七三節、一七五節、二〇五節。

第一七四節

不久合荅安・荅勒都兒罕抛下了他的妻兒回來了。合荅安・荅勒都兒罕到後，轉述王罕的話，說：「王汗當他兒子桑昆的紅臉，被馬箭㈠射中倒地，翻回到〔那裏的時候〕時，說：『招惹那不當招惹的；格鬪那不可格鬪的！使我愛兒的臉〔上〕釘了釘子，為〔我〕兒索命，向前衝吧！』於是阿赤黑失侖說道：『可汗！可汗！不要如此！〔記得以前〕求子的時候，我們曾在柳條上拴了小布條㈡，「阿備、巴備」㈢的說着祈求禱告。現在要愛護這已經生了的兒子桑昆呀！蒙古人的大部分跟札木合、阿勒壇、忽察兒在一起，是屬於我們的。與帖木眞在一起反抗的蒙古人，能到那兒去！馬匹成了他們的坐騎；樹木成了他們的掩蔽㈣，他們如果不來，我們去把他們像用衣服下擺兜乾馬糞一般的捉來吧。』㈤王汗聽了阿赤黑失侖的這話，說：『好！那麼就小心兒子難受，不要叫兒子受苦，〔好好〕照顧〔他〕吧！』說罷，就從斯殺的地方退回去了。」

㈠ 原文「兀出馬」，旁譯「箭名」。Uchuma 短箭之謂，當卽馬箭。詳見二〇八節註㈠。

㈡ 原文「額勒別孫　札剌麻」elbesün jalama，無旁譯。白鳥庫吉氏補以「禱祈」二字。elbesün 不知何謂。惟 jalama 一字在蒙漢滿文三合第十一册第七頁上作「柳枝上拴的紙條子」。這是古代薩滿教儀之一，今已不存。惟蒙古各地之「敖包」obogha, oboo，原係薩滿教之遺跡，祭祀地方神祇之所，其上仍揷柳條，柳條之上繫各色布塊，當卽由此一習俗蛻化而來的。又蒙古地方每於秋季家畜肥壯，乳食豐盛之時，擧行 dalalagha 是一種招福的祭祀。祭祀時戶主用箭一支，其上繫五色的綢條，自左向右轉動，同時口中祝禱，祈求他所希望的財富，包括子嗣在內。今內蒙古東北角的達呼爾族，仍信奉薩滿每於術士 idghan 跳神之時，必在樹枝上，掛着綢緞布紙各色條子，以爲獻神之禮。也可能就是這裏所說的「札剌廝」。

㊂ 原文「阿備、巴備」，無旁譯，似爲當時薩滿禱祝之詞 bö'e-yin daghudulgha 的一部分。

㊃ 意思是落荒而走，旣無騸馬可騎，又無廬舍可住。

㊄ 乾馬糞是蒙古草原上的燃料之一，揀拾時，多用衣服的下擺兜起來拿走。這句話的意思正合於漢語中的「探囊取物」之意。

第一七五節

於是成吉思可汗自荅闌－揑木兒格思，順着合勒合〔河〕㊀移動的時候，點數〔全軍〕，計有兩千六百〔人〕。成吉思可汗〔率〕一千三百名，沿着合勒合〔河〕西邊前進。兀魯兀惕、忙忽惕〔兩部率〕一千三百名沿着合勒合〔河〕東邊移動。一面打獵儲備食糧。這時忽亦勒荅兒的傷痕尚未痊癒，〔他〕不聽成吉思可汗的勸戒，衝向野獸奔馳，〔創傷〕重發而死。成吉思可汗命將他的屍骨，安放在合勒合〔河〕的斡峏屼訥〔山〕半斜的山崖之上。

㊀ 合勒合 (Khalkha) 河名，卽今呼倫貝爾與外蒙間的喀爾喀河。一九三八年，日蘇兩軍激戰的諸們坎

Nomunkhan 草原，就是這條河的流域，所以也稱為 Khalkha 河之役。

第一七六節

〔成吉思可汗〕知道在合勒合〔河〕注入捕魚兒海子㈠的地方，有帖兒格、阿篾勒㈡等翁吉剌惕〔人〕，就命主兒扯歹率領兀魯兀惕〔族人〕前去。去的時候〔可汗指示〕說：「翁吉剌惕人如果說：『從昔日就按着外甥的容貌，女兒的顏色㈢。』就收降他們；如果要反抗，我們便與廝殺！」說罷叫他去了。〔翁吉剌惕人果然〕向主兒扯歹投降。既然歸順，成吉思可汗一點也沒有驚動他們。

㈠ 捕魚兒海子即今呼倫貝爾地區的貝爾湖。

㈡ 帖兒格、阿篾勒二人之名，均見第一四一節。此二人與另一翁吉剌惕的氏族長阿勒灰，共同參加支持札木合反成吉思可汗的戰爭。惟一四一節稱帖兒格為迭兒格克，阿篾勒為額篾勒。就蒙文正寫法，Amele 是誤寫，Emele 是對的，字義是馬鞍。與黃金史對照，本節所說的帖兒格 Terge 是正確的，字義是車。

㈢ 這句話就是顧念舊日姻婭關係的意思。請參照前第六十四節的記事。姚師前註說：姻親，如當時成吉思可汗的母親訶額倫、與他的皇后孛兒帖，都是廣義的翁吉剌氏。元史（百一十四）后妃傳序曰：「太祖光獻翼聖皇后名旭眞，弘吉剌氏，特薛禪之女也。特薛禪與子按陳從太祖征伐有功。……有旨，生女爲后，生男尙主，世世不絕。」與上文合看，可知兩族間的姻親關係。此處所謂「旭眞」，就是「兀眞」之訛。

第一七七節

收撫了翁吉剌惕以後，就到統格〔黎克〕㈠小河的東邊住下。成吉思可汗〔差〕阿兒孩・合撒兒、速客該・者溫二人，〔去向王汗〕送話的時候說：在統格〔黎克〕小河東邊住下了。這裏草很好，我們的馬也吃肥了。〔你去〕對我的汗父說：

「我的汗父啊！
為什麼嗔怒，
恐嚇我呀！
如果要使〔我們〕警惕，
為何不在你不肖的兒子們，
不肖的媳婦們，
睡足的時候怪責呢？
你為什麼那樣把平平的㈡坐位給弄塌了，
把上昇的雲烟給弄散了一般的恐嚇我呢？
我的汗父啊！

莫非你從旁受了別人的刺激，
莫非你橫着受到別人的挑撥嗎？
我的汗父啊！咱們兩個是怎樣說〔定〕的？我們兩個在勺峏合勒忽〔山〕的忽剌阿訥屼惕、孛勒苔屼惕的時候不曾一起說過：
『若是被有牙的蛇所挑唆，
不要受牠挑唆，
要用牙用嘴對證纔相信』嗎？
如今我的汗父啊！
你是經過口齒對證，
纔和我分裂嗎？
〔我們〕不曾一起說過：
『若是被有齒的蛇所離間，
不要受牠離間，
要用口用舌對證纔相信』嗎？
如今我的汗父啊！
你是經過口舌對證，
纔和我分離的嗎？
我的汗父啊！

我的〔人〕雖少，
沒使你找過那多的；
我雖不好，
沒叫你求過那好的。
有兩根轅條的車，
如果一根轅條折斷，
牛就不能向前拉。
我不是曾和你那根轅條一樣嗎？
有兩個輪子的車，
如果一個輪子折斷，
〔車〕就不能〔再〕移動。
我不是曾和你那個車輪一樣嗎？

「若是談早先的話，在你汗父忽察兒忽思・不亦魯黑〔死〕後，因你是四十個兒子的長兄，立〔你〕爲汗。你做了汗，就把你弟弟帖木兒太子、不花・帖木兒兩個人殺掉。你弟弟額兒客・合剌將要被殺的時候，亡命逃走，投靠乃蠻的亦難察・必勒格汗。因你是殘殺諸弟之人，你叔父古兒汗前來征討。你〔只帶〕一百個人亡命，順着薛凉格〔河〕㈣逃走，鑽進了合剌溫〔山〕的隘口。從那裏出來，爲了通融，你把女兒札兀兒・兀眞，獻給了篾兒乞愓的脫黑脫阿。從合剌溫隘口出來，到我汗父也速該跟前，你在那裏說：『請從我叔父古兒汗那裏營救出我的百姓吧。』

我汗父也速該因你那樣前來求告，爲要替你營救你的百姓，就從泰亦赤兀惕〔族〕中率領忽難、巴合只兩個人，調動軍隊前往，把正在忽兒班—帖列速惕〔地方〕的古兒汗〔和他的〕二三十個人，趕入合申㊄地方，救出了你的百姓，〔交還〕給你。從那裏前來，在土兀剌〔河〕㊅的黑林，我的汗父啊！〔你〕和也速該汗結爲『安荅』。那時我父——王汗你曾感激着說：『上天〔大〕地祐護垂鑒！把你這恩典報答給你的子子孫孫吧！』

「後來，額兒格•合剌向乃蠻的亦難察•必勒格汗求到〔援〕兵，前來攻打你。你僅僅保全自己的性命，拋棄了自己的百姓〔和〕少數人逃出。〔投奔〕合剌—乞塔惕㊆的古兒汗，去到在垂河㊇的囘囘㊈地方。不到一年，你又背叛了古兒汗，經過禿兀惕㊉，唐兀惕⑪地方〔囘〕來的時候，窮困得擠乾了五隻山羊的奶喫，刺出了駱駝的血喫。僅剩下〔一匹〕瞎眼黑鬃黑尾的黃馬。聽說汗父你那樣窮困而來，想念你昔日與我汗父也速該結拜『安荅』的緣故，〔叫〕塔孩、速客該二人作使臣前去迎接。我自己也從客魯連〔河〕的不峏吉—額峏吉⑫前往迎迓，在古洩兀兒湖我們相遇。因你窮困而來，〔我向百姓〕征收科歛給你。按照昔日曾與我父結拜『安荅』的道理，我們兩個人在土兀剌〔河〕的黑林互稱父子。〔我稱你爲父〕其理由不是那樣嗎？那年冬天，〔我〕叫你進入圍子裏，扶養你。住過了多天，又住過夏天，到秋天進攻篾兒乞惕的脫黑脫阿別乞，在合迪黑里黑山嶺⑬的木魯徹—薛兀勒斷殺，把脫黑脫阿別乞趕到巴兒忽眞平灘⑭之地，擄掠篾兒乞惕人，把所獲的許多馬羣、穹帳、糧食，我都給了汗父〔你〕。我沒有叫你的飢餓挨過中午；沒有教你的消瘦到過半月。我們又迫使古出古兒台•不亦魯黑汗從兀魯黑—塔黑的莎豁黑水越過阿勒台山⑮，順着浯籠古〔河〕⑯追趕，在乞赤泐巴石湖⑰使〔他〕窮促。我們從那裏回來的時候，乃蠻的可克薛兀・撒卜剌黑從拜荅剌黑—別勒赤兒㈧整備軍隊，〔前來〕對陣。因天色已晚約定明早厮殺。在彼此調度住宿時候，我的汗父啊！你在你的營裏多處點起火來，夜間却遡着合剌—洩兀勒〔河〕㈨走了。次日早晨一看，發現〔你們〕已經不在你們的陣營。那時迫於你〔的行動〕，我說：『這些人要把我們當做燒飯啊！』㈩也隨卽移動，經過額迭兒—阿勒台山的川口㈢，來到撒阿里曠野駐下。

「可克薛兀・撒卜剌黑追襲你，把桑昆的妻兒、百姓、人家全都擄去。爲你所俘的篾兒乞惕脫黑脫阿的兩個兒子，忽都、赤剌溫也乘機〔帶〕他們的百姓人家背叛你，〔遁〕入巴兒忽眞〔平灘〕與他們的父親會合去了。那時，我的汗父啊！你的百姓被乃蠻的可克薛兀・撒卜剌黑擄去，你〔差人〕來說：『吾兒！把你的四傑派來吧！』我不像你那樣做想，就遣孛斡兒出、木合黎、孛羅忽勒、赤剌溫勇士這四傑，整備軍隊前去〔支援〕。〔在他們到達〕之前，桑昆在忽剌安—忽惕與〔敵〕對陣，他所騎的馬，後腿被射中，幾乎被擒。我這四傑趕到，救了桑昆，〔還〕把他的妻兒、百姓、人口等等都給搭救了。那時我的汗父，你曾感激的說過：『吾兒帖木眞啊！差遣四傑來搭救了我走散的百姓！』如今，我的汗父啊！你爲了什麼過錯，怪罪我呢？派使者來〔說明〕怪罪的原因吧。可以派巴里・忽里、亦都兒堅兩人前來；不然另派別人前來〔亦可〕。」說罷就派〔他們〕去了㈢。

㈠ 原文作統格，總譯作統格黎克河。此河已見卷一，第五、第三十等。元史一，太祖本紀作節董哥澤。

（百衲本第十頁下）

㊁ 原文作「丁」，無旁譯，當爲「平等的」或「平坦的」之意的 teng 字。白鳥本的羅馬字音譯爲 den。伯希和本作 ding，並加註解，謂之 Peut-être altere（五十八頁）。

㊂ 這一段話原是成吉思可汗與王汗在土兀剌河的合剌屯（黑林），互稱爲父子之時所說的。已見第一六四節，只是該節所說的地點與本節不同。

㊃ 薛涼格 Selengge 即今色楞格河。

㊄ 合申 Khashin 就是河西，指西夏之地而言。

㊅ 原文作禿浯剌，玆按第九十六節的寫法，改爲「土兀剌」。此河就是現在的土拉河。

㊆ 合剌—乞塔惕 Khara-Kitad，字義是黑契丹，就是耶律大石所建的西遼。

㊇ 垂河亦作吹河，唐代稱爲碎葉河，在中亞錫爾河之北。

㊈ 撒兒塔兀勒 Sarta'ul，這是當時蒙古人對信奉回教的中亞、西亞人的總稱。

㊉ 委兀惕 Uighud 即畏兀兒 Uighur 的複數形。

⑪ 唐兀惕 Tangghud, Tangut，即西夏國。蒙古人今仍稱青海、甘肅之藏語民族爲 Tangghud。

⑫ 客魯連 Kerülen 即今克魯倫河。不峏吉——額峏吉，地名。卷二，第九十八節作「不兒吉—額兒吉」。額兒吉 ergi 是河灣或河岸之意。

⑬ 原文「你魯兀」niru'u, niru'un，字義是山嶺或分水嶺。一八三節作「你魯忛惕」niru'ud，是複數形，旁譯爲「嶺每」。

⑭ 巴兒忽眞—脫古木 Barkhujin-tököm。Tököm 是河灘地或兩河夾心地。巴兒忽眞水在貝加爾湖之東。

⑮ 阿勒台 Altai，即阿爾泰山。

(十六) 浯籠古 Ülünggü，即今北疆的兀龍古河。

(十七) 乞赤渤巴石 Kichilbash 湖，即今布倫托海子。

(十八) 「別勒赤兒」belchir，指兩河滙流之地而言。

(十九) 合剌—洩兀勒 Khara-se'ül，旁譯水名，字義是黑尾巴，地點待考。

(二十) 已詳卷二，第七十節，註㈡及卷五，第一六一節，註㈠。

(二一) 原文「別渤赤兒」，此字與註(十八)之「別勒赤兒」同屬一字，是川流滙聚之地，故譯為川口。

(二二) 關於本節之記事，請參照一五〇、一五一、一五八、一五九、一六一、一六二、一六三、一六四等節。姚師前註說：這一節即是有名的成吉思可汗對王汗的五大控訴。元史㈠太祖紀說是「有大功於君一也，至五也。」親征錄說是有造於汝一也、至五也。譯文證補㈠上說是「此有德於汝者一也，至五也。內容大同小異，應與此節所說，作一比較研究，說明他們間因襲的關係。（其他轉錄的書，如元史類編、元史新編、元書、新元史、蒙兀兒史記（在王汗傳）等，也說到上述的五點，均從略。）

第一七八節

王汗聽了這些話，說「噯㈠！我違背了與我兒不可違背的道理，違背了〔與我兒〕不可違背的事情！」說着就心裏很難過起來又說：「如今，看見我兒若是再生惡念啊，就和我這血一樣，被他人〔刺〕出！」㈡說着發誓，就用剜箭扣的刀子，刺破他的小指，教血流出，盛在〔一個〕小樺木皮桶裏說：「交給我的兒子！」〔這樣〕就叫〔使臣〕回去了。

㈠　原文「唉　莎亦魯黑」，無旁譯。錢大昕本作「索赤魯黑」，亦無旁譯。現代語中 süyilekü 是喘息或歎氣之意。如爲 sochikhu，則爲驚訝之意。暫從缺。

㈡　按古代蒙古習俗和薩滿教的信仰，認爲流血而死，其靈魂必受痛苦。故元代皇族之被處死者，多不流其血。即在今日，「流血而死的」 chisu bar ükügsen 一語仍是一種可怕的咒咀。秘史二〇一節記述札木合希望不流血而死，即是爲此。

第一七九節

成吉思可汗又說：「去對札木合『安荅』說：在我汗父〔前〕，你嫉妒〔我〕，叫〔我們〕分裂了！〔以前〕我們誰先起來，就〔從〕汗父的青盅〔喝馬奶子〕㈠。我起的早〔先〕喝，你就嫉妒。如今〔你〕把汗父的青鍾喝乾！你又能耗費多少呢！」

成吉思可汗又說：「去對阿勒壇、忽察兒兩個人說：你們兩個人背棄我。你們想公然離開嗎？還是想暗中㈡離開嗎？忽察兒，因你是揑坤太子的兒子，我們教你做可汗！〔但〕你不肯。阿拉壇，因爲你〔父〕忽禿剌汗曾治理過〔國家〕，〔你〕父親是〔怎樣〕治理，叫你做可汗，你也不肯。又我因爲在上還有巴兒壇•把禿兒的子嗣，就對撒察、泰出兩個人說：『你們做可汗吧』〔他們〕也不肯。我〔一再〕的說『你們』做可汗吧！〔都〕不肯答應。你們教我做可汗，我這纔做了。如果你們做了可汗，差我去做先鋒，突擊衆敵，得天之祐，擄掠敵人，我就把面貌美麗的閨女、婦人，後胯美好的騸馬，給〔你們〕拿來。如果教我圍獵野獸，我就把山崖上的野獸給〔你們〕圍得前腿挨前腿，把曠野裏的野獸給〔你們〕圍得肚皮挨肚皮㊂。如今〔你們〕好好的給我汗父做伙伴吧！小心讓人家說你們好怠慢！可不要讓人家說你們就是倚仗察兀惕－忽里㊃。不要讓外人在三河的源頭㊄安營啊！」

㊀原文「濶濶　充」kökö chung 旁譯作「青盅」。按 kökö, köke 是「青色」。「充」(chüng 或 jüng) 今已不知何謂。但由上下文推之，可知其爲酒器。同時也可猜測這是由漢地進來的外來語。原總譯說是喝馬奶子，雖不見原文，但似正確，故將這三字加入。

㊁原文「主合主　兀」jaghaju'u，旁譯作「對付着」，意義不明。玆按上下文語氣，暫譯爲「暗中」。謝再善根據達木丁蘇隆蒙文本也譯爲「暗中」(見該譯本一五五頁)。

㊂原是阿勒壇、忽察兒兩人對成吉思可汗所發的誓言。請參照第一二三節。在這裏却是可汗所說的一段反話。

㊃「察兀惕　忽里」cha'ud khuri，原旁譯「官名」。這是金朝由王京丞相贈給成吉思可汗的官爵。事見卷四第一三四節。其詳待考。

㊄三河似指今鄂爾渾 Orkhon，土拉 Tuula，克魯倫 Kerülen 三河而言。此三河之源向爲北亞游牧民族稱雄的基地。姚師前註說：直譯應作：「三河源頭休敎任何人下營者！」三河有二說。一、即土拉河，鄂爾昆河，色楞格河，代表王汗所居的黑林。二、即斡難河，克魯倫河，土拉河，指成吉思可

汗的居地。元史太祖紀述此語說：「三河祖宗肇基之地，毋爲他人所有！」則這裏的三河應當是指後者說的。

第一八〇節

成吉思可汗又說：「對脫斡鄰勒弟說：稱〔你〕爲弟弟的緣由〔是〕：禿必乃・〔薛禪〕、察剌孩・領忽俘擄斡黑荅來作〔他們〕二人的奴隸。斡黑荅奴隸的兒子是速別該奴婢。速別該奴婢的兒子是濶濶出・乞兒撒安。濶濶出・乞兒撒安的兒子是也該・晃塔合兒。也該・晃塔合兒的兒子就是你脫斡鄰勒。你奸妄的要想把誰的百姓〔拿去〕送人呀！我的百姓不會任阿勒壇、忽察兒兩個人管理的㊀。稱你爲弟的緣由，因〔你〕本是我高祖門限〔裏〕的奴隸，〔是〕我曾祖門裏邊的私奴。這就是我叫人去告訴〔你〕的。」

㊀ 這一句話原總譯作：「我的百姓，阿勒壇、忽察兒必不敎別人管。」原文也似有這種意思，但反覆詳讀，似以新譯爲妥。謝譯達木丁蘇隆本爲：「我的部衆阿勒壇、忽察兒二人誰也管不了吧？」（見該書一五七頁）伯希和本譯作「阿勒壇、忽察兒兩個不會讓任何人管理我的百姓。」（該書一九三頁）

第一八一節

成吉思可汗又說：「去對桑昆安荅說：穿着衣服生的兒子是我；赤裸着身子出生的兒子是你。我們的汗父曾同樣的看待我們。桑昆安荅，你怕我介入〔你父子之間〕，嫉恨我把我趕走了。如今〔你〕可不要使我們汗父心裏難過，早晚出入，〔晨昏〕定省。〔你〕不放下你舊日的〔私〕心，莫非是想在汗父還在的時候，就做可汗嗎？不要叫我們汗父內心難過不安。」

還說：「桑昆安荅，向我派使臣的時候，可以叫必勒格・別乞、脫朶延兩個伴當來。」還說：「向我派使臣來的時候，汗父派兩個使臣來。桑昆『安荅』也派兩個使臣來。札木合安荅也派兩個使臣來。阿勒壇也派兩個使臣來。忽察兒也派兩個使臣來。阿赤失侖也派兩個使臣來。合赤溫也派兩個使臣來。」說着就叫阿兒孩・合撒兒、速格該・者溫去，轉達這些話。

聽了這些話，桑昆說：「〔他〕幾時稱過汗父，不是叫做好殺的老頭子嗎？幾時叫過我『安荅』，不說是脫黑脫阿巫師隨着回回羊的尾巴走嗎㈠？〔我〕察覺了這些話的用意。〔這〕是斷殺以前要說的話！必勒格・別乞、脫朶延兩個人豎起廝殺的戰旗，養肥戰馬，不得躊躇！」

阿兒孩・合撒兒從王汗那裏回來的時候，速格該・者溫的妻兒正在脫斡鄰勒那裏，不敢回來，就落在阿兒孩・〔合撒兒〕之後。阿兒孩・〔合撒兒〕回來，把這些話都對成吉思可汗述說了。

㊀這一句古代諺語的意思頗爲費解。這句話裏有「主卜赤周」一字，旁譯作「續着」。此字今已不用。蒙漢滿三合第十一册六十五頁下有 jubchimüi 一字，其漢譯爲「捨臉」。因此可能這句話是：「脫黑脫阿師公捨着臉跟着同羊的尾巴走。」謝譯達木丁蘇隆本一五八頁註三稱：「隨羊尾後走，是隨在羊尾後取乳之意。喻成吉思合罕說桑昆天天想害王罕。」頗近情理。李文田元朝秘史注卷七，第十六頁上也作如此解釋。但它也可能是說薩滿以羊爲犧牲祭神，在宰殺之前，先予選擇。所謂追隨其後，即表示將予殺害。

姚師前註：這句話應當是當時的俗語，今已不得其解。聖武親征錄述此語說：「彼何嘗實意待我爲安答，特以玩物視我耳！」蓋有輕視意味。（引見那珂通世成吉思汗實錄卷六，頁二四〇的小註。）

第一八二節

不久成吉思可汗到巴勒渚納湖㊀住下，就在那裏遇到了豁魯剌思㊁部的搠斡思•察罕〔等〕。那些豁魯剌思人不曾衝突，前來投降。從汪古惕〔部〕㊂的阿剌忽失•的吉惕•忽里㊃那里，有〔一個〕騎白駱駝的囘囘阿三㊄趕着〔一〕千隻大羊，順着額洏古捏河㊅來買貂鼠和灰鼠，〔也〕在巴泐渚納〔湖〕飲〔牲畜〕的時候，遇見了〔可汗〕。

㊀此湖之名已見二十四節，作巴勒諄。黃金史綱 Altan Tobchiya 稱：「彼時帖木眞爲王汗所迫，

來至巴勒渚納〔河〕。合撒兒亦至彼處，與帖木眞相會。彼時該河涸乾，只剩下這裏那裏有些水流，行糧已盡，該地又無人煙，什麼都得不到。……成吉思汗由那河中掬水而飲，向天明誓說：『我如登大位，願與爾衆同甘共苦！如食此言，願同此河斷源絕流！凡共飲此河之水而明誓者，直至子子孫孫，盡予〔重〕用！』」（見同書七十九頁）

洪鈞元史譯文證補稱：「汪罕軍勢仍盛，帝見不敵亟引退。退後部衆渙散，帝乃避往巴兒渚納。是地有數小河，而是時水涸流濁，僅可飲渾水。帝慷慨酌水，與從者誓。當日從者無多，稱之曰巴兒渚納特，延賞及後世焉。」（斯欽按：巴兒渚納特 Baljunad 卽巴兒渚納諸人之謂）

其註釋稱：「史錄言班朱尼河，飲水誓衆，在遣使後，秘史同，此在戰後獨異。然觀札八兒傳，似戰後卽至此矣。秘史稱爲海子。考之俄圖，斡難河北，俄羅斯界內，有巴兒渚納泊。俄音似巴勒赤諾。泊北有河曰圖拉，入音果達河。就俄圖觀之，河泊不相連屬，或水漲時通入於河，或近地尙有小河，而圖未載。故史錄以河名。俄人遊歷至此，謂其地多林木宜駐夏，可避兵。蒙古人尙指是地爲成吉思汗避難處也。巴兒渚納爲淖爾名。秘史獨是。」（見那珂通世校訂本，證補一上，四十三頁，四十四頁，史錄卽拉施特 Rashid al-Din 書 Fami al Tawarikh。）

元史太祖本紀稱：「行至班朱爾河，水方渾，帝飲之，以誓衆。……時王罕形勢盛强，帝微弱，勝敗未可知。衆頗危懼。凡與飲河水者，謂之飲渾水，言其曾同艱難也。」（百衲本卷一，十二頁上下）

㈡ 豁魯剌思 Ghorulas 部，今稱爲郭爾羅斯 Ghorlos，淸代分爲兩旗，位在內蒙東北地方。

㈢ 汪古惕部曾游牧於今內蒙烏蘭察布盟南部及伊克昭盟北部，大青山脈南北地區。其都城遺址，在今百靈廟西南七十餘華里之地。是一個信奉景敎的部族。櫻井益雄曾作「汪古部族考」，見東方學報第六冊，東京，一九三六。

㈣ 元史一一八有阿剌兀思•剔吉•忽里傳。

㈤ 阿三似為回回人名 Hassan 或Asam 之對音。原文稱他是撒兒塔黑台 Sartaghtai 人，即當時中亞或西亞回教徒之意。他的出現，說明當時塞北經濟活動範圍的寬廣。

㈥ 即額爾古納河。

第一八三節

成吉思可汗還在巴泐渚納〔湖〕飲〔牲畜〕的時候，合撒兒把他的妻子〔和〕也古、也松格㈠、禿忽等三個兒子，〔都〕丟在王汗那裏，隻身帶了少數的幾個伴當〔逃出〕，沿着合剌溫—礩都山的諸山嶺㈡，尋找他的哥哥成吉思可汗。未能尋覓，窮困〔乏糧〕就吃着生牛皮〔和〕〔牛〕筋，走到巴泐渚納，〔纔〕和成吉思可汗相遇。合撒兒來了，成吉思可汗大喜，商量向王汗派遣使臣，就命沼兀里耶歹〔氏的〕合里兀荅兒、兀良合歹〔氏的〕察忽兒罕㈢兩個人前去，當作合撒兒的話，去對汗父說：「『遙望我哥哥，看不見他的形影；踏踪找不到他的道路；喊叫〔也〕聽不見我的聲音了！我望着星宿展轉，枕着〔土塊〕㈣躺臥。我的妻兒〔都〕在汗父那裏；若得信任，我願到汗父那裏去。』你們就如此說吧。」又說：「我們隨即動身，在客魯漣〔河〕的阿兒合勒—苟吉相會。你們到那裏來！」如此約會好，就差合里兀荅兒、察忽兒罕兩個人前去。命主兒扯歹、阿兒孩兩人當前鋒。成吉思可汗隨即從巴泐渚納湖一同上馬出發，到客魯漣河的阿兒合勒—苟吉去了。

㈠ 成吉思可汗曾爲其侄也松格勒石記事，今人稱其碑爲「成吉思可汗石」。小林高四郎氏曾於其元朝秘史之研究三一一、三一五及三一九頁中記述其事。又愛宕松男於東洋史研究第四卷第三號，村山七郎亦於東洋語研究第四號中皆爲文論之。咸稱此一石刻爲蒙古史料中第一個用蒙文的記載。這一個文獻稱也松格亦是一名善射者。澳洲國立大學 Igor de Rachewiltz 也發表 "Some Remarks on the Stete of Yisünge" 詳論之。見 Tractata Altaica, Wiesbaden, 1976。姚師前註說：哈撒兒（百衲本元史卷一百七宗室世系表、作搠只哈兒）、三子，見元史（一〇七）宗室世系表。也古，表作淄川王也古；也松格、表作移相哥大王；禿忽，作脫忽大王。上述三人中以也古事跡較多、詳見李文田元秘史注卷七，頁二十、這裏從略。

㈡ 謝再善譯達木丁蘇隆本一五九頁註解，稱之爲「肯特山的一個支脈」，當屬正確。

㈢ 察忽兒罕 Chaghur khan，者勒篾之弟。

㈣ 原文這裏似乎脫落了一個「土」shiroi 字。

第一八四節

合里兀荅兒、察忽兒罕二人到了王汗那裏，〔爲〕稱合撒兒的話，把這裏讓〔他〕去說的話〔都〕說了。王汗毫不介意的，正立起了金撒帳㈠，舉行宴會。對合里兀荅兒、察忽兒罕兩個人〔所說〕的話，王汗說：「如果那樣，就叫合撒兒來吧。我派親信亦禿兒堅去。」說罷就叫〔他們〕一起前去。將到約定的地方阿兒合勒—苟吉的時候，看見陣勢強大，使臣亦禿兒堅就往回逃走。合里兀荅兒的馬快，趕上了，〔却〕不敢拿〔他〕，就在前前後後截着他跑。察忽兒罕的馬慢，就在後邊從一箭遠的地方，把亦禿兒堅〔備〕有金鞍的黑馬的臀尖給射坐了。合里兀荅兒、察忽兒罕兩個人這纔把亦禿兒堅拿住，帶到成吉思可汗那裏。成吉思可汗不與亦禿兒堅說話就說：「拿去給合撒兒，叫合撒兒發落！」送去後合撒兒〔也〕不和亦禿兒堅說話，就在那裏砍死了。

㈠　原文「帖兒篾」terme，旁譯「撒帳」。按 terme 是細毛布。所謂「立起金撒帳」，可能是立起以細毛布做成金璧輝煌的鉅帳而說的。似乎就是近代蒙古貴族舉行盛宴之時，所立起的大帳幕 chachir。此處的「金」altan 亦有表示尊貴的意思，例如 Altan Ordo 之類。

第一八五節

合里兀荅兒、察忽兒罕兩個人對成吉思可汗說：「王汗未加提防，〔現在正〕立起金撒帳，舉行宴會。我們趕快偵察㈠，夜裏兼程而行，掩襲圍攻吧！」〔成吉思可汗〕同意此說，派主兒扯歹、阿兒孩兩個人當先鋒，夜裏兼程前進，趕到者折額兒—溫都兒山的折兒山峽㈡的山口，包圍了〔王汗〕。包圍着厮殺了三夜三日。第三天他們不能抵抗，便投降了；但不知王汗、桑昆兩個人在夜間是怎樣〔逃〕出去的。這次〔敵方〕戰將是只兒斤〔氏〕的合荅黑勇士㈢。合荅黑勇士前來投降，說：「斷殺三夜三日，怎能眼看着自己的正主被人拿去殺死呢？不忍捨棄。爲了叫〔他〕脫逃，保全性命，我就〔給他〕殺出個〔脫逃〕的機會。如今，命死便死。如被成吉思可汗恩赦，願爲効力！」成吉思可汗嘉納合荅黑勇士的話，降聖旨說：「不忍捨棄正主，爲要叫他脫逃，保全性命，而厮殺的，豈不是〔大〕丈夫？倒是個可當做伴當的人。」遂恩准不殺。爲了忽亦勒荅兒曾捨性命的緣故，降下恩旨說：「叫合荅黑勇士和〔他〕一百名只兒斤〔氏族的〕人，爲忽亦勒荅兒的妻兒們効力！如果生下男兒，〔世世〕要爲忽亦勒荅兒的子子孫孫効勞。如果生下女兒，她父母不能隨意聘㊃人。由忽亦勒荅兒的妻兒們在她們的前前後後使喚。」〔又〕爲忽亦勒荅兒・薛禪先開口〔請纓〕的緣故，成吉思可汗〔特〕降恩旨說：「爲了忽亦勒荅兒的功勳，忽亦勒荅兒的子子孫孫，都可以請求孤兒們應得的㊄〔恩賞〕。」㊅

㊀ 原文「亦古勒古周」，無旁譯。得不到適當的解釋，似乎有脫漏之處。可能是 khaighulghuju 一字之訛。故譯爲「偵察」。

㊁ 原文折兒—合卜赤孩 Jer-khabchighai，「合卜赤孩」是山峽之意。

㊂ 只兒斤氏的合荅黑勇士是王汗部下的一員勇將，見前文一七〇節。

㊃ 原文爲「忽荅刺禿孩」khudalatughai，旁譯「聘者」。謝再善譯達木丁蘇隆本（一六一頁）譯爲「不能自由出賣（出嫁）」，似有訛誤。按 khuda 是「親家」，khudalakhu 是「結爲親家」。khudalatughai 是希望（第三身）與人成爲親家。khudaladutughai 纔是「賣給人家」之意。

㊄ 原文「阿卜里合」abligha 或 ablagha 旁譯爲「請受」。在現代語中此字是應當索取之財物。例

如債權人向債務人索取的「債」。但在債務人方面則稱爲 öggölige——卽理應給人家之物。此字見秘史卷八，第三十四頁上第四行末字，原文作斡克里格，原旁譯爲「支請」。

元史九十五，食貨三，歲賜條云：「……其親親之義若此，誠可謂厚之至矣。至於勳臣亦然，又所以大報功也，故詳著其所賜之人，及其數之多寡於後慍里荅兒•薛禪，五戶絲，丙申年分撥泰安州二萬戶。延祐六年，實有五千九百七十一戶，計絲二千四百二十五斤，江南鈔，至元十八年分撥桂陽州二萬一千戶，計鈔八百四十錠」。（百衲本第二十頁上）

㈥ 姚師前註：前文第一七〇節，作只兒斤勇士哈荅黑、同上第一七一節並述及鏖戰情形、可以參看。忽亦勒荅兒卽畏荅兒，元史（一二一）有傳。忽亦勒荅兒與克烈部大戰，爲只兒斤所傷，因而致死，所以成吉思可汗卽將只兒斤勇士合荅黑賜給他的後人。元史（一二一）畏荅兒傳曰：「太祖與克烈王汗對陣，畏荅兒腦中流矢，創甚。帝親傅以善藥，留處帳中，卒。及王汗滅，以其將只里吉實抗畏荅兒，乃分只里吉（只兒斤）民百戶隸其子。且使世世歲賜不絕。」可與此節參看。

卷七

第一八六節

征服了那些客列亦惕百姓，向各方分配俘擄。因爲孫勒都歹〔氏的〕塔孩勇士有功，〔賜〕給一百名只兒斤〔族〕人。王汗之弟札合・敢不有兩個女兒㊀。成吉思可汗又降聖旨，可汗自己娶了他的長女亦巴合・別乞，把他的次女莎兒合黑塔泥・別乞㊁，給了拖雷。因此恩賜札合・敢不，叫他以他自己所轄的梯己㊂百姓，來作另一隻車轅㊃，未加擄掠。

㊀ 姚師前註：元史（一二〇）朮赤台傳作札哈・堅普、並說二女是朮赤台（主兒扯歹）俘擄來的。

㊁ 姚師前註：即是元史（一一六）（后妃、二）的睿宗顯懿莊聖皇后唆魯帖尼、怯烈氏。她是憲宗（蒙哥汗）、世祖（忽必烈汗），伊耳汗國創立人旭烈兀汗的母親。（可惜本傳中的事跡甚簡略，尚待補充。）

斯欽按：劉光義「記蒙古莊聖皇后莎兒合黑塔尼事」，出版月刊，第十三號、五五年六月，可參照。

㊂ 姚師前註：梯己，一作體己，指自己私有的東西或親信的人。辭海（辰集）說：「謂私於己」，不甚切合。⑴元人謂自己物曰「梯己物」、見鄭所南（思肖）鐵函心史。⑵楊瑀山居新語：「嘗見周草窗（密）家藏（宋）徽宗在五國城寫歸御批數十紙，中間有云『可付體己人者！』」即今之所謂梯己人也。」梯己指個人私有的財物，這句話在現在中國的北方猶通行。梯己人指自己親信可靠的人，梯己百姓指自己私有的百姓。

㈣ 用現代語來說，就是來充當另一根支柱。其意義請詳卷六，第一七七節，成吉思可汗對王汗所說的那一篇話。

第一八七節

成吉思可汗又降聖旨說：「爲了巴歹、乞失里黑二人的功勳，〔將〕王汗的金撒帳，全部傢俱，金酒碗器皿，連同管理人員等，〔都賜給他們〕。叫客列亦惕〔部〕汪豁只惕〔族人〕給〔他兩人〕做宿衞㈠，使〔他二人〕配帶箭筒㈡，〔飲宴時〕教〔他們〕喝盞㈢。直到子子孫孫，都爲荅兒罕〔免除賦役〕，享受幸福！進攻衆敵，獲得財物，可以隨得隨取。殺獲野獸，可以隨殺隨拿！」成吉思可汗又降聖旨說：「因爲巴歹、乞失里黑兩個人，在〔我〕生命危急之中，救助〔我〕；〔且〕蒙長生天祐護，征服客列亦惕百姓，登了高位。今後，我子子孫孫，凡坐我〔這大〕位的，都要多多想到這樣建立功勳的人們！」

俘擄客列亦惕百姓，分配給衆人，不使任何人缺少。分配土棉—禿別堅〔氏族〕人口，使大家都分得足够。〔分配〕斡欒—董合亦惕〔氏族〕人口，不到整天就分配完了。把〔性好〕血戰掠奪的只兒斤氏的衆勇士解散，〔但〕不够均分。那樣消滅了客列亦惕百姓以後，那年冬天在阿卜只阿—闊迭格里〔山〕㈣過冬。

㈠ 原文「客失克田」，旁譯爲「宿衞」。按 keshigten 就是「有福分的」，或「分享在上者的福澤之人」的意思。今內蒙昭烏達盟之克什克騰旗之字義卽是如此。如爲 kesegten，則與「怯薛」之音相近。keseg 在現代語中是「䰟」字，也是軍隊中的「班」。所以 kesegten 一字可譯爲「値班的人」。元史卷九十九，兵志二，宿衞條有詳細記載。關於成吉思可汗之「客失克田」的制度，請詳秘史卷九第二二四節至卷十的二三四節。日本箭內亙博士曾作「怯薛考」一文，論之甚詳，見蒙古史研究第二一一頁至二六二頁。漢文有陳捷的譯文，商務出版。姚師前註說：伯希和先生對於元初宿衞也有很精邃的意見，見馮承鈞譯，西域南海史地考證譯叢三編（二二一—二四頁），可參考。

㈡ 原文「豁兒赤剌兀勒周」khorchila'ulju，旁譯「敎帶了箭着」。元史卷九十九，兵志二，宿衞，四怯薛條（百衲本第一頁下）云：「（怯薛）非親信不得預也。其怯薛執事之名，則主弓矢……之事者曰火兒赤。」如是則有使巴歹、乞失里黑二人爲怯薛之意。但使武士佩帶弓矢箭筒亦爲榮典之一。據沃爾納德斯基（G. Vernadsky）博士於其巨著蒙古與俄羅斯（The Mongol and Russia）一書中，曾說：「各軍團單位之首長，均依其階級授予標幟，在古代突厥人——蒙古人可能也是這樣——弓矢都是權威的標幟。按古突厥之歷史傳統，弓曾爲其右翼指揮官之標幟，矢則爲左翼指揮官標幟。五世紀阿提拉（Attila）之匈奴帝國，亦曾以金弓爲其將帥權威之象徵。據蒙古秘史，成吉思汗曾許其最親近的功臣佩箭囊及弓矢，以所有蒙古騎兵均佩箭囊及弓矢，故此處所說的弓矢，必非普通武器，乃一種代表品，用以象徵免除納稅或其他義務之『荅兒罕』權利者。」見札奇斯欽漢譯本上册一〇一頁（四十四年，臺北）

㈢ 喝盞是蒙古朝廷中的一種榮典。請參照卷五第一五四節註㈡。

㈣ 達木丁蘇隆氏稱此地爲王罕故地（土拉河）黑林 Khara-tün 附近地方。（見謝再善譯本一六四頁）。

第一八八節

王汗、桑昆兩個人罄身逃出，走到的的克—撒合兒的湼坤水，王汗口渴，前去〔喝水〕，就進了乃蠻哨望豁里・速別赤那裏。豁里・速別赤，就把王汗拿住。〔他〕雖然說：「我是王汗」，可是〔豁里・速別赤〕不認識他，〔也〕不相信，就在那裏〔將他〕殺死。桑昆沒有走進的的克—撒合兒的湼坤水。〔從〕外邊走，進入荒野㊀尋水。有野馬被虻蠅所咬，站〔在那裏〕。桑昆下馬去窺覷。桑昆同他的伴當管馬的濶濶出和他的妻子三個人同在一起。〔桑昆〕叫他管馬的濶濶出牽着馬。〔不料〕管馬的濶濶出牽着他的馬，竟放步小跑回去了。他的妻子說：「穿着金花兒〔衣裳〕的時候，吃着好吃的食物的時候，〔他不〕是常說『我的濶濶出』〔嗎〕？你怎麼可以這樣把你的〔可〕汗桑昆撇棄了〔逃〕走呢？」他的妻子說着就在那裏站下不走。濶濶出說：「你想拿桑昆當丈夫嗎？」他的妻子說「〔你〕說我女人的臉跟狗臉皮一樣了！〔你去〕把他的金盂㊁給〔他〕，叫〔他〕舀水喝吧。」於是管馬的濶濶出說：「給〔你〕的金盂！」就向後撇給〔桑昆〕，放〔開馬〕小跑着走了㊂。不久管馬的濶濶出前來，〔見〕成吉思可汗述說怎樣把桑昆撇在曠野而來的經過，和在那裏一同所說的話都說了。成吉思可汗降聖旨，恩賜他的妻。因這管馬的濶濶出，把他正主—他自己的可汗這般撇棄而來，就說：「這樣的人，如今要給人作伴，誰敢信任！」〔就叫人把他〕砍死了。

㈠ 原文「川勒」chöl，原旁譯作地名解。按 chöl 爲荒凉而無人煙的曠野，並非地名。秘史第二七九節說「川勒地面先因無水，止有野獸無人住……敎穿井者。」也是指無人地區而言。原譯「地名」，似誤。

㈡ 原文爲「盞討兀」旁譯作「盂」字。今不知何解。現代語盂或杯爲 khundaghan。

㈢ 關於桑昆之結局，元史太祖本紀云：「汪罕與亦剌合（卽 nilakha 之轉音）挺身遁去，汪罕嘆曰，我爲吾兒所誤，今日之禍悔將何及。汪罕出走，路逢乃蠻部將，遂爲其所殺。亦剌合走西夏，日剽掠以自資。既而爲西夏所攻，走至龜玆，龜玆國主以兵討殺之。」（百衲本卷一，第十二頁下至第十三頁上）

第一八九節

乃蠻塔陽汗㈠的母親古兒別速㈡說：「王汗是先前的長老，偉大的可汗，把他的頭拿來〔看看〕，如果眞是，咱們就祭奠一番吧！」說着就差人去到豁里・速別赤那裏將他的頭割下拿來，一經認出，就放在白色大氈子上，叫她媳婦們行兒婦之禮，斟酒，拉琴㈢獻爵祭奠㈣。〔王汗的〕頭在那裏被那麼樣祭奠的時候，笑起來了。因爲〔他〕笑了，塔陽汗就〔把他的頭〕踐踏粉碎。可克薛兀・撒卜剌黑說：「您把已死做〔過可〕汗之人的頭，砍下拿來，然後您又〔把它〕弄得粉碎，是應當的麼?我們狗吼的聲音不好㈤。亦難察・必勒格汗曾說：『〔我的〕妻年青，做丈夫的我已經老了。這個塔陽〔雖〕是由祈禱神靈㈥而生的，可是我兒生來儒弱㈦，能够照料管理衆多族類㈧下等不良的百姓嗎？』現在狗吼的聲音〔很〕不對。我們夫人古兒別速的法令倒是鋒銳。我的可汗，懦弱的塔陽，你柔弱得除了放鷹獵獸兩事之外，再沒有別的心志和技能了。」被〔這樣〕說了之後，塔陽汗說：「聽說，這東邊有少數的蒙古人。那些百姓曾用他們的箭筒，恐嚇以前老大的王汗，使〔他〕出走死亡。如今他們也存心要做可汗嗎？在天上有日月兩個有光的㈨，這是爲了要照亮〔人間〕而有的日月。〔可是〕在地上怎能有兩個可汗呢？我們去㈩將那些蒙古人擄來吧！」〔他〕母親古兒別速說：「幹什麼呀！那些蒙古百姓是氣味不好的，衣服破爛的，叫〔他們〕特別離開遠遠的！但把清秀的媳婦們女兒們帶來，教她們洗了手脚，〔再〕去擠咱們的牛奶羊奶吧！」塔陽汗說：「那麼不論怎樣，就去蒙古人那裏，把他們的箭筒擄來吧！」

㈠ 多桑蒙古史稱塔陽汗之名爲台•不花（見馮承鈞譯本上册五十六頁）。

㈡ 元史譯文證補稱古兒別速爲塔陽汗之妻（見日本那珂本，證補一上，五十六頁）。

㈢ 原文「忽兀兒荅兀勒周」khu'urda'ulju 旁譯作「教彈着」。是由名詞 khu'ur 轉成的動詞。意思是「叫拉胡琴」。在蒙古游牧地區，khu'ur 就是專指蒙古特有的樂器馬頭琴而言。它的下端作鏟形。蒙以皮革，上端刻一馬頭。長約三四尺，有弦兩條，是用馬尾做的。拉它的弓弦，也是馬尾做的。它的音調很低，合於與高音的歌聲相配。

㈣ 西洋史家多謂乃蠻、客列亦惕兩部均奉景敎。此說出於當時傳敎士之記載。然以此節之記事證之，則與前說大相逕庭。至少可以說明克列亦惕與乃蠻，仍有奉其舊時之薩滿者甚多。

㊄ 蒙古人認爲夜裏犬吼而不吠，是不祥之兆。

㊅ 原文「額勒別速　額兒」elbesü-eyer 無旁譯，白鳥庫吉氏補加「禱神依着」四字於其旁。請詳卷六，一七四節註㊁。

㊆ 原文「脫兒魯黑」無旁譯，總譯此處作「弱」字解。達木丁蘇隆於其蒙文復原秘史第七卷中作 doromishi。又註爲 doroi，意思是弱（見達木丁蘇隆編「蒙古文藝作品一百選」，一九五九，烏蘭巴托版，一五頁），而謝再善譯達木丁蘇隆本以「脫兒魯黑」一字竟誤爲塔陽汗之名。可見謝氏譯本頗不可靠。阿勒坦瓦齊爾復原本，將此一字分作 töröl mashi 兩字，又於其下加 olan 一語。如此成了「族類非常衆多」之意。

㊇ 原文「格列田」，旁譯爲「光有的每」，似爲「格列勒田」gerelten 之訛。姚師前註說：孟子說：「天無二日，民無二王」，與這裏所說微有不同。秘史此節日與月並擧，可知與中原天無二日之說，並無因襲關係。

㊈ 原文「斡克抽」，旁譯「與着」。這與上下文均不合。似爲「斡惕抽」odchu「去着」之訛。錢大昕本作「斡惕抽」，但旁譯仍誤爲「與着」。

第一九〇節

聽了這些話，可克薛兀・撒卜剌黑說：「嗳！您說大話吧。嗳！懦弱的可汗啊！〔這〕是應該的嗎？〔還是把這些話〕藏㊀起來吧！」被可克薛兀・撒卜剌合勸諫之後，〔塔陽汗〕派名叫脫兒必・塔失的使者，往汪古惕〔部〕㈡阿剌忽石・的吉惕・忽里㈢那裏去說：「聽說，這東邊有少數的蒙古人。你做右翼。我從這裏夾擊，〔把〕那些蒙古人的箭筒擄奪來吧！」阿剌忽石・的吉惕・忽里回答那話說：「我不能作〔你的〕右翼。」說着就教〔使者〕去了。阿剌忽石・的吉惕・忽里〔立刻〕派一個名叫月忽難的使者，去對成吉思可汗說：「乃蠻的塔陽汗要來奪你的箭筒。〔派人〕來勸我做右翼。我不曾答應。如今我派〔人〕去提醒你。當心你的箭筒被人家來拿去呀！」㈣

這時成吉思可汗正在帖篾延—客額兒㈤〔和〕禿勒勒—扯兀惕圍獵，阿剌忽石・的吉惕・忽里派來的使者月忽難前來轉達這話。因此便在圍獵之中商議怎樣應付。許多人說：「我們的馬瘦弱，如今怎麼辦呢？」斡惕赤斤「那顏」說：「怎麼能拿馬匹瘦弱來推辭！我的軍馬肥壯。聽見這樣的話，怎能還坐着〔不動〕呢！」別勒古台「那顏」也說：「還活着的時候，就讓人家把自己的箭筒奪去，活着還有甚麼用！生爲男子，死也要跟自己的箭筒、弓和骨頭躺在一起，豈不〔更〕好！乃蠻人因爲國家大百姓多！就說大話。我們就緊趁着〔他〕說大話，前去進攻！去〔奪〕取他們的箭筒，〔又〕有何難！〔我們馬上〕前去！

當心他們大量的馬羣不會站在那裏，
等我們去掠取；
當心他們把宮帳馱走㈥不會留在那裏，
等我們去佔有；
當心他們百姓躲到高處不呆在那裏，

等我們去俘擄。

他們既然說這樣大話，〔我們〕怎能坐得着呢？就進攻吧！」

㈠ 原文作「你兀愓渾」ni'udkhun，白鳥本補加旁譯「隱慝您」。

㈡ 元史太祖本紀云：「時乃蠻部長太陽罕心忌帝能，遣使謀於白達達部主阿剌忽思」。此處所稱之白達達者，即指汪古部而言。（見百衲本卷一，第十二頁上）。

㈢ 元史卷一一八有阿剌兀思・剔吉・忽里傳。傳中不再稱白達達部，而稱爲汪古部。（百衲本，第十頁上）

㈣ 姚師前註：元史（一一八）阿剌兀思・剔吉・忽里傳，元文類（二十三）閻復高唐王闊里吉思碑等，均說將乃蠻的使臣送交給成吉思可汗。據秘史此節，乃蠻使臣實已復回。乃蠻大國，汪古部應無執使之事。

此事可參看上述元史卷一一八本傳及蘇天爵元文類（二十三）閻復高唐王闊里吉思碑。「阿剌忽失・的吉惕・忽里」碑與元史均作阿剌兀思・剔吉・忽里。碑與傳均述及汪古部拒絕乃蠻，與聯結成吉思可汗事。碑云：「汪古部人，系出沙陀鴈門之後。金源氏塹山爲界、以限南北，阿剌兀思・惕吉・忽里以一軍扼其衝。太祖起朔方，併吞諸部。時西北有國曰乃蠻，其主太陽可汗，遣禿里必荅思（原文誤爲卓忽難，今從秘史。）來謂曰：『天無二日，汝能爲吾右臂，朔方不難定也。』阿剌兀思執其使，卽遣卓忽難奉酒六尊，且以其謀來告太祖。時朔方未有酒，太祖祭而後飲，三爵而止。曰：『是物少則發性，多則亂性。』」

㊄ 姚師前註：「帖篾延—客額兒」（Temegen Ke'er）地名。「帖篾延」意思是「駱駝」，「客額兒」是「平野」。元史本紀（一）作「帖麥垓川」，親征錄作「帖麥該川」。這裏的川，也卽是平野。淸高宗御批歷代通鑑輯覽卷九十說在和林西南，當可信。時議伐乃蠻，元史本紀中並略述皇弟斡赤斤與別勒古台的言論，主旨與秘史所言相似，也可參看。

㊅ 原文「額兀列周」（e'ürejü）無旁譯，白鳥本補加「空着」二字似誤。按此字當爲「抬着」「背着」「擧着」或「扛着」解，故譯爲「馱着」。

第一九一節

成吉思可汗同意別勒古台「那顏」的話，自圍獵中囘來，從阿卜只合—濶帖格兒起營，〔到〕合勒合〔河〕的斡兒訥兀的客勒帖該—合峇㊀住下，數點自己的〔人馬〕。〔每〕千人，組成千戶。〔在〕那裏委派了千戶、百戶和十戶的那顏㊁。〔又在〕那裏委派了朶歹「扯兒必」，多豁勒忽「扯兒必」，斡格列「扯兒必」，脫侖「扯兒必」，不察闌「扯兒必」，雪亦客禿「扯兒必」等六名「扯兒必」㊂。編成了千戶、百戶、和十戶之後，〔又設置〕八十名宿衞，七十名散班〔護衞〕㊃。〔在〕那裏揀選怯薛，入〔隊〕的時候，選拔千戶、百戶那顏〔首長〕的子弟，和家世清白之人㊄的子弟中有才能身體矯健的入〔隊〕。又降恩詔給阿兒孩•合撒兒說：「選拔一千名勇士，厮殺的日子，站在我前面厮殺！平常的日子做我的散班護衞！」〔又〕說：「斡歌列『扯兒必』做七十名散班〔護衞〕的首長，〔並〕要與忽都思•合勒潺一起共同商議〔行事〕！」

㈠「客勒帖該　合荅」地名，已見卷六，一七五節，註㈢。姚師前註說：哈勒哈河斡兒訥兀地方的「客勒帖該（斜）・合荅（峯）」，意卽斜峯。見本書第一七五節，（卷六、頁十九）。原文漢譯爲「半崖」，卽忽亦勒荅兒（卽元史卷一二一的畏荅兒）的殯葬處。李文田說：「地在今喀爾哈（卽哈勒哈）河的南岸。」（李氏元朝秘史注卷八、頁十三）

㈡元初以十進位之法，編組軍隊。元史卷九十八，兵志一（百衲本第一頁下）有云：「國初典兵之官，視兵數多寡爲爵秩崇卑。長萬夫者，爲萬戶。千夫者，爲千戶。百夫者，爲百戶。」又（同第二頁上）云：「蒙古軍皆國人。……其法，家有男子，十五以上，七十以下，無衆寡，盡僉爲兵。十人爲一牌，設牌頭。上馬則備戰鬭；下馬則屯聚牧養。孩幼稍長，又籍之，曰漸丁。」可知這是國家總動員擧國皆兵的制度。所謂「十人爲一牌」，這便是最低層的軍事單位。屬於這十個兵丁的家庭，就是供給這十名士兵的後勤單位。它所供給的除人源之外，還包括一切物質上的需要在內。所以與其稱爲萬戶、千戶、百戶、和牌頭，誠莫如稱爲萬人軍團，千人軍團，百人軍團，十人軍團爲正確。但爲維持元史記載的舊觀，仍用舊名。

沃爾納德斯基博士於其蒙古與俄羅斯一書中，論述成吉思汗法典— The Great Yasa 時，在軍事制度中，引阿布法剌只（Gregory Ab-ul Faraj）書第五章及第七章稱：「戰士征自二十歲以上的男子，每十人、百人、千人、萬人各設隊長一人。……任何人不可擅離其所屬的千、百、十而入於其他的單位，如有違者，必予處死，其予以收容之隊長亦然。」又引朮外尼 Juwaini 書第五章云：「每人的工作都平等，不因其人之財富及重要性而有差別。」更引馬克利茲 Makrizi 書第十九章云：

「他〔成吉思汗〕命令婦女，隨軍前進，當男子作戰時，代作其工作，並代盡其義務。」他說：在普遍服役上，每人都有特定而不得離開的職守。這原則不僅成了蒙古軍的，且成爲蒙古帝國行政的基礎，這可以稱爲服役束縛制。在馬克利玆的紀錄中，這種制度不僅限於兵役，對國家之負擔，必須平等的分配給可汗所有的臣民。」（見札奇斯欽漢譯本上册八十四頁至八十五頁）可見這一次的編組軍隊，對於蒙古帝國的建立，是如何的重要了。

㊂「扯兒必」cherbi 旁譯作「官名」，總譯仍作「扯兒必」。小林高四郎於其日譯蒙古之秘史稱：「那珂通世之成吉思汗實錄二七二頁作「侍從官」。至元譯語君臣門稱「闍里必」，譯爲「宰相」。明茅元儀武備志稱把總爲「扯力賓」。（一八九頁，註五。）又 Lessing 蒙英字典（一七二頁）稱爲侍奉於成吉思可汗陵園的官員。另詳一二〇節，註㊆。此字似宜作司令官解。

㊃原文「土兒合兀惕」turkhagh-ud 即「土兒合黑」之複數形，旁譯作「散班」。元史卷九十八兵志第一云：「或取諸侯將校之子充軍，曰質子軍，又曰禿魯華軍。」請參照札奇斯欽「說元史中的禿魯花（質子軍）與元朝秘史中的土兒合黑（散班）」，華岡學報第四期，五十六年，十二月。

㊄原文爲「都魯 因 古溫」dürü-yin kuun (kümün)，旁譯爲「白身的人」。第九卷二二四節則稱爲「白身人」。關於「白身人」，小林高四郎氏於其蒙古秘史（一七四頁）譯爲「自由人」。拉地米爾索夫（B. Vladimirtsov）氏於其「蒙古社會制度史」中，亦稱之爲「自由人」。（見日譯本第二三七頁）此處所謂「都里─因 古溫」（düri-yin kü'ün），當與平民略有不同。倘白身人卽爲一般的自由民，則其人數恐將太多。又按秘史二二四節所說：「白身人的子嗣入隊時，要帶三名伴當，和他一個弟弟。」從這三名伴當看來，也不是一般所謂自由民或平民可能負擔的。又元史卷九十八，兵制條，中統四年二月詔書中有：「……千戶見管軍五百，……雖所管軍不及五百，其家富强，子弟健壯者，亦出禿魯花一名。……同萬戶千戶子弟充禿魯花者……從人不拘定數。」（百衲本卷四十六第

五頁下）。因之此處所說的「白身人」，大概是指平民中家世淸白富有者說的；似乎不是一般的平民。

第一九二節

成吉思可汗又降聖旨說：「佩弓箭的扈衞、散班〔護衞〕、司廚、門衞〔和〕管馬人㊀白晝值班。在日落前交代給宿衞，〔騎〕自己的馬出去住宿。宿衞夜間要在房子周圍〔布崗〕。〔該〕値宿的，敎〔他們〕値宿；應守門的，敎〔他們〕輪班站守！佩弓箭的扈衞〔和〕散班㊁們第二天早晨，在我們吃湯㊂的時候，向宿衞交接。佩弓箭的扈衞、散班、司廚、門衞都要在自己的崗位上行走，在自己的坐位上坐候。〔値〕班三夜三日，期滿也要按照規矩，住三夜後更替。夜間要有人宿衞！周圍要有人値宿！」這樣編成了千戶，委派了「扯兒必」，敎八十名宿衞，七十名散班，輪流値班；〔敎〕阿兒該・合撒兒選拔勇士〔之後〕，就從合勒合〔河〕的斡兒訥兀的客勒帖該—合荅〔斜崖〕向乃蠻出發。

㊀ 元史卷九十九，兵志第二，宿衞，四怯薛條：「其它預怯薛之職，而居禁近者，分冠服、弓矢、食飮、文史、車馬、廬帳、府庫、醫藥、卜祝之事悉世守之。雖以才能受任，使服官政貴盛之極，然一日歸至內庭，則執其事如故，至於子孫無改。非甚親信不得預也。其怯薛執事之名，則主弓矢……之事者曰火兒赤。親烹飪以奉上飮食者曰博爾赤。典牛馬者曰……莫倫赤。」

姚師前註：元史（九十九）（兵志二）宿衞、四怯薛條：「凡宿衞每三日而一更。申酉戌㈢日博爾忽（卽孛羅忽勒）領之，爲第一怯薛，卽『也可・怯薛』（大怯薛）。博爾忽早絕……太祖以自名領之，其云『也可』者，言天子自領之故也。亥子丑日博爾朮（卽孛斡兒出）領之，爲第二怯薛。寅卯辰日本華黎領之，爲第三怯薛。巳午未日赤老溫領之，爲第四怯薛。」

㈡ 散班原文作「土兒合兀惕」turkhagh-ud 旁譯作「宿衞的」，有誤，宜改爲「散班」。「客卜帖兀勒」kebte'ül 纔是「宿衞」。

㈢ 原文「暑漣」shülen, shilün，旁譯「湯」。此字今作「肉湯」解。在蒙古人大量用茶後，早餐均飲奶茶，不再用肉湯。

第一九三節

鼠兒年〔甲子，一二〇四〕孟夏〔四〕月十六「紅圓光日」㈠，灑〔馬奶子〕祭了大纛旗出發。命者別、忽必來兩人做先鋒，溯客魯漣〔河〕前行，到撒阿里—客額兒〔曠野〕，在康合兒罕的〔山〕頭，遇到了乃蠻的哨望，就與我們的哨兵互相追逐起來。乃蠻的哨望從我們的哨兵捉去一匹備有破鞍子的白馬。乃蠻的哨望們捉到那匹馬之後，都說：「原來蒙古人的馬瘦。」我們的〔大軍〕到撒阿里—客額兒，在那裏停下，商討怎樣進行〔作戰〕。朶歹「扯兒必」對成吉思可汗建議：「我們〔人〕少。不僅，少並且還疲勞而來。因此停軍在這撒阿里曠野，〔要〕散開安營，使我們的馬匹吃飽；使每一個人都點火五處。用火來驚嚇〔敵人〕。聽說乃蠻人多，他們的可汗是個從未出過家〔門〕的弱者。在用火使他們驚疑之間，我們的馬匹也就吃飽了。叫我們的馬吃飽，〔再〕追趕乃蠻的前哨，緊緊追隨，〔使他們〕和他們的中軍滙合，乘那慌亂之間厮殺，如何？」成吉思可汗同意這話，降聖旨對士兵傳令，就那樣點起火來。於是就在撒阿里曠野散開住下。教所有的人，都燃起五處火來。夜間乃蠻的哨望從康合兒罕的〔山〕頭，看見許多火〔光〕說：「不是說蒙古人少嗎？火〔怎麼〕比星還多啊！」因此就把備有破鞍子的那匹小白馬差人送到塔陽汗那裏去，說：「蒙古的軍隊佈滿了撒阿里曠野，莫非是日間增多的嗎？〔他們的營〕火比星星還多呀！」

㈠ 請詳卷二，第八十一節，註㈢。

第一九四節

這哨兵的消息到達〔時〕，塔陽汗〔正〕在康孩㈠〔山區〕的合池兒水。這消息到達後，就派〔人〕去向他兒子古出魯克汗㈡說：「蒙古人的戰馬消瘦。聽說〔他們的營〕火比星星還多。蒙古人〔必〕是〔很〕多了。現在我們如果交兵，〔想〕再脫開恐怕很難。如果互相交兵，他們會〔殺得〕目不轉睛，刺在臉上流出黑血，也不躲避。與剛硬〔如此〕的蒙古人還能交兵嗎？聽說蒙古人的馬匹瘦弱。我們將百姓退過阿勒台㈢〔山〕，將我們的軍隊整頓好，再像逗狗走一樣的，逗引他們，一直到阿勒台山前。我們的馬匹肥壯，正吊起肚子來，〔那時〕蒙古人的馬已經疲乏，我們〔就〕予以迎頭痛擊！」對那些話，古出魯克汗說：「好像婦人一般的塔陽害起怕來，說了這些話。蒙古的大衆從何而來？大多數的蒙古人跟札木合一起，在我們這邊。連孕婦小解之地都沒到過，連牛犢吃草之地都沒去過的婦人，塔陽〔豈〕不是害了怕，差人來說這些話〔嗎〕？」就叫使臣去，把他的父親說個痛心。在這話裏，既被比做婦人，塔陽汗說：「有力量有勇氣的古出魯克，臨〔敵〕厮殺的日子，可不要把這勇氣放下！一旦臨〔敵〕，兩相交兵，〔再〕想脫開，必定困難啊！」對那句話，塔陽汗下邊執政的大官豁里・速別赤㈣說：「你父親亦難察・必勒格汗，從來沒有把男子的脊背，戰馬的後胯給同等的敵人㈤看過。如今還在清早，怎麽害起怕來呢？如果知道你這樣膽怯，你母親古兒別速雖然是個婦人，還不如叫她來治軍呢㈥！可惜可克薛兀・撒卜剌黑老了！爲什麽我們軍隊的法度懈怠了呢？這是蒙古人的時運來了！唉！不成了！懦弱的塔陽你算不成了！」說罷就拍着自己的箭筒，〔騎着馬〕向別的〔方向〕走了㈦。

㈠ 康孩，即杭愛 Khangghai 山，姚師前註說：「元史㈠太祖紀作沆海山，（一二八）土土哈傳作杭海嶺，（一三八）康里脫脫傳等均作杭海。方觀承松漠艸詩注，則作頑藹。杭愛當即上述杭海、頑藹的異譯。大清一統志（卷五四四）以爲即古之燕然山。（以上採自蒙古遊牧記卷七、頁一五九，臺北市蒙藏委員會重印本，及中國地名大辭典杭愛山條。）多半是一個比較高的山或山峯之名。」

㈡ 姚師前註：古出魯克，元史太祖紀作太陽罕子屈出律罕。遼史（卷三十）天祚紀也作屈出律、或作曲書律。（元史卷一二一抄思傳。）

㈢ 豁里•速巴赤 Khori-subachi 就是前一八八節擒殺王汗的乃蠻哨將。

㈣ 原文爲「那可兒」nökör，旁譯作「伴當」，總譯作「敵」字。此處以「伴侶或朋友」代「敵人」，或有譏誚之意。

㈤ 這裏在原文中有「赤馬」chima 一字。原旁譯作「嘆聲」，白鳥本改正爲「你」字。按 chima 乃第二身代名詞的役格（accusative case），作「你」字是正確的；不過在這裏只是加强語調而已。

㈥ 錢大昕本，此節脫落塔陽汗遣使給他兒子所說的話，和其子古出魯克所荅的話。

第一九五節

於是塔陽汗生了氣，說：「該死的性命，受苦的身子，〔反正〕都是一樣！那麼就厮殺吧！」說了就從合池兒水出發，順着塔米兒〔河〕㈠，渡過斡兒渾〔河〕㈡，經過納忽山崖的東山脚，將要到達察乞兒馬兀惕的時候，被成吉思可汗的哨兵發現了，就報告說：「乃蠻人來了！」這個消息傳達後，成吉思可汗降聖旨說：「多就使他們多折損；少就使他們少折損！」說完就迎上前去，追趕他們的哨兵。在佈置軍隊的時候，〔將士們〕都說：「像草叢一般的前進，像湖泊一般的擺陣，像鑿子一般的與他們厮殺！」說完，成吉思可汗就自己做先鋒，命合撒兒統領中軍，命斡惕赤斤管理從馬〔前進〕。乃蠻人自察乞兒馬兀惕退却，緣納忽山崖的前山脚立下陣勢。那時我們的哨兵追趕乃蠻的哨兵，一直追入在納忽山崖之前的他們大中軍裏。那般追迫的〔情形〕，塔陽汗都看見了。

當時札木合正與乃蠻一同起兵，也一同來到那裏。塔陽汗就問札木合說：「他們怎麼像狼追羊羣，一直追到人家㊂附近一般的追趕前來呢？那樣追趕前來的是些什麼人？」札木合說：「我『安荅』帖木眞用人肉餵養，用鐵索拴着四隻狗。那追趕我們哨兵前來的就是他們。那四隻狗

額似靑銅，
嘴如鑿子；
舌像錐子；
有鐵一般的心腸，
拿環刀來當鞭子；
吃着朝露〔充飢〕，
騎着疾風而走。
他們在厮殺的日子，
所吃的是人肉；
他們在交綏的日子，
拿人肉當行糧。

如今掙脫了自己的鐵索，那些曾受捆索的，還不高起興，垂涎而來嗎？若問那四狗是誰？兩個是者別、忽必來，兩個是者勒篾、速別額台。就是他們〔這〕四個人。」

塔陽汗說：「離開那些下等人遠點吧。」說着就往後撤退，跨㊃山立陣。其後〔又〕看見從他們的後邊還有些跳躍着竄繞着衝上前來的。塔陽汗又問札木合說：「他們爲什麼〔這麼〕早就放開了〔馬〕呢？他們怎麼像要咂吮母奶，在他們母親周圍跳躍㊄奔跑的馬駒一樣，竄繞着前來呢？」札木合說：「聽說他們是追趕有長槍的好漢，〔把他們〕帶血掠奪，追殺有環刀的男子，〔把他們〕砍殺搶刼的，兀魯兀惕、忙忽惕〔兩族的戰士〕。現在他們不是正在歡騰跳躍着〔殺上〕前來嗎？」於是塔陽汗說：「若是那樣就離開那些下等人遠點吧！」說着又往後〔退〕，上山立下陣勢。

塔陽汗問札木合說：「在他們的後邊，衝上前來的，〔那〕如貪食的餓鷹一般垂着涎，張開尖嘴上來的是誰？」札木合說：「那前來的就是我帖木眞『安荅』。

他全身是用生銅鍊成的，
就是用錐子去扎，
也找不出空隙；
〔他全身〕是用精鐵鍛成的，
就是用大針去刺，
也找不出空隙。

您看見〔他〕像餓鷹一般，垂着涎前來了嗎？這就是因爲〔您〕曾說過：『乃蠻的戰士如果看見蒙古人，連山羊羔的蹄皮〔也〕不許剩下』㊅的緣故啊。您看着吧。」塔陽汗說：「好可怕！上山立住陣脚吧！」說着就上山立下了陣。

塔陽汗又問札木合說：「那又從後邊〔氣勢〕雄厚，前來的是誰？」札木合說：「訶額侖母親曾把她一個兒子

用人肉養大，
身長足有三度㈦，
能吃三歲小牛；
身穿三層鎧甲，
能拽三隻犍牛。
把帶弓箭的人整個嚥下，
也噎不着他的喉嚨；
把〔活着的〕男子整個呑下，
也解不了腹中飢餓。
發怒彎弓，
射出他的叉箭，
能翻過遠山，
把十個人、二十個人一起射穿；
〔發怒〕張弓，
射出他的飛箭㈧，
能越過曠野，

把搏鬥的戰士㊈一貫射穿。
大拽弓能射九百度；
小拽弓能射五百度。

他就是與衆人迥異，生如巨蟒的拙赤•合撒兒㊉。」於是塔陽汗說：「若是那樣，就趕緊上高山，往上爬吧。」說罷就上了山立下陣勢。塔陽汗又問札木合說：「在他的後邊前來的是誰？」札木合說：「那〔是〕稱爲訶額侖母親最小的兒子，心愛的斡惕赤斤。〔他〕早睡晚起，〔可是〕在衆人之中，從不落後，在戰陣之上，也不落後。」塔陽汗說：「要是那樣〔我們〕就上山頂去吧！」

㈠ 即外蒙西部的塔米爾 Tamir 河。
㈡ 即鄂爾渾 Orkhon 河。
㈢ 原文「豁團」khotan 旁譯爲「圈子」，總譯作「圈」字。但 khotan 一字原指幾個立在一起的廬帳而言。它有「人家」、「村落」之意。在現代語中作「城市」解。但無「羊圈」或「牛圈」之意。平時很少有狼到人家附近來襲殺羊羣之事。只是在風雪之夜，纔有這種可怕的現象。因此這句話的意思，是對狼的大膽和凶猛，有些驚畏之意。
㈣ 原文作「阿三」asan，原旁譯作「搶」。原總譯作「跨」。伯希和氏疑爲 aqsan（見伯希和本七十頁註一）Mongol helnii tobchi toli（蒙語簡要字典），一九六六，烏蘭巴托，五八頁，chin 一字作「跨」字解。可能「阿三」是「阿臣」之訛。
㈤ 原文「脫羅侖」torolun，旁譯作「疾靈」，總譯作「喜躍」。按「疾靈」一語，在華北的俗話中，是「聰明」、「活潑」之意。小孩和小馬的跳躍或淘氣，在蒙古語中是 togholun，可能這裏的「羅」字是「豁」之訛。

㈥ 元史太祖本紀稱：「時札木合從太陽罕來，見帝軍容整肅，謂左右曰：「乃蠻視蒙古軍若羖䍽羔兒，竟謂蹄皮亦不留。今吾觀其氣勢，殆非往時矣，遂引所部兵遁去」。（百衲本卷一，第十四頁上）。

㈦ 姚師前註：「身長三度」：「三度」蒙文作「忽兒班•阿勒答」。「阿勒答」在秘史同第一九五節中，卽三見。（這裏之外，下邊（原三十八頁）兩見，卽：⑴「也孫、札兀惕、阿勒答」。原旁譯「九百度」。⑵「塔奔、札兀惕、阿勒答」原旁譯「五百度」。這兩處的「度」字，原總譯，均作「步」。（卽是「大拽弓，射九百步；小拽弓，射五百步。」按「阿勒答」）乃蒙古尺度的名稱，今天仍用之。卽伸張雙手，從左手尖端到右手的尖端，是一個「阿勒答」。約當內地的五尺、或六尺。北平話也叫做一拖。字或作庹。則這裏的三庹、約爲一丈五尺、或一丈八尺）。（札奇。）（從吾按：李文田元朝秘史注㈧文中也有小註、說：「伸手爲度、度約六尺、是丈八也。」伸手爲度云云，不如札奇解釋的詳明。又：滿洲文作da清文鑑卽譯爲庹。兩手橫伸其長度（五尺）曰 da，也可參考。）

㈧ 原文「客亦不兒」，當爲「客亦思不兒」keisbür 之訛。字義是「飛」或「飄」。

㈨ 原文作「那可里」nökör，旁譯作「伴當行」。此處所說的，當然是敵方的戰士，而非自己的伴當。

㈩ 拙赤•合撒兒卽成吉思可汗之次弟合撒兒，這個名字已見卷一，第六十節。在許多蒙文史書中有時稱他爲 Jochi-Khasar，有時稱他爲 Khabtu Khasar。後者的意思是「善射者合撒兒」。伯希和氏於其法譯本第七十一頁中作 gü'ün gü'ün -äcä busu gürälägü manqus töräksän Joci。Qasar kä'äkdäyü tere büi-jä kä'äjü'üi。於 Joci 與 Qasar 之間加了一個句點，以致誤爲二人。

第一九六節

札木合對塔陽汗說了這些話之後，就和乃蠻分開，叫人去告訴成吉思可汗說：「對『安荅』說：塔陽汗因我的話〔嚇〕得昏聵，驚慌着退上高地，〔他們〕已經被〔我〕口伐舌誅，害着怕爬上山去。『安荅』〔你〕要堅定。他們已經〔退〕上山了。這些人沒有迎擊的膽量。我已經離開乃蠻。」說着就派人前去。成吉思可汗因天色已晚，就擺陣圍困納忽〔山〕崖住下。那夜，乃蠻人逃走的時候，從納忽〔山〕上墜下，亂跌在一起㈠，摔得骨骼毛髮盡碎，如朽木㈡一般互相壓踏而死。翌晨擒獲了窮途末路的塔陽汗㈢。古出魯克汗另在他處，〔與〕少數人脫逃。當〔他〕在塔米兒河㈣紮下紮營的時候，幾乎被趕上。在那圍營裏，〔他〕立不住陣，就出去逃走了。〔成吉思可汗〕在阿勒台山前征服了乃蠻人的國家，收服了與札木合在一起的札荅蘭、合塔斤、撒勒只兀惕、朶兒邊、泰亦赤兀惕、翁吉剌惕等〔諸族〕㈤。〔他們〕也都在那裏歸降了。成吉思可汗叫人把塔陽的母親古兒別速帶來，〔對她〕說：「你不是說過蒙古人有臭味兒嗎？現在你怎麼來了？」說着成吉思可汗就〔把她〕納了㈥。

㈠ 原文「忽塔黑剌勒都周」khutaghlalduju，無旁譯。白鳥本補加「堆積着」一詞於其旁。這一個字的本意是「亂靡混雜」。

(二) 原文「渾只兀」küngji'ü，無旁譯。白鳥本補加「爛木」一詞爲旁譯。此字已見卷一，第二十七節，作「洪只兀列思」küngji'üles，其旁譯爲「乾樹每」。

(三) 姚師前註：太陽汗被擒因傷而死，以元史(一)太祖紀所記最爲明白：「帝與乃蠻軍大戰至晡，擒殺太陽汗。諸部軍一時皆潰，明日餘衆悉降。」多桑蒙古史（馮承鈞譯本上册、頁五十七、）也說：「乃蠻王負傷，退之一山，昏絕。」

斯欽按謝譯達木定蘇隆本第一八二頁末行說：「拉施特書稱塔陽罕因爲受了重傷，立刻喪命。」

(四) 原文塔濶兒河，依前一九五節，改爲塔米兒河。

(五) 這裏所說的諸部與元史一，太祖本紀所列舉者，略有出入。本紀說：「朶魯班、塔塔兒、哈荅斤、散只兀四部亦來降。」（百衲本，十四頁上）

(六) 姚師前註：納了，卽是取（通娶）了。古兒別速不見於元史的后妃表，當被列入妃子們的一羣中。

第一九七節

那鼠兒年〔甲子，一二〇四〕，秋天，成吉思可汗在合剌荅勒—忽札兀兒，與篾兒乞惕的脫黑脫阿·別乞對陣，擊敗脫黑脫阿，並在撒阿里曠野擄獲了他的國土人烟。脫黑脫阿和他的兒子忽都、赤剌溫等幾個人罄身逃出。在擄獲那些篾兒乞惕百姓的時候，豁阿思—篾兒乞惕的荅亦兒·兀孫，正帶着他的女兒忽蘭夫人(一)來，要獻給成吉思可汗。途中，被軍隊攔着，遇見了巴阿鄰〔氏〕的納牙阿(二)·「那顏」。荅亦兒·兀孫說：「我是來要把我這個女兒獻給成吉思可汗的。」納牙阿・「那顏」就停止前進說：「我們一同去把你的女兒獻上吧。」叫〔他們〕停住的時候，〔納牙阿〕對荅亦兒・兀孫說：「你如果獨自前去，在路上兵荒馬亂之中，恐怕你活不成。也許會把你的女兒糟踏了。」說着就停了三日三夜，納牙阿・那顏纔把忽蘭夫人和荅亦兒・兀孫帶到成吉思可汗那裏。成吉思可汗對納牙阿說：「你爲什麼停下？」在盛怒之下，正要仔細的嚴格訊問，加以處分的時候，忽蘭夫人奏稟說：「納牙阿曾勸〔我們〕說：『我是成吉思可汗的大官。我們一同把你的女兒獻給可汗吧。路上兵馬〔很〕亂。』假如遇見的是納牙阿以外的其他軍隊，在混亂中不就不堪設想㊂了嗎？沒想到㊃，我們幸虧遇見這納牙阿。現如蒙可汗恩典，與其問納牙阿，莫如按照天命，向〔我由〕父母所生的肉體查問吧。」納牙阿被詰問的時候，說：「除可汗以外沒有我所仰望的。我曾說過：『若是遇見外邦人臉子美好的閨女貴婦，後胯健好的〔良駒〕駿馬！就〔獻給〕我的可汗。』如有他心，請〔賜〕我死！」成吉思可汗同意忽蘭夫人的奏請，就在那天驗視。果然一如忽蘭夫人所奏稟的。成吉思可汗恩賜忽蘭夫人，〔非常〕寵愛。〔又因〕納牙阿的話都對，就恩賜〔他〕說：「說話誠實，可以託付大事。」

㊀ 姚師前註：這裏稱忽蘭爲哈敦，（皇后或妃子），自是事後的追稱。忽蘭皇后位列第二大斡耳朵的首位，見元史卷一〇六后妃表。

㊁ 在這一節裏，有處作「納牙」，有處作「納牙阿」。宜改作納牙阿。

㊂ 原文「推恢」，旁譯作「生」。伯希和氏改爲 tüitküi，意思是「糟糕」或「不堪設想」。

㊃ 原文作「孩」，旁譯「不知」，卽「不料」，「正巧」，「奇怪」或「想不到」之意。

卷八

第一九八節

擄獲篾兒乞惕百姓，就在那裏把脫黑脫阿•別乞長子忽都的夫人，禿該〔和〕朵列格揑㊀兩個人，其中的朵列格揑，給了斡歌歹可汗。一部份篾兒乞惕人叛變，〔到〕台合勒〔山〕㊁把住山寨。成吉思可汗降聖旨命鎖兒罕•失剌的兒子，沈白做長官，率領左㊂翼諸軍去進攻紮下營寨的篾兒乞惕〔人〕。成吉思可汗〔自己〕追襲那僅跟他的兒子，忽都、赤剌溫，和少數的幾個人罄身脫逃的脫黑脫阿，在阿勒台〔山〕前過冬。

牛兒年〔乙丑，一二〇五〕春天越過阿來〔山〕㊃，〔那時〕已經失掉百姓的乃蠻古出魯克汗，和那僅與少數人脫逃亡命出來的篾兒乞惕的脫黑脫阿兩個人合流一起，在額兒的思河㊄的不黑都兒痲源頭，一起整備他們的軍隊。成吉思可汗前來攻打。脫黑脫阿在那裏被流矢射倒。他的兒子們不能收殮㊅他的骸骨，〔也〕不能把他的屍體搬去，就把他的頭割下來拿走了。乃蠻、篾兒乞惕〔兩部〕不能共同作戰，〔相率〕逃亡，在橫渡額兒的思〔河〕的時候，多半沉沒，死在水裏。少數逃出的乃蠻〔人，和〕篾兒乞惕〔人〕，渡過額兒的思〔河之後〕，便〔各自〕分離而去。乃蠻的古出魯克汗，經過委兀兒〔和〕合兒魯兀惕㊆，前去到回回地方，與在垂河㊇〔流域〕的合剌—乞塔惕㊈的古兒汗㊉相合。篾兒乞惕的脫黑脫阿的兒子，忽都、合勒⑪、赤剌溫等〔一部分〕篾兒乞惕〔人〕，經過康里⑫、欽察⑬人〔之地逃〕去。成吉思可汗就從那裏回〔師〕，越過阿來山，在老營⑭裏住下。沈白征服了〔在〕台合勒〔山〕紮下營寨的篾兒乞惕人。

成吉思可汗降聖旨叫把那該殺的殺了，把那剩下的，敎兵士們擄掠。以前投降的篾兒乞惕人又在老營裏起事。我們在老營的家丁⑮們把他們壓服。於是成吉思可汗降聖旨說：「使他們全在一起，他們就造反。」因此叫人把篾兒乞惕人向各方盡數分了⑯。

㊀ 朶列格揑 Dörgene 元史卷一一四有傳云：「太宗昭慈皇后名脫列哥那，乃馬眞氏，生定宗。歲辛丑（一二四一）十一月太宗崩，后稱制，攝國五年。丙午（一二四六）會諸王百官議立定宗。朝政多出於后。至元二年（一二六五）崩，追謚昭慈皇后，升祔太宗廟。」（百衲本，十一頁下）

㊁ 台合勒 Taikhal 山名。原旁譯訛爲「山頂」。親征錄及元史均作泰寒。

㊂ 原文「沼溫」jeün，旁譯「左」字。但總譯則謂：「成吉思命……沈白領右手軍去攻。」「右」字當爲「左」字之訛。惟元史一，太祖紀說：「帝至泰寒寨，遣孛羅歡〔Boro'ul〕、沈白〔Chimbai〕二人領右軍往平之。」（百衲本，十四頁下。）

㊃ 姚師前註：阿來山名，海尼士德譯作 Arai，是一個山的口子，在俄國境內的阿爾泰山山脈中，並見於第二五七節。蒙音漢字作「阿剌亦」，德文作 Arai-pass（口子）。

㊄ 額兒的思 Erdis 河，即今源出於新疆伊犂地區，流入中央亞細亞宰桑諾爾，並繼續北流的額爾齊思河。

㊅ 「殘」字，蒙古語爲「牙速　把鄰」yasu barin，原旁譯作「骨頭　拿」，反增誤解。原總譯未提及。

㊆ 合兒魯兀惕 Kharlu'ud 是突厥系諸族之一。位於中亞巴勒喀什湖之東。唐、宋時，稱爲葛邏祿。見後文二三五節。

㈧ 原文誤作「乘」字。白鳥本改爲「垂」字。垂河亦作吹河，唐代稱爲碎葉水，位於中亞錫爾河之北。

㈨ 合剌—乞塔惕 Khara-Kitad，黑契丹，就是耶律大石所建的西遼。

㈩ 這時的古兒汗當卽西遼末帝直魯古。古出魯克來歸後，直魯古曾以其女妻之。

(十一) 原文「合惕」，一九九節作「合勒」Ghal，白鳥本改正爲「合勒」。

(十二) 康里是按原總譯寫的。原文爲「康里泥」 Khanglin-i，雖應寫爲「康鄰」，玆爲保持其原形，仍作「康里」。

姚師前註說：康里，亦作康鄰，古高車的後裔。（見元史（一三〇）不忽木傳等。）地域在鹹海的北部偏西，一直到達裏海與欽察爲鄰，南與花剌子模接壤。（洪鈞元史譯文證補卷二十四有康里補傳，可參看。）

(十三) 姚師前註：欽察一作「乞卜察克」（Kipchak），部族名；在烏拉嶺西，裏海、黑海以北。卽今俄國南部多瑙河入黑海一帶之地。洪鈞元史譯文證補卷二十六上有專條考證，甚佳。

(十四) 姚師前註：這裏的「老營」，蒙文作「阿兀魯•兀惕」（Aurug-ut），旁譯「家每」，意卽老家。一譯「奧魯」，卽老大營的意思。引申之爲「親軍」或「家鄉兵」、「子弟兵」。元文類（卷四十一）經世大典序軍制條，「軍出征戍，家在鄉里曰奧魯。」日本岩村忍先生有元朝奧魯考，對牠的語源、意義、屯田與經濟的關係，均有簡要的說明。（見昭和十八年（一九四三）出版的蒙古史雜考，頁一一九到一四四。）並見一三六節，註㈠。

(十五) 原文「潤脫臣」 kötöchin，旁譯作「家臣」。此字普通作「從馬」解。

(十六) 元史及聖武親征錄之記載，與秘史本節及前一九七節之記載，互有異同，如下：

元史太祖本紀稱：「是日帝與乃蠻軍大戰至晡，禽殺太陽罕。……明日餘悉降。於是朶魯班、塔塔兒、哈荅斤、散只兀四部亦來降。已而復征蔑里乞部，其長脫脫奔太陽罕之兄卜魯欲罕。其屬帶兒兀孫獻女迎降，俄復叛去。」（百衲本卷一第十四頁上。）

親征錄說：「兀花思蔑兒乞部長帶兒兀孫獻女忽蘭哈敦於上，率衆來降。爲彼力弱，散置軍中，實羈縻之。其人不自安，復同叛留復輜重，我大兵與戰，復奪之。上進軍，圍蔑兒乞於秦寒塞，盡降麥古丹、脫脫里、掌斤蔑兒乞諸部而還。部長脫脫挾其子奔盃祿可汗。帶兒兀孫既叛，率餘衆至薛良格河哈剌溫隘，築室以居。上遣孛羅歡・那顏及赤老溫・拔都弟闊拜二人領右軍討平之。」（四部叢刊本總頁一四四—一四六）

第一九九節

就〔在〕這牛兒年〔乙丑，一二〇五〕，成吉思可汗降聖旨，命速別額台〔携帶〕鐵車追襲脫黑脫阿之子忽都、合勒、赤剌溫等。臨行，成吉思可汗對速別額台降聖旨，說：「脫黑脫阿的兒子忽都、合勒、赤剌溫等，〔一面〕驚慌逃走，〔一面〕翻身射箭，好像帶着套馬竿子〔逃〕的野馬，被箭射中的牡鹿一般〔逃〕跑了。他們如果變成鳥飛上天去，速不台，你要變成海青㈠飛起去捉捕；他們如果變成土撥鼠㈡鑽進地裏，〔速不台〕，你要變成鐵鍬刨挖去擒拿；他們如果變成魚〔泳〕入海㈢中，速不台，你要變成網羅去撈獲；豈不就捉獲他們嗎？再者，叫〔你〕前去越過高嶺，渡過大江。你要注意路途遙遠，在軍馬尚未消瘦之前，要愛惜軍馬；在行糧尚未用盡之前，要節省〔軍糧〕。軍馬消瘦之後，再加愛護，〔已〕是不中㈣；行糧耗盡之後，卽使節省仍是無功。在你路上有許多野獸，你要當心〔路途〕遙遠，不要叫軍人放馬銜向野獸奔跑；不要叫他們無限的圍獵。如果爲了添補士兵的行糧，壯其行色㊄，圍獵的時候，〔也〕要立定限制，纔許圍獵。除有限度的圍獵以外，不許士兵們套上鞍韂搭上轡頭走。若是那樣號令，士兵們怎能放馬奔跑呢？這樣號令之後，凡是違了號令的，〔你〕就拿着責打。凡違背我聖旨，若是我們所認識的，〔你〕就給我們送來；若是一般我們所不認識的，〔你〕就可以在那裏斬首！您離開〔我們，到大〕江的那邊，還要照樣的去做；您離開我們到，〔高〕山的那邊，也不要懷念其他。如蒙長生天增添氣力，擒獲脫黑脫阿的兒子們，用不着給我們送來。您就在那裏殺掉！」

成吉思可汗又對速別額台說：「送你出征，使我〔想起〕小時候三部篾兒乞惕的兀都亦惕〔部〕把不峏罕山圍繞三次，來威嚇於我。那樣有讐的人們，現在又發着誓㊅〔逃〕走了。即便到長的稍頭，深的儘底，也要〔和他們〕周旋到底。因此在〔這〕牛兒年，打成鐵車，叫〔你〕出征，追趕到底！〔你〕雖在背處，也要如同〔與我〕面對面，雖在遠處，也要如同在〔我〕跟前一樣的想着走吧！上天必定祐護您！」如此降下了聖旨㊆。

㊀ 姚師前註：海東青，原文作「海青」，蒙文作「升豁兒」(shingkhor)。意指遼金元時期，我國東北區域五國城沿海一帶所產的名鷹。契丹人喜飛放，故對名鷹中的海東青尤爲重視。葉隆禮契丹國志（十）說：「女眞東北五國，東接大海，出名鷹，謂之海東青。小而俊健，善擒鵝鶩；爪白者尤美。」「一飛千里，非尋常鶻、鶚之比。」（並參用王偁東都事略卷一二四。）這裏的海青（升豁兒）、即

是指海東青說的。

㈡ 土撥鼠，撥土而居。原文作「塔兒巴罕」，故亦稱塔兒鼠。初見蒙文秘史第八十九節。大如貓，毛暖略次於貂，可食。詳八十九節註㈢。

㈢ 原文「騰吉思　荅來」tenggis dalai，旁譯作「水名　海」。總譯作「海」。「騰吉思」一字，此處當指一般的海而言，並非專有名詞。請參照卷一第一節註㈤。

㈣ 原文「孛魯宜」，原音譯爲「中有」。「宜」爲「由」字之訛。

㈤ 原文「汪格古顏」，旁譯爲「壚蓋自的行」。總譯將這一句話，作：「若要同獵做行糧呵」，而未提及此字。「壚蓋」二字，已爲研究秘史者所不解，可能有誤寫之嫌。前與姚師同譯秘史之際，曾推測「壚蓋」二字爲「增益」之訛。今以錢大昕本作「增益」，證實以前的假設尙無訛誤。

㈥ 原文「阿蠻　客連　阿勒荅周」aman kelen aldaju，總譯作「發言」語，其意不明。其實這是「發誓」的成語。

㈦ 元史稱：「乙丑，帝征西夏，拔力吉里寨，經落思城，大掠人民及其槖駞而還。」（百衲本卷一，第十四頁下。）親征錄的記載與元史完全相同。（蒙古史料四種本，總頁一四六）秘史未記此事。

第二〇〇節

在征服乃蠻〔和〕篾兒乞惕〔的時候〕，札木合〔因〕與乃蠻〔人〕在一起，他的百姓〔也〕被俘獲。〔他〕和五個伴當流爲亡命之徒，〔逃〕上儻魯㈠〔山〕上，殺了〔一隻〕羱羊㈡燒着吃，札木合對他的伴當說：「誰的兒子們今天殺了羱羊這樣吃呢？」㈢在正吃那羱羊肉的時候，五個伴當們就動手把札木合捉住，送到成吉思可汗那裏。札木合被他自己的伴當拿住送來，〔就使人去〕對可汗「安荅」說：「烏鴉竟捉住了黑鴨子，下民奴隸竟敢向他們的可汗動手。我的可汗『安荅』，〔你〕怎麼講㈣呢？灰鵨㈤竟捉住了野蒲鴨㈥，奴婢家丁竟敢陷害本主㈦，圍困捉拿。我聖明㈧的『安荅』，〔你〕怎麼說呢？」對札木合的那些話，成吉思可汗降聖旨說：「怎能叫向自己的正主可汗動過手的人生存呢？那樣的人能跟誰做伴呢？將〔那些〕向己正主可汗下手的人，連同他們的親族，〔一律〕斬首！」就當着札木合的面，將向他動手的人都給殺了。

成吉思可汗說：「〔去〕對札木合說：如今我們兩個人〔又〕相合了，可以做伴。我們兩個曾做〔一輛車的〕兩根車轅；你却另有打算分離了。現在讓我們住在一起，互相提醒所忘記的，互相喚醒〔那〕瞌睡的吧。卽使〔你〕曾〔離我〕他去，〔却〕仍是我吉慶有福氣的『安荅』。在眞㈨互拚死〔活〕之日，你却心疼起來。雖然分裂，在厮殺之日，你還是痛徹心肺。若問何嘗〔如此〕：那就是在合剌合勒只愓—額列愓與客列亦愓人厮殺的時候，〔你〕曾把對王汗所說的話，派人來叫我注意。〔這〕是你的恩惠。〔你〕又把乃蠻人用言語置於死地，用口〔嚇〕殺了〔他們〕。又派人來叫〔我〕與被你所驚嚇的〔人們〕作個較量，〔這也〕是你的恩惠。」㈩

㈠「嶲魯」旁譯作「山名」，卽阿爾泰山以東之唐努山。現在的 Tangnu，當爲 Tanglu 的轉音。

㈡ 羱羊，今稱爲大青羊：色青黑，是一種有大盤角的野山羊。毛長絨厚，輕而且暖，爲防寒上品。

㈢ 感慨身世有窮途末路，感嘆的意思。這或者卽是隨從五人將他執送給成吉思可汗的原因。

㈣ 原文「額克迭古」，旁譯是「差的」。其實是被動的「說」或「講」的意思。

㈤、㈥ 灰鷂原文「孛羅忽剌都」boro khuladu，漢滿蒙三合便覽（第五册，十三頁上）說是「似鷂鷹而小，無本事。」（卽是無用）據本書第一百十一節，只吃野鼠。野蒲鴨原文「孛兒臣莎那」borchin-sono，旁譯鴨名。據三合便覽第五册，第七十頁（上）解作「蒲鴨」，當卽較大的鴨子。（北平人說：「秦瓊死在武大郎的手裏。」應卽是這裏的意思了。）

姚師前註：這裏的比喩，須加以解說，方能明白。「黑老鴉」，卽是通常說的「烏鴉」（黑老鴰）。「大鴨子」卽是較大的鴨子，非烏鴉所能捕拿。據本書第一百十一節（卷三，頁十八上）「黑老鴉」是只有吃殘皮膹雀的命，不配吃天鵝和仙鶴的；因此部曲不能背叛主人。

㈦ 姚師前註：本主，原文作「不敦額者，你顏」，旁譯「本主自的行」。又有「圖思，罕都里顏」，旁譯「正主皇帝」。這是當年蒙古草原社會的「倫常」習慣，當另文討論。

㈧ 原文「孛黑荅」boghda，旁譯爲「賢明」，此字宜作「聖明」、「聖者」或「神聖」解，蒙古人向稱成吉思可汗爲 Chinggis Boghda，卽聖者成吉思可汗之意。

㈨ 原文四部叢刊本作「元年」，旁譯爲「眞實」，故知其爲「兀年」之訛。錢大昕本及白鳥本均作「兀年」。

㈩ 按蒙古語法，此處非僅無法分段，卽分句亦不可能。這字與下一節的「嗚沽列額速」 ügüle'esü 毘連，不應分段。

第二〇一節

說完，札木合說：「早年幼小之時，在豁兒豁納黑—主不兒與〔可〕汗結爲『安荅』之際，一起吃不可消化的食物，一起說不可忘記的言語，一起住着，蓋用〔一床〕被子。因被旁人挑唆，受奸人刺激，以致分手，互相說了剛硬的話。因此除非剝掉我的黑臉皮，我不能〔再〕接近㊀看我可汗『安荅』溫和的面孔了。因爲共同說下不可忘記的言語，除非剝掉我的紅臉皮，我不能〔再〕見鴻圖大志『安荅』眞實的面孔了。如今我可汗『安荅』恩賜我，叫我作伴，我在〔應當〕作伴的時候，未曾做伴。現在『安荅』你已經把整個國家平定了，把一切外邦統一了。在汗位已經指向了你，現在天下已成定局的時候，我來做伴，還有甚麼益處呢？反倒在黑夜入你的夢，白日擾你的心，成爲你領子〔上〕的虱子，你底襟上的〔草〕刺。我詭計㊁太多，我想遠離『安荅』，構成了過錯。如今，在這一生裏，『安荅』我們兩個人的大名，從日出之地已經一直傳到日落之地了。『安荅』有賢明的母親，生來俊傑，有幹才的諸弟，〔有〕豪强的伙伴，〔有〕七十三匹駿馬。〔所以我〕爲『安荅』所勝。我從小父母就棄養，沒有弟兄，我妻好說閒言閒語，沒有可信賴的伙伴。所以〔我〕爲有天命的『安荅』所勝。如蒙『安荅』恩賜，請速賜我死。『安荅』你也可以安心。『安荅』賜死的時候，請不要使〔我〕流血而死。死後〔請〕將我的骸骨〔葬〕於高地。我必永遠祐護祝福你的子子孫孫。我生來另有源流，〔可是〕被生來多〔福〕的『安荅』的威靈所壓服。你們不要忘記我所說的話，早晚想起大家說說。現在叫我快一點

〔死〕吧！」

對這些話，成吉思可汗說：「我的『安荅』雖然獨行，但沒聽見他滿口說想害我們性命〔的話〕，是個可學的人。他〔旣〕不肯〔聽從〕，要叫〔他〕死；占卜㈣又卜不出〔什麼〕。無緣無故害〔他〕性命，是不應當做的。〔他〕是個大有來歷的人。去〔對他〕說。莫非這可以稱爲〔殺〕他的理由嗎？在前因爲搠只•荅兒馬剌、台察兒兩個人㈤互相搶奪馬羣，札木合『安荅』你主謀反叛，在荅闌—巴勒渚惕斷殺，迫〔我〕躲到者列揑狹地。你不曾〔在〕那裏威嚇我麼？如今叫做伴，〔你又〕不肯，雖愛惜你的性命，你〔也〕不聽從㈥。現在依你的話，叫〔你〕不流血而死。」說了就降聖旨〔說〕：「叫〔他〕不流血而死。不要把他的骸骨棄在露天，好好殯葬。」於是就處死札木合，殯葬了〔他的〕骸骨㈦。

㈠ 原文「合里敦」，旁譯「親近」，似爲 khanidun 或 khanildun 之訛。

㈡ 原文「阿兒賓　額篾額禿」arbin emegetü，旁譯「寬廣婆婆有的」。原總譯未譯此語。按「阿兒賓」不是「寬廣」，而是「許多」。「額篾額」是「祖母」或「老太婆」，「禿」是所有格格助詞。因此這一句話的意思是：「有許多祖母」，或是有「有許多老太婆」。都不能適合上下文的關連。這也不是華北俗語所說的「有許多婆婆」（卽有許多上司之意）。蒙古俗語常說：「ere kümün ghurban mege-tei」意思是「男子漢有三條詭計」。也就是「狡兎三窟」之意。因此這裏的「額篾額禿」極可能是「篾格禿」之訛。因此譯作「我詭計太多」。謝譯達木丁蘇隆本作：「由於聽信長舌老婆的話」，似乎也不太妥善。

㊂ 流血而死是薩滿教的大忌。十三世紀蒙古對皇族有罪者，不斬首，多用此刑。當時若用於皇族以外的人，自應視爲一種恩典。參看上文第一七八節，註㊁。

㊃ 原文爲「脫勒格」tölege，旁譯作「卦」字。按當時薩滿教之占卜法，常以羊肩胛骨置火爐中，以其所燒出之紋，作爲占卜吉凶的依據。亦有不燒而能占卜的。

㊄ 第一二八節作拙赤・荅兒馬剌與札木合之弟紿察兒兩個人。

㊅ 從這一句話可以看出當時蒙古人對權威的觀念。凡可汗命令不得拒絕，拒絕則能構成死刑的理由。

㊆ 關於札木合之死，多桑書稱：「其後未久，鐵木眞得其勁敵之一人，蓋札木合爲其左右執以獻也。鐵木眞以其爲安荅，不欲殺之。然誅執獻之從者，罪其賣主也。以札木合並其親屬以及所餘之從者，付其姪阿勒赤台，已而阿勒赤台殺札木合。聞曾先後斬其肢體。札木合言斬之誠當，設其得敵，待之亦如是也。自呈其四肢關節於行此毒刑者，促速斷之。」其小註云：「見剌失德沼列亦惕（Djouriat）條。剌失德在成吉思汗傳中未言札木合之死，而在本條中亦未指明其死確在何時。」（馮譯本上冊五九頁）

第二〇二節

綏服了所有居住氈帳的百姓，虎兒年〔丙寅，一二〇六〕㊀，在斡難〔河〕源頭，召集〔大〕會，立起九脚白旄纛㊁，〔共〕上成吉思可汗以可汗之〔尊〕號㊂。〔封〕給木合黎國王的名分。又命者別出征，追襲乃蠻的古出魯克汗㊃。將所有蒙古㊄人民整編之後，成吉思可汗降下聖旨，任命一同參與建立國家的人們，來做按照以千為單位所組成的千戶的那顏們，又說恩賜他們的話，〔加以褒揚〕。任命為千戶「那顏」的是：蒙力克〔老〕爹、孛斡兒出、木合黎國王、豁兒赤、亦魯該、主兒扯歹、忽難、忽必來、者勒篾、禿格、迭該、脫欒、汪古兒、出勒格台、孛羅忽勒、失吉・忽禿忽、古出、濶濶出、豁兒豁孫、許孫、忽亦勒荅兒、失魯該、者台、塔孩、察合安・豁阿、阿剌黑、鎖兒罕・失剌、不魯罕、合剌察兒、濶可搠思、速亦客禿、乃牙阿、冢率、古出古兒、巴剌、斡羅納兒台、荅亦兒、木格、不只兒、蒙古兀兒、朶羅阿台、孛堅、忽都思、馬剌勒、者卜客、余魯罕、濶濶、者別、兀都台、巴剌・扯兒必、客帖、速別額台、蒙可、合勒札、忽兒察忽思、苟吉、巴歹、乞失里黑、客台、察兀兒孩、翁吉闌、脫歡・帖木兒、篾格禿、合荅安、抹羅合、朶里・不合、亦都合歹、失剌忽勒、倒溫、塔馬赤、合兀闌、阿勒赤、脫卜撒合、統灰歹、脫不合、阿只乃、禿亦迭格兒、薛潮兀兒、者迭兒、斡剌兒駙馬註六、輕吉牙歹、不合駙馬、忽鄰勒、阿失黑駙馬、合歹駙馬、赤古駙馬、阿勒赤駙馬〔轄〕翁吉剌惕三個千戶、不禿駙馬〔轄〕亦乞列思兩個千戶、汪古惕的阿剌忽失・的吉惕・忽里駙馬〔轄〕汪古惕五個千戶。除林木中的百姓以外，〔他們成為〕成吉思可汗所指名的蒙古人的九十五個千戶的那顏們㊆、㊇。

㊀　姚前註師：虎兒年是西元一二〇六年，金章宗（一一八九到一二〇八）的泰和六年，南宋寧宗（一一

九五到一二三四）的開禧二年。秘史未言月，陶宗儀輟耕錄（卷一，第一節）補月，稱爲十二月。（然若爲十二月，則很可能已爲西曆一二〇七年了。）多桑蒙古史（馮譯上冊，頁六十一，）說是「春季」。

㈡ 斯欽按：蒙古地方向以十二月十六日爲成吉思可汗登基之日。

姚師前註：蒙古風俗尚白，重九、以白色代表「元始」與「幸福」；以九爲數目的極高，故名「九脚白旄纛」。就是象徵至高無上，幸福吉祥的可汗座旗。（札奇。）但九脚白旄纛究爲何種形狀，實物既不存在，自然也不容易加以確定。秘史蒙文原音及旁譯，改寫如下。「也孫（九），闊勒禿（脚有的），察合（白），安禿黑（旄纛）」，故漢字旁譯爲「九脚白旄纛」。洪鈞元史譯文證補說是「九脚白旗」。並加解釋說：「秘史謂九脚白旄纛最合。蓋以白馬尾爲旄纛，非旗也。」洪氏的話，也仍是揣測之詞。南宋趙珙蒙韃備錄：「成吉思之儀衞，建大純白旗以爲識認，外此並無其他旌幢。」又說：「今國王止建白旗九尾，出師則張之。」這一九尾白旗，據元史一一九木華黎傳，就是成吉思可汗賜給他的。鄙意：大白旗上端懸白馬尾九束，理或近是。

㈢ 姚師前註：「成吉思」一名的試解，關於「成吉思」一名的涵義與前人的研究，鄙人不揣冒昧欲另作一文，加以敍述。玆略述個人認爲可信，或可資研究的幾點如下，作爲本書這一節的初步註解。⑴截至現在止，我是相信法國已故名漢學家與蒙古史家伯希和教授（Prof. P. Pelliot, 1878-1945）的說法的。伯希和教授說：（成吉思可汗）就字面說，意思卽是「海洋皇帝。」他以爲㈠ Cingiz 或者就是 tengiz（畏兀兒語），或 dengiz（Osmanli 語）之顎音化的字；其意義猶言海洋；與蒙古語的 dalai 意同。「成吉思可汗」（Čingiz-Khan）一辭的構成，恰同蒙古語與西藏語合稱的 Dalai-lama「達賴喇嘛」，此言「海洋喇嘛」來源一樣。㈡成吉思汗第二代繼承人貴由（Guyuk）大汗致教皇書，卽自稱爲「海洋可汗」。蒙古語作 dalai Kaan，突厥語作 talai Kaan。（以上採自法國已故東亞史家格魯賽教授（Prof. René Grousset）一九二九年出版的遠東史蒙古篇；馮承鈞中譯蒙古史略第一卷成吉思汗第十五葉。民國二十三年上海商務印書館出版。）⑵海洋可汗的說法，在蒙音漢字蒙古秘史第二百八十節中也是有證據的，祇是改爲「海內皇帝」而已。秘史第二百八十節，（秘史卷續二，頁五十二上，）說：「爲了供應海內可汗）漢音作「荅來因，合罕」（dalai-in Khan），旁譯「海內的皇帝」）的湯羊，每羣，每年獻納一隻二歲的羯羊，是可以的。……」「荅來可汗」，漢文譯意說是「海內皇帝」，應當卽是西元一二〇六年以後，蒙古大汗所用的稱號。對外說是 Tengiz Khan（成吉思可汗），對蒙古內部卽叫做荅萊可汗，譯成漢文卽是「海內皇帝」。或者因時代的關係，初期叫做 Tengiz Khan（成吉思可汗），後來成吉思可汗崩逝以後，繼任的可汗，從第一代斡歌歹（太宗）起，卽叫做「荅萊因合罕」（達賴可汗）。爲尊敬先可汗計，改用「荅來」代替「成吉思」，甚至也有避諱的意思。（但是這裏有個困難，卽是秘史第一九九節（卷八，頁七上，）有一句話說：「變成（大）魚躍入騰吉思海呵，你就作旋網，拖網，撈着打着捉出來！」原漢音卽作：「騰吉思荅來突兒」，旁譯「騰吉思海裏」，則這裏的「騰吉思」與荅來（海）連用，「騰吉思」猶像是一個專名了。）⑶法國蒙古史家格魯賽教授的解說。格魯賽在遠東史蒙古篇中又說：敵人既已破滅，帖木眞遂成爲蒙古全境的主人，他在一二〇六年於斡難河源召集大會（Kuriltai），由大會推他爲一切突厥蒙古部落的成吉思汗（Cingiz-Khan），質言之，推他爲「宇宙皇帝」。（伯希和說就字面說，意爲海洋皇帝。）（馮承鈞譯蒙古史略第十頁。）⑷洪鈞元史譯文證補的解釋。證補卷一下（太祖本紀譯證下）引西域史說：「虎（兒）年（一二〇六）大會部族於斡難河，建九脚白旗卽皇帝位。羣下共上尊號曰成吉思汗，從闊闊出之請也。闊闊出晃豁壇氏，蒙力克額•赤格（老爹）之子，好言休咎，形如(瘋)狂。衆稱之曰「帖卜•騰格理」。成，爲堅強之義，吉思，爲衆數。亦猶哈剌契丹（西遼）之稱古兒汗。古兒，普也；古兒汗，衆汗之汗也。」這一說不見於蒙古秘史，當不可信，可姑備一說。洪文卿也說：「此節似非『脫必（卜）察（赤）顏』原有，當是拉施特增入。」(5)其他傳述中的解說。洪鈞氏又說：西人曾薈萃衆說以考「成吉思」稱名之義，（約有以下六種。(一)一曰：成，大也；吉思，最大也。(二)「即天子之義。」(三)別有蒙古人云：即位時有孔雀飛至，振翅有聲，似「成吉思」，故以定稱。(四)作蒙古源流的小徹辰・薩囊台吉云：「有鳥鳴聲，似成吉思。鳥集方石，於石中得玉印，印背有龜龍形。」(五)一曰成吉思即騰吉思，猶言海也。（上述伯希和的說法，或即與此說有關。）(六)西域人（波斯人）志費尼之書，則云，曾遇蒙古人知掌故者告我。「昔時有闊闊出其人，似有前知。冬令極寒，時裸體而行，大呼於途。謂：聞天語，將畀帖木眞以天下，其稱號爲『成吉思』；別無解釋。」又說：「案志費尼，拉施特皆元時西域人，仕於宗藩，撰著史錄，親見國史。其言如是，夫復何異。…有元一代，大典所關，故備載其說。」（以上元史譯文證補，太祖本紀譯證下）。從吾案：這裏諸說，除第五外，均於秘史無徵，蓋不可信。特選錄以廣異說。（屠敬山先生蒙兀兒史記卷三元年下註文，全鈔錄洪氏；那珂通世成吉思汗實錄卷八，祗討論是否即位兩次，對「成吉思」的解說似未注意。）

「建號成吉思汗」：我是相信，虎兒年（一二〇六）庫里爾台大會以後，帖木眞纔宣布建號爲成吉思可汗的。秘史是頌揚先可汗建國大業的「詩史」，故文中除最初三卷（第一二三節以前），和追述舊事時稱帖木眞以外，大部秘史中說到帖木眞事跡時，均追稱爲「成吉思、合罕」，旁譯「太祖皇帝」。但是在這一節中，曾特標「建號」以示鄭重。「建號」，原蒙文漢音則說是「九個脚的白旄纛（那裏）立了；成吉思可汗的汗號那裏與了」。這顯然是上文（卷三）第一百二十三節各小部落頭目推立帖木眞爲蒙古本部可汗的時候所沒有的。

關於一二〇六年成吉思汗在斡難河建號與即位時的情況，記載流傳，自以秘史第二〇二節以下所說最爲可信。這是世界史中的一件大事，茲選錄比較同時人的記錄，代表一方面的看法，如聖武親征錄，元史㈡太祖紀，多桑蒙古史（上册第一卷），元史譯文證補（卷一下），黃金史，蒙古源流等所記的要點如左，以資參考。

(1)聖武親征錄：「丙寅（一二〇六）大會諸王百官於斡難河之源，建九游（斿）之白旗，共上尊號曰成吉思皇帝。」（王靜安氏校注本）

(2)元史卷一太祖紀：「元年（一二〇六）丙寅，帝大會諸王，羣臣，建九游白旗，卽皇帝位於斡難河之源。諸王羣臣共上尊號曰成吉思皇帝。是歲實金泰和之六年也。」（百衲本元史卷一頁十四下。泰和是金章宗（一一八九到一二〇八）的年號。）

(3)洪鈞元史譯文證補（太祖本紀譯證下）：「虎（兒）年大會部族於斡難河，建九脚白旗，卽皇帝位。羣下共上尊號曰『成吉思汗』，從闊闊出之請也。」（以下已見註㈣，從略。）

(4)蒙文默爾根活佛著的黃金史綱（Altan Tobčiya）：「丙寅年（一二〇六）蒙古諸部落聚會，建白纛九方（？）於斡難河之源，奉帖木眞爲全族的可汗。別勒古台，合撒兒等率衆上帖木眞以『成吉思』之尊號。」（原書第八十四頁，札奇）

(5)蒙文黃金史（Altan Tobči）：「丙寅（一二〇六）大聚會，於斡難河建九游白纛，向永生上天獻灑馬之祭禮。以帖木眞生而賢明，奉上全國可汗之王璽（Qasboa tamaga）。時忽然有黑褐色之鳥，落於天窗之上，鳴曰：『成吉思！成吉思！』衆以爲祥，遂上『成吉思』之號，奉爲可汗！時年四十五。」（札奇）

(6)蒙古源流（三）：「於克嚕倫河北郊卽汗位。前三日，每淸晨，室前方石上有一五色鳥鳴云：『青吉斯！青吉斯！』叶其祥號，稱青吉斯汗。」（惟源流說是在帝二十八歲的那一年，自不可信。）

斯欽補註：

(1)在姚師前註中之(3)原引自多桑書，而多桑又引自竹外尼 Ata-Malik Juvaini 之世界征服者之歷史。此書已於一九五八年由 John A. Boyle 教授全部英譯出版 (Manchester Univ.) ，故將多桑書之記載刪除，而以竹外尼之原記載補充於下，他說：「我不斷聽到可以信靠的蒙古人說，有一個人能在極寒冽的氣溫下，在沙漠與山岳中裸體行走。他回來說：『上帝對我說：我已經將地上之權交給了帖木眞和他的子嗣，稱他爲成吉思可汗。叫他如此如此的公平執掌。』他們稱此人爲帖卜•騰格里 Teb-Tenggeri。凡他所說的成吉思可汗一向聽從。」（上冊三十九頁）

(2)拉希彭蘇克 Rashipongsugh 之「水晶素珠」（又稱蒙古國史）說：「〔帖木眞〕四十五歲，丙寅年……十二月，蒙古……諸部之長集會，與帖木眞諸弟暨羣臣……奏請帖木眞，選擇吉日於斡難河之源，立斡兒朵，建九游白纛，全體奉帖木眞於『永固吉祥金位』(Batu Öljeyitü altan tabchang) 之上，奉爲可汗。」（第一冊五五—五六頁）

(3)成吉思可汗傳稱：「〔帖木眞〕年四十五歲，丙寅年，於斡難河源，建九游白纛旗，即可汗之大位。」（第十一頁上）

(4)亞美尼亞史家 Grigor of Akanc 在他的「弓手國族史」中說：「上帝遣一天使化爲金鷹，以彼之語言，告其首領成吉思。成吉思乃立於化爲金鷹之天使約一箭之遙處，天使盡以上帝戒命諭之。」（見斯欽漢譯，大陸雜誌卷二二，第一期，五十年一月，第七頁。）此說與蒙古源流、黃金史、拉希彭蘇克等書所說：有鳥飛翔上可汗頭上，連叫「成吉思」、「成吉思」，衆以爲天意，遂以「成吉思」爲「號」之號，頗爲相似。可能此說在十三世紀蒙古勢力澎漲時期，一般的傳說。

㈣關於成吉思可汗卽位後追襲乃蠻之事，親征錄說：「丙寅大會，諸王百官……共上尊號曰：『成吉思皇帝。』復發兵征乃蠻盃祿可汗，獵於兀魯塔山 (Ulugh-Tagh) 莎合水 (Sokhogh-Usun) 捡之。是時太陽可汗子屈出律可汗與脫脫遁走，奔額兒的石河。」（蒙古史料四種本，總頁一四七—一四八）。元史太祖本紀所記與親征錄同（見卷一，十四頁下）。

㈤原文「忙豁勒眞」Monggholjin，旁譯「達達」。此字的本意是「屬於蒙古族的」，當指全體蒙古人而言。

㈥原文爲「古列堅」，旁譯作人名之一部份解，總譯則作「駙馬」；但其本意則爲「女婿」，無論可汗的女婿，或平民的女婿，都稱爲 kürgen 。貴族的女婿到十六世紀以後來纔稱爲 tabunang ——塔布囊。

㈦姚師前註：關於成吉思汗九十五千戶的名單，因人數衆多，一時不易清理，容他日另文詳加考定。茲略擧近日研究的結果如下。㈠有以八十八千戶，再加上弘吉剌額外二千戶，亦乞列思一千戶，汪古部四千戶，共七千戶，合爲九十五千戶者。那珂通世（實錄卷八），屠敬山先生（蒙兀兒史記卷三）主之。僞謝再善所譯策•達木丁蘇隆編譯本，相同而微異。（僅將第八十一名輕吉牙歹與不合古列二人併爲一人，與葉刻本微異；餘全同。）但這一說，有誤一人爲二人者，也有誤二人爲一人者。若一人有出入，則合計爲九十五人之說，卽不能成立，況共有三處乎？㈡認爲止有九十人者，沈子培主之。見海日樓秘史補注，卷首所列「九十五功臣名」。然亦未說明何以秘史蒙文第二〇二節，第二〇三節一再的說有九十五人的不同。茲先列擧已有功臣名單，並略加解釋，疑難不能知者暫缺。又，作者頗傾向於下列一說：卽依葉刊本名單，合併五三與五四蒙可與合剌札爲一人，而定爲八十五千戶。再加阿勒赤駙馬的弘吉剌部三千戶，不禿駙馬的亦乞列思部二千戶，阿剌忽失•的吉•忽里汪古部五千戶，共十千戶，再與上八十五千戶相加，共爲九十五千戶。至於各千戶的事跡，及有無錯誤或遺漏，容再詳考。餘若原總譯說：「除駙馬外」一句，爲當年譯者一時錯誤加進去的，事很顯明，不待再辨。又元史（一二〇）朮赤台傳也說：「朔方既定，擧六十五人爲千夫長，兀魯兀台之孫曰朮赤台（卽主兒扯台）其一也。」此六十五人，當爲九十五人之誤。

㈧姚師曾對九十五個千戶作詳細的考證如下：

1蒙力克老爹　晃豁壇氏。親征錄作篾力也赤可，元史（一九三）忠義伯八傳作明里赤哥。初見蒙文秘史第六十八節。（卷一末節）斯欽按：帖卜・騰格里之父。

2孛斡兒出　阿魯剌惕氏，納忽伯顏之子，四傑之一，元史（一一九）有傳作博爾朮。初見蒙文秘史第九十節（卷二，頁二十九）。

3木華黎國王　札剌亦兒氏，古溫兀阿之子，四傑之一，元史（一一九）有傳。初見蒙文秘史第一百三十七節（卷四、頁二十一、二十三）。秘史蒙文漢音原作木合黎（又作模合里，）玆因習見改從元史。木華黎封國王在一二一七年，此蓋追稱。

4豁兒赤　巴阿鄰氏，初見本書卷三（頁三十六）、第一二〇、一二一等節。豁兒赤曾與兀孫額不干（老人）共倡言符瑞，擁戴帖木眞爲蒙古本部可汗，蓋亦當年沙曼（巫）教中的人物。

5亦魯該　見秘史第二百二十六節、第二百四十三節。第二二六節說：「護衞散班添至一千，教亦魯該親人阿勒赤歹管者。」這裏亦魯該的名字與孛斡兒出，木華黎・主兒扯歹並列，地位的重要可知。惜事跡不詳於秘史。（那珂說卽是阿兒孩・合撒兒。屠敬山先生說是吉魯根之聲轉，似均不合。）

6主兒扯歹　兀魯兀惕氏，初見秘史卷四第一三〇節。元史（一二〇）有傳作朮赤台。班朮尼河誓友之一、與王汗決戰時，連勝强敵、成吉思汗仰之如泰山北斗，以妃子賜之。他實在是重要的戰將，功勛在四傑四狗之上。

7忽難　格你格思氏，初見秘史卷三，第一百二十二節。大太子拙赤位下的萬戶、與闊闊搠思、迭該、兀孫四人，敢言直諫（見第二一〇、二一六節），甚受稱譽。

8忽必來　巴魯剌思氏，四狗之一。初見秘史卷三、第一百二十節。親征錄，元史太祖紀均作虎必來。重要戰將之一。四狗猶俗稱五虎將，忽必來卽是其中的一位。

9者勒篾　兀良哈氏，四狗之一。初見秘史卷二，第九七節。元史卷一百二十四忙哥撒兒傳作兀良罕•哲里馬，親征錄、元史太祖紀作折里麥，蒙古源流（卷三）作濟勒墨，當年重要戰將之一。

10 禿格　一作統格，札剌亦兒氏，木華黎的從弟。初見秘史卷四，第一三七節，這裏卽作統格。

11 迭該　別速惕氏，初見秘史卷三，第一二〇節。直言敢諫、與下面第三十千戶闊闊搠思齊名、又見第二一〇，第二一六節。

12 脫欒　卽是脫侖扯兒必（武官或參軍），晃豁壇氏，蒙力克老爹的兒子。初見秘史卷七，第一九一節。

13 汪古兒　一曰翁古兒，乞顏氏；蒙格禿乞顏的兒子。初見蒙文秘史卷三，頁三十四，第一二〇節，這裏卽作翁克兒。親征錄作雍古兒•寶爾赤（御厨子）。

14 出勒格台　一作赤勒古台，速勒都思氏。初見蒙文秘史卷三（頁三十五）第一二〇節，這裏卽作赤勒古台。

15 孛羅忽勒　一作孛羅兀勒，許兀愼氏。訶額侖太后四養子之一（第四養子）。也是四傑之一，初見蒙文秘史卷四（頁二十三上）第一三七節。元史卷一一九有傳，作博爾忽，稱爲第一千戶。元明善淇陽忠武王碑作許愼氏。元史（一）太祖紀作博羅渾，或孛羅歡等。他不但戰功卓著，也忠貞可嘉，是一位可愛的得力的戰將。

16 失吉•忽禿忽　一作失吉刋•忽都忽，或忽禿忽，塔塔兒人，訶額侖太后四養子之一（第三養子）。初見蒙文秘史卷四、（頁十七、十八）第一三五節。親征錄作忽都忽•那顏，黑韃事略作胡丞相。成吉思可汗的大斷事官。初用文字記述重要政事；很可能他也卽是秘史一書的作者。

17 古出　一作曲出，蔑兒乞人，訶額侖太后四養子之一（第一養子）。初見蒙文秘史卷三、（頁二十三、四）第一百一十四節。他在四養子當中，比較上事跡少一點。

18 闊闊出　別速惕氏，訶額侖太后四養子之一（第二養子）。初見蒙文秘史卷三（頁三十二到三）

第一百十九節。他在四養子之中也是比較事跡少見的一位。

19 豁兒豁孫　又見蒙文秘史第二百四十三節、（卷十，頁二十五）作豁兒合孫。成吉思可汗選任他爲長子拙赤的傅佐。

20 許孫　那珂通世成吉思汗實錄卷八（頁三一九），說：「卽是元史卷一二二哈散納傳的哈散納、怯列亦氏、爲成吉思可汗同飮班朮尼河水的盟友之一。斯欽按：沈增植於其「元秘史補注」中稱爲訖孫。又於其小註中稱之爲兀孫。達木丁蘇隆本作兀孫。秘史寫作時期正値蒙古語中若干第一音節前的 kh 或 k 音逐漸開始消失的時期。所以許孫 Küsün 就是兀孫 Üsün，字義是羽毛。這一個變化，與忽亦勒荅兒 Khuyildar之變爲畏荅兒 Uyildar 相同。那珂似有將 Küsün 與 Hassan 相混之嫌。

21 忽亦勒荅兒　一作忽余勒荅兒、忙忽惕氏。初見蒙文秘史卷四（頁五下）第一三〇節。元史（一二一）有傳，作畏荅兒。又食貨志（九十五）作溫荅兒・薛禪、又見姚燧牧庵集（十四）平章忙兀公博羅驩碑。他與王汗決戰時，奮不顧身、重傷致死。成吉思汗以安荅稱之。（參看卷六，第一七一節註㊂與註㊃）忽亦勒荅兒死於一二〇三年。屠敬山先生說：這裏列名爲千戶，蓋因功追贈。（蒙兀兒史記卷三，頁二）

22 失魯孩　沼兀列亦惕氏。屠敬山先生認爲也見於元史（一三三）中的麥里傳。並說麥里、徹兀台氏、他的祖父「雪里堅」那顏，卽是失魯孩的聲轉。成吉思可汗班朮尼河飮水盟友之一（那珂先生主張相同），徹兀台也卽是沼兀列亦惕。

23 者台　一作哲台、忙兀氏。初見蒙文秘史卷三（頁三十四、三十六）第一二〇節，第一二四節等。

24 塔孩　一作荅孩，速勒都思氏、赤勒古台之弟。初見蒙文秘史卷三（頁四十七上）第一二四節。元史（一二九）阿塔海傳：「祖塔海・拔都兒、驍勇善戰，從太祖同飮黑河（班朮尼河）水，以功爲千戶。」

25 察合安・豁阿　一作察罕・豁阿（卷九，第二一八節），又作察合安・兀洼（捏古思氏）。初見蒙文秘史卷三（頁三十五下）第一二節，第一二九節（卷三、頁五上）十三翼戰爭時，被札木合所殺。據第二一八節（卷九、頁二十一到二十二）知一二〇六年得任千戶，乃係追封，實任千戶者爲他的兒子納鄰・脫斡鄰。

26 阿剌黑　一作阿里黑，你出古惕族巴阿鄰氏，失兒古額禿的兒子。初見蒙文秘史第一四九節（卷五、頁一到八）。又見元史（一二七）伯顏傳。「伯顏蒙古八鄰部人、曾祖述律哥圖事太祖爲左千戶、祖阿剌（卽阿剌黑），襲父職。……」按阿剌下應有「黑」字。秘史漢字蒙音本黑字多小字側寫、容易省略、故僅有阿剌二字。

27 鎖兒罕・失剌　速勒都思氏，初見蒙文秘史第八十二節等（卷二，頁十八到二十六頁）。因功封荅剌罕（自在汗），四傑赤老溫的父親。九十五千戶中無赤老溫，或者卽是他與父同任本族千戶的緣故。

28 不魯汗　巴魯剌思氏，初見蒙文秘史第二〇一節。元史（一三五）忽林失傳，說：「曾祖不魯罕・罕劄（火者）事太祖從平諸國，充八魯思族千戶。」

29 合剌察兒　巴魯剌思氏，速忽・薛禪的兒子。初見蒙文秘史第一二〇節，（卷三、頁三十六）第二四三節（卷十、頁二十五）說他在察合台處任職。

30 闊可搠思　卽闊搠思，巴阿鄰氏。初見蒙文秘史第一二〇節（卷三、頁三十六、三十七），又見第二四三節（卷十、頁二十五等）。他深明政治的原理，與忽難、兀孫、迭該四人均能直言敢諫，匡正得失；因此成吉思可汗特別任他爲察合台的傅佐。

31 速亦客禿　一作雪亦客禿扯兒必，晃豁壇氏。初見蒙文秘史第一二〇節（卷三、頁三十五）。

32乃牙阿　一作納牙阿，你出古惕族巴阿鄰人。上列第二十六千戶阿剌黑的弟弟，失兒古額禿的兒子。初見蒙文秘史第一四九節（卷五，頁一至八）。因忠愼，甚得成吉思可汗的信任，後又命爲中軍萬戶。

33冢率　一作種索，又作種篩等、那牙勤氏。初見蒙文秘史第一二〇節（卷三、頁三十五），又見第二四三節（卷十、頁二十五）。

34古出古兒　一作窟出古兒，別速惕氏、第十一千戶迭該的弟弟。初見蒙文秘史第一二〇節（卷三、頁二十五）。

35巴剌　札剌亦兒氏，初見蒙文秘史第一二〇節（卷三、頁三十五上）。那珂、屠敬山先生均以巴剌與下文斡羅納兒台爲一人（見實錄卷八，頁三二一與蒙兀兒史記卷三，頁二下），而沈曾植秘史補注，九十五功臣名中則分爲兩人。今與札奇斯欽研究，也認爲應當是兩個人。

36斡羅納兒台　應與上文第三十五千戶巴剌分離爲二人。事跡待考。

37荅亦兒　一作荅亦兒•兀孫，篾兒乞人。初見蒙文秘史第一九七節（卷八、頁四十五下，四十六上等）。曾以忽蘭女子獻於成吉思可汗。（屠敬山先生說：「元史譯文證補（卷一下）太祖紀下：進攻布哈爾，前鋒將塔亦兒•把阿禿兒。」洪（鈞）氏即注云：「秘史九十五功臣中有荅亦兒，當是此人。」」）

38木格　待考。

39不只兒　一作布智兒。元史卷一二三有傳。說：「蒙古脫脫里台氏，父子俱事太祖，從征回回，斡羅思等國。憲宗時（一二五一到一二五九）爲大都也可札魯忽赤。」元史㈢憲宗紀中即作不只兒。（沈子培說，即是第二七七節隨速不台西征的不者克，也頗有可能。）斯欽按：二者之名相異甚顯。

40蒙古兀兒　一作蒙客兀兒。秘史第二四三節（卷十、頁二十五）說：蒙客兀兒與忽難，客帖、同時爲拙赤的輔佐。

41 朶羅阿歹　沈子培說：「宿衞人，（太宗）後因私恨害之者。」（九十五功臣名考）惜沒有更詳的說明，稍欠完備。查秘史續二，第二八〇節，太宗因私恨所害者爲朶豁勒忽，與此朶羅阿歹對音相差甚遠，恐不可能。

42 孛堅　屠敬山先生蒙兀兒史記㈡說：元史卷一三五忽都傳：「忽都・蒙古、兀羅帶氏，父孛罕，事太祖備宿衞。」孛罕或卽此孛堅。（那珂通世成吉思汗實錄卷八，頁三二二同）

43 忽都思　巴魯剌思氏，四狗之一忽必來之弟。初見蒙文秘史第一百二十節（卷三、頁三十四上）第一百九十一節作「忽都思・合勒潺」，與斡哥列扯兒必同管征伐乃蠻以前時候的散班，或卽一人

44 馬剌勒　沈子培疑惑卽是第一百二十八節的拙赤・荅兒馬剌（見元秘史補注卷首九十五功臣名），待考。斯欽按：沈氏的假設似難成立。

45 者卜客　札剌亦兒氏，古溫兀阿之弟。初見蒙文秘史第一百三十七節（卷四、頁二十三），曾隨侍成吉思可汗的弟弟哈撒兒。又見第二百四十三節（卷十，頁二十六）。

46 余魯罕　疑卽是阿剌罕萬戶（沈子培九十五功臣名）。斯欽按：沈氏之說待考。

47 闊闊　那珂說卽闊闊・不花之略。待考。

48 者別　一作哲別，別速惕氏，四狗之一。初見蒙文秘史第一百四十七節(卷四、頁五十、五十一)。西征大將之一，與速不台齊名，洪鈞元史譯文證補卷十八有補傳甚佳。（者別原名只兒豁阿歹（卷四、頁五十下），因誠實不棄，改爲「者別」。者別者軍器之名也。）

49 兀都台　沈子培疑惑他卽是第一二四節（卷三，頁四十六）總管家內人口的多歹。

50 巴剌・扯兒必　與上第三十五千戶巴剌同名，故稱官以別之。當卽拖雷的輔佐，見第二百四十三節（卷十，頁二十六上）。

51客帖　大太子拙赤的輔佐，見蒙文秘史第二百四十三節（卷十、頁二十五下）。

52速別額台　兀良哈氏、元史（一二一）作速不台。初見秘史蒙文漢音本第一百二十節（卷三、頁三十四下）叫做「速別額台・把阿禿兒」（勇士速不台）。四狗之一，爲滅金和西征名將，在普通歐洲史中與拔都，者別齊名。元史中有兩個速不台的傳；一爲卷一二一速不台傳，一爲卷一二二雪不台傳，均欠佳。洪鈞元史譯文證補目錄卷十九有速不台傳注，惜已不傳。

53蒙可・合勒札　那珂通世的實錄㈧，屠敬山先生的蒙兀兒史記㈢均說是一個人。伯希和先生也說是一個人，譯音寫作 Mongko-qalja。（但他在註文中也說：「或爲二人？」）曾與札奇斯欽研究，也不能確定。白鳥本，策・達木丁蘇隆編謝再善中譯本頁二〇五均作兩人。竟究是否一人，待考。（那珂與屠先生均說蒙可・合勒札卽是功臣忽亦勒荅兒的兒子忙哥，元史（一二一）畏荅兒傳有附傳。）

54忽兒察忽思　事跡待考。

55掌吉　原作苟吉，依那珂通世說改正（實錄，頁二十六）。秘史第二百七十七節（卷十二、頁三十二）中的「官人掌吉……」卽此人。屠敬山先生說：元史㈢憲宗紀：「葉孫脫，按只帶，暢吉……坐誘諸王爲亂，並伏誅」（頁三上）。文中的暢吉，或者也卽是這裏的掌吉。

56巴歹　元史㈠作把帶（太祖紀）。初見蒙文秘史第五十一節（卷一、頁三十一、二）。事跡見第一百六十九節（卷五、頁四十七到五十一）。成吉思汗所封荅剌罕（自在官人）之一。他是報告王汗桑昆突襲消息的人，功勛甚著。（親征錄以巴歹爲乞失里黑之弟，與秘史異。）

57乞失里黑　斡羅納兒氏，初見蒙文秘史第五十一節（卷一、頁三十一，二），事跡見第一百六十九節（卷五、頁四十七到五十一），荅剌罕（自在官人）之一，密告王汗突襲的功臣。元史（一三六）哈剌哈孫傳作啓昔禮，長春西遊記作吉昔利・荅剌罕。元史太祖紀誤倒爲乞力失（頁十）。

58 客台 兀魯兀愓氏，主兒扯歹之子。元史（一五〇）郝和尚拔都傳，作郡王迄忒，應卽此客台。那珂通世，屠敬山先生均說卽是朮赤台（主兒扯歹）之子怯台，（見實錄卷八，蒙兀兒史記卷三）今從之。

59 察兀兒孩 一作察兀兒罕，兀良哈氏，四狗者勒蔑之弟。初見蒙文秘史第一百二十節（卷三、頁三十四下），又第二百四十三節（卷十、頁二十五，六）。親征錄作抄兒寒。

60 翁吉蘭 事跡待考。

61 脫歡•帖木兒 秘史中祇一見。（那珂通世成吉思汗實錄(八)與屠敬山先生蒙兀兒史記(三)均認爲是兩個人（卽是脫歡與帖木兒），不合。）

62 蔑格禿 當卽第二百七十節（續二、頁十五、十八等）派往西征的蒙格禿。斯欽按：待考。

63 合荅安 塔兒忽愓氏。初見蒙文秘史第一百二十節（卷三、頁三十三）。（屠敬山先生認爲卽是第一百二十節之合荅安•荅勒都兒罕，今從之。說詳屠氏著的蒙兀兒史記卷三下小註。）事跡除秘史第一二〇節，本節以外，尙見於第一二四節，第一七四節，他是掌管成吉思汗飲膳人員之一。

64 抹羅合 那珂、屠敬山兩氏均無考。沈子培疑卽元史（一百三十三）失里伯傳中，失里伯之父莫刺合。（九十五功臣考）

65 朶里•不合 沈子培疑卽第二四〇節與第二六一節派往征西之朶兒伯•朶黑申，恐不合。因「朶里，不合」用拉丁字母寫之，爲 Dori-bukha。Dori 是志願或喜愛之意，bukha 爲公牛，則已確知。至於朶兒伯，是姓氏，朶黑申爲「粗暴」，兩人自然是全然沒有關係。

66 亦都合歹 又作亦多忽歹，見第二百四十三節（卷十，頁二十五）。據秘史第二四三節，亦多忽歹是二太子察阿歹的輔佐。

67 失剌忽勒 那珂說卽是元史（一三四）也先不花傳中的失勒斡忽勒，蒙古怯列氏，也先不花之祖。

「太祖微時已深自結納，兄弟四人，長曰脫不花，次曰怯烈哥，季曰哈剌忽剌，皆率部族來歸。太祖以舊好遇之，特異他族，命爲必闍赤長，朝會燕饗，使居上列。」

68倒溫　待考。屠先生說或者卽是元史卷四，世祖本紀，中統元年（一二六〇）八月「賜必闍赤塔剌渾銀二千五百兩」的塔剌渾。待考。斯欽按：屠氏之說不能成立。

69塔馬赤　疑卽元史卷一三二中的探馬赤，但傳文不言曾事太祖，而時代也稍遲。

70合兀闌　待考。

71阿勒赤　又見秘史第二百二十六節（卷九、頁三十九上，頁四十上）與第二百五十三節（卷續一，頁十九上），曾與合撒兒，主兒扯歹，脫侖三人平定大寧城（今熱河大名城），在衆千戶中他也是比較親信的一員。

72脫（卜）撒合　待考。

73統灰歹　屠先生懷疑卽是耶律禿花。（元史卷一四九，有傳。）

74脫不合　應卽元史（一三四）也先•不花傳之伯祖脫不花。

75阿只乃　沈子培懷疑卽是元史卷一百二十二的哈散納，或元史卷一百三十一懷都傳中的阿朮魯。斯欽按：以上兩說似均難成立。

76禿亦迭格兒　待考。

77薛潮兀兒　卽秘史第一百二十節（卷三、頁三十五）的薛赤兀兒，豁羅剌思氏。

78者迭兒　當卽元史（一二三）直脫兒傳的直脫兒，事跡亦合。

79斡剌兒•古列堅（駙馬）　「斡剌兒」待考。「古列堅」蒙古話是女婿，並無貴賤的分別。駙馬是漢文中專指帝王的女婿說的，惟這裏譯駙馬甚合。

80輕吉牙歹　斡勒忽訥人，初見蒙文秘史第一百二十節（卷三、頁三十五、三十七）。

81不合•古列堅（駙馬） 上列第三千戶木華黎之弟，初見蒙文秘史第一百三十七節（卷四、頁二十二到二十三）。

82忽鄰勒 待考。

83阿失黑•古列堅（駙馬） 豁兒赤萬戶位下、與塔該共管轄三千巴阿里人的千戶。（見第二百零七節，卷八、頁四十一、四十二）

84合歹•古列堅（駙馬） 元史（一〇九）公主表延安公主位下，「火魯公主適哈答駙馬」，即此合歹•古列堅。又據食貨志「火雷（火魯）公主五戶絲、丙申年（一二三六）與趙、魯諸公主同分撥」、因知她也是太祖的女兒。（沈子培九十五功臣考）

85赤古•古列堅（駙馬） 應即元史㈠太祖紀八年（一二一三）下之駙馬赤駒。（屠敬山先生有詳考，見蒙兀兒史記卷三、頁四下。）

86、87、88阿勒赤•古列堅（駙馬），統轄弘吉剌部族三千戶。 阿勒赤應即元史㈡太宗紀中的按赤那顏。元史（一一八）特薛禪傳的國舅按陳•那顏。衡以弘吉剌氏「生女世以爲后，生男世尙公主。」則國舅按陳•那顏當亦尙公主。或者因爲是太祖時的駙馬，故元史失載。

89、90不禿•古兒堅（駙馬），統轄亦乞列思部族二千戶。 即元史（一〇九）公主表昌國公主位下，「大長公主帖木倫適忠武王孛禿」的孛禿駙馬。（餘詳屠先生蒙兀兒史記卷三，小註。）

91、92、93、94、95汪古部阿剌忽失•的吉惕•忽里•古列堅（駙馬），統轄汪古部五千戶。 初見蒙文秘史第一百八十二節(卷六、頁四十四)，元史（一一八）有傳。「西域書謂太祖欲以女適阿剌兀思•剔吉•忽里，辭以年老，請以兄子代婚。」因以阿里黑•別吉嫁其侄鎭國，證以許高昌尙主，列於第五子爲例，事極可信。（餘詳屠敬山先生蒙兀兒史記卷三，頁五汪古部下面的小註，頁五至六。）除林木中的百姓以外，蒙古的千戶那顏們，被成吉思可汗任命爲千戶的共爲九十五人。

第二〇三節

對駙馬們和同等的〔那顏們〕成吉思可汗降下聖旨，將這些被提名的，都任命爲九十五個千戶的那顏。成吉思可汗〔又〕降聖旨說：「對有勳勞的要加給恩賜，叫孛斡兒出、木合黎等那顏們前來！」說的時候，失吉•忽禿忽正在室內，就對失吉•忽禿忽說：「你去叫來。」失吉•忽禿忽說：「孛斡兒出、木合黎他們比誰多立過功，比誰多出過力？若是給恩賜啊，我怎麼不曾立過微功，怎麼不曾効過微力呢？我從還在搖籃裏的時候，就在你高貴的門限㊀裏，直到頸下長了這些鬍鬚，未曾想過別的。我從襠裏還有尿布時候，就在你黃金的門限裏，直到嘴上長了這些鬍鬚，未曾做過錯事。〔你〕叫我在你腿上躺着，把我當做兒子養大了，〔你〕叫我在你跟前躺着，把我當做弟弟養大了。如今〔你〕給我甚麼恩賜呢？」成吉思可汗對失吉•忽禿忽說：「你不是第六個弟弟嗎？恩賜你，我晚生的弟弟，可按照〔我〕弟弟們的份子，共同分份兒。又爲了你的功勞，九次犯罪不罰。」〔又〕降聖旨說：「蒙長生天的祜護，安頓所有的百姓；你做着望的眼睛，察聽的耳朶，將全國百姓按照他們的名字，把凡有毛氈帳幕，木板門戶的，都分配妥當，以便分〔封〕給我們的母親，弟弟們和兒子們。但凡你的言語，任誰不許違反！」又任命失吉•忽禿忽爲最高斷事官㊁，說：「懲治全國盜賊，追查惑衆謠言，依理該殺的殺，該罰的罰！」又降聖旨說：「把全國百姓分成份子的事，〔和〕審斷詞訟的事，〔都〕寫在青册㊂上，造成册子，一直到子子孫孫，凡失吉•忽禿忽和我商議制定，在白紙上寫成青字，而造成册子的規範，永不得更改！凡更改的人，必予處罰！」失吉・忽禿忽奏講說：「像〔我〕這樣最小的弟弟，怎敢要平等的份子呢？如蒙恩賜，請可汗從〔那些〕以泥土爲墻的城市中，隨意賜給我些。」㊃〔可汗〕說：「你自己斟酌，你隨意吧！」失吉・忽禿忽在〔接受了〕那樣的恩賜之後，纔出去叫孛斡兒出、木合黎等那顏們進來。

㈠ 姚師前註：蒙音「孛莎合」漢譯「門限」，實卽「屋裏」，「貼身」的意思。意謂「自孩提就到你身邊，直到生鬚」。忽禿忽自被收養，至一二〇六年，（約自壬子（一一九二，金章宗明昌三年）到丙寅，一二〇六年）至少已歷十五年以上。這時候的失吉・忽禿忽當在二十（五）歲左右。他自稱是最小的弟弟，則孛羅兀勒等，猶比失吉・忽禿忽年長了。（沈子培元朝秘史補注卷九、頁四。）忽禿忽被訶額侖收養見上文第一百三十五節（卷四）。

斯欽補：關於這一個名稱，詳參照卷四，第一三七節，並註㈩。

㈡ 姚師前註：元史（八十五）百官志㈠說：「太祖起自朔土，統有其衆；部落野處，非有城郭之制；國俗淳厚，非有庶事之繁；惟以萬戶統軍旅，以斷事官治政刑；任用者不過一二親貴重臣」（頁一上）。可知失吉・忽禿忽在成吉思汗時代地位的重要，故漢籍中如黑韃事略等都稱他爲胡丞相。（參看拙著黑韃事略中所說窩濶台時代胡丞相事跡考，「胡適博士六十五歲紀念論文集」，集刊第二十八本，頁五六七到五八二。）

斯欽補：請參閱拙著「說元史中的『札魯忽赤』並兼論元初的尚書省」，政治大學邊政研究所年報第一期，五十九年。

㈢姚師前註：寫青册子云云，這一點在本節中敍述的甚爲明白，事跡也至關重要。約而言之，有下列三事，值得注意。㈠這是十三世紀蒙古人自有文字的開始。元史（一二四）塔塔統阿傳很明白的說爲成吉思汗之傳，「敎太子諸王以畏兀字書國言，」事在一二〇四年滅乃蠻之後。就關係說，失吉•忽秃忽應爲當時諸王受敎者的一人。㈡這也是十三世紀蒙古人自己有記載的開始。「青册」原蒙古音作「闊闊、迭卜帖兒」，卽元史（二二）武宗紀至大元年（一三〇八）所說的戶口青册，應爲後來「脫卜赤顏」（史綱）的肇端。

㈣姚師前註：意卽要求將來有權可以管理漢地（有城圈子的地方）的事務，是爲後來忽禿忽管理漢地民戶的張本，參看本節註㈢所引拙著「胡丞相事跡考」。

第二〇四節

成吉思可汗降聖旨對蒙力克老爹說：「出生，生在一起；長大，長在一起。你〔這〕有福分吉慶之人，〔對我〕的恩庇護助難以指數！其中王汗桑昆『安荅』父〔子〕兩個人，要用計謀騙我前去的時候，路間住在蒙力克老爹的家裏，如果不是你蒙力克老爹諫阻的話，恐怕就落在正打漩的水裏，正發紅的火裏了㈠。適纔想起那個恩德，就是直到子子孫孫怎能忘記呢？追念那個功勳，現在敎你坐在這坐位的頭上㈡，年年月月要議論〔這功勳〕給你賞賜，直到你子子孫孫〔不絕〕㈢。」

㈠關於這一段故事，請參照卷五第一六八節。

㈡原文「忽札兀剌」，旁譯「根行」，其實是「頂頭」，也就是上席之意。按蒙古習俗是坐在一排席位的右上方。

㈢姚師前註：蒙力克後因第四兒子闊闊出（帖卜・騰格里）挑撥成吉思汗與皇弟們衝突，曾被處死。但他本人因這裏曾有子子孫孫不令斷絕的諾言，終被寬宥。（詳下第二四五、二四六等節）

第二〇五節

成吉思可汗又對孛斡兒出說：「年幼的時候，八匹銀合色的騸馬，被〔人〕刼去。〔我〕在路間住了三宿，追踪前去的時候，與〔你〕相遇。你〔在〕那裏說：『給困頓〔遠〕來的朋友作個伴吧。』你連對在家裏的父親都沒有說，就把擠馬㈠奶的皮袋皮桶蓋起，〔放在〕曠野；叫我把我的禿尾巴甘草黃馬放了，叫我騎〔你〕黑脊梁的白馬。你自己騎上那匹快淡黃馬，把自己的馬羣放下不顧，急急忙忙就在〔那〕曠野給我一同做伴，又追上三宿，〔纔〕到了那刼奪銀合色騸馬之人的圈子㈡。我們兩個人就奪了〔那〕正在圈子邊上的〔馬〕，趕着逃〔回〕來。你父親是納忽・伯顏㈢。你是他的獨生子，爲什麼肯給我作伴呢？是由於〔你〕心胸豪傑而願與〔我〕做伴。那以後我一直念念不忘，叫別勒古台去喚〔你〕來做伴，你就騎上〔一匹〕拱脊的甘草黃馬，駄上你的灰色毛襖，就前來做伴。恰値三部篾兒乞惕〔人〕，來〔侵襲〕我們，把不峏罕〔山〕圍困三次。你也一同受圍困了。其後與塔塔兒人在荅闌—揑木兒格思，互相抗拒住宿的時候，晝夜不停的霖雨，夜間爲要叫我能安睡，不使雨水落在我的身上，你就披着你的氈衫站着，一夜只把一隻脚換了一次，〔這〕是你英豪的實證㈣。其他你勇武之事㈤，又豈能盡述呢。孛斡兒出、木合黎兩個人催促我做正當的事，直到做了爲止；勸阻我做錯誤的事，直到罷了爲止。〔這樣〕使我坐在這個〔大〕位裏。如今〔你們〕要坐在衆人之上，九次犯罪不罰。孛斡兒出掌管右翼，做以阿勒台山爲屏蔽㈥的萬戶！」

㈠ 原文作「格兀」geü，旁譯「騾馬」。騾不生殖，何來騾奶可擠。且蒙古游牧地方至今亦不養騾；「格兀」應譯爲「牝馬」。就華北方言來說，「騾」字是「騍」字之訛。

㈡ 參照卷二，第九十節，註㈥。

㈢ 伯顏 Bayan，字義是財富，這裏似有「財主」之意。

㈣ 姚師前註：關於孛斡兒出協助成吉思汗找回八匹騸馬及投效作伴的事，參看第九十節（卷二，頁二十七到三十七），第九十一節（卷二，頁三十二到三十三），第九十二節（卷二，頁三十四），第九十三節（卷二，頁三十四到三十六），第九十五節（卷二，頁三十八）。此事下列記載，也有述及。㈠元史（一一九）博爾朮傳述此事時說：「頓止中野，與木華黎張氈裘蔽帝，通夕直立，足迹不移。」㈡蘇天爵元文類（二十三）閻復太師廣平貞憲王（玉昔）碑，述其祖博爾朮事，略同元史。㈢元文類（二十四）元明善丞相東平王碑說：「太祖走澤中，天大雪，忠武（木華黎）與博爾朮張馬韉蔽太祖臥。上起視跡，二人之足不移。」

㈤ 參照秘史九十、九十一、九十二、九十三、九十五、九十八至一〇三、一五三等節。

㈥ 原文「迭列」dere，字義是「枕頭」。就其語意則可譯爲屏蔽。

第二〇六節

成吉思可汗又降聖旨對木合黎說：「我們在豁兒豁納里—主不兒枝葉繁茂的〔大〕樹下，忽禿剌汗歡躍的地方㈠住下的時候，因爲上天指示給〔你〕木合黎的言語和示啓㈡，我想起〔你父親〕古溫豁阿㈢，就在那裡和〔你〕木合黎〔深〕談。因此〔我纔〕坐在『大』位之上。爲了要叫木合黎的子子孫孫都做全百姓的國王，封給〔你〕國王的名號㈣。木合黎國王〔你〕掌管左翼，做以合剌溫—只敦〔山〕㈤爲屏蔽的萬戶。」㈥

㈠ 姚師前註：忽圖剌可汗卽位時，蒙古人在大樹下慶賀的情形，見第五十七節。

㈡ 原文作「忝帖昆」temdeg-un，旁譯作「明白的」。此字的意思是「記號」或「標幟」，所以譯爲「示啓」。

㈢ 姚師前註：見第一百三十七節，大意：囑咐木華黎永遠効忠作僕，若離了，便將脚筋挑了，心肝割了。

㈣ 木合黎（木華黎）封爲國王是在一二一七，成吉思可汗開始了征金的軍事行動以後。元史本傳說：「丁丑八月，詔封太師國王，都行省承制行事。賜誓券，黃金印曰：子孫傳國，世世不絕。」（百衲本，卷一一九，四頁上。）

㊄ 合剌溫—只敦山，卽興安嶺。原文作合剌溫—只都泥 Khara'un-jidun-i，在「泥」字之旁，加一「行」字，說明那一個 i 是格助詞。所以改寫爲「只敦」。

㊅ 關於這一段故事，姚師曾補加註釋，說：元文類（二十三）閻復，廣平王碑：「國初置左右萬夫長，位諸將之上。首以武忠（博爾朮）居右，東平忠武王（木華黎）居左，翊衞宸極；猶車之有軸，身之有臂；電掃荒屯，鼇奠九土，柱天之力競矣。」舊元史（一一九）木華黎本傳也說：「丙寅（一二〇六）太祖卽皇帝位，命木華黎、博爾朮爲左右萬戶。從容謂（之）曰：『國家平定，汝等之力居多。我與汝猶車首之有轅，身之有臂也。汝等切宜體此，勿替初心！』」元史本傳所記事跡甚詳，正補秘史記述木華黎言行的不足，可以參看。

第二〇七節

成吉思可汗對豁兒赤說：「你預知徵兆㊀，從我年少時，直到現在，永遠〔與我〕潮濕〔中〕一起〔受〕潮濕，寒冷〔裏〕共同〔受〕寒冷，作〔我的〕福神㊁。那時豁兒赤你曾說過：『若是豫兆應驗，上天滿足〔你的〕心願，就讓我娶三十個妻子。』如今〔話〕已應驗，恩賜〔你〕從這些入降的百姓中，好看的婦人，美麗的女子裏，挑選三十個妻子娶吧！」㊂又降聖旨說：「在豁兒赤〔所轄〕巴阿鄰族三千戶之外，〔再〕與塔孩、阿失黑二人一起，把阿荅兒斤氏和㊃赤那思、脫斡劣思、帖良古惕〔等部〕湊成〔一個〕萬戶，〔由〕豁兒赤管轄，做萬戶，在沿着額兒的思〔河〕林木中百姓之地，自由紮營居住，鎭撫林木中的百姓。」〔還〕降聖旨〔

說〕：「未得豁兒赤的同意，林木中的百姓不得做任何行動；〔對〕未得同意而有所行動的，〔**即予處分〕何須遲疑！」**

㈠ 原文「莊列周」jönglejü 旁譯「先兆着」，當爲 jöngnejü 之訛。見 Mongol English Practical Dictionary (1953, TEAM) p.586。關於此處所說的徵兆，見卷二，一二一節。

㈡ 原文「年都　忽禿黑」Nemdü Khutugh，旁譯「福神」。按 khutugh 是「福」，也是後日蒙古信奉佛教後，給所謂「活佛」的尊稱「呼克圖」的起源。Nemdü 在當時，似乎也是福神，後來在有的地方當做獵神。在佛教普及之後，這一類的薩滿神祇都逐漸的消失了。

㈢ 姚師前註：豁兒赤要求挑選三十個美女做妻，與後來引起禿馬惕人的反抗，見第一二一節（卷三）與第二四一節（卷十）。

㈣ 原文爲「阿答兒乞訥」，原旁譯爲「種名的」。惟其下文則爲「赤那思、脫斡劣思、帖良古惕」三個族名。但這三族均不屬於阿答兒斤氏，故譯爲「和」字。

第二〇八節

成吉思可汗又對主兒扯歹說：「你主要的功績〔是〕：與客列亦惕在合剌・合勒只惕沙丘廝殺的時候，正憂愁間，忽亦勒荅兒『安荅』〔先〕開口〔請纓〕；但〔戰〕功却〔是〕你主兒扯歹立的。那時主兒扯歹你衝上前去，把只兒斤、禿別堅、董合亦惕〔等族〕，忽里・失列門千人護衞〔等〕主力軍，都壓制住，〔殺〕到〔他們的〕大中軍，用『兀出馬』㈠〔箭〕，射中桑昆的紅腮。啊！長生天給我們敞開了門閂！若非〔你射〕傷桑昆，不知道我們變成什麼樣子了？那就是主兒扯歹主要的勳功㈡！離開〔那戰場〕，順着合勒合〔河〕移動的時候，我把主兒扯歹當做高山屏障。從那裏去到巴勒渚納湖〔駐馬〕飲水㈢。後來從巴勒渚納湖出發，教主兒扯歹當先鋒，征伐客列亦惕。蒙天地增添氣力，征服俘獲了客列亦惕人。主要的國家被削平，乃蠻、篾兒乞惕〔相顧〕失色，不敢作戰，爲〔我〕所破。在擊潰篾兒乞惕〔和〕乃蠻的時候，客列亦惕的札合•敢不，爲了〔獻出〕他兩個女兒的緣故，保全了他自己所統屬的百姓，其後又叛。主兒扯歹用計引誘，擒獲已經叛離的札合•敢不，處死。再次俘獲了札合•敢不的百姓。這又是主兒扯歹的另一勳功。」

因爲在斷殺之日，不顧性命，在死戰之日〔盡力〕鏖戰的緣故，成吉思可汗把亦巴合•別乞賜給主兒扯歹的時候，對亦巴合•〔別乞〕說：「我不是說你沒有品德，〔不是說你〕姿容不好，而把你這曾在我懷裏，曾在我腿旁，曾按〔尊卑〕次序並列着紮下〔斡兒朵的夫人〕㈣賜給主兒扯歹。〔這〕是爲了很大的道理。〔我〕想念着主兒扯歹，〔在〕斷殺之日，成爲盾牌，在〔遇〕敵〔之時〕，成爲屏蔽，把分離的百姓給統合了，把潰散的百姓給收復了，諸多功勳的緣故，把你賜給〔他〕了。」降聖旨〔說〕：「今後我的子孫，坐在我們的位子〔裏〕，要想着這樣立過勳勞的道理，不要違背我的話，直到子子孫孫都不得斷絕亦巴合的位子。」㈤成吉思可汗又對亦巴合說：「你父親札合•敢不，曾給你二百戶從嫁㈥，〔和〕阿失黑•帖木兒、阿勒赤黑兩個司厨。如今你到兀魯兀惕族去，給我作爲遺念，由你從嫁之中，把司厨阿失黑•帖木兒，〔

和〕一百戶留給〔我〕吧。」說着就留下了〔他們〕。成吉思可汗對主兒扯歹說：「把我的亦巴合給你了！」如此恩賜〔又〕降聖旨說：「你管轄你四千戶㊆兀魯兀惕〔族〕吧！」

㊀兀出馬箭，原蒙音作「兀出馬」，旁譯「箭名」，也見於第一七四節。至元譯語作「遏曹馬」，漢譯為「三尖鈚子」，似乎「兀出馬」乃是一種短箭，當即馬箭。

㊁姚師前註：主兒扯歹在哈剌·哈勒只惕沙磧對抗王汗的戰功與射中桑昆的經過，詳見上文第一百七十一節（卷六），第一百八十五節（卷六）。主兒扯歹即朮赤台元史（一二〇）有傳。傳中所述重要事跡，多與秘史符合。如曰「朕之望汝，如高山前日影也」，正可與這裏所說「望你如高山屏藩一般」，互相比證。又如：「賜嬪御木八哈·別吉，引者思百」與「俾統兀魯兀四千人，世世無替」等，兩相比較，意義也更為明白。

㊂原文「兀速剌剌」，旁譯「飲水」；但 usulara 是「為了要給牲畜飲水」，或是「飲牲畜」之意。按華北方言，「飲」字讀第四聲，這不是「人去飲水」之意，而是使牲畜飲水。姚師前作「駐馬飲水」，既顧到字義，又顧到飲班朮尼河水的故事，甚佳。

㊃原文此處只有「保兀黑三」（bo'ugsan）一字，其旁譯為「下了的」。這是指游牧移動時，下營而言。按可汗駐蹕之所，各后妃之斡兒朵是依其地位之尊卑，而定其與可汗宮帳（即斡兒朵）之間的距離及等次。關於可汗及后妃「斡兒朵」，請參照箭內亙博士之元朝斡耳朵考（見蒙古史研究六六三頁至七六八頁）。

㊄是指為亦巴合夫人業經設立的「斡兒朵」及其席次而言。按「斡兒朵」的制度，即使可汗或可敦崩逝，而對該斡兒朵的財產及供應，仍是照常維持的。可參照元史卷四四，食貨志三，歲賜條，后妃公

主部分。

㊅ 百戶原文爲「札溫」（複數「札兀惕」）；惟從惟以原文過於簡單，無法斷定其究竟是二百戶，還是兩百個人。更無法窺知客列亦惕人在被成吉思可汗征服之前，已否實行過以百戶爲單位的組織。關於從嫁「引者思」yinjas，請參照卷一，第四十三節註㊃。

卷九

第二〇九節

成吉思可汗又對忽必來說：「你給〔我〕壓住了強漢的頸項，力士的胯骨㊀。忽必來、者勒篾、者別、速別格台，我這四隻〔猛〕狗，凡〔我〕想着要叫去的〔地方〕，一說上，就〔去，將〕亘石撞碎；一說攻，就〔去把〕岩石撞裂。你們曾鑽破明石，橫斷深水。叫忽必來、者勒篾、者別、速別額台你們〔這〕四狗，到〔我〕指向的地方去；〔叫〕孛斡兒出、木合黎、孛羅忽勒、赤剌溫・把阿禿兒，我這四傑，在我自己的跟前；在厮殺之日，叫主兒扯歹、忽亦勒荅兒兩個〔率領〕他們兀魯兀惕、忙忽惕〔兩族〕人站在我的前面，我就完全安心了！」㊁於是恩賜〔他〕，降聖旨〔說〕：「一切軍務〔以〕你忽必來爲長。」又說：「因爲別都溫㊂性情悖拗，我不喜歡。沒有給〔他〕千戶。你對他有辦法，叫〔他〕與你一同管理一個千戶，商量行事。」又說：「今後我們留心別都溫〔久後如何？〕」

㊀ 原總譯作：「將剛硬不服的人服了」，是切合的意譯。

㊁ 姚師前註：「四狗」，蒙文作「朶兒邊・那海思」，喻四人臨敵勇猛，在游牧社會最爲得力。略如前人所說五虎將的意思。「四傑」蒙文作「朶兒邊・曲魯（克）」。譯言「四駿」；用以比喻孛斡爾出等四人謀勇的兼備、善戰之外，兼長謀略。主兒扯歹，忽亦勒答兒所統兀魯兀惕與忙忽惕人，均勇悍善戰、所向無敵。成吉思可汗舉出這些人，自承可以使他心安，也可以見他眞能知人善任，確有領袖

的卓識。

㊂ 別都溫 Bedü'ün，似即二一〇節所說朶兒邊氏的抹赤•別都溫。

第二一〇節

成吉思可汗又對格你格思〔氏〕的忽難說：「孛斡兒出、木合黎等『那顏』們，朶歹、朶豁勒忽等『扯兒必』們！這忽難在黑夜是雄狼，在白天是烏鴉。你們與這移動時不曾停住，住下時不曾動移，與外人在一起從來不改臉，與仇人在一起從來不丟臉㊀的忽難、濶濶搠思兩個人，未曾商議，不要去做。你們要與忽難、濶濶搠思兩個人商量着行事！」降聖旨〔說〕：「拙赤是我諸子之長。忽難領着你格你格思〔族〕，在拙赤之下，做萬戶的『那顏』。」〔又說〕：「把所看見的從不隱諱，把所聽見的從不匿藏的，就是忽難、濶濶搠思、迭該、兀孫老人，這四個人。」㊁

㊀ 原文「主卜赤克先」，旁譯「安來的」，不明其意。原總譯作「不曾肯隨歹人」。蒙漢滿三合 十一冊六十五頁下，有 jübchimüi 一字，解爲「捨臉」。

㊁ 姚師前註：原總譯轉述大意：「但曾聞見的事，不曾隱諱。」也沒有原文並擧的親切。凡此均可見成吉思可汗的注重賢才，留心納諫與親賢；並對於直言敢諫的賢臣，有很妥善的安排。

第二一一節

成吉思可汗又對者勒篾說：「札兒赤兀歹老人背着他的風箱，帶着在搖籃裏的者勒篾，自不峏罕山走下來。當我在斡難〔河〕迭里溫—孛勒荅黑出生的時候，給了〔我一件〕貂皮的襁褓。〔從〕那時做伴㊀以來，〔你〕就成了〔我〕門限〔裏〕的奴婢，門內自己的僕從㊁。者勒篾的功勞多了。」降聖旨說：「出生時一同出生的，長大時一起長大的，有貂皮襁褓源緣的，有福澤吉慶的者勒篾，九次犯罪，不加處罰。」

㊀ 事見卷二第九十七節。

㊁ 原文「俺出」emchü，旁譯「梯己」，即「私人的」或「個人的」之謂。黃金史第一四一頁上第四行於 emchü 一字之旁，補註 jaruchi，字義是僕從。

第二一二節

成吉思可汗又對脫侖㊀說：「你們父子，爲什麼各轄千戶呢？乃是因〔你〕做了〔你〕父親的一隻膀臂，共同努力，收撫百姓，所以給〔你〕『扯兒必』的名分。」降聖旨〔說〕：「現在將你所收撫的〔百姓〕，做成〔你〕自己的千戶，與脫魯罕商議着管理吧！」

㈠ 姚師前註：脫侖亦作脫欒，卽是蒙力克的兒子第十二千戶。元史（一九三）伯八兒傳：「祖明里也赤哥，父脫侖闍里必，扈從太祖征西域，累立奇功。」傳中的脫侖，卽是秘史這一節中的脫侖。

第二一三節

成吉思可汗對司廚㈠汪古兒說：「蒙格禿・乞顏㈡的兒子汪古兒，你曾與脫忽剌兀惕氏的三個〔弟兄〕㈢、塔兒忽惕氏的五個〔弟兄〕㈣。敞失兀惕㈤、巴牙兀惕〔兩族〕，爲我組成一個圈子㈥。汪古兒你在霧裏不曾迷途，你在叛亂中不曾離去，潮濕〔你〕就共受潮濕，寒冷你就同受寒冷，現在你要什麼恩賜？」汪古兒說：「如果命〔我〕選擇恩賞，我巴牙兀惕〔氏〕的弟兄都散在各部族之內；如蒙恩賜，請叫我把我巴牙兀惕弟兄〔們〕聚集起來吧。」〔可汗〕就降聖旨說：「好。你就〔把〕巴牙兀惕弟兄們聚集起來，成爲千戶㈦管轄吧。」成吉思可汗又降聖旨說：「汪古兒、孛羅兀勒兩個人〔分爲〕右左〔兩〕邊。你們兩個司厨分發食物的時候，不要缺坐立在右邊的，〔也〕不要缺排列在左邊的。你們二人那樣分發，我的喉嚨就不發澁，心裏也就安定了。現在汪古兒、孛羅兀勒兩個人前去給衆人發放食糧吧。」又指給〔他們〕坐位說：「坐席位的時候，〔你們〕要坐在大酒局的右左，料理食物，與脫侖等一同面北居中坐下㈧。」

㈠ 司厨原文爲「保兀兒赤」bo'urchi，元史作「博兒赤」、「博爾赤」，或「寳兒赤」，爲「怯薛」中重要職守之一。元史卷九九，兵志三，宿衞，四怯薛條，說：「親烹飪，以奉上飲食者，曰博爾赤。」（同卷，第二頁上）但其職務並非只此一項。請參照拙著「說元史中的『博兒赤』」，田村博士頌壽東洋史論叢（一九六八，京都），六六七至六八二頁。

㈡ 蒙格禿・乞顏就是第五十節中的忙格禿・乞顏。他是成吉思可汗的伯父。

㈢ 脫忽剌兀惕氏的三弟兄是指一二〇節的札剌亦兒族的合赤・脫忽剌溫，合剌孩・脫忽剌溫，合剌勒歹・脫忽剌溫三個弟兄而言。

㈣ 塔兒忽惕氏的五個弟兄是指一二〇節的合答安、答剌都兒罕等五個弟兄而言。

㈤ 敞失兀惕 Changshi'ud，四部叢刊本、葉德輝本均誤作「敝失兀惕」。錢大昕本則作「敝」字。

㈥ 事見一二〇節。這時正是帖木眞方與札木合分手，互相爭奪對蒙古諸氏族的領導權之際。組成一個圈子，就是組成當時軍事防禦上的一環。在當時而言，這對帖木眞是一大支援。

㈦ 原文在「敏罕」（千戶）之下，似脫落一個命令形的動詞 boltughai「成爲」。

㈧ 直到最近蒙古貴族擧行盛大宴會時，猶保持若干古代宴會的舊習慣。宴會的地點，通常爲一巨大而華麗的長方形帳幕（Čačir）。主人坐於北端正中之一高臺上，各貴族及高級僧侶，則依其尊卑坐於左右兩旁。南面成爲一排，排前分成左右相對的兩組，各設若干排毛氈低棹，爲各官員席位。每排均由北而南，以北端之席位，爲最高的座位。（此或卽是秘史第二〇四節成吉思可汗指給蒙力克老爹的座位。）正中主人之前，留一寬廣的通路。通路盡處（卽南端大帳幕正入口處），置巨大酒甕數個，卽是此節所說的「大酒局」(Yeke Tüsürge 也客 禿速兒格)。其中盛滿馬湩。酒甕之後，有官員一人或數人正裝面北而坐（或跪坐），監管酒局。此卽本節成吉思可汗指給汪古兒等人的席位。惟時至近代，掌此類職務者大率皆爲專業，多非親信勳貴，這些地方與秘史所述已有顯然的不同。

第二一四節

成吉思可汗又對孛羅忽勒說：「我母親把失吉忽禿忽、孛羅忽勒、古出、闊闊出，你們四個人，從〔敵〕人的營盤裏，從野地裏揀回來，放在自己的膝下，當做兒子撫育㊀，提着你們的項頸，使〔你們〕與別人一般〔高〕，提着〔你們的〕肩膀，使你們與男子漢一樣〔大〕。爲要給她的兒子們做伴侶，把你們養育〔成人〕了。你們把我母親養育之恩，報答了多少？孛羅忽勒給我作伴以來，在緊急的征戰中，陰雨的黑夜裏，你不曾教〔我〕空腹過夜；在與敵人互相抗拒的時候，你不曾叫我沒有肉湯住宿。又當征服〔那〕傷害〔我〕祖先，父親的塔塔兒人，以仇報仇，以冤報冤，把塔塔兒人與車轄相比，趕盡殺絕之時，塔塔兒的合兒吉勒．失剌，變成刼賊逃出，却因困乏饑餓，混入〔營內〕，進了母親的房子裏說：『我是求衣食的㊁。』〔母親〕說：『若是告幫的，就坐那兒吧。』當〔他〕正坐在西邊木床靠門後〔那一〕頭㊂的時候，五歲的拖雷㊃從外邊進來。剛要跑出去，合兒吉勒．失剌就站起來，把〔這個〕孩子夾在他的腋下向外走，用手摸他的刀子。在〔他〕抽着刀走的時候，孛羅忽勒的妻子阿勒塔泥正在母親屋裏的左邊坐着㊄，隨着母親喊叫：『孩子完了！』阿勒塔泥就跟着〔他〕一同跑出去，從後邊趕上合兒吉勒．

失剌，〔一隻手〕抓住他的練椎㈥，另一隻手抓住他那正抽刀的手，扯掉了他的刀子。哲台、者勒篾兩人正在房後宰殺〔一隻〕禿犄角的黑牛，〔聽見〕阿勒塔泥的聲音，哲台、者勒篾兩個人就拿着斧子，〔揝〕紅了拳頭，跑上前去，用斧子、刀子把塔塔兒〔族〕的合兒吉勒・失剌在那裏殺死。阿勒塔泥、哲台、者勒篾三人互爭救了兒子性命的頭功。哲台、者勒篾兩個人說：『我們若不在〔那裏〕，不快跑去殺死〔他〕，阿勒塔泥〔一個〕婦人〔又〕能怎樣？〔他〕早就害了小孩的性命。頭功〔應〕是我們的。』阿勒塔泥說：『如果沒聽見我的聲音，你們怎能來？如果我沒跑着趕上〔去〕，抓住他的練椎，拉住〔他〕正抽刀的手，〔弄〕掉了刀，等哲台、者勒篾到的時候，〔還〕不〔早〕害了小孩的命。』說完，頭功就歸了阿勒塔泥。孛羅忽勒的妻子能做孛羅忽勒的另一隻車轅，救了拖雷的性命。還有在合勒合勒只惕沙磧與客列亦惕廝殺的時候，斡歌歹頸項脈中箭倒地。孛羅忽勒也一同下馬，用嘴咂去凝血。夜間宿在一起。翌晨叫〔他〕上馬，〔因爲〕坐不住，就〔兩個人〕疊騎，從斡歌歹的後邊抱着，咂去凝塞的血，口脂都紅了。使斡歌歹得以活着回來㈦。〔你把〕我母親養育的辛勞，報答在救護我兩個兒子的性命之上了。孛羅忽勒給我做伴〔以來〕，在招喚時候，從未落後。孛羅忽勒九次犯罪，不加罪罰！』㈧

㈠ 姚師前註：失吉・忽禿忽被拾，見上第一百三十五節；孛羅忽勒見第一百三十九節；曲出（一作古出）見第一百十四節；濶濶出見第一百一十九節。

㈡ 原文爲「撒亦　額里兀勒孫」sai eri'ülsün，旁譯「好　尋的」。總譯作「尋衣食的」，即「告幫的」之意。

㈢ 在穹帳之中，西邊或右手方靠門後的那一端，是來客中最卑微者的席位。左邊或東邊靠門後的位子，是僕卑們，子侄們，或婦女中卑微者的席位。

㈣ 姚師前註：拖雷年歲考。沈子培先生說：「族滅塔塔兒之年，歲在壬戌（一二〇二）金泰和二年，是時拖雷年五歲，則當生於戊午（一一九四），金章宗承安三年。元史（一一五）睿宗傳，卒年四十有□（原闕一字）。自大安三年戊午（一一九三）至元太宗四年壬辰（一一三二），實得年三十五歲，無四十也。又元史㈢憲宗紀，帝生於戊辰（一二〇八），唆魯禾帖尼后來歸在癸亥（一二〇三）。十歲娶妻，十六生子，非事理也。則元史卒年四十餘者，較為近理。」疑族殺塔塔兒事，當在壬戌年以前。

㈤ 已見註㈢。

㈥ 原文「失必勒格兒」，旁譯為「練椎」，總譯作「頭髮」。按蒙韃備錄等書之記載推之，當為垂在腦後的辮髮或髮結。已詳卷一第五十六節註㈢。

㈦ 事見秘史第一七三節。

㈧ 四部叢刊本此處多了一句話，把下面二一五節寫在這裏。為避免重複刪除。錢大昕本無此錯誤。

第二一五節

〔成吉思可汗〕又說：「給本族的女子們恩賞吧！」

第二一六節

成吉思可汗又對兀孫老人說：「兀孫、忽難、濶濶搠思、迭該這四個人，把所見所聽見的，都不隱藏的告訴〔我〕；把所想念的，都〔不保留的〕說出來。〔兀孫〕有理由成爲蒙古人的模範『那顏』，有來歷㈠的別乞。〔你〕是巴阿鄰〔氏〕長房的子孫。在我們的體例裏，以『別乞』爲重。命兀孫老人爲『別乞』。既然推〔你〕做『別乞』，就叫〔你〕穿白色的衣服，騎白色的騸馬㈡，坐在衆人之上，議論年月〔的吉凶〕，加以敬重。」如此降下了聖旨。

㈠ 原文「抹兒」mör，旁譯爲「道子」，總譯略。此字在卷八第二〇一節，旁譯仍作「道子」。譯則作「他又是大名頭的人。」此字可作「來歷」、「踪跡」或「徵象」解。陶宗儀在他的輟耕錄中曾論及此字，謂之「白道子」。（世界書局版，卷一，三十二頁）

㈡ 蒙古人色尚白，以白爲諸色之首。象徵元始、幸福和豐富。蒙古王公之正式坐騎多用白色的騸馬。馬哥孛羅稱忽必烈汗於元旦御白衣受諸臣之朝賀（見馮承鈞譯本（商務）三五六頁）。足證成吉思可汗對兀孫之恩寵有加，亦足以證明稱爲「別乞」的薩滿，是如何的爲可汗及一般人所尊敬。

第二一七節

成吉思可汗又降聖旨說：「因爲忽亦勒答兒『安荅』在厮殺的時候犧牲自己性命，首先開口〔請纓〕的功勳，直到『他』子子孫孫都要領遺族的賞賜。」㊀

㊀ 姚師前註：這一節參看第一百七十一節，第二百零二節九十五千戶忽亦勒荅兒下的小註。這裏所說「忠烈遺孤的賞賜」，原旁譯及總譯均說是「孤獨的」賞賜，當有特殊的規定，惟秘史雖再三提及（本節及下一節），但並未明言，這種賞賜都是些甚麼，當再詳考。

斯欽補註：元史九五，食貨志三，歲賜，勳臣條，說：「慍里荅兒•薛禪 Uyildar Sechen：五戶絲，丙申年（一二三六），分撥泰安州二萬戶。延祐六年（一三一九），實有五千九百七十一戶。計絲二千四百二十五斤。江南戶鈔，至元十八年（一二八一），分撥桂陽州二萬一千戶。計鈔八百四十錠。」（百衲本，卷九五，二十頁上）

第二一八節

成吉思可汗又對察罕•豁阿的兒子納鄰•脫斡里勒說：「你父親察罕•豁阿在我前面謹作

戰，在荅闌－巴勒渚惕斯殺時候，被札木合所殺。現在脫斡里勒因他父親的功勛，要遺族的賞賜吧。」脫斡里勒說：「我揑古思〔氏〕的弟兄〔們〕散在各部族裏，如蒙恩典，請准〔我〕聚集揑古思〔氏〕弟兄們。」成吉思可汗降聖旨說：「那麼你就集合你揑古思〔氏〕弟兄〔們〕，直到〔你〕子子孫孫都〔世襲〕管轄吧。」㈠

㈠ 姚師前註：參考上文第二百零二節（卷八）第二十五千戶察合安・豁阿名字下的小註。那裏作察罕安・豁阿，又作察合安・兀洼（思）。

第二一九節

成吉思可汗又對鎖兒罕・失剌說：「我小時候，被泰亦赤兀惕的塔兒忽台・乞鄰勒禿黑兄弟〔們〕所嫉妒，而被擒拿。那裏您鎖兒罕・失剌〔說〕：『你被弟兄們嫉妒㈠了。』就叫你兒子赤剌溫、沉白，女兒合荅安關照〔我〕，隱藏〔我〕，把我放回來了㈡。不忘您的那個恩惠和好處，我黑夜在夢裏，白日在心裏，總是想念着。可是您〔很〕晚纔從泰亦赤兀惕來到我這裏。如今我若賞賜，您喜歡甚麼恩賞呢？」鎖兒罕・失剌和他的兒子赤剌溫、沉白說：「如蒙恩典，封賜分地㈢，請將篾兒乞惕地方薛涼格〔河〕封賜給我。其他恩賜請成吉思可汗隨意吧。」於是成吉思可汗降聖旨說：「以篾兒乞惕的地方薛涼格〔河〕做為你的封地。使你做荅兒罕㈣，直到你子子孫孫，都叫配帶弓箭㊄，〔飲宴時〕喝盞㊅。封爲荅兒罕，九次犯罪，不科刑罰。」

成吉思可汗恩賜赤剌溫、沉白二人說：「想念着赤剌溫、沉白兩個人以前所說的話㊆，〔我〕應怎樣酬答你呢？」就降聖旨說：「赤剌溫、沉白你們兩個人，心裏如有要說的話，如想請求所缺少的〔東西〕，不用向中間人去說，你們自己親身親口向我說出，〔你們〕所想要的；請求〔你們〕所缺少的。」

又降聖旨說：「再恩賜鎖兒罕・失剌、巴歹、乞失里黑，你們〔這〕『荅兒罕』們；再增加〔你們〕『荅兒罕』的權利。剿捕衆敵，如得財物，可隨得隨取；如圍獵野獸，可隨殺隨拿。」降聖旨說：「鎖兒罕・失剌本來是泰亦赤兀惕脫迭格的屬民。巴歹、乞失里黑兩個人本來是〔也可〕扯連的放馬人。如今〔是〕我所倚仗〔的〕，叫〔你們〕佩帶弓箭，〔飲宴時〕喝盞，封爲荅兒罕，享受快樂！」

㈠ 原文「乃亦塔黑荅木」nayidaghdamu 旁譯爲「被嫉妒有」。這本是一個字，惟各本於鈎劃時，把它誤爲兩字，宜加更正。

㈡ 事見卷二第八十二節至八十七節。

㈢ 原文爲：「嫩禿黑　荅兒合剌速」(nontugh darkhalasu)，旁譯爲「營盤　自在我」。原總譯作：「俺欲要篾兒乞兒薛涼格地面自在下營」。此語卽「封賜封地」之謂。清廷對於蒙古王公分封各旗土地之擧，在一般的蒙古語中，卽稱爲 notugh darkhalakhu 或 notugh khairalakhu。其意義與此處所說的完全相同。

㊃ 姚師前註：「荅剌罕」是當時一個特殊的封號，即是「自由自在者」。被封爲荅剌罕的人享有若干特權，如①可以在特許分地內，自在下營。②戰爭時所得的戰利品，打獵時所得的野獸，可以自由的要，不必分給別人，等等。成吉思可汗時代封荅剌汗者，即此節所說的鎖兒罕・失剌、巴歹、乞失里黑三人。參看上文第五十一節，第一百八十七節及有關各節。

㊄ 配帶弓箭是一種榮典，請詳卷七第一八七節註㊁。

㊅ 飲宴時喝盞也是一種榮典，請詳卷五第一五四節註㊁。

㊆ 見卷二第八十五節。

第二二〇節

成吉思可汗又對納牙阿說：「失兒古額禿老人與他兒子阿剌黑、納牙阿，你們一同，將塔兒忽台・乞里勒禿黑給我們捉來的時候，路間到了忽禿忽勒訥兀。〔在〕那裏，納牙阿說：『我們怎能背棄自己的正主，拿住〔送〕去呢？』說着不忍背棄就放走了。失兒古額禿老人與他兒子阿剌黑、納牙阿一同前來，納牙阿・必勒只兀兒㊀說：『下手把正主塔兒忽台・乞里勒禿黑〔捉住〕前來的時候，我們却不忍背棄，放〔他〕走了。我們給成吉思可汗効力來了。如果對自己的〔可〕汗動了手而來的話，那麼必被〔人〕說，這些對自己〔可〕汗下過手的人，今後怎能被信任呢？』因爲說：『不忍背棄自己的可汗』，〔我〕贊許〔你〕不忍棄掉〔你〕自己的正主〔可〕汗是本乎大義的話，曾說過：『要委託〔你〕一件事㊁。』如今命孛斡兒出管轄右翼萬戶；給木合里國王名分，管轄左翼萬戶；現在叫納牙阿管轄中軍萬戶。」如此降下了聖旨。

㊀納牙阿．必勒只兀兒　Naya'a-Bilji'ur　就是納牙阿。「必勒只兀兒」是麻雀之意，可能是他的幼名。黃金史一四八頁第十二行末尾稱之為 Naya'a-Bildaghur-Bildaghur　也是麻雀之意。

㊁關於這一段故事，請參照卷五第一四九節。

第二二一節

又說：「者別、速別額台兩個人，把〔你們〕自己收撫的百姓，〔各自〕編成千戶管轄吧㊀！」

㊀者別、速不台二人是成吉思可汗的兩員大將，從這句話上，可以看出他們在戰爭的過程中，已經俘獲或收撫了許多的百姓。現在把他們自己所「置了的」（原文 jögegseger eyen）百姓，編成千戶，各自管轄。

第二二二節

又命牧羊的迭該，將沒有戶籍的百姓，聚集起來，做千戶管轄㊀。

㊀姚師前註：迭該已見上文第一二四節（卷三），曾任牧羊官（火你赤），管理收放羊隻。

第二二三節

再者木匠㊀古出古兒缺少百姓，就從這裏那裏抽取〔人丁給他〕。因爲木勒合勒忽曾由札荅闌氏前來做伴當就說：「古出古兒、木勒合勒忽㊁二人一起，成爲〔一個〕千戶，商議着〔管理〕吧。」

㊀原文「抹赤」mochi，白鳥本按現代語改爲「抹多赤」。伯希和本仍作 mochi。原旁譯爲「木匠」。黃金史一四九頁第十二行作 Güchü-gür möchi。美國柯立夫教授 (W. Cleaves) 於一九五一年六月在哈佛亞洲學報中發表其有關竹溫台碑之論文 (The Sino-Mongolian Inscription of 1338)。在論及蒙文碑文第三十二行之 mod 一字時，曾提及此「抹赤」一字。並稱蒙古語極可能稱木爲 mo，稱木匠爲 mochi。若按黃金史之 Mochi 言之則非「木匠」乃「四肢」或樹木的「大枝」之意。

㊁木勒合勒忽 Molkhalkhu，柯紹忞新元史（一二八）說：「迭該，別速氏，弟古出古兒，太祖車工也。木勒合勒忽札荅剌氏，掌牧養有功。」（開明版六八七四頁）

第二二四節

以一起建國共嘗辛苦的人們，任命為千戶的「那顏」；組成千戶，委派各千戶、百戶、十戶的「那顏」㈠；組成萬戶，任命萬戶的「那顏」。對各萬戶、千戶「那顏」之中，應予恩賞者，降聖旨賜予恩賞。

成吉思可汗降聖旨說：「以前〔我僅〕有八十名宿衞，七十名散班扈衞㈡。如今在長生天的氣力裏，天地給增加威力，將所有的百姓納入正軌，置之於獨一的統御㈢之下。現在給我從各千戶之內，揀選扈衞、散班入〔隊〕。宿衞、箭筒士、散班要滿一萬名。」為揀選護衞入〔隊〕，成吉思可汗又降聖旨，通令各千戶說：「給我們選護衞。凡萬戶、千戶、百戶『那顏』的子嗣們，並白身人㈣的子嗣們入〔隊〕之時，要叫有技能，身體健好，能在我們跟前行走㈤的入〔隊〕。千戶『那顏』們的子嗣入〔隊〕時，要帶十個伴當，〔和〕他一個弟弟前來。百戶『那顏』的子嗣入〔隊〕時，要帶五名伴當〔和〕他一個弟弟前來。十戶的那顏的子嗣入隊，〔並〕白身人的子嗣入隊時，要帶三名伴當〔和〕他一個弟弟〔前來〕。〔各〕由〔其〕原在之地，準備騎乘馬匹㈥，並所需之物㈦前來。支援前來我們跟前之人的時候，對於各千戶『那顏』的子嗣們，由〔其〕原屬之千戶、百戶內給他抽撥十名伴當。如果有他父親所分給的〔百姓〕㈧，或他本身㈨有得來的一些男丁、軍馬，則除由其本身所出之部份外，仍要按照我們所定的限度，給〔他〕抽撥，〔給他〕準備。給百戶『那顏』們的子嗣五個伴當；給十戶那顏們的子嗣及白身人的子嗣三個伴當；也均按這辦法，在他自己所有的部份之外，照樣給〔他〕抽調。」降聖旨說：「千戶、百戶、十戶的『那顏』們及衆人，奉到或聽到我們這聖旨後，凡違背的，列爲罪犯！應該入我們宿衞，而躲避不肯〔充當〕的；刁難應來我們跟前之人的；〔或〕使人頂替入〔隊〕的；均應判罪，發配到眼睛所看不到的遠處去！」〔又〕說：「不要阻擋，願到我們這裏，在我們跟前行走共同學習的人。」

㈠ 姚師前註：即排頭，十人之長，一曰班長。

㈡ 原文「禿兒合黑」turkhagh，旁譯「散班」，已詳卷七第一九一節註㈣。

㈢ 原文「只魯阿」jilu'a，旁譯「調度」。此字之原意爲「轡」字；但有「操縱」或「指揮」之意。

㈣ 「白身人」已詳卷七，第一九一節，註㈤。

㈤ 原文「迓步渾」yabukhun，旁譯「行的每」。字義是「走」或「行走」。在這裏有「侍奉」或「服務」之意，正與清代官制中的「行走」或「××上行走」之意相同。如「乾清門行走」等。

㈥ 原文「兀剌阿」ula'a，旁譯「騎坐馬匹」。按 ula'a, ulagha 是指專爲公務旅行所預備的馬匹車輛而言。

㈦ 原文「古出」güchü，旁譯「氣力」。爲使其與上下文符合，只得譯意爲「所需之物」。

㈧ 原文：「忽必　客失克」khubi keshig 旁譯：「分子」。蓋指由可汗，封主或長輩所分給的屬民而言。在今日則爲「福澤」，或「由其父母所分給的財產」。

㈨ 原文「合的　牙兒」ghad-ayar 旁譯爲「獨自　自的行」。黃金史一五一頁第六行在 ghad 一字之旁，補加 ghar 一字為其註釋。按 ghar-ayar 是「親手」之意。亦可知 ghad 是 ghar 的複數，但在今日已不使用。

第二二五節

依着成吉思可汗的聖旨，從各千戶裏挑選「宿衞」，各百戶、十戶「那顏」的子嗣們，也依照這聖旨進行挑選。將以前原有的八十名宿衞，「擴充」為八百名。〔成吉思可汗〕說：「把八百名添滿為一千名吧。」降聖旨說：「不要阻擋應入宿衞的人。」降聖旨說：「以也客•揑兀鄰為宿衞之長，管轄〔這〕一千人。以前所選出的四百名佩帶弓箭的扈衞㊀，由者勒篾之子也孫•帖額為長，與禿格之子不吉歹〔共同〕商議管理。」降聖旨說：「帶弓箭的扈衞與散班們，分作〔四〕班入值。一班以也孫•帖額為長入值，一班以不吉歹為長入值，一班以火兒忽荅黑為長入值，一班以剌卜剌合㊁為長入值。要如此使佩帶弓箭的扈衞們帶上弓箭，使散班們分班㊂值守，派定首長入值。把佩帶弓箭的扈衞添滿一千名，以也孫•帖額為長。」

㊀ 原文「豁兒赤」khorchi。元史一一九，博爾忽傳，塔察兒附傳說：「火兒赤者，佩櫜鞬侍左右者也。」（百衲本，第二十五頁下，請參照拙著「元史火兒赤考」，邊政滙刊（中國文化學院），五十五年，十月。）

㈡ 姚師前註：這些宿衞千戶中如也客•扯兀鄰、也孫•帖額，不吉歹•剌不剌合等，均不在上述九十五千戶的名單以內，應該都是新添的千戶。這裏分四班入值，元史（九十九）兵志（二）宿衞條「四怯薛」下有很詳細的規定。

㈢ 原文「客失克」，旁譯爲「班」。在現代語中如爲 keseg 則爲軍隊中的「連」字，如爲 keshig 則是福分之意。黃金史於此處亦均作 keseg（一五二頁）。

第二二六節

〔成吉思可汗〕說：「將以前與斡哥列『扯兒必』一同入值的散班，添至一千名，〔仍〕由孛斡兒出的親族斡歌列統轄。一千散班由木合黎的親族不合統轄；一千散班由亦魯孩的親族阿勒赤歹統轄；一千散班由朵歹『扯兒必』統轄；一千散班由朵豁勒忽『扯兒必』統轄；一千散班由主兒扯歹的親族察乃統轄；一千散班由阿勒赤的親族阿忽台統轄。阿兒孩•合撒兒統轄一千揀選的勇士，在平常的日子做散班，在厮殺的日子做站在〔我〕前面的勇士。」以各千戶選拔出來的，〔編〕成了八千散班，二千宿衞與佩帶弓箭的扈衞，共一萬名護衞。成吉思可汗降聖旨說：「加强我們貼身的一萬戶護衞，作爲大中軍。」

第二二七節

成吉思可汗又降聖旨，任命散班四班護衞首長之時說：「不合管轄一班護衞，整頓護衞入值。阿勒赤歹管轄一班護衞，整頓護衞入值。朶歹『扯兒必』管轄一班護衞，整頓護衞入值。朶豁勒忽『扯兒必』管轄一班護衞，整頓護衞入值㊀。」如此任命四班首長值班之時，宣佈聖旨說：「值班的時候，各班長官應將自己該值班的護衞點全人數入值。三宿〔後〕交換。如應當值班而脫班，將該值班而脫班的〔人〕，責打三下〔柳〕條子㊁。這個護衞如再脫第二班，責打七條子。若是這人身體無病，又無該班長官的許可，三次脫了應值的班，責打三十七條子。〔他〕既然不願意在我們這裏行走，就流放〔他〕到遙遠的地方去吧！」

降聖旨說：「各班首長們在各班之內，要再三再三的叫護衞們傾聽這道聖旨；如不叫〔他們〕聽明白，〔該〕班首長要受處罰。聽了聖旨仍行越犯，就按聖旨的規定，處罰脫班的護衞。卽使各班的首長，未得我的許可，〔也〕不要叱責同等〔爲〕我值班的護衞們。如動用法令，〔須先〕告訴我。有當斬之理的，我們斬決；有當打之理的，可叫〔他〕臥倒責打。〔不要〕以爲當了首長，就對都是我同等的護衞，自己〔隨意〕動手動脚。凡是用條子打的，也用條子〔罰他〕，〔用〕拳頭打的也用拳頭罰〔他〕！」

㊀ 元史卷九十九，兵志二，宿衞條稱：「宿衞者天子之禁兵也……方太祖時以木華黎、赤老溫、博爾忽、博爾朮爲四怯薛，領怯薛歹，分番宿衞。」（見百衲本卷四十七，第一頁上）與本節所述略有出入。

姚師前註：元史（九十九），兵志，宿衞，「四怯薛條」：「怯薛者，猶言番直宿衞也。凡宿衞每三日而一更。申酉戌日，博爾忽（孛斡忽勒）領之，爲第一怯薛，卽也可怯薛。亥子丑日，博爾朮（孛斡兒出）領之，爲第二怯薛。寅卯辰日木華黎領之，爲第三怯薛。己午未日，赤老溫領之，爲第四怯薛。」

㈡原文「別里額思」 beriyes，旁譯「條子」。此字在二七八節旁譯作「杖子」。如作條子解，當指「柳條子」——卽灌柳條杖之意。淸代蒙古游牧地區各旗，對於犯人，除重囚外，均不用皮鞭，而以柳條責打。

第二二八節

成吉思可汗又降聖旨說：「比在外邊千戶的『那顏』們，我的護衛在上；比在外邊百戶、十戶的『那顏』們，我護衛的隨從㈠在上。在外的千戶如與我的護衛同等比肩，與我的護衛鬬毆，則處罰在外的千戶！」

㈠原文「闊脫臣」 kötöchin，旁譯作：「伴當」，原總譯作「家人」。此字有時譯爲「從馬」。此字的語根是 kötöl，乃「牽拉」之意。所以「闊脫臣」正是拉馬的，或馬弁的意思。前所述凡參加護衛之人，要携帶他們的「伴當——nökör」同來。在這一節中則稱之爲「濶脫臣」——家人、從馬。可知當時的 nökör 並不全是平等結合的友人或戰友，而是古代封建制度中的一種從屬關係。

第二二九節

成吉思可汗又對各班的長官們宣諭聖旨說：「帶弓箭的扈衞與散班們入值，白天的事務，處處要照自己的規矩去做，〔趁〕有陽光的時候，讓給宿衞，出外住宿。夜間宿衞爲我們值宿。帶弓箭的〔把〕箭筒，司厨〔把〕碗〔和〕器皿交付宿衞。住在外邊的帶弓箭的扈衞、散班〔和〕司厨，〔次日早晨〕在我們吃肉湯的時候，要坐在繫馬的地方㊀〔等候〕，通報給宿衞。肉湯吃完，帶弓箭的要〔佩帶〕箭筒；散班要〔到〕自己崗位；司厨〔司理〕自己的碗〔和〕器皿，〔各〕司其職。進來〔值〕班的〔人〕，也按這規矩，依照體例㊁去做！」

說：「日落之後，宿衞逮捕在斡兒朶前後橫越行走的人。經宿〔後〕，翌晨〔由〕宿衞問他的話。宿衞換班時，要交驗牌符㊂〔後〕進來。交替出去的宿衞，也要交驗〔牌符〕外出。宿衞夜間〔在〕宮帳周圍躺臥。守門站立的宿衞，要去打破夜間進來之人的頭，砍斷他的肩膀。如有送急信之人，夜間前來，〔先〕要說給宿衞，〔再〕叫〔他〕在房子的後面，與宿衞站在一起回話。」

降聖旨說：「誰也不要坐宿衞以上的坐位。沒有宿衞的話，誰也不得進來。誰也不要在宿衞的右上方㊃行走。不要在宿衞們的中間行走。不要問宿衞的數目。宿衞要逮捕在宿衞附近行走的人。對問數目之人，宿衞將那人那天所騎的馬和鞍子、轡頭，連所穿的衣服一同沒收。額勒只格歹㊄雖是親信晚間在宿衞附近行走，〔不〕是〔也〕被宿衞逮捕了嗎？」㊅

㈠姚師前註：原漢字蒙音作「乞魯額•突兒」(kirüge-dür)，旁譯「聚馬處」。即是舊元史㈠太祖紀中的「乞列思」；原小註說「禁外繫馬所也」。關於此一專詞，卷十第二百四十五節註㈠，有較詳的解說，可參看。

斯欽補：請詳拙著「說元史中的乞列思」，大陸雜誌第二十六卷，第四期，五十二年二月。

㈡原文「合兀里」kha'uli，旁譯「體例」。今此字作法律或律例解。

㈢原文「別勒格」belge，旁譯：「符驗」。這字還有「印記」、「圖記」、「預兆」等意。按元代之「牌札」paiza，既爲歷史上之名物，則「別勒格」當然也是「牌札」的一種，故譯之爲「牌符」。惟paiza是來自漢地的外來語；而belge則是原來的蒙古話。

㈣原文「迭格溫」dege'ün，旁譯「從上」。按蒙古習慣，所謂dege'ün就是指右上方而言。

㈤額勒只格歹Eljigedei復見於二七八節斡歌歹可汗重新公佈宿衞制度之時，稱爲額勒只吉歹，非僅稱爲親信，並使其爲衆「那顏」之長。在定宗古余克可汗時代，奉派遠征西亞的野里知吉帶(元史二，定宗紀，九頁上)，和後來爲憲宗蒙哥可汗所殺的宴只吉帶(元史三，憲宗紀，三頁下)。似乎就是這個人。

㈥關於元初之護衞親軍的制度，日本箭內亙博士曾作「元朝怯薛考」一文，論之甚詳(見蒙古史研究二一一頁至二六二頁)。

姚師前註：自第二百二十四節起，到此節，敍述蒙古可汗宮帳護衞制度的組織，護衞選拔的方法與輪流值宿的細則，極爲難得。與卷十第二三四節以前合看，更可瞭解北方草原社會一種力量形成的實在情形。這一點在我國邊疆史上，極有價值。

卷十

第二三〇節

成吉思可汗說：

「在黑暗陰霾的夜裡，
環繞我穹帳㈠躺臥，
使〔我〕安寧平靜睡眠的，
叫〔我〕坐在這大位裡的，
是我的老宿衛們。

在星光閃耀的夜裡，
環繞我宮帳㈡躺臥，
使〔我〕安枕不受驚𢤱的，
叫〔我〕坐在這高位上的，
是我吉慶的宿衛們。

在風吹雪飛的風雪中，
在使人發顫的寒冷中，

在傾盆而降的暴雨中，
站在我氈帳㊂周圍，
從不歇息的，
叫〔我〕坐在這快樂席位裡的，
是我忠誠的宿衞們。

在衆敵環伺擾攘中，
站在我氈帳周圍，
目不轉睛阻敵而立的，
是我所信賴的宿衞們。

在樺皮箭筒搖動時，
絕不遲誤守衞的，
是我敏捷的宿衞們。

在柳木箭筒搖動時，
從不落後守衞的，
是我快速的宿衞們。」

降聖旨說：「稱我吉慶的宿衞們爲老宿衞；稱與斡歌來『扯兒必』一同入隊的七十名散班爲大散班；稱阿兒孩㈣的勇士們爲老勇士㈤；稱也孫帖額、不吉歹等佩弓箭的扈衞們爲大弓箭手。」

㈠ 原文作「斡魯格台　格兒」örögetei ger，旁譯「天窗有的房」。

㈡ 原文作「斡兒朶　格兒」ordo ger，旁譯「宮室」。

㈢ 原文作「失勒帖速台　格兒」shiltesütei ger，旁譯「編了壁子有的　房」。按所有的穹帳，都有天窗，也都有用樺木枝條編成網狀可以伸縮安卸的壁子，其外再覆以毛氈。「斡兒朶」是貴族穹帳的尊稱。所以三者都是一樣，而無差別的；只是爲了音韻上的調和，用了三種不同的字眼而已。

㈣ 阿兒孩就是前二二六節裏的阿兒孩・合撒兒。

㈤ 元史九九，兵志二，宿衞條：「忠勇之士曰覇都魯〔把阿禿兒 ba'atur〕。勇敢無敵之士曰拔突〔batu〕。」（百衲本，第三頁上）

第二三一節

〔成吉思可汗〕說：「對我從九十五個千戶所選拔出來，做我個人貼身的護衞們，今後坐〔

在〕我位子〔上〕的，子子孫孫要把這些護衛，當做〔我的〕遺念㊀，不叫含怨，好好關照〔他們〕㊁。稱我這〔一〕萬護衛爲福神㊂，有何不可？」

㊀「格里額思」geri'es 今作 geriyes，有遺念，遺囑和遺產之意。

㊁元史九九，兵志二，宿衞條說「四怯薛歹自太祖以後，累朝所御斡耳朶，其宿衞未嘗廢，是故一朝有一朝之怯薛。總而計之，其數滋多，每歲所賜鈔幣，動以億萬計，國家大費每敝於此焉」。可見可汗遺命的確爲其子孫所遵奉了。（見百衲本第三頁上下）

㊂關於福神請參照卷三，一〇五節註㊂。

第二三二節

成吉思可汗又說：「宿衞管理在宮帳〔斡兒朶〕侍奉的女子㊀、家僮、放駱駝的㊁〔和〕放牛的；管理宮帳的房屋車輛㊂。宿衞管理旗纛、〔軍〕鼓、挽鈎㊃、刺槍。宿衞也管理碗〔和〕器具。宿衞提調我們的飲食。稠的〔食物，如〕肉食〔之類〕，由宿衞提調做熟。飲食如被耗損，向其提調的宿衞追問！佩弓箭的扈衞分配飲食的時候，不與提調其事的宿衞商議，不得分配！分給食物之前，要先從宿衞分配起。宿衞管理出入宮帳之人。門口守門的宿衞㊄，要站在房子的附近。從宿衞〔中〕派兩個人進來，管理大酒局㊅。由宿衞派出管營盤的，使宮帳安營屯駐。」又說：「當我們放鷹打獵的時候，宿衞與我們一同去放鷹打獵；在車輛那裡，可斟酌留下一部份〔守衞〕。」

㊀ 原文爲「扯兒賓　斡乞的」cherbi-yin ökid-i，旁譯爲：「官名　女每行」。如按字譯當爲「屬於「扯兒必」（官名）的女兒們」。如譯爲「宮女」，亦非本意。

㊁ 原文作：「帖篾額赤」teme'echi，元史卷九十九，兵志二，宿衞，四怯薛條云：「怯薛執事之名……牧駱駝者曰帖麥赤。」（見百衲本第二頁下）惟此處所說的「帖篾額赤」及放牛的「忽客赤」，似非由宿衞充任，而是由宿衞所管理之人充任的。

㊂ 原文「格兒　帖兒格」ger terge，原譯作「房子車子」。這兩個字放在一起，正是蒙古游牧生活的素描。直至今日，普通是把毡帳用車輛環繞起來，作成活動的院子。主人把一部份，或大部份物件，都放在有篷或無篷的車子之上。因此這兩個字放在一起，就代表一個家庭的庭院、房屋和倉庫。魯不魯克游記第二章中，對於十三世紀蒙古人的毡帳和車輛的擺列，曾作簡明的敍述。

㊃ 原文爲「朶羅」dörö，旁譯作「下」字，似與上下文不合。此字見三合第九册六十一頁上，其解釋爲「桶樑，拴楸根小鐵圈、犂、挽鉤」。伯希和本九十頁作 doro 未加改正，字義是下。

㊄ 元史卷九十九，兵志二，宿衞，四怯薛條稱：「……怯薛執事之名……司閽者，曰八剌哈赤。」（balkhachi）（百衲本，第二頁下）

又卷八十輿服志第三，儀衞殿下執事條稱：「……東西相向立護尉凡十人，以戶郎，曰玉典赤〔e'üdenchi〕……攝之。」（百衲本第二頁上）迦比尼於其游記第二十四章描寫斡兒朶之門衞說：「在環繞宮帳的板墻上有兩座門。有一個只由可汗出入，雖然無門衞看守，經常開着門，却無人敢從它出入，另一座門纔是一般人所用的，有帶着弓箭和刀的門衞看守着。凡越過一定界線，而臨近宮帳者，必被捕責打，然如逃脫，則必被射殺。」請參照拙著「元史中幾個蒙古語名詞的解釋（下）」，另詳拙作「說舊元史中的玉典赤」。（大陸雜誌，第二十七卷，第二期，五十二年，七月。）

㊅ 已見第二一三節註㊈。

第二三三節

成吉思可汗又說：「如果我們本身不出征，也不要叫宿衞們另行出征。」降聖旨說：「業經這樣說給之後，〔仍〕違反聖旨，嫉妬宿衞〔使之〕出征，則其管軍的『扯兒必』，以犯罪論！」說：「你們恐怕要說爲什麼不叫宿衞出征呢？宿衞守護我黃金性命，在放鷹狩獵的時候一同辛勞，看守『斡兒朵』，平時和遷移時照管車輛，住宿〔時〕守衞我的身體，〔這〕容易嗎？遷移時〔和〕定住時，管理房屋車輛〔和〕大本營㊀，〔這〕容易嗎？因爲〔避免〕重複，要一部分一部分的〔分班〕去做，所以在我們〔出征〕以外，不叫〔他們〕另行出征。」

㊀ 原文「也可　阿兀魯黑」yeke a'urugh，旁譯作「大　小老營」，總譯略而未譯。這就是元史中的「奥魯」，已詳第一三六節註㊀。

第二三四節

又降聖旨說：「由宿衞派人與失吉•忽禿忽一同斷理詞訟㊀。」說：「宿衞們經管並分發箭筒、弓、鎧甲、軍械，照料軍馬，叫馱上綱索。由宿衞派人與『扯兒必』一起發放絹匹。佩弓箭的扈衞與散班指示〔宮帳〕紮營地點之時，也孫•帖額、不乞歹等佩弓箭的扈衞們，阿勒赤歹、斡歌列、阿忽台等散班們，在宮帳的右邊行走。不合、朵歹『扯兒必』、多豁勒忽『扯兒必』、察乃等散班們，在宮帳的左邊行走。阿兒孩•〔合撒兒〕的勇士們，在宮帳的前邊行走。宿衞照料宮帳、車輛，在宮帳跟前左〔右〕㊁行走。全體護衞、散班在宮帳周圍，〔凡〕斡兒朵的家僮、放馬的、放羊的、放駱駝的、放牛的，〔和〕宮帳都常川由朵歹『扯兒必』管理。」降聖旨說：「朵歹『扯兒必』要常川在宮帳後面，〔叫家畜〕喫着碎草，燒着乾糞行走。㊂」

㊀ 可汗任失吉•忽禿忽爲大斷事官之事已見卷八，二〇三節。

㊁ 原文只有「沼溫」 je'ün—「左」字，而無「右」字。總譯作「左右」。小林高四郎氏於其日譯之蒙古秘史中亦曾發現此一問題，而補加一右字（見同書二五六頁註一）。伯希和本之音譯部份未加訂正（同書九十二頁）。黃金史一六〇頁述及這一段上諭時，則作 baraghun jegün eteged，其意爲右左〔兩〕方。可能原文在漢譯之時，脫落了一個「右」—bara'un 字。

㊂ 這一句話。謝譯達木丁蘇隆本作：「朵歹扯兒必隨在行宮之後，冒土燃薪行走。」那珂通世於其成吉

思汗實錄之三八九頁稱「或爲使掃除之之意」。按「豁馬兀勒」一字，旁譯「乾糞」。其實是指乾馬糞而言。一般燒火用的乾牛糞是 arghal。khoma'ul 是比較劣等的燃料。所以這一句話的意思是：要緊緊的跟隨；馬也不必放到牧場去吃好草，隨着斡兒朵的遷移，吃踏碎的草。人也不必另尋 arghal 只是燃燒斡兒朵附近馬匹所留下的乾馬糞之意。謝本的解釋比較合理，這當然是達木丁蘇隆的見解。惟「薪」字似乎不妥當。

第二三五節

命忽必來．那顏征合兒魯兀惕。合兒魯兀惕〔部〕㈠的阿兒思闌汗㈡前來歸附忽必來。忽必來．那顏帶領阿兒思闌汗前來朝見成吉思可汗。因未曾厮殺〔來歸〕，成吉思可汗恩賜阿兒思闌，降聖旨以女兒㈢賜〔嫁〕給他。

㈠ 姚師前註：哈兒魯兀惕，元史㈠太祖紀作哈剌魯。「六年（一二一一年）西域哈剌魯部主阿昔蘭罕來降，」卽指此事。又黃溍金華黃先生文集（卷二十四）宣徽使太保定國公忠亮（答失蠻）神道碑說：「其先西域人，系出哈剌魯氏。曾祖馬馬贈集賢學士，正奉大夫，護軍，追封中山郡公。……太祖皇帝正大位之六年（一二一一），歲在辛未，奉其國主阿爾思蘭來覲於龍居河（克魯倫河）。」（以上「四部叢刊」本、頁十二。）哈剌魯卽秘史此節的哈兒魯兀惕，考其地域，當在今伊犁西南。海尼士先生寫作 Charlueck，說：卽是 Karluk，「位於乃蠻國與赤河（Tschi (Sartach) Fluss）之間，曾臣服於黑契丹（西遼）。」（原德譯本頁一六一、註二三五）

㊁阿兒思蘭 Arslan 人名，字義是「獅子」。多桑蒙古史說：「一二一一年春，成吉思汗三征唐兀還其斡耳朶時，畏吾兒王已奉珍寶來覲。同時哈剌契丹古兒汗之別二蕃臣亦入朝。其一人是突厥哈剌魯部長海押立王阿兒思蘭汗（Arslan Khan），其一人是阿力厤里王斡匝兒（Ozar）已而斡匝兒出獵，爲（乃蠻）屈出律所執殺。成吉思汗命其子昔克納•的斤（Siknak tékin）襲父位。以長子朮赤之女妻之。阿兒思蘭汗亦尙成吉思汗朝之公主。」（原註：世界征服者史第一冊）（馮承鈞漢譯本上冊第六五頁）。可參照 Boyel 英譯The History of the World- Conqueros (1958, Manchester) 上冊，七四—七五頁。

㊂黃金史第二部十九頁第十二行稱可汗此女之名爲 Alkha-Beki。

第二三六節

速別額台•「把阿禿兒」携鐵車，追擊篾兒乞惕脫黑脫阿之子忽禿、赤剌溫等，追到垂〔河〕，把〔他們〕滅亡〔後〕回來了㊀。

㊀關於速別額台之遠征篾兒乞惕之事，見上文卷八，第一九九節。

元史一二一速不台傳稱：「滅里吉部强盛不附，丙子帝會諸將於禿兀剌河之黑林，問誰能爲我征滅里吉者。速不台請行。帝壯而許之。……己卯大軍至蟾河，與滅里吉遇，一戰而獲其二將，盡降其衆。其部主霍都奔欽察。速不台追之，與欽察戰於王峪敗之。」（百衲本第一頁下）同卷一二二雪不台傳

云：「十一年戰滅里吉衆于蟾河，追其部長王峪大破之，遂有其地。」（第十頁下）

第二三七節

者別追襲乃蠻的古出魯克汗趕到撒里黑山崖把古出魯克滅亡〔後〕回來了㈠。

㈠ 多桑書稱：「至是（一二一八年），成吉思汗遂欲取西域，蓋乃蠻末汗之子屈出律僭奪哈剌契丹之帝位，已六年矣。」……「成吉思汗雅不欲其舊敵之安然竊據一國汗位。故於一二一八年西征時，命那顏哲別率二萬人往討屈出律。蒙古軍甫近，屈出律卽逃合失合兒。哲別入城，宣佈信教自由，城民盡屠屈出律士卒之居民舍者。蒙古軍追逐屈出律，至巴達哈傷，執斬之。」（見馮承鈞譯本上册八〇頁及八三頁）。關於 **Küchülüg** 之資料見 **Boyel** 英譯世界征服者之歷史上册六一——六八頁。

第二三八節

委兀惕〔畏兀兒〕的亦都兀惕〔國王〕㈠遣使於成吉思可汗差阿惕乞剌黑、荅兒伯㈡二人爲使臣前來奏稟說：「如雲消看見了慈日，水溶得看了江水一般㈢，聽見成吉思可汗的聲譽，異常高興。如蒙成吉思可汗恩典，願得〔您〕金帶的弧環，紅袍的碎帛做你第五個兒子，給〔您〕効力。」對那〔些〕話，成吉思可汗推恩回答說：「去〔對他〕說：〔我〕把女兒賜給〔他〕，〔叫他〕做第五個兒子。讓亦都兀惕拿着金、銀、珍珠、大珠㈣、金緞㈤、錦緞㈥、緞子前來。」遣〔使者〕去後，亦都兀惕因蒙恩典，〔異常〕喜慰，就帶着金銀、珍珠、大珠、緞子、金緞、錦緞、綢緞來見成吉思可汗。成吉思可汗恩賜亦都兀惕，將阿勒・阿勒屯〔公主〕㈦嫁給〔他〕。

㈠ 亦都兀惕 Idu'ud，其他史書多作「亦都護」。元史卷一二二，巴而朮・阿而忒・的斤傳云：「巴而朮・阿而忒・的斤亦都護，亦都護者高昌國主號也。先世居畏兀兒之地……而至巴而朮・阿而忒・的斤臣於〔哈剌〕契丹。歲己巳（一二〇九），聞太祖興朔方，遂殺契丹所置監國等官，欲來附，未行，帝遣使使其國。亦都護大喜，卽遣使入奏曰：『臣聞皇帝威德，卽棄契丹舊好，方將通誠，不自意天使降臨下國。自今而後，願率部衆爲臣僕。』……亦都護遣其相國來報，帝復遣使還諭。亦都護遂以金寶入貢。辛未（一二一〇）朝帝于怯綠連河，奏曰：『陛下若恩顧臣，使臣得與陛下四子之末，庶幾竭其犬馬之力。』帝感其言，使尚公主也立安敦，且得序於諸子。」（見百衲本一頁上—二頁下）姚師補註說：可參看元歐陽玄，圭齋集（卷十一）偰氏家傳，虞集道園學古錄（二十四）高昌王世勳碑。元文類亦有此二文，柯立夫先生一九四九年哈佛亞洲學報十二卷一、二合期頁三十以下，對此文也有解說。

㈡ 聖武親征錄稱此二使者之名爲：別吉思、阿鄰・帖木兒。蒙古史料四種本，總頁一五二。

㈢ 聖武親征錄作：「雲開見日，冰泮得水。」（總頁一五二）惟記此事之發生是在己巳（一二〇九）年。（一五〇頁）

㊃ 原文「塔納思」tanas 乃 tana 之複數，旁譯為「大珠」即東珠。王國維氏於其蒙古札記中曾有「塔納」專條論之（見觀堂集林卷第十六，第十六頁下至十八頁。）

㊄ 原文「納赤惕」nachid 旁譯作「金緞子」。是波斯產的金錦。蒙古帝國時代，用以為可汗及朝臣朝服的材料。請參照拙著「元史中幾個蒙古語名詞的解釋」（上）第二項「釋元史中的納失失」，大陸雜誌，第二十七卷，第一期（五十二年七月）

㊅ 原文「荅兒荅思」dardas，旁譯「渾金段子」。此字今作 tarta，意思是「錦帛」。三合第八册三十六頁下 ǰartatu chaghasu 之漢譯為錦紙。又 Mongol English Practical Dictionary 四〇四頁 tarta 之英譯為 Flowered silk。

㊆ 姚師前註：即也立・可敦公主。元史（一〇九）公主表：「高昌公主位下，也立・可敦公主，太祖女，適亦都護巴爾朮（述）・阿而（兒）忒・的斤。」

第二三九節

兎兒年〔丁卯，一二〇七〕，命拙赤將右翼諸軍，征林木中的百姓。不合引路前往。斡亦剌惕㊀的忽都忽・別乞在衆斡亦剌惕之先，前來歸附㊁。他在衆斡亦剌惕〔族〕之中，給拙赤引路，進入失黑失惕〔之地〕。拙赤收降了斡亦剌惕、不里牙惕㊂、巴兒渾㊃、兀兒速惕、合不合納思㊄康合思㊅禿巴思㊆，而至衆乞兒吉思〔族之地〕。衆乞兒吉思的「那顏」也廸、亦納勒、**阿勒廸額兒、斡列別克・的斤〔不戰〕歸降㊇，並攜白海青、白騸馬、黑貂〔皮〕來謁見拙赤。**

拙赤將在失必兒、客思的青、巴亦惕、禿合思、田列克、脫額列思、塔思、巴只吉惕〔等地〕⑨這邊的林木中的百姓〔盡都〕收服，將乞兒吉速惕萬戶、千戶的「那顏」們，〔和〕林木中百姓的「那顏」們帶來，謁見成吉思可汗，呈獻白海青、白騸馬和黑貂皮。因爲斡亦剌惕的忽都合・別乞率先來歸，〔並〕領導他的斡亦剌惕〔族〕前來，〔可汗〕恩賜他，將女兒扯扯亦堅⑩給了他兒子亦納勒赤，將拙赤的女兒豁雷罕給了亦納勒赤的哥哥脫劣勒赤。〔可汗又〕把〔女兒〕阿剌合・別乞〔嫁〕給汪古惕部⑪。成吉思可汗恩賜拙赤說：「你〔是〕我諸子之長，纔離家出征，所到的地方都很吉利，人馬未傷，〔也〕沒受苦，就收服了〔那〕吉慶的林木之民而來。」降聖旨說：「把〔那些〕百姓給你吧！」

㈠ 斡亦剌惕，亦作衞拉特。明史（三二八）外國傳曰瓦剌、淸史稿（五二八）藩部六，「曰杜爾伯特。以其地多森林，故亦稱森林中的百姓。」也就是今天外蒙古西部及天山南北路，阿爾泰山區的蒙古人。西方學人稱他們是喀爾木克・蒙古人（Kalmuck Mongols）。

㈡ 聖武親征錄說：「戊辰（一二〇八）……斡亦剌部長忽都花・別吉不戰而降，用爲鄉導。至也兒的石河，盡討篾里乞部。」（蒙古史料四種本，總頁一五〇）

㈢ 不里牙惕卽今之布里雅特—蒙古，居地在貝加爾湖東南外蒙古的東北部與西伯利亞連界處。

㈣ 巴兒渾 Barkhun，Barghun，卽今呼倫貝爾地方的巴爾虎部。元史㈠太祖紀作八剌忽，原遊牧於貝加爾湖以東巴兒忽眞河一帶，明末淸初轉移到今天的地區。其留故地者，今猶爲巴里雅特蒙古共和國的一省，尚名巴爾虎眞斯克（Barhujinsk）省，按今日巴兒虎部的方言與布里雅特的方言，同爲保存古代蒙古語最多者。前與日本服部四郎博士共同譯漢音蒙古秘史第一卷復爲蒙古文之都嘎爾札布氏，卽是巴爾虎部人。

(五) 合不合納思 Khabkhanas 應卽元史（六十三）地理志西北地附錄，吉利吉思條下的撼合納，與親征錄中的憾哈納思。柯立夫（F. W. Cleaves）有“Qabqanas-Qamqanas”一文論述甚詳，見哈佛亞洲學報（HJAS）十九號（一九五九，十二月）。

(六) 康合思 Khankhas，待考。

(七) 禿巴（思）（Tubas），應卽今之 Tuva，也就是唐努，烏梁海人。俄國人稱他們爲 Soyone，而他們自稱爲 Tuva。也就是現在的 Tanu-Tuva。這一個突厥系的民族，在併入蘇俄之前，原是信奉佛教，而以庫倫的哲布尊丹巴活佛的歸皈的。

(八) 親征錄說：「先遣按彈、不兀剌二人使乞力吉思部，其長斡羅思、亦難（Inal）、及阿里替也兒（Aldiyer），野牒亦納里部亦遣亦力哥・帖木兒、阿忒黑拉二人，偕我使來獻白海青爲好也。」（蒙古史料四種本總頁一四九－一五〇）

元史太祖本紀稱：「二年丁卯（一二〇七）……是歲遣按彈、不兀剌二人使乞力吉思，旣而野牒亦納里部、阿里替也兒部皆遣使來獻名鷹。」（百衲本卷一第十五頁上）

(九) 按原音譯，上述均爲「種」，或部族名；但按這一句話的文法構造，則應作地名解。

(十) 扯扯亦堅 Checheyjigen, Chichigen，字義是花，是極通用的女子之名。

姚師前註說：沈子培先生說：卽是蒙古源流中成吉思可汗的公主徹徹肯。（元秘史補注，卷十一，頁一下）

(十一) 元史一〇九，公主表趙國公主位稱：「趙國大長公主，阿剌海・別吉太祖女，適趙武毅王孛要合。」（百衲本第一頁下）

元史一一八，阿剌兀思・剔吉・忽里，傳稱：「阿剌兀思・剔吉・忽里，汪古部人……其〔子〕孛要合……幼從攻西域，還封北平王，當阿剌海・剔吉公主。公主明睿有智略，車駕征伐四出，嘗使留守，軍國大政，諮禀而後行，師出無內顧之憂，公主之力居多。」（百衲本第一頁上）

第二四〇節

又命孛羅忽勒・「那顏」㈠出征豁里—禿馬惕㈡。禿馬惕百姓的「那顏」歹都忽勒・莎豁兒㈢死後，其妻孛脫灰・塔兒渾，管理禿馬惕百姓。孛羅忽勒・「那顏」到達時，派三個人在大軍之前行走。天色已晚，不易察覺，正按着森林裏的路徑前進時，〔他們的〕哨兵自後方攔截，擋着去路，捉住孛羅忽勒「那顏」殺死。成吉思可汗聞知禿馬惕百姓殺死孛羅忽勒，異常震怒，要自己親征。孛斡兒出、木合黎二人諫止了成吉思可汗。派遣朶兒邊〔氏族〕的朶兒伯・多黑申㈣之時，降聖旨說：「嚴行治軍，禱告長生天，努力將禿馬惕百姓收服！」朶兒伯調度軍隊，在軍馬應行走的，〔和〕哨望應守護的路逕山口〔等〕處，虛張聲勢，號令士兵，踏着赤鹿㈤所走的小徑〔前進〕。為責打畏縮的正式軍人，命壯丁㈥背上十〔根〕條子〔隨行〕整理好斧子、錛子、鋸、鑿子，〔和〕壯丁的軍械，沿着赤鹿所走的小徑，砍斷鋸下路上的樹木，開出道路。爬到山上，〔正如〕由天窗下降〔一般〕，出其不意的，將正在宴會中的禿馬惕百姓們擄獲了。

㈠ 姚師前註：孛羅忽勒，訶額侖太后四養子之一，第一千戶。論功勛他曾救過拖雷，窩濶台兩位皇子，戰功與事跡甚多。主要參考文獻，即有本書第一七三節，第二百十四節等，及元史卷一一九博爾忽傳，元文類（二十三）元明善的太師漢陽忠武王碑等。

㈡ 姚師前註：豁里・禿馬惕 Khori-Tümed 已見秘史第八、第九兩節。札奇等均認為今布里雅特蒙古之內，稱為 Horinsk 者，即是此部的後裔。海尼士先生寫作 Chori Tumad。並說：意即「二十萬」(die zwanzig zehntausend)，則不甚合。（見原德譯本後面第二百四十節的小註）但先生對此節有很好的解釋。他說：「這一次的進軍，度越森林高山，即就當年能征慣戰的蒙古兵說，也是很艱辛的。新任大將朶兒伯・多黑申，拔自衆將，必有特別適宜的才能。朶兒伯是本名；「多黑申」(Dochschin) 應為綽號，意思即是「剛暴」(der Brutale 暴燥者)。就下文軍令執行的嚴肅，與通過「紅色兕牛路徑」時，開山鑿路工程的繁難說，實為前次所罕聞。可惜武拉底米兒造夫（Wladimirzov，即 Vladimirtsov，俄國蒙古史家，成吉思汗傳的作者）對於此一有趣戰役，完全沒有談及。」（採自 Prof. E. Haenisch 蒙古秘史德譯本一六一面，第二百四十節小註。）

㈢ 親征錄作帶都剌・莎兒合（蒙古史料四種本總頁一八四）。並記此一戰役之時間，則為丁丑，一二一七年。

㈣ 朶兒伯・多黑申 Dörbei-Doghshin 人名，朶兒伯當是他的本名，「多黑申」可能是他的綽號。字義是「有脾氣的」或「暴燥的」。

㈤ 「忽剌安　不合」 khala'an bukha 原旁譯為「獸名」。按「忽剌安」是紅，「不合」是「牡鹿」或「牡牛」。三合第六册第一頁上 bukha görögesü 之漢譯為兕，其註云：「比牝牛相似，前身高，後身窄細，色略紅，比牛大。」當即此獸。

㈥ 原文「扯里昆　脫斡禿　古溫」旁譯「軍的　正數有的　人」，這就是正式軍人之謂。原總譯僅譯為

「軍人」。又「額列」，旁譯為「男子」。這是「壯丁」之謂，總譯只作「人」。以此語推之，當時蒙古人出征，似在正軌軍之外，另有隨軍的壯丁，或後勤人員隨行。

第二四一節

在前豁兒赤「那顏」、忽都合・別乞兩個人為禿馬惕所擒，留在孛脫灰・塔兒渾那裡。豁兒赤被擒的緣故是，因有聖旨許〔他〕從禿馬惕人的佳麗中娶三十個妻子㊀，就前去挑娶禿馬惕人的女兒之時，先前已經投降的百姓，却〔又〕叛變，捉住了豁兒赤「那顏」。成吉思可汗知道豁兒赤被禿馬惕所捉就說：「林木〔中〕百姓之事，由忽都合管理吧。」㊁派去之後，忽都合・別乞也被捉起來了。收降禿馬惕百姓之後，為了孛羅忽勒屍骸之故，給了〔他遺族〕百名禿馬惕〔人〕㊂。豁兒赤娶了三十個女子。把孛脫灰・塔兒渾給了忽都合・別乞。

㊀ 姚師前註：准許豁兒赤在國土內選三十個美女做太太，見上文第一百二十一節（卷三，頁三十七到四十）。又，二百零七節（卷八，頁四十到四十二）。當時成吉思汗志在得到衆人擁戴，能當蒙古本部的可汗，故豁兒赤倡言符瑞，即特許萬戶以外，再允許選娶三十位美女做太太。

㊁ 姚師前註：據此語，知道禿馬惕人也是林木中百姓的一種（李文田註，卷十二、頁八上）。多桑蒙古史稱為好戰的民族，住地與乞兒吉思相接。（馮譯本卷上，頁七十八、七十九）

㊂ 原總譯為：「孛羅忽勒骨頭的上頭，一百個禿馬惕人與了。」姚師前意譯為「以身殉職」，甚佳。

第二四二節

成吉思可汗降聖旨說：「分百姓給〔我〕母親、兒子們〔和〕弟弟們吧。」〔分〕給的時候說：「收撫人民，備受辛苦的是母親；我諸子之長是拙赤；我諸弟中最小的是斡惕赤斤。」說着分給了母親和斡惕赤斤的一份㊀，一萬百姓。母親嫌少，不曾作聲。給了拙赤九千百姓。給了察阿歹八千百姓。給了斡歌歹五千百姓。給了拖雷五千百姓。給了合撒兒四千百姓。給了阿勒赤台㊁二千百姓。給了別勒古台一千五百百姓。

因荅阿里台曾與客列亦惕〔人〕一起〔勾結〕說：「在眼睛看不見的地方，〔把他〕除掉！」孛斡兒出、木合黎、失吉・忽禿忽三個人說：「眞像自己滅自己的一夥㊂，自己毀自己的家庭一般！你賢明的父親所留的，只剩下你的叔父㊃一人，怎能捨棄呢？不要〔因〕他不明〔事體〕，你就如此。」要叫你賢父幼弟的營盤裡也一同冒出煙來㊄。」〔可汗〕被說得鼻子像熗了煙一般的〔發酸〕。就說：「好吧！」於是想念着賢明的父親，又因孛斡兒出、木合黎、失吉・忽禿忽三個人所說的話，怒遂息了。

㊀ 原文「忽必」khubi，旁譯「分」。此字有「份」或「份子」的意思。以人民當做「份子」來分，正是游牧封建制度的特色。游牧封建制是建立在封主與屬民，人與人之關係上的，與農業封建制度封主

與封地的關係不同。

㈡ 阿勒赤台 Alchitai，秘史雖未提及他和可汗之弟合赤溫的關係；但元史一〇七，宗室世系表，哈赤溫大王位作：「哈赤溫（子）濟南王按只吉歹」，就是此人。

姚師前註：阿勒赤歹，沈子培、李文田、札奇等都認爲卽是元史（一〇七）宗室世系表（百衲本第三頁下）哈赤溫大王的兒子、濟南王按只吉歹。李文田並說：合赤溫是太祖的第三親弟（見秘史第六十節，卷一、頁四十一），疑其早死，故由子受封。此阿勒赤歹，與下文第二四三節合看，卽知他是太祖的親侄兒。又，這裏的阿勒赤歹與上文第二百二十六節（卷九、頁三十八、頁四十），亦魯孩的親人阿勒赤歹，自然不是一人。（參看李注元朝秘史卷十二，頁九下）

㈢ 原文「合里　顏」ghal-iyan 旁譯「火　自的行」。火——ghal 有時是指一夥人而言。在游牧地區，遠程游牧或旅行時，在一起的人，燃起一個火煮茶做飯，稱這一個 ghal。團體的領袖爲 ghal-yin akha，直譯是「共火的兄長」。故譯爲「夥」字。

㈣ 姚師前註：荅阿里台，卽上文第五十節（卷一）荅里台•斡惕赤斤、也速該的幼弟，把兒壇•把阿禿兒的第四兒子，成吉思可汗的親叔父。

㈤ 這句話是：「不要使之煙消火滅」之意。

第二四三節

〔成吉思可汗說：〕「我給了母親〔和〕斡惕赤斤一萬百姓，並從各『那顏』中給委派了古出、濶濶出、種賽、豁兒合孫四個人。給拙赤委派忽難、蒙客兀兒、客帖三個人。給察阿歹委派合剌察兒、蒙客、亦多忽歹三個人。」成吉思可汗又說：「察阿歹性情剛，而心窄。」降聖旨說：

「濶濶搠思早晚要在跟前，把所想起來的提醒〔他〕。給斡歌歹委派了亦魯格、迭該兩個人。給拖雷委派了哲歹、巴剌兩個人。給合撒兒委派了者卜客。給阿勒赤歹委派了察兀兒孩。」㈠

㈠姚師前註：這一節訶額倫太后、諸皇子，皇弟處所委派諸人，略考如下。⑴古出，見第二〇二節，是九十五千戶中的第十七名。⑵濶濶出，或即九十五千戶中的第十八名。⑶種賽，也卽是豪率，位列九十五千戶中的第二十三名。⑷豁兒合孫，當卽九十五千戶中之第十九名豁兒豁孫。⑸忽難，成吉思汗左右有名的敢言之士，在九十五千戶中列第七名，並見第二百一十節（卷九，頁三以下）等。⑹蒙客兀兒，是九十五千戶中第四十名。⑺客帖，應卽九十五千戶中的第五十九名客台。⑻合剌察兒，在九十五千戶中居第二十九名。⑼蒙客，應卽九十五千戶中的第五十三名蒙可。⑽亦多忽歹，應卽九十五千戶中的第六十七名亦都合歹。⑾濶濶搠思，爲成吉思汗左右有名的諫臣。又見第二百一十節，（卷九，頁三到五）。又見下文第二百五十五節（續卷一、頁二十三下以後，及頁二十八）。在第二百五十五節察阿歹與拙赤吵架時，濶濶搠思曾出來大大的教訓了察阿歹一頓，可算不負所託。⑿亦魯格，卽九十五千戶中的第五名。⒀迭該是九十五千戶中的第十一名。⒁哲歹，當卽者台，是九十五千戶中的第二十三名。⒂巴剌，是九十五千戶中的第三十五名。⒃者卜客，是九十五千戶中的第四十五名。⒄察兀兒孩，是九十五千戶中的第六十名。（詳見第二〇二節九十五千戶各人下的註解）（以上兩節、分封母親、諸子、諸弟、並代他們選擇輔佐，可證太祖確有遠見。）

第二四四節

晃豁壇氏的蒙力克老爹有七個兒子。七個的當中，濶濶出是「帖卜．騰格理」㈠。他們七個晃豁壇相互黨庇，打了合撒兒。合撒兒因被七個姓晃豁壇〔的〕所打，就跪下〔告訴〕成吉思可汗。成吉思可汗〔那時〕正爲別的事情發怒，聽說後就在怒氣中，對合撒兒說：「凡是活人，都勝不了你，你怎麼會爲人所勝呢？」合撒兒被說得掉下眼淚，起來走了。合撒兒不愉快，三天不曾前來。因是帖卜．騰格里對成吉思可汗說：「長生天的聖旨，預示可汗，說：『一次由帖木眞掌國；一次由合撒兒。』若不將合撒兒去掉，事不可知。」成吉思可汗聽了這話，就在那夜裡前去，捉拿合撒兒。古出、濶濶出兩個人稟告〔訶額侖〕母親說：「〔可汗〕捉拿合撒兒去了！」母親聽說，當夜就用白駱駝駕了黑篷車，夜裡兼程前去。在太陽纔出來的時候到了〔那裡〕。成吉思可汗把合撒兒的衣袖捆住，去了冠帶㈡，正在問話的時候，母親趕到了。成吉思可汗異常驚慌，懼畏〔侍立〕。母親帶着怒氣，從車子上下來，親自把合撒兒捆住的袖子解開，把冠帶還給了合撒兒。母親盛怒，壓不住怒氣，盤腿坐下，將兩個奶露出來，放滿雙膝之上說：「看見了吧！這是你們吃過奶的奶！〔你們〕這些一生出來就咬破自己衣胞的，弄斷自己臍帶的〔東西〕！合撒兒怎麼啦?帖木眞只把我這一個奶吃完了。合赤溫、斡惕赤斤兩個人連一個奶也吃不完。惟有合撒兒〔把〕我兩個奶全都吃完，使我胸膈鬆快舒服。所以，我的帖木眞，心胸有毅志。我的合撒兒射箭有力量〔和〕本領。能射起飛箭，叫搭弓射箭的〔敵人〕降服；能射出遠箭，叫驚慌出走的敵人降服。如今因爲把敵人絕滅了，您就不能再看合撒兒啦！」〔等〕母親息怒之後，成吉思可汗說：「讓母親生氣，我怕也怕了，羞也羞了！」說：「我們走吧。」就回去了。〔其後〕不令母親知道，暗中奪去合撒兒的百姓，〔只〕給合撒兒一千四百人。母親知道了，心裏〔憂悶〕，因此就很快的過世了。札剌亦兒氏的者卜客，也因驚懼到巴兒忽眞㊂〔地方〕，亡命去了。

㊀ 帖卜・騰格里 Teb-Tenggeri，是撒滿術士——shaman 或 bö'e 的尊稱。道教大師丘處機，和佛僧海雲和尚等都從成吉思可汗及蒙古朝廷得到「告天人」的稱謂。這似乎就是 Teb-Tenggeri 的漢譯。柯立夫教授（F.W. Cleaves）曾寫 "Teb Tenggeri" 一文，論述極詳。見 Ural-altaishe Jahrbücher, 39 (1967), pp. 248–260。

㊁ 冠與帶是權威的象徵，奪去冠帶就是指爲罪犯之意。

㊂ 巴兒忽眞 Barghujin 之地，在今貝加爾湖之東。

第二四五節

其後有講九種語言的百姓，在帖卜・騰格理那裡聚會來帖卜・騰格理處聚會的人，比聚在成吉思可汗繫馬處㊀的都多了。那樣聚會時，帖木格・斡惕赤斤所屬的〔一些〕百姓，〔也〕到帖卜•騰格里那裡去了。斡惕赤斤「那顏」爲要索回他走失了的百姓，派〔一個〕名叫莎豁兒的使者前去。帖卜•騰格里對使者莎豁兒說：「斡惕赤斤您有了兩個使者啦！」說着便打使者莎豁兒，教〔他〕背起他的鞍子，步行走回去。斡惕赤斤〔因〕使臣莎豁兒被打，步行遂回，第二天親自到帖卜•騰格里那裡去說：「派使者莎豁兒來，挨了打步行走回去了。如今我自己來索回我的百姓。」剛一說〔那〕七個〔姓〕晃豁壇〔的〕，就從這裡，那裡把斡惕赤斤圍起來說：「你派使者前來是應該？」因爲恐怕被拿住挨打吃虧，斡惕赤斤「那顏」說：「派使者來，是我的不是。」七個〔姓〕晃豁壇〔的〕說：「如果不對，就跪下悔過！」就叫在帖卜•騰格里的後面跪下。

沒有把自己的百姓要回，第二天早晨，在成吉思可汗沒有起來，還在被子裡的時候，進去哭着跪下說：「講九種語言的百姓，都聚在帖卜•騰格里那裡。〔我〕派〔一個〕名叫莎豁兒的使者去向帖卜•騰格里索回屬於我的百姓。〔他〕打了我的使者，叫〔他〕步行背着鞍子走回來。我自己去要，〔又〕被七個〔姓〕晃豁壇〔的〕從這裡那裡圍起來，叫〔我〕悔過，跪在帖卜•騰格里的後面。」說完就哭了。

成吉思可汗還未作聲，孛兒帖夫人在被子裡欠身坐起來，用她被領㊁遮着前胸，看見斡惕赤斤哭，就掉下眼淚說：「這些晃豁壇要幹什麼！日前結黨，把合撒兒打了。現在又爲甚麼叫斡惕赤斤跪在他的後邊？〔這〕成什麼體統？他們把你這如松似檜的兄弟們尚要謀害，當眞，久後你這如古樹一般的身體倒下的時候，他們能讓誰掌管你〔這〕亂麻一樣的國家呢？你〔這〕如柱石一般的身體倒下的時候，他們能讓誰管理你〔這〕羣鳥一般的百姓呢？這樣陷害你那如松似檜的諸弟之人，在我〔這〕三四個小的歹的〔孩子〕長大之前，他們怎麼能叫我的〔孩子〕來管呀？

他們〔姓〕晃豁壇的，是要幹什麼的人啊？自己的兄弟們，被他們那樣欺侮，你怎麼就看着〔不管〕！」說着孛兒帖夫人落下淚了。

聽了孛兒帖夫人這話，成吉思可汗向斡惕赤斤說：「帖卜・騰格里現在就要來，能怎麼辦！就隨你便辦吧。」於是斡惕赤斤起來，擦了眼淚，出去準備好三個力士。

過了一會兒蒙力克老爹和他七個兒子來了。全都進來之後，帖卜・騰格里剛要坐在酒局的右邊，斡惕赤斤就揪帖卜・騰格理的衣領說：「昨天你教我悔過，咱們較量較量吧！」說着就揪着他的衣領向門〔外〕拖。帖卜・騰格里〔也〕反過來揪着斡惕赤斤的衣領，共相搏鬪。帖卜・騰格理的帽子在相搏中掉在火盤的前面，蒙力克老爹拿起〔他〕帽子聞了一聞，放在懷裡。成吉思可汗說：「你們出去，比試力量！」斡惕赤斤把帖卜・騰格理揪住向外拖，在門前先預備好的三個力士就迎面抓着帖卜・騰格理，拖了出去，折斷他的脊骨，扔在左邊車輛的盡頭。斡惕赤斤進來說：「帖卜・騰格理叫我悔過，一說要較量，他却不肯，假托着躺下不起來，是個不中用的夥伴！」一說蒙力克老爹就明白了，掉下眼淚說：「我從大地僅有一塊土那麼〔大〕，江海僅有一條溪那麼〔寬〕的時候！就〔來〕作伴。」纔說罷，晃豁壇〔氏〕的六個兒子，就堵着門，圍着火盤站住，捲起他們的袖子來。成吉思可汗恐被擠〔在當中〕，就說：「躲開，我出去！」一出〔門〕，佩弓箭的扈衛和散班就在成吉思可汗的周圍環繞站立。成吉思可汗看見帖卜・騰格理脊骨折斷，被丟在車輛的盡頭。就叫從後邊拿一〔頂〕青色的帳房，蓋在帖卜・騰格理的〔屍體〕上。說：「叫車馬進來，我們起營！」說罷就從那裡起營了。

㊀ 原文「乞魯額」kirü'e 或 kirü'e（複數），原旁譯「聚馬處」。按蒙古的習俗王府、貴族府邸之繫馬處，多在左方或左後方，外來者必須至此下馬，繫馬該地。這與轅門相似，但只限左方。元史一，太祖紀作「乞烈思」，原小註說：「華言：禁外繫馬所也。」（百衲本，五頁上）請詳拙著：「說元史中的乞烈思」，大陸雜誌第二十六卷，第四期，五十二年，二月。

㊁ 姚師前註：比較通常好的被子，上端多留被頭，或橫着鑲一綴條，以別上下，謂之被領。

第二四六節

掩蓋了停放帖卜•〔騰格理屍體〕帳房的天窗，壓上了門，叫人看守。第三夜，天將要亮的時候，帳房的天窗開了，連屍體也不見了，審視〔屬實〕，成吉思可汗說：「帖卜•騰格理向我弟弟們動手動脚，在我兄弟之間無端的進讒言，所以不爲上天所喜，連性命帶身體都被攝去了。」成吉思可汗責備蒙力克老爹說：「你不知勸戒你兒子們的品德，竟想〔與我〕等齊，〔所以大禍〕臨到了帖卜•騰格理的頭上。若知道你性情如此，早應將你像札木合、阿勒壇、忽察兒等一樣的〔處分〕！」把蒙力克老爹責備了又責備之後，却又恩恕〔他〕說：「若是早晨說的話，晚上毀掉，晚上說的話明早毀掉，豈不可恥！既然有前言在先㊀，就算了吧。」怒遂息了。說：「如果能抑制自己越分的性情，誰能與蒙力克老爹的子孫相比呢？」帖卜•騰格理死後，晃豁壇〔氏〕的氣燄消了。

㊀ 免罪的話見第二〇四節。

續卷一

第二四七節

其後，成吉思可汗在羊兒年〔辛未，一二一一〕，征伐金人㈠，取撫州㈡，越野狐嶺㈢，克宣德府㈣，派者別、古亦古揑克・把阿禿兒兩個人爲先鋒。迫居庸關㈤，〔金兵〕堅守居庸關的山嶺。者別說：「引誘他們，使〔他們〕出來，再作較量！」說着就往回退去。一見撤退，金兵就說：「追趕吧！」於是滿山滿谷的追襲而來。〔等〕到宣德府的山嘴，者別就向後翻過頭來衝殺上去，擊潰陸陸續續前來的敵人。成吉思可汗〔的〕中軍相繼進迫，擊潰黑契丹㈥的，女眞的，主因㈦族勇猛士兵，就像摧毁朽木一般的堆積起來，一直殺到居庸關。者別取下居庸關的關口，越過幾個山嶺，成吉思可汗在龍虎台㈧紮營，進攻中都㈨。派遣軍隊向各個城市攻略。派者別進攻東昌㈩城。〔他〕到東昌城不能攻下，就回兵到六宿〔遠〕的地方，忽然乘其不意，掉過頭來，每人牽了一匹從馬，夜間兼程〔急〕行，一到就攻佔了東昌城⑪。

㈠ 原文「乞塔惕　亦兒堅」Kitad irgen，旁譯爲「金國百姓」，總譯爲「金國」。按 Kitad 就是 Kitan（契丹）的複數。因契丹曾佔有華北地帶，所以北中國的百姓（或人民）都被蒙古人稱爲 Kitad。在元代它是「漢人」之意，與「南人」Nanggiyad 是對稱的。現在 Kitad 一字仍是漢民族、中國或中國人之意。俄文中的 Kitasky 和英文中的 Cathay，都與這一個字的轉音有關。

㈡ 達木丁蘇隆註稱：「在長城附近，現在的黑城。」（謝譯本二四二頁）按蒙古人稱今張北縣城為 Khara-Balkhasun，字義「黑城」。

㈢ 姚師前註：野狐嶺，在察哈爾萬全縣（張家口）東北，高聳入雲，形勢極險，為金元之際兵爭要地。異名甚多，有扼胡嶺、也乎嶺等。據元人遊記（西遊記，嶺北紀行等），均認野狐嶺是中原與塞外的分界處。高寶銓曰：「一統志曰：『野狐嶺在萬全縣東北三十里，為撫州、宣德間要地。』」（元秘史李注補正卷十三頁一。）

斯欽補註：長春眞人丘處機於進入塞北之第一步時，說：「北度野狐嶺，登高南望，俯視太行諸山，晴嵐可愛，北顧但寒烟衰艸，中原之風，自此絕矣！」又同處王國維氏之註解謂：「張德輝紀行：『至宣德州，復西北行，過沙嶺子口及宣平縣驛，出得勝口，抵扼胡嶺。由嶺而上，則東北行，始見毳幕氈車，逐水草畜牧。非復中原風土。』按野狐扼胡一聲之轉。」（見蒙古史料四種本，總頁二五八—九頁）

㈣ 宣德府卽今察哈爾（舊直隸省口北道）宣化。清代蒙古人稱之為 Bayan-Süme，卽富足的寺廟之謂。長春眞人西遊記謂：「八月初，應宣德州元帥移剌公請，遂居朝元觀」云。可知此城在成吉思汗時代稱為宣德州。（總頁二四九頁）元史卷五十八地理志一，上都路條云：「順寧府，唐為武州，遼為德州，金為宣德州。元初為宣寧府，太宗七年改山東路總管府。〔世祖〕中統四年改宣德府，仍隸上都路。至元三年，以地震改順寧府，領三縣（宣德、宣平、順聖）二州。」秘史作宣德府，可能於明初漢譯之時，採用中統時之稱。李文田及那珂通世兩氏亦作如是之主張（見成吉思汗實錄四三二頁）小林高四郎氏以此為懷疑秘史寫成年代不在一二四〇年之一證。（元朝秘史研究第二〇〇至二〇一頁）黃金史第二部六十八頁第六行作 Sönchidü，以其字形推之，似為 Sönchiju，亦卽宣德州之訛也。

(五)姚師前註：居庸關，在昌平縣西北居庸山中，故名。懸崖夾峙，巨澗中流；奇峻天開，古稱險要；爲長城重要口子之一，今平綏鐵路通過之。關上歷史古蹟，如過街塔的六種文字刻石，即甚爲有名。（參看元史（一二二○）札八兒火者傳，方輿紀要卷十，直隸總論及昌平州下。日人村田治郎近著居庸關兩大册，對工程與考古研究均極有用處。一九五七年三月出版。）

(六)「合剌　乞荅惕」Khara Kitad，旁譯及總譯均作契丹。按 Khara Kitad 是黑契丹，也就是西遼之稱；但此處當無西遼之意。就事實而言，亦係指由女眞人所統率的契丹部隊而言的。所以與「主兒扯」女眞並列。

(七)姚師前註：主因人，原文作「主亦納」，實卽「乣軍」。乃是遼金時代選拔邊防騎兵，組織成的一種特殊的軍隊。（參看王國維先生的元朝秘史中之主因亦兒堅，（觀堂集林第十六），與箭內亙博士的乣軍考。）

(八)龍虎台原文「失剌　迭克都兒」Shira-degdür，字義是黃色的階梯。在河北昌平縣西北。當年斯欽不斷往返於張家口北平間，在居庸關與南口間的官溝河床中，有一黑色巨石，鑿有階梯。其上並有可按置帳幕樁子的孔穴。當地人稱之爲「六郎點將台」；而蒙古人則稱之爲成吉思可汗居庸關東下時駐蹕的地點。

姚師前註說：龍虎臺，據顧祖禹讀史方輿紀要卷十一，（昌平州下）在南口東六里。地勢高平如臺，廣二里，表三里，如龍蟠虎踞狀。元時諸帝往來上都（多倫）與大都（北平）時，多駐蹕於此。（以上參用昌平山水記）

(九)中都，今北平。金史二十四，地理志上中都路條說：「中都路，遼會同元年〔九三七〕爲南京。開泰元年〔一○一二〕號燕京。〔金〕海陵貞元元年〔一一五三〕定都。以燕乃列國之名，不當爲京師，遂改爲中都。」（百衲本，十八頁上）原總譯作北平，乃明初洪武間之名。仍按原文譯爲中都。元代則稱爲大都。

㊉ 姚師前註：東昌府原作「東昌巴剌合孫」，旁注東昌，郡名，巴剌合孫爲城，應即山東省的東昌府，今山東聊城縣。惟舊注對此也有多種異說，略述如下。(1)沈子培先生說：東昌府，「當從元史(一)太祖紀七年（一二一二）條與金史（十三）衞紹王紀等，改爲東京（今遼陽）。親征錄亦作東京。(2)日人那珂通世則認爲應改作東勝。（實錄，頁四三八。）(3)小林高四郎說：「若爲東昌府，今山東聊城縣；東昌是世祖至元十三年（一二七六）由博州路改的，則秘史的漢譯，又當在一二七六年以後了。(4)今參考以下第二四八節，第二五一節，第二五二，二五三節，認爲這裏應即是東昌府而不是東京；因爲蒙古兵初入長城圍攻北平的時候，曾有一枝兵擾及山東，殺戮甚慘，從而激起山東義軍（如紅襖軍等）的羣起協助金人，抵抗蒙古。（此點當另文詳之）又，高寶銓曰：「考之木華黎：（元史一一九）石抹也先（元史一五〇）諸傳，者別實無取東京事，秘史作東昌，足證元史之謬。」（元秘史李注補正十三，頁二）

斯欽按：黃金史第二部六十九頁第二行作 Düngjü——東州，似爲 Düngjing——東京之訛。

⑪ 元史一太祖紀，七年壬申（一二一二）條云：「冬十二月甲申，遮別攻東京不拔，即行引去。夜馳還，克之。」（百衲本，十六頁下）當指此役而言。

第二四八節

者別攻下東昌城，回來與成吉思可汗會師。在中都被〔圍〕攻的時候，金朝皇帝㊀的大臣王京丞相㊁向金朝皇帝建議說：「天地氣運時節，已經到大位交替的時候了〔麼〕？蒙古人來得很有威力，把我們勇猛的黑契丹人、女眞人、主因人〔糺軍〕㊂等主要軍隊戰敗殺絕，又奪取了賴爲屏藩的居庸關。現在我們再整頓軍隊出發，若是再爲蒙古人所敗，〔軍馬〕勢必潰散到各個城市去，不受我們的收撫，〔反〕與我們爲敵，不肯効力。倘蒙皇帝恩准，暫且歸附蒙古可汗議和。如蒙古接受和議，退兵，等撤退之後，再〔有〕別的打算，我們那時還可計議。聽說蒙古人馬不服水土，生了瘟疫。〔若〕把女兒〔嫁〕給他們的可汗，拿出金、銀、緞匹、物資，重犒士兵，怎能知道我們這個和議不被接受呢？」金朝皇帝同意王京丞相的話，說：「若是這樣就〔去〕做吧！」於是就〔來〕歸附，將〔一個〕有公主名分的女兒給了成吉思可汗㊃，把金、銀、緞疋、財物等等，凡士兵們力之所及所能拿的東西，都從中都裏給拿出來，由王京丞相送到成吉思可汗那裏。因來歸附，成吉思可汗接受和議，令進攻各城市的軍隊撤回。王京丞相送成吉思可汗一直〔送〕到叫莫州㊄、撫州的山嘴，纔回去。我們的士兵把緞匹財物儘力馱載，甚至用熟絹綑起來馱着走。

㊀ 阿勒壇汗，即金宣宗，吾睹補，漢名完顏珣（一二一三——一二二三）。

㊁ 王京　丞相之名，曾見卷四，第一三二、一三三、一三四等節；惟彼處所指者爲完顏襄，見金史九十四，內族襄傳；而此處所見者，則爲完顏福興，見金史一〇一，完顏承暉（本名福興）傳，並非一人。極可能 Ong-ging ，就是 Ong-ying 完顏的訛寫，或訛轉。

㊂ 主因即糺軍，已見前二四七節註㊆。

㊃ 金史十四，宣宗本紀：「貞祐二年…三月…，庚寅奉衛紹王公主，歸於大元太祖皇帝，是爲公主皇

后。」（見百衲本第四頁上）元史一，太祖本紀：「九年，甲戌（一二一四）春三月，駐蹕中都北郊，諸將請乘勝破燕，帝不從，乃遣使諭金主曰：『汝山東，河北郡縣悉爲我有。汝所守惟燕京耳。天旣弱汝，我復迫汝於險，其謂我何？我今還軍，汝不能犒師以弭我諸將之怒耶？』金主遂遣使求和，奉衞紹王女岐國公主，及金帛，童男女五百，馬三千以獻。仍遣其丞相完顏福興送帝出居庸。」（百衲本，十七頁上）

㈤莫州乃今河北任邱縣，以可汗返蒙古之旅途察之，似無經由任邱之必要，那珂通世以爲親征錄作野麻池，而將野字脫落者，可能是撫州境內山嘴之名稱。（見成吉思可汗實錄四四二頁及小林高四郎氏之蒙古秘史二八三頁）然此亦不過假設而已。

第二四九節

從那裏〔成吉思可汗〕就向合申㈠〔西夏〕進兵，到達之後。合申的不兒罕㈡就降服了。說：「願做你的右翼，給你效力。」就把名叫察合的女兒給了成吉思可汗。不兒罕又說：「聽見成吉思可汗的聲名，我已經害怕。如今你〔這〕有靈威的人親身蒞臨，因敬畏〔你的〕靈威，我們唐兀惕人願給你做右翼效力。」〔又〕奏請說：「給〔可汗〕效力，〔但〕我們是定居的，是築有城廓的，〔卽便〕做伴，在疾速的行軍中，在鋒利的斷殺中，〔旣〕追不上疾速行動〔又〕做不到鋒利斷殺。如蒙成吉思可汗恩典，我們唐兀惕人，願把在高蔍棘草㈢遮護地方所牧養的駱駝當做家畜㊃獻給〔你〕；織成毛布當做爲緞匹〔獻〕給〔你〕；訓練捉獵的鷹鶻，挑選好的經常呈送〔你〕。」於是就實踐他所說的話，從唐兀惕百姓科斂駱駝，拿來呈獻〔多得〕都趕不動了㊄。

㈠ 合申 Khashin 卽河西之意，卽指唐兀惕或西夏之地而言。李文田說：「唐河西節度使地，外蕃相沿曰河西，音轉爲合申耳。」（李氏元朝秘史注卷十三第九頁）

㈡ 不兒罕 Burkhan 旁譯爲「人名」。此字數見於後，所指均非一人。「不兒罕」一語，當爲唐兀惕主之尊稱。此一「不兒罕」是西夏襄宗李安全（一二〇六——一二一一）。

㈢ 蓆棘草原文爲迭列速。三合第八册八十七頁下稱爲玉草。按 deresü 生長於沙漠中較潮濕之地，或平原盆地，高五六尺，似茅草，莖葉極堅硬，駱駝嗜食之。

㈣ 原文作「合」kha，旁譯「係官」，不知何解。Monghol kelnii tobch tailbar toli（蒙文簡明字典，烏蘭巴托，一九六六）第六三二頁，解 kha 爲放牧駱駝或牛羣時吆喝的聲音。故暫譯爲「家畜」。

㈤ 元史謂太祖征夏，事在征金之前。本紀說：「四年己巳（一二〇九）春，……帝入河西。夏主李安全遣其世子，率師來戰，敗之。……薄中興府，引河水灌之。堤決，水外潰，遂撤圍還。遣太傅訛荅入中興，招諭夏主。夏主納女請和。」（百衲本，卷一，十五頁）

第二五〇節

成吉思可汗那次出征，使漢地的金朝皇帝歸順，獲得了許多緞疋；使河西㈠百姓的不兒罕降服，獲得了許多駱駝。成吉思可汗在羊兒年〔辛未，一二一一〕出征，使〔北〕漢地名叫阿忽台㈡的金朝皇帝歸順；使唐兀惕百姓的亦魯忽・不兒罕㈢降服；〔然後〕回到撒阿里曠野駐蹕㈣。

㈠ 原文「河申」，卽河西之訛轉，已見前二四九節，註㈠。

㈡ 卽金帝宣宗，已見二四八節，註㈠；惟何以稱其名爲阿忽台，待考。

㈢ 卽夏主襄宗，已見前二四九節，註㈡；惟「亦魯忽」不知何解，是否卽李安全之名，待考。

㈣ 姚師前註：「元史太祖紀㈠十一年（一二一六）丙子春，還驢朐河行宮」，蓋卽指此事。

第二五一節

其後派去招降趙官㈠的主卜罕㈡等許多使臣，又被漢地的金朝皇帝阿忽台所阻。成吉思可汗就在狗兒年〔甲戌，一二一四〕，再征伐漢地，〔責問〕旣經歸附，又因何阻止派往趙官那裏的使臣。進兵的時候，成吉思可汗指向潼關，命者別由居庸關進攻。金朝皇帝知道成吉思可汗由潼關口〔進擊〕，命亦列、合荅、豁孛格禿兒㊂三個人統率軍隊說：「用軍隊堵住，用紅襖〔軍〕㊃做先鋒，力守潼關口，不要使〔他們〕越過嶺來！」就派亦列、合荅、豁孛格禿兒三人急速〔率〕軍前去。〔我軍〕一到潼關，金兵遍地而來。成吉思可汗迫退亦列、合荅。拖雷〔和〕駙馬出古㊄兩個人橫衝過來，擊退紅襖軍，戰勝亦列、合荅，好像摧毀朽木一般的殲滅了金兵。金朝皇帝知道自己漢地的軍隊已被殲滅，就從中都躲出去，進駐南京城㊅。殘軍瘻瘦死亡，人皆相食。成吉思可汗因拖雷、駙馬出古二人打得好，對拖雷、駙馬出古二人重加恩賞㊆。

㊀王國維氏於其「蒙古札記」之趙官條中，認為可能是蒙人直呼宋寧宗之名趙擴而轉成者（見觀堂集林卷十六第二十頁）。黃金史第二部第七十二頁第六行做 chedgön 字形上顯然是 chogön 或 jogön——趙官之訛。

㊁南宋趙珙於其蒙韃備錄立國條，說：「近者聘於我宋副使速不罕者乃白韃靼也。」王國維氏於其箋證中稱：「元朝秘史續集卷一，『在後成吉思差使臣主不罕等通好於宋，被金家阻當了』，以此成吉思狗兒年再征金國。』此速不罕即主不罕。」（蒙古史料四種本，總頁四三二頁）

㊂亦列、合荅、豁孛格禿兒，三人均待考。聖武親征錄，曾提及斫荅，其他二人，仍難確定。（見蒙古史料四種本總頁一七一）

㊃姚師前註：原作「忽剌安・迭格列泥」Khula'an degelen，以字譯之，當即金朝楊安兒、劉二祖等的紅襖軍。見金史（一〇二）僕散安貞等傳及周密齊東野語(九)李全條等。紅襖軍助金人守潼關事，

余另有專文考證之，載歷史語言硏究所集刋外編「董作賓（彥堂）六十五歲紀念論文集」，一九六〇年出版；名元朝秘史所記「忽剌安•迭格列」人（紅襖軍）助金守潼關並抗蒙古入侵事考。

㈤ 出古駙馬就是二〇二節所說的第八十五千戶赤古駙馬（古列堅）。

㈥ 元史一，太祖本紀稱：「九年……五月金主遷汴，以完顏福興及參政穆延盡忠輔其太子守忠，守中都。」（百衲本第十八頁上）。南京，金之南京汴粱。總譯雖作汴粱，但仍譯爲南京，以存其眞。

㈦ 姚師前註：這一段記事，說是出在狗兒年（一二一四）與元史太祖紀，（親征錄同），金史（十四）宣宗紀等，頗有出入；今考定爲一二一六年丙子。詳見上文史語所集刋外編「董彥堂六十五歲論文集」中，該論文的第三節，舊元史太祖紀金史（十四）宣宗紀蒙古攻打潼關年月的考定，可參看。

第二五二節

成吉思可汗〔攻〕下河西務㈠之後，駐〔蹕〕在中都的失剌－客額兒〔地方〕㈡。者別破居庸關，追擊居庸關的守軍，前來與成吉思可汗會師。金朝皇帝自中都出走的時候，委合荅㈢爲中都留守。成吉思可汗派司厨汪古兒、阿兒孩•合撒兒、失吉•忽禿忽三個人去點數中都的金、銀、緞疋、財物。因這三個人到來，合荅就拿了有金花的緞匹，自中都出來迎接。失吉•忽禿忽對合荅說：「在前，這中都的財物和中都全是金朝皇帝所有；如今中都是屬於成吉思可汗的。你怎能暗中把成吉思可汗的財物緞疋偷着拿來給人呢？我不要！」說着失吉•忽都忽就拒絕不受。司厨汪古兒、阿兒孩•〔合撒兒〕兩個人收了。這三個人把中都的財物數點〔回〕來，成吉思可汗向汪古兒、阿兒孩•〔合撒兒〕、〔失吉〕•忽禿忽三個人〔說〕：「合荅給了什麼？」失吉•忽禿忽說：「拿有金花的緞疋來給，我說：『在前，這中都是金朝皇帝的，如今是成吉思可汗的。你合荅把成吉思可汗的財物，怎能暗中偷着給人呢？』我沒有要。汪古兒、阿兒孩•〔合撒兒〕兩個人把他給的東西收下了。」成吉思可汗很責備汪古兒、阿兒孩•〔合撒兒〕兩個人，對失吉•忽禿忽〔說〕：「你〔深〕明大義。」重予恩賞。降聖旨說：「你還不是我看得見的眼睛，聽得見的耳朶麼？」㈣

㈠ 河西務今河北武清縣城以北，運河西岸，水陸交通方便之商業鎮市。

㈡ 姚師前註：黃野甸，原蒙文名「失剌•客額兒」Shira-ke'er，意卽「黃色的原野」，故譯為黃野甸。以丁文江「中國分省地圖」（頁三三）「河北」圖考之，似卽武清縣南三十里的古鎮黃后店，（或曰黃花店）。（位在張莊附近，平津鐵路楊村、廊房之間。此鎮建於唐朝，自古迄今為行軍要道。）按秘史原文，作「中都的失剌•克額兒」，當在中都（北平）的附近，而非北平自身。蒙古為遊牧部落。可汗例不住城圈以內，而習於居住宮帳；故此黃野甸也一定是在郊外寬敞有水草的地區。元史（一）太祖紀：「九年甲戌（一二一四）三月，駐蹕中都北郊」，當卽指秘史此節之黃野甸。

㈢ 親征錄作「金留守哈荅國和」。（見蒙古史料四種本總頁一七五頁）

㈣ 親征錄所記與秘史同，但這一重要故事並不見於元史。（見四種本，同一七五頁）

第二五三節

金帝到南京〔汴梁〕之後，稽首自請歸附，遣他名叫騰格里的兒子與伴當百人來給成吉思可汗作扈衞㈠。他既經歸附，成吉思可汗就撤退了。從居庸關撤退的時候，命合撒兒「率左翼諸軍，沿海去攻北京城㈡。降服北京城之後，〔再〕向那邊，經過女眞的夫合納㈢前進。如果夫合納有意反抗，就要剿平；若是降服，就經過他們的邊疆各城，沿着涺剌㈣、納涺㈤諸河前進，溯討涺兒河㈥越過〔山〕來，到大本營相會。」從各「那顏」之內，命主兒扯歹、阿勒赤、脫侖「扯兒必」三個人與合撒兒一同前往。合撒兒使北京城降服，使女眞的夫合訥歸附，〔又〕使途中所有的城市〔都〕降服之後，溯着討涺兒河，來到大本營裏㈦。

㈠　金帝遣子入質之事不見金史與元史，惟元史太宗本紀云：「四年壬辰（一二三二年）……命速不台等圍南京，金主遣弟曹王訛可入質。帝還，留速不台守河南。」以時間推之當與此事無關。小林高四郎引那珂之說以爲或因此而有所誤記。見小林譯蒙古秘史，二八三頁註八及那珂氏成吉思汗實錄第四五五頁。

㈡　原文爲北京，旁譯及總譯均作大寧。元史五十九，地理志二，遼陽等處行中書省條：「大寧路……遼爲中京大定府，金因之，元初爲北京路總管府。……中統…改北京爲大寧。二十五年改爲武平路，後

復爲大寧。」今內蒙卓索圖盟喀喇沁中旗境內尚有大寧城遺址、

㊂ 原文「主兒扯敦　夫合訥」Jürched-ün Wukhana，旁譯「女眞的人名行」，總譯未提及。以其文理推之 Wukhana 是女眞的一個部長之名無疑。元史一，太祖本紀說：「十年乙亥（一二一五）……冬十月金宣撫蒲鮮萬奴據遼東，僭稱天王，國號大眞，改元天泰。……十一年丙子（一二一六）……冬十月蒲鮮萬奴降，以其子帖哥入侍，既而復叛，僭稱東夏。」（百衲本，十九頁上）蒲鮮萬奴即夫合訥。（本紀卷一，十九頁上）

㊃ 浯剌 Ula 河即今之松花江。（參照那珂通世成吉思汗實錄四五六頁）

㊄ 納浯 Na'u 河即今之嫩江。

㊅ 姚師前註：討浯兒河，應即今洮兒河，也就是遼朝的打魯河（或他魯河）。遼聖宗太平四年，改爲長春河。（沈子培元秘史補注，卷十三，頁三至四）

㊆ 元史一，太祖本紀：「八年癸酉（一二一三）……是秋分兵三道，……皇弟哈撒兒及斡陳•那顏、拙赤䚟、薄刹爲左軍，遵海而東，取薊州、平灤、遼西諸郡，而還。」（百衲本第十七頁上）

第二五四節

其後，成吉思可汗〔所遣〕兀忽納等一百名使臣被回回㊀人扣留殺害。成吉思可汗說：「怎能讓回回人截斷我的黃金韁轡㊁呢？爲了爲兀忽納等一百名使臣，我要以寃報寃，以仇報仇，征伐回回！」㊂

臨出發的時候，也遂夫人提醒成吉思可汗稟奏說：

「可汗打算越過峻嶺，
　橫渡大河，
　長征絕域，
　平定諸國。
　有生之物，
　不能永存。
　假如你那大樹一樣的身體倒下去，
　你那像麻穰一般的百姓託付誰呢；
　假如你那基石一樣的身體倒下去，
　你那像羣雀一般的百姓託付誰呢？

在親生的四個兒子之中，要指定誰？應該叫你諸子，諸弟，衆多的臣民們，和我們〔這些〕無知無識的㊃知道啊。我把所想到的提出來了，聽候聖旨裁決吧。」

成吉思可汗說：「也遂雖然是個婦人，說的話非常有理。弟弟們，兒子們，以及孛斡兒出、木合黎等人，誰都沒有提醒過。我豈不是忘記了，也要追隨祖先而去。我豈不是忽略了，脫不過死亡的捆索。在我諸子之中，拙赤最長。你說什麼？」

在拙赤作聲之前，察阿歹說：「讓拙赤說，莫非是要托付拙赤麼？我們怎能叫這個由篾兒乞惕人那裏帶來的㊄管轄呢？」纔說，拙赤就起來揪住察阿歹的領子說：「汗父都沒說過什麼，你怎敢挑剔我！你有什麼技能比人强？不過是比人剛愎而已！比賽射遠，若被你所勝，我把拇指砍下丟掉；彼此搏鬥，若被你所勝，我就不再從倒下之處站起！聽憑汗父的聖旨吧！」拙赤、察阿歹兩個人彼此揫着領子。孛斡兒出拉着拙赤的手；木合黎㊅拉着察阿歹的手〔勸解〕。成吉思可汗聽着，一聲不響的坐着。濶濶搠思㊆站在左邊，說：

「察阿歹，你忙什麼？你汗父在諸子之中，是屬意於你的。在生你以前：

星光照耀的天空旋轉，
諸國造反，
寢不安蓆，
互相搶奪刼掠。
草海㊇所覆的大地翻騰，
全國喪亂，
臥難安衽，
彼此攻殺撻伐。
時勢如此，
〔理智不存〕。
不及思慮，
就互相衝突起來；

不及躲避，
就互相厮殺起來；
不及安息，
就互相攻打起來。
啊！你把你聖明的母后說得，
酥油一般的心都冷却了；
奶子一般的心都凝結了！
你不是溫暖暖的從這個肚皮裏生出來的嗎？
你不是火熱熱的從這個衣胞裏生出來的嗎？
不應該讓你親生的母親氣憤，
使她心灰意冷；
不應該讓你親生的母親艾怨，
使她慈恩消失！
你汗父建國之時，
不顧自己的頭顱，
不惜自己的鮮血；
目不暇轉睛，
耳不及落枕。

以袖子作枕頭，
以衣襟當被褥；
以口中的涎沫來解渴，
以牙縫裏的碎肉當宿糧。
前額的汗流到脚底，
脚底的汗衝到前額。
謹愼締造之時，
你的母親共嚐艱苦。
高高的梳起頭，
短短的束起腰；
緊緊的綁起頭，
牢牢的繫着腰；
把你們養大了。
她把要嚥下的，
給你們一半；
她把喉嚨空着，
叫你們吃足；
她空着肚皮走，

〔使你們溫飽〕！
誰提着你們的肩膀，
使你們與男子漢一樣高；
誰扯着你們的頸項，
使你們跟別人一樣齊？
她把你們的皮襪子收拾乾淨，
她把你們的腳後跟墊起加高。
使你們能搆到男子的肩頭，
戰馬的後胯。
如今正要看〔你們〕成功立業。我們聖明的可敦眞是：
心明如日，
恩洪似海啊！」

㈠ 原文「撒兒塔兀勒」Sarta'ul，旁譯回回，事實上是指花剌子模說的，爲保持原來的形狀，仍譯爲回回。承政治大學維吾爾文教授阿不都拉先生指教，這一個字在畏兀兒語中是對纏頭而信回教的西亞人之概稱。

㈡ 原文「阿兒合只」arghamji，旁譯「麻繩」，並不正確。按此字的本意是，長皮繩，轡頭韁繩，長繩，轡頭上的鐵環，見蒙語詞典（Monghol kelenii tobch lailbar toli）一九六六，烏蘭巴托版，五〇頁。申引其意就是「統御」之意。正與英文中的 rein 相似。姚師前註曾提及海尼士的德譯，說：海尼士先生譯爲「der goldene Seitstrick」，也卽是金索子的意思。他解釋作「蒙古帝國主權」的象徵，故必須加以維護。下面第二百五十六節征討西夏時也曾再度言之。

㊂ 元史一，太祖本紀稱：「十四年己卯（一二一九年）……夏六月，西域殺使者，帝親征，遂取訛荅剌城，擒其酋哈只兒只蘭禿。」（見百衲本，二十頁上）多桑書記載較詳，謂：「先有花剌子模商人至可汗處，於其返也，可汗遣衆四百五十人同往，購花剌子模珍產，行至訛荅剌（Otrar），其守將哈亦兒汗（Gair-khan）指爲間諜盡殺之而奪其貨。可汗聞報，遂遣使臣一人名巴合剌 Bagra 者，往花剌子模索罪人。……並遣二蒙古人爲副使。至摩訶末所，傳語曰：『君前與我約，保不虐待此國任何商人。今遽違約，枉爲一國之主。若訛荅剌虐殺商人之事，果非君命，則請以守將付我，聽我懲罰；否則請卽備戰。』顧哈亦兒汗爲算端母之親屬，摩訶末雖欲懲罰，抑執之以獻，勢所不能。蓋諸大將權重，不受算端之制也。遂殺巴合剌，薙蒙古副使二人鬚，而遣之歸。見札闌丁傳」（見馮譯本上册九五、九六兩頁）。世界征服者史也有詳盡的記載，見 Boyel 譯本，上册七十九頁至八十六頁。姚師前註說：耶律楚材足本西遊錄（六）訛打剌城下說：「苦盞之西北五百里有訛打剌城，附庸城邑數十。此城渠酋嘗殺大朝使命數輩，賈人百數，盡有其財貨，西伐之意，殆由此耳。」這是蒙古西征的主要原因，應加注意。（關於蒙古西征原因，可參看拙作耶律楚材西遊錄足本校註第六節註二。）蓋殺使刼貨爲主要原因，其他地理上疆土相接，兩大不能相容，政治上猜忌誤會，以及信仰不同等，副因甚多。（均詳見西遊錄校註）

㊃ 原文作「卯兀納」（ma'un-a），乃是自卑的謙遜之辭。故譯作「無知無識的」。

㊄ 孛兒帖夫人被篾兒乞惕人擄去之事，見卷二，一〇一——一〇三節。

㈥ 木合黎此時正在經略華北；惟可汗西征之前，返回蒙古本土謁見之事，亦非絕不可能之舉。

㈦ 闊闊搠思是直言敢諫之臣，事見第二一六節。成吉思可汗曾指派闊闊搠思爲察阿歹之傅，命他時時勸戒剛愎成性的察阿歹。

㈧ 原文「闊里速台」körisütei，旁譯「地皮」。其實是指野草所覆的地表而言。在近代語彙中，是未開墾的草原之意。

第二五五節

於是成吉思可汗降聖旨說：「你怎能那樣說拙赤呢？我諸子之長不是拙赤麼？以後不許那樣說！」對於這話，察阿歹微笑着說：「拙赤有力氣技能，不用爭論。用嘴說死的不能馱起；用話弄死的不能剝皮。拙赤我們兩個人是諸子之長，願爲汗父一同出力。誰躲避就把〔他〕共同劈開；誰落後就把他脚踵砍斷！斡歌歹爲人敦厚。我們共推斡歌歹吧。斡歌歹在汗父跟前，承受敎訓便可。」於是成吉思可汗說：「拙赤！有甚麼要說的話嗎？」拙赤說：「察阿歹已經說過，察哈台我們兩個人願並行効力。我們推斡歌歹吧！」成吉思可汗降聖旨說：「何必並行！大地遼濶，江河衆多，叫〔你們〕分領封地；鎭守各邦。」說了〔又〕說：「拙赤、察哈歹兩個人要說到就要做到！不要爲百姓所嘲；不要爲人民所笑！在前阿勒壇、忽察兒兩個人也曾這樣說定；但不踐所言，是怎樣受懲罰，是怎樣被處分？現在從阿勒壇、忽察兒兩個人的子嗣中間，分派給你們，使你們以他們爲鑑戒，不敢犯過！」說完就說：「斡歌歹要說甚麼？」斡歌歹說：「可汗父親恩典叫說，我不知道應該說什麼？我怎麼說呢？那麼祇有儘我所能，謹慎去做。今後，恐怕在我子孫中，生了包在青草裏牛不吃，裹在脂肪裏狗不吃的㈠，〔以致〕麋鹿㈡橫越，野鼠跳竄，發生差錯。這些就是我要說的，別的還說什麼呢？」對這話成吉思可汗降聖旨說：「斡歌歹若是說這樣的話，還可以。」又說：「拖雷有甚麼要說的話麼？」

拖雷說：「我願在汗父指名的兄長跟前，

提醒已經忘記的，

喚醒已經睡着的；

做他隨時呼喚的伴當；

當他策驪駿馬的鞭子㈢。

守應諾絕不食言；

守岡位絕不空閒。

爲他長征遠地；

爲他短兵迎敵！」

成吉思可汗嘉納他的話，〔又〕降聖旨說：「合撒兒的〔位子〕由他子嗣中的一人管理。阿勒赤歹㈣的〔位子〕由他子嗣中的一人管理。斡惕赤斤的〔位子〕由他子嗣中的一人管理。別勒古台的〔位子〕由他子嗣中的一人管理。這樣想來，我子嗣中的一個人，應管理我的〔大位〕。不要違背我的聖旨！你們若不毀棄它，你們就不會有偏差，不會有過失。卽使在斡歌歹的子孫中生了包在青草中牛不吃，裹在脂肪裏狗不吃的；難道我的衆子孫中就不生一個好的嗎？」

㈠「包在青草裏牛不吃的，裹在脂肪裡狗不吃的」，這一句話，原總譯作：「只恐後世子孫不才，不能承繼」，是很好的意譯。多桑蒙古史有類似之記載，說：「諸王推戴窩濶台之時，曾發此忠於其後人之奇誓曰：『祇須汝後人尚存一臠肉，投之草中而牛不食，置之脂內而狗不取；我等誓不以他系之王，位於寶座之上。』」又述及貴由汗卽位之時，說「貴由既受推戴，乃依俗以大位歷讓諸王，而以己病爲辭。如是讓久之，始從大會之請，惟附以條件，須以大位傳其後人。於是蒞會者簽署此文約曰：『汝後人雖僅存一塊肉，置之草中脂內，而狗牛不取者，吾曹決不奉他人爲汗。』誓畢脫帽解帶，奉貴由坐金座上，共以汗號上之。」見馮譯本上册一九二頁及二四八頁。

㈡原文「罕荅孩」khadaghai，旁譯「獸名」。這是糜鹿的一種，俗稱「四不像」。

㈢原文「米納阿」，旁譯「鞭子」。其正音是 mila'a 或 milagha。原文的「納」是「刺」音之訛。在秘史、元史及若干元代文獻中，la 訛爲 na，也就是 l 訛爲 n 的例子很多。

㈣阿勒赤歹是合赤溫之子，可汗之侄。見一四二節，註㈡。

第二五六節

成吉思可汗將出發的時候，派使臣去對唐兀惕人的不兒罕㈠說：「你曾說過『願給你做右翼。』〔如今〕回回截斷我黃金韁轡㈡，我要出發前去折證㈢，你做我的右翼出征。」在不兒罕尚未作聲之前，阿沙敢不㈣說：「力量尚且不足，何必做可汗？」說着大話，不肯出師援助，打發〔使臣回〕來了。成吉思可汗說：「怎能讓阿沙敢不這樣說！馬上計劃去征討他們又有何難？但是正在指向着他人的時候，姑且作罷。若蒙長生天保祐，緊握黃金轠勒㊄，〔勝利〕歸來，那時再做計較！」

㈠ 「不兒罕」似爲西夏主之尊稱。前第二四九、二五〇兩節中的不兒罕，是西夏的襄宗李安全，而此處則指神宗李遵頊（一二一一——一二二三）而說的。

㈡ 即統御之意，已見二五四節註㈡，並見本節註㊄。

㈢ 原文「斡魯勒潺」ololchan，旁譯「折證」。姚師前註說：折證，猶言清算，詳見張相詩辭曲語辭典（四十六年，一九五七年出版），頁一三三「正本條」。這裏引元曲多篇，解說「折證」二字的意義，可參看。又，辭海：「折證猶言對證」，引元曲選（丁集下）黑旋風：「再不和他親折證」，意與上同。

㈣ 阿沙敢不 Ashaghambu，人名，sgam-po 藏語，賢人或長老之意。阿沙敢不再見於續卷二，二六五、二六六兩節。是唐兀惕的權臣，對蒙古主張強硬政策者。就秘史的記載來看，此人似爲唐兀惕（或西夏）賀蘭山以西游牧地區的領袖。按西夏朝中，時有主張漢化或保守游牧主義反漢化的摩擦。而阿沙敢不似屬於後者。

㊄ 原文「阿勒壇　只羅阿」Altan jilo'a，旁譯「牽繮」，也是繫在轡頭上的轠勒。這一個字與前註㈡的 arghamji 是相關的。兩者同有「統御」之意，也都與英文中的 rein 有同樣的字義。

第二五七節

兎兒年〔己卯，一二一九〕，越過阿剌亦㊀去征討回回的時候，成吉思可汗由后妃之中，携忽蘭夫人同行。由諸弟之中，以大本營委付斡惕赤斤・那顏㊁。派者別為先鋒。繼者別之後，派遣速別額台。繼速別額台之後，派遣脫忽察兒。派遣這三個人的時候，〔可汗〕說：「〔從〕外面繞到莎勒壇㊂的那邊㊃，等我們一到一起夾攻。」者別經過篾力克汗㊄的諸城市，不加驚動，從外邊繞過去了。其後速別額台也照樣不加驚動的繞過去了。〔可是〕後來脫忽察兒擄掠了篾力克汗邊疆諸城市，搶刼農民。篾力克汗因為城市被擄掠，就驚惶移動，與札剌勒丁㊅・莎勒壇會合。札剌勒丁・莎勒壇、篾力克汗二人追着成吉思可汗前來作戰。在成吉思可汗的前邊，失吉・忽禿忽做先鋒前進。札剌勒丁・莎勒壇、篾力克汗兩個人與失吉・忽禿忽對戰，戰勝了失吉・忽禿忽㊆。乘勝〔追〕來，要到成吉思可汗那裏的時候，者別、速別額台、脫忽察兒三人自札剌勒丁・莎勒壇、篾力克汗二人的後邊趕來，殺敗他們。使〔他們〕不能在不合兒㊇、薛米思加卜㊈、兀荅剌兒㊉〔等〕城市會合。〔又〕乘勝追到申河(十一)，〔追〕使很多回回〔兵馬〕跳下申河，在申河裏淹死了。札剌勒丁・莎勒壇、篾力克汗兩個人溯着申河逃走(十二)。成吉思可汗溯申河前進，掠巴惕客先(十三)〔城〕而去，到額客小河、格溫小河(十四)，在巴魯安曠野駐下。遣札里牙兒〔氏〕的巴剌(十五)去追擊札剌勒丁・莎勒壇、篾力克汗二人。〔可汗〕非常恩賜者別、速別額台兩個人，〔說〕：「者別你原來名叫只兒豁阿歹。你從泰亦赤兀惕來〔了之後〕，就成了者別(十六)。脫忽察兒擅自〔違命〕擄掠篾力克汗的邊疆諸城，驚動了篾力克汗，應當斬首，以維法度！」可是說完，並未斬首，就嚴加申斥，依罪削去軍職㊆㊅。

㈠阿剌亦 Arai，似爲阿爾泰山的一個山嶺或山口，地在今俄屬地區之內。見卷八，一九八節，註㈣。

㈡以斡惕赤斤留守大本營一事，長春眞人西遊記謂邱處機抵宣德州時，「會阿里鮮至自斡辰大王帳下，使來請師。」又稱：「四月朔至斡辰大王帳下。……七日見大王，問以延生事。師謂須齋戒而後可聞。約以望日授受。至日，雪大作，遂已。大王復回，上遣使萬里請師問道，我曷敢先焉。且諭阿里鮮見畢東還，須奉師過此。十七日，大王以牛馬百數，車十乘送行。」當卽指斡惕赤斤留守大本營時之事而言。（見蒙古史料四種本總頁二五二——四，及二五六頁）

㈢「莎勒壇」，旁譯作：「回回王名」。這不是人名，是回敎國家元首的尊稱——Sultan。而此處所指者，當爲花剌子模國王摩訶末二世 Muhammed II。

㈣按當時花剌子模莎勒壇的首都，是兀龍格赤 Urganch。

㈤原文「罕　篾力克」Khan Melig，親征錄作「篾里可汗」（蒙古史料四種本，總頁一九五），待考。

㈥「札剌勒丁」卽摩訶末二世之子，札蘭丁（Jalal ad-Din）。多桑書稱，奈撒（Nessa）人阿合馬（Ahmed）子失哈不丁・摩訶末（Schihab-ud-din Muhammed el-Nessaoui）曾爲其立傳・其書名：「算端・札蘭丁・免古比兒廸傳」（Siret-us Soultan Djelal-ud-din Mangoubirti），巴黎圖書館存有阿拉伯文本。（見馮譯本上册第五頁）

㈦姚師前註：蒙古第一次西征時，札蘭丁（卽札剌勒丁）戰勝失吉・忽突忽，爲整個戰役中，蒙古兵僅有的一次失敗，蒙古秘史此節坦率承認，實爲難得。札蘭丁與忽突忽戰鬪情形，漢文中以洪鈞元史譯文證補卷一，太祖本紀譯證下（廣雅本頁二十一下），爲較詳；馮承鈞中譯多桑蒙古史上册，頁一二七以下次之。證補說：「（兩軍）相遇，札蘭丁，自率中軍，令汗蔑里克率右翼，賽甫哀丁，阿格拉黑率左翼，戰一日，無勝負，次日又戰，札蘭丁分兩翼以繞之，於是衆奮，圍亦漸合。失吉・忽突忽令軍士視旗所向，衝突敵陣。然（蒙古軍）已四面受敵；力不能支，遂（敗）奔。敵騎多良，馳而追殺，死者無算。帝聞敗訊，憂而不形於色。謂：『失吉・忽突忽素能戰，狃於常勝，未經挫折；今有此敗，當益精細，增閱歷矣！』」馮承鈞氏譯多桑書述此次決戰亦佳。如云：「忽突忽曾令其軍士視其纛所在勿失。已而其部下見主將被敵圍，未免潰走。顧戰地溪澗紛錯，馬多顚躓；敵騎較健，馳而追殺，死者大半。」（中譯多桑書上册、頁一二七）秘史自二五八節以下，到二六三節，有七節敍述蒙古第一次西征花剌子模戰事，遠較舊元史太祖紀及有關西征將士列傳爲詳，當比較譯文證補，多桑蒙古史等合併研究，另文詳論之。

㈧　「不合兒」卽不花剌（Bukhara）城。元史太祖本紀：「十六年辛巳（一二二一）春帝攻卜哈兒、薛米思干等城……並下之。」（見百衲本卷一，二十頁下）謝譯達木丁蘇隆本，二五七節，註一，稱爲今蘇俄烏玆別克共和國的布哈拉。關於此一戰役竹外尼世界征服者歷史有詳細記載，見 Boyel 英譯本上册九七頁至一〇九頁。

㈨　「薛米思加卜」，元史太祖本紀作「薛迷思干」見註㈧。地理志作「撒麻耳干」。（見卷六三，地理志六，西北地附錄，篤來帖木兒（察哈台汗國）條，卅二頁上）卽今蘇俄烏玆別克共和國首都 Samarkand。關於此城之攻略戰役，世界征服者歷史有詳細記載。見 Boyel 英譯本上册一一五至一二三頁。

長春眞人西游記謂：「又言西南至尋思干城。萬里外。回紇國最佳處。契丹都焉。歷七帝。」王國維氏註解謂：「此因契丹故城而旁記之。舊史不記西遼都尋思干事。然下文云。邪迷思干大城。大石有國時。名為河中府。湛然居士文集四。再用韻紀西游事詩注。西域尋思干城。西遼目為河中府。考契丹舊制。惟五京始有府名。尋斯干稱河中府，則大石未都虎思斡耳朵時。必先都尋斯干。後因建為陪都耳。」（蒙古史料四種本，總頁二七七——八頁）

㊉ 姚師前註：兀荅剌兒城，一作訛荅剌城，時守將為哈亦兒汗曾殺蒙古使臣，惹起西征戰禍。蒙古攻下此城後，夷為平地；並鎔銀液灌哈亦兒汗的口、耳，為被殺使者復仇。

⑪ 申河，原文「申　沐漣」Shin Mören，即印度河。

⑫ 按多桑書，成吉思汗於報忽突忽戰敗之恥後，即向申河追襲札闌丁，札闌丁軍敗不能突圍。蒙古軍欲生致算端不發矢。「戰至日中，札闌丁見重圍不開，乃易健馬，復為最後一次之突擊。蒙古軍後卻，札蘭忽回馬首，脫甲負盾執纛，從二十尺高崖之上，躍馬下投，截流而泳。成吉思汗進至河畔見之，指示諸子，言此人可供諸子效法，止將卒之欲泳水往追者。蒙古兵發矢射從渡之花剌子模兵，死者甚夥。盡殲岸上殘兵，虜札闌丁眷屬，殺其諸子。」見漢譯本上冊一二八、一二九頁。

⑬ 多桑蒙古史說：「阿剌壁文地名辭典云：巴達哈傷俗稱巴剌黑傷 Balakhaschan。緣其地諸山產寶石，尤以紅寶石 balakhsch 者為著名，故以名其地。其地當波斯商人赴土番之孔道。」（見馮本上冊一一七頁）

⑭ 「額客—豁羅罕，格溫—豁羅罕」，旁譯作河名，總譯作子母河。按 eke 是母，ke'ün 是子，與格溫 (ge'ün) 略有不同。ghorkhan 是小河之意。方位待考。

⑮ 姚師前註：這裏的巴剌，蒙音漢字作「札里牙兒台」氏，但下面第二六四節（卷續一、頁五十），又作「札剌亦兒台」，那就是上文第二〇二節九十五千戶中，第三十五千戶，巴剌、札剌亦兒氏了。初見蒙文秘史第一二〇節。也作札剌亦兒氏。他是九十五千戶中有名位的千戶，擔負西征時追拿札蘭丁的任務，自甚相稱。又巴剌、洪鈞元史譯文證補（卷一下），多桑蒙古史（上冊、頁一二九）均作八

剌；證補且稱為八剌。諾顏。據證補當時領兵追札蘭丁者，不僅巴剌一人，同往者尚有朶兒伯。多桑書也說，八剌以外，又有禿兒台；則深入印度的追兵，相當強大，自屬事實。

斯欽補註：親征錄作八剌。「那顏」（蒙古史料四種本總頁一九八頁）。

(十六) 這一段故事見秘史一四七節；惟多桑蒙古史所引拉施特書，對者別來歸之事略有不同。說：「哲別……乃亦速惕（Yissoutes）部人也。先是久為鐵木眞之敵。鐵木眞敗亦速惕部，哲別與同部潰衆逃匿不出。鐵木眞一日出獵，偶見其在圍中，欲進擒之，其將不兒忽赤（即孛斡兒出）請與之鬭。鐵木眞以白口之馬假之，不兒忽赤出射哲別不中；哲別射較精，發矢射不兒忽赤馬仆，以是得逸去。已而困甚，遂降成吉思汗。汗知其勇，命為十夫長，以功歷擢為百夫長千夫長，終為萬夫長。至是討平屈出律（即古出魯克）汗，獲白面馬千匹，以獻成吉思汗，而償前此所斃其主一馬之失。」見史集亦速惕條——蒙古語哲別猶言木鏃箭」馮譯本上册八四頁。

(十七) 脫忽察兒之名復見於秘史第二八〇節，斡歌歹可汗命其掌管驛站事務。

(十八) 姚師前註：西元一二一九到一二二五年蒙古成吉思汗西征花剌子模，當時蒙古騎兵在西域攻戰情形，漢文方面語焉不詳。自洪鈞元史譯文證補起，國人對蒙古西征諸戰役，始有比較清楚的認識。馮承鈞又譯多桑蒙古史兩厚册，更見完備。讀者欲明瞭此一戰役的原委，可看證補卷一太祖本紀譯證上下匼卷，與多桑蒙古史上册第六、第七兩章。文繁，恕這裏不再一一詳舉了。

第二五八節

成吉思可汗從巴魯安曠野回〔師〕，命拙赤、察阿歹、斡歌歹三個兒子領右翼諸軍，渡阿梅河㈠，攻取兀籠格赤城㈡，命拖雷攻取亦魯、亦薛不兒等諸城市㈢，成吉思可汗自己攻下兀的剌兒城㈣。拙赤、察阿歹、斡歌歹三個〔皇〕子派人來奏請〔說〕：「我們的軍隊齊全了。〔也〕到了兀籠格赤城，我們應聽誰的調遣？」成吉思可汗降聖旨說：「按照斡歌歹的話去做！」㈤

㈠ 阿梅河，原文「阿梅—沐漣」Amui Mören，即阿姆河，謝譯達木丁蘇隆本二五八頁，註一稱：「即今蘇聯土庫曼共和國的阿姆河，蒙古軍渡河處在今布哈拉東南。」姚師前註說：阿母河（Amu Daria），一曰奧克速河（Oxus），源出新疆省西界之烏赤別里山，西北流經中央亞細亞，入阿剌耳海，全長一三〇〇里。

㈡ 兀籠格赤 Urganch 爲花剌子模之首府，亦名花剌子模城。多桑書說，此一大城跨阿母河之兩岸（見馮譯本上册一一五頁）。

㈢ 這裏所說的「亦魯」Iru，似爲當時呼羅珊州四大城市之一的馬魯 Merv 之訛。「亦薛不兒」Isebür，似爲呼羅珊州首府你沙不兒 Nishapur 之訛。在蒙古文中，i 與 ni 時常不加區別。因此「你」ni 很容易訛讀爲「亦」i。

㈣ 成吉思可汗攻兀的剌兒城——訛荅剌城之時，乃初征花剌子模之擧，已見前二五七節。

㈤ 多桑書說：「……至是蒙古軍遂欲取橫跨阿母河兩岸之橋樑，遣兵三千人往，盡沒，守者益壯。然其足使此城久攻而不能下者，要爲朮赤、察合台二王之失和，號令不一，紀律亦弛。花剌子模人利用此事，屢使蒙古兵多所損傷，六閱月而城不下。諸王遣人赴塔里寒，告蒙古之損兵甚重而城難下之事。成吉思汗廉得其情，大怒，改命窩闊台總統圍城之軍。窩闊台乃和解兩兄，申嚴約束，軍氣復振。已而下令總攻，守者遂不支。……」（一一六頁）

姚師於前註中曾提及親征錄辛巳年（一二二〇）下：「秋，攻玉龍傑赤城以軍集奏聞。」上有旨曰：「軍旣集，可聽三太子（斡歌歹）節制。」

第二五九節

成吉思可汗使兀荅剌兒城降服，從兀荅剌兒城前進，攻下薛米思加卜城。從薛米思加卜城前進攻下不合兒城㈠。〔在〕那裏成吉思可汗等候巴剌㈡。在阿勒壇—豁兒搄山脊㈢，莎勒壇駐夏之地過夏，向拖雷派使者說：「天氣熱了，別的部隊也〔都〕回來了。你來與我們會合吧！」在拖雷取下亦魯、亦薛不兒㈣等城市，破昔思田城㈤，正要破出黑扯連城的時候，使者把這話送到。拖雷就在破出黑扯連城之後，同師與成吉思可汗會合㈥。

㈠ 按多桑書記載可汗首先攻下兀荅剌兒，次拔不合兒城，再克薛米思加卜。其大致情形已見上節之註解，玆不贅述。

㈡ 姚師前註：即是等候上述第二百五十七節派巴剌追勦札蘭丁的消息與結果。關於巴剌的事蹟，參看第二五七節註㈨；第二〇二節九十五千戶名單中的第三十五千戶下的小註。

㈢ 「阿勒壇—豁兒搄」 Altan Ghorkhan，字義是黃金小河。大概此處是一個背山面河的避暑之地。姚師前註說：海尼士認爲這一避暑處，即在 Perwan，或寫作 Borwan（八魯灣）的附近。（德譯

本頁一七七）

㈣亦魯、亦薛不兒兩城，似爲 Meru 與 Nishapur 之訛。已見前二五八節註㈢。

㈤據多桑書：「（一二二二年）窩濶台旣屠哥疾寧，遣使馳告其父，請許其進圍昔思田（Sistan），成吉思汗以天暑止之。」（馮譯本上册一三二頁）似與此節記事頗有出入。

㈥姚師前註：此節可參看多桑蒙古史（馮譯）、第一卷第七章，頁一二四。出黑扯連城多桑書不詳，而說拖雷最後攻下之城，是也里，位置在你沙不兒的東北，約五日程。又說：「蒙古兵同時進攻，戰甚烈；凡八日，拖雷召降，遂降。又八日拖雷奉父命退兵，會師於塔里寒。」

第二六〇節

拙赤、察阿歹、斡歌歹三個〔皇〕子使兀籠格赤城降服㈠。三個人共同把城〔裏〕的百姓分了，沒有給成吉思可汗〔留〕出分子。這三個皇子回來了，成吉思可汗就責備拙赤、察阿歹、斡歌歹，三個兒子，三天不准拜見。於是孛斡兒出、木合黎㈡、失吉・忽禿忽三個人奏稟說：「我們使不肯順服的回回莎勒壇衰亡，取得了他的城市、人民。被分的兀籠格赤城，和分〔它〕的諸〔皇〕子，都是〔屬於〕成吉思可汗的。蒙天地增添氣力，叫回回這樣衰亡的時候，我們衆軍士都很歡樂㈢，可汗爲甚麼這樣生氣呢？〔皇〕子們知道自己的不是，已經害怕了。讓〔他們〕自己以後學習警惕，當心〔皇〕子們會志氣懈怠啊，願蒙可汗恩典，准〔他們〕拜見。」這樣奏請〔之後〕，成吉思可汗息了怒，纔叫拙赤、察阿歹、斡歌歹三個兒子拜見。責備〔他們〕的時候，引證着老人們的〔遺〕言，剖析着舊日的話語，說得〔他們〕在站的地方站不住，額前的汗擦不完。

當斥責教誨的時候，佩帶弓箭的扈衞晃孩、晃塔合兒、搠兒馬罕㈣三個人向成吉思可汗奏稟說：「在〔皇〕子們像雛鷹纔加入調練一般，剛學習出征的時候，爲甚麼這樣把〔皇〕子們像頻頻退後的〔人〕一樣，加以申斥呢？恐怕〔皇〕子們畏懼，心志懈怠。〔如今〕從日落之處到日出之地，〔都〕是敵人。如把我們像指使土番㈤猛犬一般派遣出去，如蒙天地增添力量，〔征服〕敵人，願把金銀、緞疋、財物、百姓、人煙都拿來〔獻〕給你。若問是那種人？就是在這西邊有稱爲巴黑塔惕㈥人的哈里伯•莎勒壇㈦。我們去征伐他。」這麼奏請，可汗略微開心。爲這些話，怒遂息了。成吉思可汗同意，降聖旨恩賜晃孩、晃塔合兒、搠兒馬罕三個帶弓箭的扈衞說：「阿荅兒斤氏的晃孩，朶籠吉兒氏的晃塔合兒兩個人要〔留〕在我的跟前！」命斡帖格歹氏的搠兒馬罕去遠征巴黑塔惕〔的〕哈里伯•莎勒壇。

㈠ 關於兀籠格赤之戰，竹外尼世界征服者史有詳細記載。見 Boyel 英譯本，上册一二三——八頁。姚師前註：玉龍傑赤的佔領，見馮譯多桑蒙古史第一卷，頁一一六到一一七；證補卷一太祖本紀譯證下；Barthold 的書頁四三三到四三七。

㈡ 姚師前註：成吉思可汗一二一九到一二二五年間的西征花剌子模，木華黎因坐鎮東方，實未從行。至於孛斡兒出與失吉•忽禿忽的從行，則邱處機的西遊記（稱爲播魯只千戶，曾率千騎衞送長春眞人），與秘史第二五七節（見上）均有明證。然這裏何以忽然又有孛斡兒出，木華黎，失吉•忽禿忽合辭奏稟的事情呢？總合李文田、文廷式、沈子培諸先生的推究，蓋有下列三種原因。（一）孛斡兒出、木華黎、失吉•忽禿忽位高地親，經常三人出面講話，（如本卷第二五四節等）所以這一次也照例把他列入。（二）木華黎在漢地，尤其在一般漢人中名望甚高，尊爲國王。故記此事時，或初譯漢文時的人，有意把他的名字列入，以示親敬。（他本人名列蒙文第二，但漢文總譯，只提出他一個人，應卽與上述的理由有關。）（三）文廷式說這是太祖十七年諸臣進呈的公文，奏疏中以木華黎官尊，用以領銜的。（以上均見李文田元秘史注卷十三（頁三十六）與眉批）三說中，當以第一說較爲可信。

㈢ 原文此處有「馬孩周」一字，無旁譯，不知何解。三合第九册七十六頁上有 maghaichamui 一字，其漢譯爲「以背式骨打遠馬兒」。似爲一種玩耍。Mongol kelenii tobchi tailbar toli 第三五五頁，解爲投擲髀石玩耍。但均難合於此處的說法。

㈣ 搠兒馬罕 Chormakhan 是蒙古經略西亞的重要人物。他的功績可與木華黎在華北的功績媲美。可惜元史無傳。在西方所留的史料中，其名屢見不鮮。柯紹忞在他的新元史第一五〇卷，給搠兒馬罕立了一篇傳，可參考。

㈤ 原文「脫孛都惕　那豁惕」Töbödöd nokhad 旁譯「西番每　狗每」。西番卽土番，亦卽今之西藏。這是西藏一字首見於蒙古史册之處。

西藏犬體格壯大，力强，較蒙古犬，尤爲凶猛，惟不善於獵獸。蒙人多用以守家，或看守羊羣。今純種藏犬，在蒙古地方仍受重視。

㈥ 「巴黑塔惕」卽今伊拉克首都巴格達 Bagdad。當時是哈利發王朝之首都。

㈦ 「合里伯　莎勒壇」Khalibe Soltan，卽回教教主兼國王 Kalif 或 Caliph 及 Sultan 二字。當

時的 Caliph 是 Abbasid 朝的an-Nasir li-Din-Allah。

第二六一節

又命朵兒邊氏的朵兒伯・朵黑申㈠去征討在欣都思㈡與巴黑塔惕兩種人之間的阿魯、馬魯、馬荅撒黑人的阿卜禿城㈢。

㈠ 朵兒伯・朵黑申，在第二四〇節作朵兒伯・多黑申。已見該節註㈡。元史無傳。柯紹忞新元史一二八有簡傳一則。

㈡ 欣都思是 Hindus 的轉寫，就是印度人。

㈢ 姚師前註：欣都思人與報達人中間的阿魯人、馬魯人、馬答撒里人以及阿卜禿城，均不見於馮承鈞的西域地名（五十一年，一九六二年臺灣重印本）。日人那珂通世實錄頁五二〇以下，雖有考釋，也語焉不詳。案：阿魯或即亦魯，海尼士說當是 Herat。馬魯又名馬魯沙黑章（Maru Shahidjan），在 Murghab 河上。馬答撒里人與阿卜禿城均在上述兩地之間，其詳待考。

斯欽補註：竹外尼世界征服者之歷史對這一役故事，有比較詳細的記載。見 Boyel 英譯本上冊一四一——二頁。大致說，成吉思可汗派朵爾伯・朵黑申帶着兩個萬人軍團（萬戶 tümen），渡印度河（申河 Indus），去追討札蘭丁，經過 Nandana, Multan, Lahore 等地，並攻克之；但因暑熱，

姚師前註：此節所記牙剌瓦赤與成吉思可汗討論治理「城池」的道理與方法，實極端重要。可惜語焉不詳，不能得知牙剌瓦赤詳細的理論，甚爲可惜！又，任命牙剌瓦赤爲漢地達魯花赤，當爲色目人協助統治中原的開始。此點極關重要。

第二六四節

在回回人那裏過了七年㈠。〔可汗〕在那裏等候札剌亦兒氏巴剌的時候，巴剌渡過申河，追襲札剌勒丁・莎勒壇、篾力克汗兩個人㈡。〔追〕到欣都思㈢地方〔因爲〕未能俘獲札剌勒丁・莎勒壇、篾力克汗兩個人。一直到欣都思人當中〔仍是〕尋找不到。回來〔的時候〕擄掠欣都思邊地的百姓，帶回來很多駱駝，很多山羊。成吉思可汗從那裏班師㈣，路間在額兒的思河㈤住夏㈥。第七年，鷄兒年秋天㈦，回到禿剌㈧河合剌屯〔黑林〕的斡兒朶住下。

㈠ 己卯，一二一九年至乙酉，一二二五年。

㈡ 姚師前註：據秘史第二百六十四節，可知札蘭丁在一二二一年冬橫渡申河逃走以後，成吉思可汗曾派巴剌千戶前往追尋。據譯文證補（卷一下，三十七頁）知道協助追襲者尚有朶兒伯・黑合申。即征討禿馬惕人，綽號爆燥者的那位大將。斯欽補註：請參看秘史第二六一節。

㈢ 欣都思 Hindus，即印度。

㊃ 元史一，太祖本紀：「十九年甲申……是歲至東印度國，角端見，班師。」（百衲本第二十二頁上）多桑書稱：「一二二三年春，疫止。成吉思汗遂決定取道印度土番而還蒙古。……欲取道土番而進，行數日，因所經之途山岳起伏，森林遍佈，難於通行；遂返富樓沙，改循前赴波斯之來路退軍。」（馮譯本上册一三二頁）。元史一四六，耶律楚材傳及陶宗儀輟耕錄角端條，均有富於神話性的記載。輟耕錄說：「太祖皇帝駐師西印度，忽有大獸，其高數十丈，一角，如犀牛，然能作人語云：『此非帝世界，宜速還。』左右皆震慴，獨耶律文正王進曰：『此名角端，乃旄星之精也。聖人在位，則斯獸奉書而至，且能日馳萬八里。靈異如鬼神不可犯也。』帝卽回馭。」

㊄ 額兒的思河卽額兒齊斯河。

㊅ 關於住夏與否之問題秘史與多桑書不同。多桑書說：「一二二四年夏冬二季，成吉思汗全在道中。」（馮譯本上册一三三頁）竹外尼世界征服者歷史說可汗在 Qulan-Bashi 過夏。Boyel 註譯說，Qulan-Bashi 的字義是野驢頭。地在阿里斯 Aris 河與塔拉斯 Talas 河之間的盆地。（英譯本上册一四〇頁）

㊆ 關於可汗返還斡兒朶之事，秘史稱在鷄兒年（乙酉，一二二五年）秋天，竹外尼說返還的時間是在春天。正與元史太祖本紀所稱：「二十年乙酉春正月還行宮」之說相合。

㊇ 禿剌卽以前所見（如第一〇四節）的土兀剌河，現在的土拉河。

續卷二

第二六五節

那年冬天〔過了〕冬，爲征伐唐兀惕人㊀，重新數點人馬㊁。狗兒年〔丙戌，一二二六〕秋天，成吉思可汗去征唐兀惕人。從后妃中携也遂夫人同行。途中已入冬令，在阿兒不合圍獵許多野馬。成吉思可汗騎着〔一匹〕紅沙馬，野馬〔羣〕跑過來，〔那〕紅沙馬受驚，成吉思可汗從馬上跌了下來。因肌膚非常疼痛，那夜就在搠斡兒合惕住下了。住過了那一夜，次日早晨，也遂夫人說：「〔皇〕子們、那顏們商議〔商議〕吧！可汗夜間身體發燒，睡着了。」皇子們和那顏們聚會，晃豁壇氏的脫侖「扯兒必」提議說：「唐兀惕人有築好的城池，〔和〕不能移動的定居處所。他們不〔會〕抬起築好的城池走掉；他們不〔能〕撇棄不移動的處所走開。我們〔可以暫〕退。〔等〕可汗痊愈，再來征伐。」一說，全體〔皇〕子和那顏們都以爲然，〔就〕奏稟成吉思可汗。成吉思可汗說：「唐兀惕人必說我們膽怯回去了。我們要派使臣前去。〔我〕就在這搠斡兒合地方養病，等明白他們的〔回〕話後，再撤退吧！」於是就叫使臣前去傳話，〔說〕：「以前㊂，你不兒罕㊃曾經說過：『我們唐兀惕人，願做你的右翼。』因你曾那樣說過，〔所以〕當回回不肯議和之時，〔我〕派人去叫〔你〕出兵，你不兒罕㊄不踐諾言，既不肯出兵〔又〕以言語譏諷。〔當時〕爲了另有所圖，我決定以後〔再向你〕對證，就去征伐回回。蒙長生天祐助，已納回回百姓於正軌，現在來向〔你〕不兒罕㊅把話折證明白。」不兒罕說：「我沒有說過譏諷的話。」阿沙敢不說：「譏諷的話我是已經說過的。你們蒙古人慣於斷殺，若想斷殺，我在賀蘭山㊆住撒帳氈房，有駱駝馱子。〔你們〕可以向賀蘭山來找我，〔在〕那裏厮殺！若想要金、銀、緞匹、財物，你們可以指向寧夏西涼㊇、㊈！」〔使臣〕把這話轉達成吉思可汗。成吉思可汗身體正在發燒，說：「好！人家說這樣的大話，怎可撤退！雖死〔也〕要去對證這句大話。長生的上天啊，由你作主吧！」於是成吉思可汗就前進到賀蘭山與阿沙敢不厮殺，殺敗阿沙敢不。在賀蘭山上紮下寨子，擒獲阿沙敢不。命將所有〔住〕撒帳氈房，有駱駝馱子的百姓，如揚灰一般的摧毀。降聖旨〔說〕：「把勇猛健壯的唐兀惕人殺掉！軍士們可以捉捕〔其餘〕各色的唐兀惕人收〔爲己有〕！」

㈠ 西夏，原文「唐兀勒」乃「唐兀惕」之訛。蒙古人稱甘青藏族爲 **Tangghud**，青、康藏族爲 **Kham-pa**，西藏本土之人爲 **Töböd**。姚師前註說：秘史從這一節起，共有五節（即從第二百六十五到二百六十九節），述西夏事，均稱西夏爲唐兀或唐兀惕。

㈡ 原文：「脫阿　脫兀剌周」to'a to'ulaju，旁譯爲「數　數着」，總譯爲：「數查人馬」。這就是人口普查。也可以說是「國勢普查」，是決定軍隊編制，行政調整，賦稅與勞役供出的基礎。這是可汗西征勝利歸來，對於新的强大國勢，作了一次重新的調查，以爲下一次的擴張——征伐西夏的張本。

㈢ 原文「你多你」(nidoni)，旁譯「去年」。這是字譯。其實是指卷十一，第二四九節的故事而說的。

㈣ 此一不兒罕係指西夏襄宗李安全而言。其願爲可汗右翼之事，見秘史第二四九節。

㈤ 此一不兒罕係指西夏神宗李遵頊而言。唐兀惕人不踐諾言之事，見第二五六節。

㈥ 此一不兒罕係指西夏獻宗李德旺說的。

㈦ 原文「阿剌篩」Alashai，旁譯「賀蘭山名」。今蒙語稱賀蘭山為 Alasha-yin a'ula，稱山西北之廣大沙漠地區，為 Alashan，卽阿拉善旗之地。

㈧ 寧夏，原文「額里合牙」，白鳥本訂正為「阿里合牙」。這似乎是根據蒙文母音調和之原則改正的；但對人地名可有例外一節，似未注意及之。寧夏卽西夏首都中興府；今之銀川市。今蒙古語仍稱寧夏城為 Irghai，當為 Erighaya 或 Erikhaya 之轉。西涼，原文「額里折兀」Erije'ü，卽今武威。姚師前註說：陳寅恪先生有靈州，寧夏，榆林三城譯名考，見歷史語言研究所集刊，民國十八年第一本第二頁。

㈨ 由阿沙敢不的話，可知當時的唐兀惕人，已有分為農業定居和牧獵遷徙的兩種社會之傾向。其居住於賀蘭山之陽者，則為定居的農業部分，正如二四九節中不兒罕所說的話一樣。他說：「……我們是定居的，是築有城市的……既追不上疾速行軍又做不了鋒利厮殺。」而山陰一帶，仍是游牧的部落，人民勇猛好戰。阿沙敢不似乎是代表遊牧部落的勢力。這個農業社會，是包括境內所屬的漢人在內；而其游牧社會，則仍為「住撒帳毡幕的有駱駝馱子的」純唐兀惕人社會。同時從阿沙敢不的這篇話，也可以證實游牧民族作戰的動機是由於經濟上的需求。

第二六六節

成吉思可汗在雪山㈠上住夏，派兵去把〔那些〕曾與阿沙敢不一同上山反叛的，住撒帳氈房，有駱駝馱子的唐兀惕人，收捕擄掠盡絕。

恩賞孛斡兒出、木合黎㈡二人，降聖旨說：「儘力之所能，儘量拿取！」成吉思可汗又恩賜孛斡兒出、木合黎二人說：「因爲未曾分給你們金國㊂的百姓，你們兩個平分金國百姓中的『主因人』㊃吧！叫他們的好男兒們給〔你們〕司鷹，做隨從；把他們的好女兒們養大，給你們妻妾整理衣襟。金國皇帝所倚仗的，所寵信的，曾殺害過蒙古人祖先父輩的，就是〔這些〕黑契丹的主因人。如今我所倚仗的所親信的，就是孛斡兒出、木合黎你們兩個人！」

㊀ 原文「察速禿」Chasutu ，旁譯「雪山名」。字義是「有雪的」，似非專有名詞。元史一，太祖紀說：「二十一年，丙戌〔一二二五〕……夏避暑渾垂山，取甘肅等州。」（百衲本，二二頁下）這所謂「察速圖山」，或卽元史所說的渾垂山。

㊁ 按元史太祖本紀：「十八年癸未春三月，太師國王木華黎薨。」（百衲本卷一第二十二頁上）。又木華黎傳亦稱：「癸未春師還，……三月渡河還聞喜，疾篤，……薨年五十四。」（卷一一九第八頁上下）此處所謂對木華黎之恩賜，或指對其子嗣之恩賜而言。至於孛斡兒出卒於何年史無明徵。又就本節及秘史全文觀之，這一段對木華黎、孛斡兒出的恩賞，似與遠征西夏之事無關。可汗這次遠征的幕僚長，似乎是脫侖，而非孛斡兒出與木華黎二人。這一段與上下文都不相干的記事，似乎是把可汗征金之時的敕語，訛誤的挿入到征夏的部份中。可能這是轉寫時因脫頁而造成的錯誤。

㊂ 金國，原文「乞塔惕」Kitad，是契丹一字的複數形。實際的意思是指漢地和漢人說的。

㊃ 姚師前註：「主因人」，原蒙古音譯作「乞塔惕・亦兒格，訥・主亦泥」(Kitad irgen-u juin-i)，原總譯作「金國的主因種」。據王國維先生的研究，主因人（主因・亦兒堅）應當卽是金元時代的糺軍。（糺讀居黝反。乣乃糺之省，與糾字相通用。）主因人，在全部元朝秘史二百八十二節有四處說

到，字凡五見；⑴即第五十三節（卷一），⑵即第二四七，二四八節，（卷續一）；與⑶第二六六節（卷續二）；⑷即此節。初蓋爲邊防軍，故多爲契丹人。後戍呼倫貝爾兩湖之間，與塔塔兒人雜居，故軍中亦多塔塔兒人。說詳王氏「元朝秘史中之主因亦兒堅考」（觀堂集林卷十六，頁一至十二），及日本學者箭內亘氏的遼金時代所謂乣軍考等論文（見日文本蒙古史研究，頁六十九到一二五等）。羽田亨博士也有遼金時代乣軍考（見一九五七年出版的「羽田博士史學論文集」上卷「歷史篇」，頁四〇六到四三一），均可參看。

第二六七節

成吉思可汗自雪山前進，駐營於兀剌孩城㊀，〔又〕從兀剌孩城前進，攻破靈州㊁城的時候，不兒罕㊂前來拜見成吉思可汗。不兒罕拜見的時候，以金佛㊃爲首，獻上九類各九件的金銀器皿，以九九㊄爲數的童男童女，以九九爲數的騸馬駱駝，九類各九件的各種〔物件〕。拜見時，命不兒罕在門〔外〕，不揭門簾。那次拜見的時候，成吉思可汗心裏不舒服。第三天成吉思可汗降聖旨，給亦魯忽㊅・不兒罕改名爲失都兒忽㊆，又叫亦魯忽・不兒罕・失都兒忽來前，成吉思可汗降聖旨，命脫侖「扯兒必」動手，將亦魯忽處死㊇。當脫侖「扯兒必」奏報：「已經把亦魯忽處置了」的時候，成吉思可汗降聖旨說：「來向唐兀惕人折證前言之時，爲要使我在路間〔因〕圍獵阿兒不合〔地方〕的野馬〔跌倒〕而疼痛的肌膚痊癒，愛惜我的生命身體，提出〔退兵〕意見的，是脫侖。因爲敵人㊈〔口出〕惡言，〔督師〕前來，蒙長生天增加力量，我們〔終於〕把敵人征服，寃仇得報。亦魯忽這次所送來可移動的宮帳，器皿等等，脫侖〔你〕全部拿去吧。」

㊀「兀剌孩」Uraqai，城名，那珂通世（成吉思汗實錄五七〇頁）引施世杰、高寶銓二氏之說，以兀剌孩為阿喇克鄂拉（Alagh-a'ula——龍頭山，在阿拉善旗西南）之對音，而認為是阿喇克城。此說似屬不確。

㊁原文朶兒篾該 Dörmegei。姚師前註說：朶兒篾該，即是靈州。它與第二百六十五節的額里合牙，寧夏，陳寅恪先生在靈州，寧夏，榆林三城譯名考裏均有很好的解說。

㊂此時西夏獻宗李德旺已卒，其子睍繼之。此處之不兒罕係指李睍而言。

㊃這是「佛」字第一次出現於蒙古史料。原文「速篾思」Sümes，是 Süme（寺廟）的複數。

㊄蒙古習俗數字以九為大，以九數為吉。無論是賞賜、進貢或因罪罰繳納家畜，均以九數為單位。如一九，三九，或九九等。其中以九九為最高之限度。

㊅亦魯忽・不兒罕 Ilukhu-Burkhan 旁譯「人名」。「亦魯忽」不知何解。已見二五〇節註㊂。

㊆「失都兒忽」shidurghu，旁譯「人名」。其字義是忠順、順服或耿直。此處譯為「順服」為宜。

㊇原文為「那可兒」nökör 原音譯為「敵」。此字的本意是「伴當」。這裏是相反的用法。

㊈關於「亦魯忽・不兒罕」被殺之事，史書所載不一。元史太祖本紀未提及李睍之結局，只說：「二十二年丁亥（一二二七年）……是(六)月夏王李睍降，帝次清水縣西江，秋七月壬午不豫，已丑崩于薩里川哈喇圖之行宮。」而未及其他（見百衲本元史卷一，廿三頁上）。多桑書稱：「汗同時囑諸將，

死後秘不發喪。待唐兀主及期出都城來謁時，執殺之，並屠其城民。後諸將果如命而行。」（見馮譯本上册一五三頁）。

第二六八節

俘獲唐兀惕人，改亦魯忽・不兒罕〔之名〕爲失都兒忽，把他處死；把唐兀惕人的父母，子子孫孫，都滅絕一乾二淨，降聖旨說：「但凡在飲食的時候，都要說：『使〔唐兀惕人〕死得盡絕㈠！』」因爲唐兀惕人，說了話，不肯實踐的緣故，成吉思可汗再度遠征唐兀惕，滅了唐兀惕人回來。猪兒年成吉思可汗昇天去了㈡，把大部分唐兀惕人〔分〕給了也遂夫人。

㈠ 原文「木忽里　木忽里　宜」又作「木忽里　木思忽里」。兩處均無旁譯。總譯只有一「滅」字，該書於下文「兀該　孛勒罕」，旁譯「無　敎做」一語。黃金史第二部九九頁，做 mukhali müsküli，其意義不明。按此字之語根 mükü 有滅亡、毀滅、窮促之意，故譯之爲「使（唐兀惕人）都死得盡絕！」

㈡ 即丁亥，一二二七年。關於可汗崩逝之時間地點，各書之記載如下：

1.黃金史第二部一〇二頁稱：「二十二年丁亥，（可汗）六十六歲，七月十二日昇天。」又於一〇四頁說：「送到可汗的陵寢，永遠安葬在那裏」。但未指明何處。一〇五頁說：「眞的陵寢有人說是在不兒罕山，有人說是在阿爾泰汗山的山背，或是在肯特汗山，山懷的也客斡迭克地方。」

2.成吉思汗傳第二十三頁上及二十四頁下之紀載與黃金史完全相同。只於二十四頁稱爲六十七歲。或爲六十六歲之訛。

3.蒙古源流僅稱：「遂至所卜久安之地」（沈增植蒙古源流箋證卷四第八頁上）。

4.黃金史綱稱：「丁亥（一二二七）年……秋駐蹕清水 Köke-Usun 縣討兀剌禿 To'uratu 河，可汗不豫，第八日留遺詔而崩。奉至起馬 Chima 河而安葬。但不知其地何在。」（見同書第八十九頁）此處所稱之起馬或起輦之訛。

5.元史太祖本紀：「二十二年丁亥……是（六）月夏王李睍降，帝次清水縣西江。秋七月壬午不豫。己丑崩于薩里川哈老徒之行宮。臨崩謂左右曰：『金精兵在潼關，南據連山，北限大河，難以遽破。若假道于宋，宋金世讎，必能許我，則下兵唐鄧，直擣大梁，金急必徵兵潼關，然以數萬之衆，千里赴援，人馬疲弊，雖至，弗能戰，破之必矣。』言訖而崩。壽六十六。葬起輦谷。至元三年冬十月追諡聖武皇帝，至大二年冬十一月庚辰加諡法天啓運聖武皇帝，廟號太祖。」（見百衲本卷一，二十三頁上下）

6.多桑書稱：「汗次清水縣之西江，其地在今秦州之東約十二程之地，汗得重病。先是去年三月汗在翁古—荅闌—忽都克(Ongcu-talan-coudouk)之地得夢，預知死期將屆。窩闊台、拖雷二子駐兵於附近五六程之地，汗召之至，與共朝食畢，時將校滿帳中，汗命諸人暫避，密語二子曰：『我殆至壽終矣，賴天之助，我爲汝等建一廣大帝國。自國之中央達於諸方邊極之地，皆有一年行程。設汝等欲保其不致不解，則必須同心禦敵，一意爲汝等之友朋增加富貴。汝等中應有一人承大位，將來我死後，應奉窩闊台爲主，不得背我遺命。察哈台不在側，應使其無生亂心。』（按此時朮赤已卒）見史集——世界侵略者傳。至是在疾中，諸子惟拖雷在側。汗臨危時謂左右曰：「……（其文已見

註(三)——5）……』汗病八日死。時在一二二七年八月十六日，年六十六歲計在位二十二年。諸將奉柩歸蒙古，不欲汗之死訊爲人所知。護柩之士卒在此長途中遇人盡殺之。至怯綠連河源成吉思汗之大斡耳朶始發喪。陸續陳柩於其諸大婦之斡耳朶中。諸宗王、公主、統將等得拖雷訃告，皆自此廣大帝國之各地奔喪而來，遠道者三月始至。舉行喪禮後，葬之於斡難，怯綠連，禿剌三水發源之不兒罕，合勒敦諸山之一山中。先時成吉思汗至此處，息一孤樹下默思移時，起而言曰：『將來欲葬於此。』故其諸子遵命葬於其地。葬後周圍林木叢生，成爲密林，不復能辨墓在何樹之下。其後裔數人，後亦葬於同一林中。命兀良哈部千人守之，免其軍役。置諸汗遺像於其地，香煙不息。他人不得入其中。雖成吉思汗四大斡耳朶之人亦然。成吉思汗死後百年，尙保存如是也。」（見馮譯本上册一五二——三頁）

姚師曾作註釋說：猪兒年，即是元史(一)太祖紀第二十二年的丁亥年，西元一二二七年。是年爲南宋理宗寶慶三年，金哀宗正大四年。據元史太祖紀，太祖是死在這一年的七月己丑的。原文說：「秋七月壬午、不豫，己丑崩於薩里川，哈老徒之行宮。」依據金史卷一百十一撒哈輦傳：「八月朝廷（金國）得淸水之報，令有司防城及集丁壯，凡軍需租調不急者，權停。」據此，則成吉思汗是死在舊曆的七月，並且是死在淸水縣附近的。日本箭內亘敎授有成吉思汗的死地一文，原載大正四年（一九一五）東洋學報五卷二號，考證甚詳。遠較舊元史太祖紀，譯文證補卷一下，多桑蒙古史上册頁一五二到一五三所說爲可信。玆選錄該文要點如下：⑴元史太祖本紀所記太祖晚年之事，詳細程度，實非他書所可及。⑵本紀說：「閏五月避暑六盤山。……六月夏王李晛降，帝次淸水縣西江。秋七月壬午不豫（病重了），己丑崩于薩里川哈老徒之行宮。」是太祖二十二年（一二二七）六月已去六盤山，而次於其南淸水縣之西江，七月始得疾，一週之後即殂落故也。⑶故謂太祖在淸水縣附近得疾，即在同地殂落，薩里川爲發喪之地，實爲最妥當之解釋。⑷金史撒哈輦傳明記「

八月朝廷得清水之報，令有司防城及軍需租調，不急者權停。」則太祖崩地，爲清水縣附近，殆無容疑。(5)清水縣今地在甘肅清水縣之西，西江蓋即今之牛頭河。（中譯蒙古史研究第一篇，商務印書館民國二十一年出版。）

第二六九節

鼠兒年〔戊子，一二二八〕㈠察阿歹、巴禿㈡等右翼諸〔皇〕子，斡惕赤斤那顏，也古，也孫格㈢等左翼諸〔皇〕子在中央的拖雷等諸〔皇〕子，公主，駙馬，萬戶，千戶等全體，都在客魯連河闊迭額—阿剌勒㈣聚會。依照成吉思可汗所提名的聖旨，奉斡歌歹可汗爲汗。察阿歹哥哥㈤奉他的弟弟斡歌歹可汗爲汗㈥。察哈台哥哥拖雷兩個人，將曾守護〔汗〕父成吉思可汗黃金性命的宿衞，佩弓箭的扈衞八千散班，〔以及〕在汗父身側行走的，〔一〕萬名貼身的護衞，如數〔點交〕給斡歌歹可汗。把在中央〔本土〕的人民，也按照這規則，如數〔點交〕了。

㈠ 姚師前註：鼠兒年爲戊子年，即西元一二二八年。據元史㈡太宗紀，卷一四六耶律楚材傳等，知：太宗窩闊台（斡歌歹）即位的那一年，是己丑年，西元一二二九年，較秘史此處退後一年。戊子年依蒙古舊俗，招集聚會，庶事由幼子拖雷處理，故元史稱爲「皇子拖雷監國。」太宗實在即位的年月，應是一二二九年。

㈡ 按拙赤先可汗而死。巴禿係拙赤之子，即元史宗室世系表朮赤太子位中的拔都大王。

㈢ 也古 Yegü，也孫格 Yesüngge 二人皆爲合撒兒之子。元史宗室世系表搠只・哈〔撒〕兒王位名下作淄川王也苦及移相哥大王。

㈣ 關於闊迭額—阿剌勒 Köde'e Aral 所在地問題，達木丁蘇隆氏論之甚詳，要謂：「所謂客魯漣河的闊迭額—阿剌勒，可能在烏蘭巴托市（庫倫）東南的巴彥烏拉干山。這個山是在蒙古中央平原之前，高聳的大山，而水艸豐富。」見謝譯達木丁蘇隆本第二十七頁。

㈤ 原文「察阿歹　阿合」Cha'adai Akha，旁譯「人名　兄」，這就是察阿歹的尊稱，在若干蒙古史料中，均作 Chaghadai Akha。意譯是「皇兄察阿歹」；但爲保持其原形及親密的感覺，仍字譯爲察阿歹哥哥。

㈥ 姚師前註：元史（二）太宗紀說：「始立朝儀，皇族尊屬皆拜。」又元史（一四六）耶律楚材傳也有關於擁戴窩闊台汗的記載。原文說：「己丑（一二二九）秋，太宗將即位，宗親咸會，遂定策立儀制。（楚材）乃告親王察合台曰：『王雖兄，位則臣也，禮當拜。王拜，則莫敢不拜。』王深然之。及（太宗）即位，王率皇族及臣僚拜帳下。……國朝尊屬有拜禮，自此始。」合而觀之，纔可以知道秘史這一句話的重要。（蘇天爵元文類（五七）宋子貞耶律文正公神道碑，元名臣事略（五）中書耶律文正王事略與元史本傳所記略同。）

第二七〇節

斡歌歹可汗本人被擁戴爲可汗㈠，把在〔禁〕內行走的萬名護衛，〔並〕中央〔本土〕的百姓接管之後，先與察哈台哥哥商議，派斡豁禿兒、蒙格禿兩個人出征，去作遠征巴黑塔惕人合里伯・莎勒壇的佩弓箭的扈衞綽兒馬罕的後援㈡。巴黑塔惕人還是汗父成吉思可汗尚未完全征服的百姓。

〔以前〕曾派速別額台・把阿禿兒去征康鄰、乞卜察兀惕、巴只吉惕、斡魯速惕、阿速惕、撒速惕㈢、馬札兒、客失米兒、薛兒客速惕㈣、不剌兒㈤、客列勒㈥〔等〕百姓，〔並〕渡亦的勒㈦、札牙黑〔兩〕河，到篾格惕、綿客兒綿㈧—乞瓦㈨等城市去遠征。那裡的百姓，使速別額台把阿禿兒難以攻略㈩。派巴禿⑪、不里⑫、古余克⑬、蒙格⑭等許多王子們出發，做速別額台後援。降聖旨說：「巴禿為這些出征的全體王子們的首長。」降聖旨說：「古余克為由本土出征者的首長。」降聖旨說：「這次出征，凡掌管邦國的宗王，要從他們諸子之中，派長子出征。不掌管邦國的宗王們、各萬戶、千戶、百戶、十夫長等，無論何人，都要派他們的長子出征。公主、駙馬們也要按這規則，遣其長子出征。」

斡歌歹可汗又說：「這派遣長子們出征的辦法，是察阿歹哥哥所想出來的。察哈台哥哥曾派人來說：『給速別額台做後援，〔我〕教長子不里出征。若叫長子出征，則出征的軍隊必多。軍隊一多，就更有威力，〔易於〕前進。那邊的敵人有許多國家，對方是很剛硬的百姓。聽說是發起怒來能用自己兵刃，砍死自己的百姓。〔又〕聽說〔他們〕有〔很〕鋒利的兵器。』」斡歌歹可汗說：「為了這些話，依照我們察合歹哥哥謹慎的〔策劃〕，叫長子們出征。這就是向各方通令，叫巴禿、不里、古余克、蒙格等〔長〕子們出征理由。」⑮

㈠ 斡歌歹可汗卽位後，他的尊稱是 Khaghan Khan，可汗皇帝。見竹外尼世界征服者歷史 Boyel，英譯本上册第一七八頁。並見元僧念常著佛祖歷代通載卷二一，稱太宗爲「合罕皇帝」。

㈡ 事見第二六〇節。

㈢ 原文作「薛速惕」，續卷一，二六二節作「撒速惕」。按畏吾兒體蒙古文 Sesüd 與 Sasud 在字形上並無分別。茲爲統一起見，改正爲撒速惕。

㈣ 原文作「薛兒格速惕」卽前二六二節之「薛兒客速惕」。茲改爲薛兒客速惕 Serkesüd，卽北高加索人 Circassians。

㈤ 原文爲「不合兒」卽二六二節之「不剌兒」——波蘭，或「不里阿耳」（今保加利亞人），茲改爲不剌兒。

㈥ 「客列勒」Kerel 二六二節誤作「剌剌勒」。已見二六二節註⑪。

㈦ 原文「阿的勒」，二六二節作「亦的勒」，卽伏爾加 Volga 河，茲改爲亦的勒。

㈧ 原文「篾客惕綿」，旁譯「城名」，不見二六二節。二七四、二七五兩節均作「篾格惕」。故知最後的一個「綿」字，是屬於下一個字的。所以改正爲「篾格惕、綿客兒綿」。伯希和氏亦如是訂正之（見伯希和本一一一頁註八）。小林高四郎氏對此城之攻略年代論之甚詳，並謂：「元史卷三，憲宗紀，及卷一二二，昔里鈐部傳作篾怯思。卷一二八，土土哈傳作麥怯斯。卷一三二，拔都兒傳作麥各思，皆爲高加索之 As（阿蘭 Alan）城的譯音。多桑蒙古史稱：爲 Mongass，馮承鈞譯爲篾怯思。註云「案此城名未詳所在。剌失德書鈔本音點脫落，其名亦可讀作 Mikess 也。」以其上下文推之，此地似離打耳班不遠。

關於「綿客兒綿」，已詳前二六二節註㉓。

㈨ 原文爲「客亦別」，卽前二六二節之乞瓦 Kiev，茲改正爲乞瓦。

第二六二節作「乞瓦—綿客兒綿」。其意爲「乞瓦大城」。本節則作「綿客兒綿—客亦別」，乃大城乞瓦之意。

(十) 按速別額台、者別兩人於一二二一——一二二三年之間，北征俄羅斯之時，並未攻掠上述全部地區。對以上諸地之侵襲則在這一次「長子出征」之際。秘史本節的記事與前二六二節的記事均有混淆之處。關於上列的部族名、地名均見前二六二節的註釋。

(十一) 普通寫作拔都，成吉思可汗長子拙赤的次子。元史無傳。柯紹忞於其新元史卷一〇六，朮赤傳中寫了一篇附傳。拉施特書有傳，見 John A. Boyle 英譯本 The Successors of Genghis Khan，一〇七—八頁。

(十二) 不里 Büri，秘史此節列爲於察阿歹的長子，並見於二七五、二七六、二七八等節。但根據拉施特書，不里是察阿歹次子木額禿干 Me'etüken 的次子。拉施特爲他寫了一段簡傳。見上 Boyel 上述譯本一三八頁。

(十三) 古余克，即貴由，元史卷二稱爲定宗簡平皇帝，太宗長子。西元一二四六到一二四八年，繼立爲蒙古的第三任大汗。

(十四) 蒙格即蒙哥可汗，元史三稱爲憲宗桓肅皇帝，在位時間是一二五一到一二五九。

(十五) 元史太宗本紀說：「七年，乙未（一二三五）春，城和林，作萬安宮。遣諸王拔都及皇子貴由、皇侄蒙哥征西域。」（百衲本卷二，第五頁上）

第二七一節

斡歌歹可汗又派〔人〕去向察阿歹哥哥商議說：「我坐在〔汗〕父成吉思可汗現成的〔大位〕上，〔豈〕不要被人說，憑什麼德能坐〔大位〕呢？我們汗父尚未把漢地百姓的金國皇帝完全〔征服〕。若是察阿歹哥哥同意，我現在要去征伐漢地〔的〕百姓。」㈠派人去商量，察阿歹哥哥就贊同了。派人來說：「那又何妨，〔但〕要將大本營委託給妥靠的人去出征。我由這裡〔也〕派兵前去。」於是就委派佩帶弓箭的扈衞斡勒荅合兒㈡〔管理〕諸大「斡兒朶」㈢的事。

㈠ 元史二，太宗本紀：「元年，己丑（一二二九），金遣阿虎帶來歸太祖賵。帝曰：『汝主久不降，使先帝老於兵間，吾豈能忘也。賵何爲哉？』却之。遂議伐金。……是歲金復遣使來聘不受。」（百衲本卷二第一頁下）

㈡ 姚師於前註中曾述及沈增植的意見，說：「沈子培先生說：斡勒答合兒，應卽是元史（卷三，頁三上等）中的阿藍答兒。沈氏推想，甚有可能，所以阿藍答兒後來聲勢煊赫，不可一世。」斯欽按：阿藍答兒是 Alandar，而斡勒答合兒的對音是 Oldakhar，不可能是一個人。這種錯誤是不曉蒙古語文而治蒙古史，極易發生的錯誤。且當憲宗蒙哥可汗時代，阿藍答兒對太宗斡哥歹可汗一系的後嗣，屢施高壓的手段，當非斡哥歹可汗的親信；而這一個委以大本營之事的斡勒答合兒必是斡哥歹可汗的親信無疑。

㊂ 這裏「諸大斡兒朶」，原文作「也客思，斡兒朶思」，旁譯「（諸）大宮殿」，意即「祖先們的，或先可汗們的宮帳」。參看上文第七十節。

第二七二節

兎兒年〔辛卯，一二三一〕，斡歌歹可汗去征伐金國百姓㊀，以者別㊁爲先鋒，擊敗金軍，如摧毀朽木一般，追殺着越過了居庸關。派兵到各地攻擊各城，斡歌歹可汗駐營於龍虎台㊂。在那裡斡歌歹可汗患病，口舌麻木不靈，就命巫師、卜者們占卜。他們說：「金國地方〔山〕川的神祇㊃〔因爲〕他們的百姓人煙被擄，城市被毀，急遽作祟。」以占卜告訴說：「給〔他們〕百姓，人煙，金銀，牲畜，食物〔和〕替身㊄。」〔仍是〕不肯放開，〔反〕更加緊作祟占卜。〔再〕問：「可否由一個親族〔代替〕？」可汗就睜開眼睛，索水喝，問道「怎麼啦？」巫師們奏稟說：「金國地方山川的神祇們，因爲他們的地方〔山〕川被毀，百姓人烟被擄，急遽作祟。占卜告訴他們：『給個替身』，〔他們〕反〔作祟〕更甚。問：『可否由一個親人〔代替〕？』〔他們〕就放開了。如今聽憑聖旨。」〔可汗〕降聖旨說：「在近側的子〔弟〕們有誰？」〔皇〕子拖雷正在跟前，就說：「我們有洪福的〔汗〕父成吉思可汗，在上有諸兄，下有諸弟之中，獨將可汗哥哥你，如選揀騸馬，揣摩羯羊一般的㊅，把他的大位指給你，把諸國〔的重任〕擔在你的〔肩〕上。教我在可汗哥哥跟前，『提醒已經忘記了的，喚醒已經睡着了的。』㊆如今，若是把可汗哥哥你失去了，誰忘記了要我來提醒，誰睡着了要我來喚醒呢？假如我可汗哥哥眞有個不豫㈧，蒙古衆民就將成爲喪父之子，金國百姓必〔甚〕快意。讓我來代替我可汗哥哥吧。劈開鱒魚的脊骨；我曾砍斷鱧魚的脊梁，我曾勝過迎面來的〔叛逆〕，我曾刺傷在遙遠的〔敵人〕。我也曾是面孔美好，身材修長的。巫師們來咒詛吧！」㈨巫師們咒詛了，把咒詛的水，給〔皇〕子拖雷喝了。他坐了一會兒就說：「我醉了，等我醒過來的時候，請可汗哥哥好好關照孤弱的姪輩，寡居的〔弟〕婦㈩吧！〔我〕還說什麼呢？我醉了。」說罷出去，就逝世了。事情的經過就是這樣(十一)。

㈠ 元史二，太宗本紀，載太宗征金之事，說：「二年，庚寅（一二三〇年）……秋七月，帝自將南伐，皇弟拖雷，皇姪蒙哥，率師從。」（百衲本卷二，第二頁上）

㈡ 這裏所記以者別爲先鋒，攻居庸關之事，似乎是重複了成吉思可汗伐金的舊事。者別在蒙古第一次北征俄羅斯時，死於凱旋之際。

㈢ 龍虎臺，已見第二四七節註㈧。

㈣ 原文「合札兒 兀速訥 額者惕 罕惕」ghajar usun-u ejed khad，原總譯作「山川之神」。這是薩滿教諸神中的一部分，亦即蒙古地方所稱之龍王——Loos。蒙古各地之「敖包」(obo'a) 即此類神祇的居所。地方山川之神也稱爲 nibdagh shibdagh。

㈤ 原文「勺里阿」joli'a, joligha，旁譯「替身」，即「替死人」，或咒咀時所說的「替死鬼」。薩滿術士及喇嘛爲病人禳祓時，常以麵製之人形，送出焚燒，寓意交付惡魔，以代病人受其蠱害。此類人形多稱之爲「勺里阿」。貴族患病，有時以眞人爲替，祝禱病痛歸於替身；但絕無施毒致病或致死之事。

㊅ 姚師前註：原文作：「騸馬被選揀着，羯羊被摸揣着。」蒙古習慣看羯羊（俗稱羯子）是否肥美，用手估摸羊體，即可判斷，沒有錯誤。（札奇斯欽）。這些地方，正與遼史（一〇四）李胡傳，遼太祖阿保機讓三子冬天取薪，試驗他們的巧拙一樣。契丹與蒙古盛時，對於繼任的嗣君，是要經過嚴密挑選的。這一段與李胡傳，都是塞北民族選立嗣君很好舉例。

㊆ 事見第二五五節。

㊇ 不豫，原文「勺卜　額薛」jöb ese，旁譯作「是　不」；其實這個成語就是漢文中的「不豫」。柯立夫 F. W. Cleaves 敎授曾作專文論之，見 "The Expression jöb ese bol in the Secrect History of the Mongols"，哈佛亞洲學報第十一卷（一九四八）。

㊈ 這句話的意思是，把最好的獻上做替身，而不是獻上一個普通的人來代罪之意。姚師於前譯之中，曾加添了「多才多藝，能事鬼神」一句話，並且在註釋中說：這兩句是按着文意，不自覺的引用書經金滕篇周公替武王死的故事加上去的。希望能幫助譯文的了解。

㊉ 原文「別魯迭」berüde，無旁譯。白鳥本補加「婦人名」一詞為旁譯。惟不知何所根據。

(十一) 斡歌歹汗之病及拖雷之死，與後日拙赤及拖雷兩系宗王，對斡歌歹系宗王之迫害，及海都之叛，以秘史之記載觀之，似有若干蛛絲馬跡可尋之處。元史太宗本紀對於此事記載極為簡單，本紀云：「四年壬辰（一二三二）……九月拖雷薨，帝還龍庭。」（百衲本卷二第三頁上）未及太宗病事。睿宗傳稱：「……四月由半渡入眞定，過中都，出北口，住於官山。五月太宗不豫，六月疾甚。拖雷禱於天地，請以身代之，又取巫覡祓除釁滌之水飲焉。居數日太宗疾愈。拖雷從之北還，至阿剌合的思之地遇疾而薨。壽四十有闕。」（百衲本卷一一五，第三頁下）所記與秘史略有出入，時間地點均有問題。小林高四郎氏於其元朝秘史之研究第二〇二頁註一，曾論官山之地點甚詳，可參考。

第二七三節

金朝皇帝被窮絕，〔改〕稱爲小厮㈠，擄獲了金銀、有金花的緞疋、財物、淮馬㈡、小厮等等。於南京㈢、中都㈣等處城市，置先鋒、「探馬赤」㈤、「達魯花赤」，一一鎭守，就平平安安的回到了和林合剌—豁魯木㈥住下。

㈠ 原文「薛兀薛」se'üse，旁譯「小厮」，似由漢語「小厮」二字轉來的。在現代的語彙中已不見使用。姚師補註說：「從吾案：原節第三行重見，漢文總譯改爲『人口』，或者也有戰俘或奴隸的意思。」司義律 H. Serruys 神甫曾對此字作詳考，見 "Hsiao Ssu:Seüse, A Chinese Loan Word in Mongol," Acta Orient (Hungary), Vol. 28, No. 3, 1974.

㈡ 原文「阿剌沙思」alashas，旁譯「淮馬」，原總譯只提及「頭畜」一語，當即此字。alashas 一字在現代語彙中已不使用。姚師補註說：「應是指當年金朝所屬，長江下游，淮水一帶所產的馬。」

㈢ 即金之南京汴梁。

㈣ 即金之中都燕京（北平）。

㈤ 「探馬臣」tamachin，原旁譯「官名」。元史卷九八，兵志一，說：「若夫軍士，則初有蒙古軍，探馬赤軍。蒙古軍皆國人，探馬赤軍則諸部族也。」（百衲本第二頁上）又兵志二，右都威衞條云：「國初木華黎奉太祖命，收札剌兒、兀魯、忙兀、納海四投下，以按察兒、孛羅……五人領探馬赤軍。既平金，隨處鎮守。」（百衲本，第四頁下）本節所記或即指此而言。下文第二七四節，有派綽兒馬罕爲「探馬」之事。「探馬赤（臣）」一語，現代已不使用。但 tomchi 一語，則爲「大官」或「總轄其事之人」可能就是這一個字。

㈥ 合剌—豁魯麻 Khara-Khorum，旁譯、總譯均作嶺北。就是斡歌歹可汗建都的和林。元史太宗本紀云：「七年乙未（一二三五年）春，城和林，作萬安宮。」（百衲本卷二，第五頁下）。姚師前註說：喀喇•和林是元太宗在乙未年（一二三五）所建的「新城」；通稱爲元朝開國初年的國都，元史㈡稱爲和林，後又稱嶺北等處行中書省。這一新城，依漢文記載說，頗爲簡陋。就是在蒙古式的營盤中，外面建一較大的土圍墻，中間營建一座萬安宮，一座大殿，附有若干倉庫，略有內地漢城的雛形而已。（關於當年和林的記述，據譯者所知，漢文中以張德輝一二四七到一二四八的嶺北紀行爲較詳。）此外如：㈠馮譯多桑蒙古史上冊二〇七；㈡ Barthold 在「回教百科全書」中喀喇和林條；與㈢伯希和教授的和林考（亞洲學報一九二五年上冊，三七二頁）等，也甚扼要，可參看。

第二七四節

佩弓箭的扈衞綽兒馬罕使巴黑塔惕人降服了㈠。聽說那〔裡〕地方好，物品好，斡歌歹可汗降聖旨說：「任命佩弓箭的扈衞綽兒馬罕爲『探馬』㈡，駐〔在〕那裡。每年把黃金，有黃金的渾金、織金、繡金、珠子、大珠、長頸高腿的西馬㈢、駱駝㈣、馱馱子的騾子㈤送來。」

做爲速別額台勇士後援的巴禿、不里、古余克、蒙格等諸王子使康鄰、乞卜察兀惕、巴只吉惕㊅降服，渡亦札勒〔河〕㊆、札牙黑〔河〕㊇，破篾格惕城㊈，斬殺斡魯速惕〔人〕，擄獲盡絕。擄阿速惕、撒速惕㊉、孛剌兒(十一)、鑾客兒鑾ー乞瓦(十二)等城市之民，使之降服，置達魯花赤、「探馬赤」〔等官〕而返。

派佩弓箭的扈衞也速迭兒爲先鋒，援助以前派去遠征女眞、高麗的佩弓箭的扈衞札剌亦兒台(十三)。降聖旨說：「置『探馬』〔鎭守〕該地。」

㊀ 按巴黑塔惕之攻佔，是在一二五八旭烈兀西征之時。此際之所謂降服，當指哈里發政權同意向蒙古入貢之事而言。

㊁ 「探馬」，已見前二七三節註㊄。

㊂ 原文爲「脫必察兀惕」tobicha-ud，旁譯「西馬每」。此語今已不通用。小林高四郎於其「蒙古之秘史」（第三一三頁），引元王惲，秋澗先生大全集，卷八十一，中堂記事云：「……又一回紇，獻栗色宛馬。八弁玉面。鹿身聳立如何畫。所謂脫必察者也。」此處所指者，似爲西域良馬，卽古之大宛馬，今之阿剌伯良馬也。

㊃ 此處所說的駱駝，並列兩種。一種是「古零ー額劣兀惕」，原旁譯爲「駝名」。不知屬於何種駱駝。如「古零」之對音爲 köröng 可能可是指一種紅栗色駝而言。另一種是「答兀昔ー乞赤都惕」da'ushi-kichidüd，旁譯爲「駝名」不知究爲何種駱駝。按蒙古駝是雙峯駝。阿拉伯和非洲的駱駝是單峯的。可能以上兩種駱駝都是指單峯駝說的。

㊄ 原文「合赤都惕」khachidud，旁譯「騾名」。今不知其解，待考。就上下文讀之，似爲良好馱運

的騾子。

㈥ 以上諸部族名，已見前第二六二節及第二七〇節小註。

㈦ 原文爲「額只勒」，旁譯「城名」，即前二七〇節之「阿的勒」，二六二節之「亦札勒」河。「亦札勒」是伏爾迦河的蒙語名。

㈧ 「札牙黑」，旁譯「城名」，前二六二節及二七〇節的旁譯都是河名。這是烏拉爾河的蒙語名。

㈨ 篾格愓，城名，已見二七〇節註㈧。關於攻略此城的時間，伯希和及小林高四郎兩氏均認定應在太宗十一年己亥（一二三九年）冬，至翌年春季之事。（小林元朝秘史之研究，一七八至一八六頁。）

㈩ 原文「薛速愓」，茲按第二六二節訂正「撒速愓」。

(十一) 原文「孛剌兒蠻」。「蠻」字應屬於下一字，作「蠻客兒蠻」。孛剌兒即二六二節之不剌兒，二七〇節之不合兒。不剌兒就是元史的不里阿耳，現在的保加利亞人。

(十二) 原文「客兒蠻—乞瓦」，茲改正爲「蠻客兒蠻—乞瓦」，意思是大城基輔。

(十三) 小林高四郎氏以札剌亦兒台征朝鮮之事，當在一二五三或一二五四年之間，認爲這是秘史寫成年代當在一二四〇年以前的有力證據。並引元史憲宗本紀：「三年癸丑春正月。……諸王也古以怨襲諸王塔剌兒營。……罷也古征高麗兵，以札剌兒帶爲征東元帥，」及「四年春……遣札剌亦兒部人火兒赤征高麗」兩事證實其說。（元朝秘史之研究一八七至九〇頁）關於蒙古征高麗之事 Gari Ledyard 曾作 The Mongol Campaigns in Korea and the Dating of the Secret History of the Mongols，並論秘史成立之日期。見中亞報學 (Central Asian Journal, 9, No.1, 1964.)。

第二七五節

巴禿從遠征乞卜察黑人的途上，派使臣來，向斡歌歹可汗奏稟說：「在長生天的氣力裡，可汗叔父的福蔭裡，攻破篾格惕城，擄獲斡魯速惕百姓，使十一個外邦人民入於正軌。大家說：『在拉起轡韁將要回去的時候，舉行離別的宴會。』於是就樹起大帳舉行宴會。因爲我比這些王子年長一點，先喝了一二盞，引起不里、古余克兩個人不滿意，離開宴會，上馬而去。臨走的時候，不里說：『巴禿〔與我們一樣〕，怎能先飲！〔他〕與有鬍鬚的老太婆們等量齊觀，〔我〕要用脚後跟來踹他，用脚面來踏他。』古余克說：『我們打那些帶弓箭的老婦人們的胸脯吧！』額勒只吉歹㊀的兒子合兒合孫說：『給他們帶上木頭尾巴吧！』正當我們談論奉命征伐別具心腸好叛變的百姓之時，所作的事是否合宜的時候，不里、古余克兩個人說了這樣的話，不歡而散。如今聽憑可汗叔父聖旨裁決！」㊁

㊀ 額勒只吉歹 Eljigedei，已見第二三九節（註㊄），並見以後第二七八節。就第二七八節的記事來看，額勒只吉歹是斡歌歹可汗的親信。姚師前註也說：應即百衲本元史卷二，定宗紀中的野里知已帶，和元史卷一百十五睿宗傳的野里知給歹。

㊁ 秘史這一段的記事，對後來蒙古歷史的發展，有極重要的關係。這是拙赤一系的宗王們支持拖雷一系

的宗王爭取汗位的主要原因。當然也是額勒只吉歹在憲宗蒙哥可汗卽位之後，被殺的原因。

第二七六節

爲了巴禿的這話，可汗異常震怒，不准古余克謁見，說：「這下賤的東西，受誰挑唆，〔竟敢〕滿口對兄長胡說，還不過〔是個〕臭蛋，〔竟〕敢在兄長面前放肆，放〔他〕去做先鋒，把十個手指的指甲〔磨〕盡㊀，去爬山一般高的城池；放〔他〕去做『探馬』，把五個手指的指甲〔磨〕光，去爬建築堅固的城池吧！下賤㊁的合兒合孫跟誰學，竟敢向我們的親人滿口放言無忌！教古余克、合兒合孫兩個人一同前去！合兒合孫是理應斬首的。〔若斬了他〕，你們〔必〕說我有偏心。關於不里，給巴禿說：派人去告訴察阿歹哥哥，聽憑察阿歹哥哥處理吧！」

㊀ 姚師前註：意卽罰使作苦工，受盡折磨，俾知警戒。這大概是一句蒙古俗話，也見於卷一第五十三節。

㊁ 原文此處有「別帖兒」beter（？）一字，無旁譯，不知何解，暫從略。

第二七七節

諸宗王中的忙該，諸那顏中的阿勒赤歹、晃豁兒台、掌吉等長官們奏請說：「你的父親成吉思可汗曾降聖旨〔說〕：『野外的事在野外斷；家裏的事在家裏斷。』可汗對古余克震怒的是野外的事。如蒙可汗恩典可委付巴禿去處斷。」〔可汗〕採納了這話，叫古余克拜見，〔用〕教訓的話責備〔他〕說：「聽說在出征的途中，你任意打〔士兵〕的屁股，挫折了軍人的威嚴。你以爲斡魯速惕人畏懼你的憤怒，降服了麼？你以爲〔你〕獨自使斡魯速惕人降服，就持傲慢的心，向兄長放肆起來。在我們父親成吉思可汗的聖旨裏，不是曾說：『〔人〕多使〔人〕怕；〔水〕深教〔人〕死』麼？你以爲是〔你〕獨自做成的，其實〔你〕是在速別額台、不者克㈠兩個人的蔭護下行走，衆人併力，纔使斡魯速惕、乞卜察兀惕降服的。你〔僅〕得了一兩個斡魯速惕〔人〕、乞卜察兀惕人，〔連〕個山羊蹄子還沒置得，竟充起好漢，一出家門，好像甚麼〔都能〕獨自做得了似的，惹起是非！忙該、阿勒赤歹、晃豁兒台、掌吉等，是平息怒氣的伴侶，是釜中止沸的寬杓。好了！野外的事由巴禿作主。古余克、合兒合孫二人，叫巴禿處斷！」如此叫〔人〕去回覆了。〔又〕說：「不里叫察阿歹哥哥處理。」㈡

㈠ 多桑蒙古史記蒙古諸宗王西征事，說：「有拖雷二子，蒙哥、不者克 Boudjek」（馮譯本上冊二二一頁）。不者克當卽元史一〇七，宗室表，「睿宗皇帝十一子，……次八撥綽大王」的撥綽。（百衲本，第九頁上下）拉施特此作拖雷之第七子，並有簡傳。（見 Boyel 譯本 Successors of Genghis Khan 一六一—一二頁）

㈢ 關於古余克、不里與巴禿之失和，及斡歌歹可汗之處理此事。小林高四郎氏均認爲這是有關秘史寫成年代的重要關鍵之一。詳小林元朝秘史之硏究，一八〇—六頁。

第二七八節

斡歌歹可汗又降聖旨說：「茲頒聖旨〔再〕詔告曾經侍奉我父成吉思可汗的全體宿衞、佩弓箭的扈衞、散班護衞們的職守：以前按照汗父聖旨怎樣做的，如今仍要照那規定去做！」降聖旨說：「散班護衞們，照以前的規則，執行了白天的職務後，在尙有日光之時，交替給宿衞，〔出去〕住在外邊！」

降聖旨說：「夜間宿衞與我們〔一同〕住宿，宿衞要站在門戶〔旁邊〕，和房子的周圍。宿衞要巡察宮帳前後。日落後，宿衞捉拿在夜間的行人。衆人散了之後，宿衞要捉住混進來非值宿的人，把他的頭劈開〔殺死〕。夜間如有急報的人前來，要〔先〕對宿衞說明，同宿衞站在房子後邊，一齊報告。晃豁兒台、失剌罕等與値班的宿衞一同管理出入宮廷的〔人〕。額勒只吉歹㈠雖是親信，晚間自宿衞的上方經過，曾被宿衞拿獲過。這樣不違背聖旨的宿衞，是可信賴的。」降聖旨說：「不要問宿衞的數目，不要在宿衞坐次的上方行走。不要在宿衞之間行走。宿衞要捉拿在宿衛上和中間行走的人。宿衛要沒收探問宿衛數目之人那天所騎的騸馬、鞍子、轡韁，和所穿的夜服。任何人不得坐在宿衛位次的上方。宿衛管理旗纛、鼓、鈎㈡、槍和器皿。宿衛提調飲料、食品和肉類。

降聖旨說：「宿衛經管宮帳車輛。如我們本身不親征，除〔伴隨〕我們之外，宿衛〔也〕不出征。在我們放鷹圍獵之時，留一半〔宿衛〕照料宮帳車輛，一半宿衛要與我們同行。從宿衛中〔派〕管營盤的前去安下『斡兒朶』。宿衛、門衛要站在門旁。衆宿衛由合荅安㈢管理一千名。」

又在委派各班宿衛長官之時，說：「合荅安、不剌·合荅兒兩個人合爲一班入值，分別在『斡兒朶』的左右值班。阿馬勒、察納兒兩個人合爲一班入值，分別在『斡兒朶』的左右值班。牙勒巴黑、合剌兀荅兒兩個人合爲一班入值，分別在『斡兒朶』的左右值班。又合荅安、不勒合荅兒的〔那〕班，阿馬勒、察納兒的〔那〕班，這兩班要在『斡兒朶』的左邊紮營值班。合歹㈣、豁里·合察兒兩個人的〔那〕班，牙勒巴黑、合剌兀荅兒兩個人的〔那〕班，這兩班要紮營在『斡兒朶』的右邊值班。」降聖旨說：「合荅安管理這四班宿衛。宿衛要在我身體近側，斡兒朶周圍，守門而臥。從宿衛中〔派〕兩個人進『斡兒朶』裏，掌管酒局。」又降聖旨說：「也孫·帖額㈤、不乞歹、豁兒忽荅黑、剌巴勒合㈥把佩弓箭的扈衛分成四班，司理箭筒，共同管理四班散班之中，該當值班的佩弓箭的扈衛入值。」

要從以前曾管各班散班護衛的長官們㈦的子嗣中委派〔職務〕時說：「在以前就掌管〔護衛〕的，阿勒赤歹㈧、晃豁兒塔孩兩個人共同管理一班散班入值。帖木迭兒、古者兩個人，共同管理一班散班入值。忙忽台掌管後衛，〔並〕管理一班散班入值。」可汗又降聖旨說：「衆那顏要以額勒只吉歹爲長，依額勒只吉歹的話而行。」說了又降聖旨說：「應值班者入值時，如有脫班，按以前聖旨規定，責打三杖。這應值班人，如第二次脫班，責打七杖。仍是此人，旣無疾病緣故，又未報告該班長官，第三次脫班，便是不願爲我們服務，要責打三十七杖，流放到眼睛所看不到的遙遠的地方去。還有各班長官如不點視輪班的值班者，就要懲罰各班的長官。還有各班長官們要再三再三的，在入值之時，換班之時，把這道聖旨，曉示給護衛們。聽了聖旨，護衛們如再脫班，要按聖旨規章治罪！倘不把這聖旨曉示給護衛們，則以各班長官爲犯罪論。再則各班長官們，未得我們同意，對於同樣值班的我的護衛們，切勿以首長自居，而施懲罰！如動用法律，必須告知我們，於理應死的，我們斬首〔他〕；於理應懲戒的，我們教導他！倘〔自〕以被任爲首長，不告訴我們，自己動手動脚〔來責打〕，那麼如用拳頭，就報〔他〕拳頭，如用〔刑〕杖，就還〔他〕〔刑〕杖！」又降聖旨說：「我的護衛比在外邊千戶還高。我護衛的從馬，比在外面的百戶或十夫長還在上。在外邊的千戶，如與我的護衛鬪毆，就處罰〔那個〕千戶！」

㈠ 額勒只吉歹，已見前第二二九節註㈤。

㈡ 原文「朶羅」doro，旁譯爲「下」，玆改爲「鈎」。已見第二三二節註㈣。

㈢ 合荅安當卽二〇二節，成吉思可汗所任命的第六十五千戶。

㈣ 合歹當卽二〇二節，成吉思可汗所任命的第八十四千戶。

㊄也孫・帖額，見二二五節。他是功臣者勒篾的兒子，成吉思可汗任命他作一班護衞之長。新元史一二三，在者勒篾傳中有附傳，惟嫌過簡。

㊅剌巴勒合卽二二五節中的剌卜剌合，與也孫・帖額同時被任命爲一班護衞之長。

㊆原文「斡脫古思」ötögüs，字義是「老人們」、「長輩們」或「長老們」可見蒙古可汗親衞的組織是具有濃厚的子弟兵的性質。當然這與原來的氏族制度有密切的關係。

㊇阿剌赤歹見二二七節，是成吉思可汗所任命的一班護衞之長。並見二二七節他曾勸諫斡歌歹可汗對巴禿與古余克的紛爭息怒。

第二七九節

斡歌歹可汗又說：「不要教父親成吉思可汗辛辛苦苦所建立的國家〔人民〕受苦，要教他們安安頓頓的享受幸福。〔我〕坐在汗父現成的〔大位〕裏，不要教百姓辛苦。百姓們每年從〔羊〕羣中繳納兩歲羊一隻，做湯羊㊀。從每百隻羊中，拿出一隻羊，給附近貧乏的人㊁。〔各宗王〕兄弟由多數兵馬護衞着來聚會，怎可常常向百姓征發飲料〔食〕物呢？可由各處千戶供出牝馬擠奶，教擠馬奶的放牧，常川交替，派管營盤的人來放馬駒。如兄弟們聚會，給與賞賜，要把緞疋、銀錠、箭筒、弓、鎧甲、軍械〔等等〕裝滿倉廩㊂，看守庫房，從各方揀選管庫的㊃，管糧米的㊄，來看守。還要給國民分給牧地和水，使〔他們〕都有居住的牧地，可從各個千戶選出管理牧地的人〔管理〕。在荒野㊅地方，除野獸之外，沒有〔人煙〕，爲使百姓們能住得寬敞些，派察乃、委兀兒台兩個人爲管牧地的首長，到曠野㈦地方，挖掘水井。還有我們使臣往來，使百姓也沿途〔跟着〕奔馳，往來的使臣其行程也要遲延，百姓人民也遭受痛苦。現在我們一律使它有一定的位置，由各處的千戶，派出站戶㈧馬夫㈨，在各個處所設置驛站。使臣無緊要事，不得沿着百姓〔騷擾〕㈩，要按照驛站奔馳。這些事情，是察乃、孛勸合荅兒兩個人想起來，向我們提議的。我想似乎可行。請察阿歹哥哥裁斷。這些所說的事體，如屬當行，並且贊同的話，察阿歹哥哥〔你〕就做主吧。」說着派人前去。察阿歹哥哥對派人前去所問的這些事，完全同意，就使人來說：「那麼就照辦吧。」察阿歹哥哥又教人來說：「我從這裏迎着，把驛站接起來。再從這裏派使臣到巴禿那裏，教巴禿也把他的驛站，迎着連接起來。」又教〔人〕來提醒說：「在所有的〔事體〕之中，設置驛站〔一〕事，是最對的。」⑪

㈠ 原文「暑洌揑」shilün-e 旁譯「湯行」，總譯爲「湯羊」。乃指可汗宮廷饍食所用之羊而言。直至晚近封建制度崩潰前，蒙古各旗王公向人民征發之羊，亦有稱爲 shilün-ü khoni——湯羊者。清代蒙古王公向清帝進貢之羊亦稱爲湯羊。

㈡ 關於斡歌歹可汗所定捐輸家畜之數字，元史太宗本紀稱：「元年己丑（一二二九年）……敕蒙古民，有馬百者輸牝馬一；牛百者輸牸牛一；羊百者輸羒羊一；爲永制。始置倉廩，立驛傳。」（百衲本卷二，第一頁下）

又大元馬政記：「太宗皇帝五年癸巳（一二三三年）聖旨，其家有馬、牛、羊及一百者，取牝馬、牝牛、牝羊一頭入官。牝馬、牝牛、牝羊及十頭，則亦取牝馬、牝牛、牝羊各一頭入官。若有隱漏者，盡行沒官。」

㈢ 原文「巴剌合惕」balakhad，旁譯「庫每」，是 balkasun 之複數。長春眞人西游記稱：「八剌喝孫，漢語爲城，中有倉廩，故又呼曰倉頭。」（見文殿閣王國維校注本第四十頁）

㈣ 原文「巴剌合臣」balakhachin 旁譯「管城的」。在此似譯爲「管庫的」，較爲妥善。元史，兵志二，宿衞四怯薛條稱：「司閽者曰八剌哈赤。」（百衲本卷四七，二頁下）

㈤ 原文「阿木臣」amuchin，錢大昕本旁譯「管城的」；其實字義是管糧米的。

㈥ 原文「川勒」chöl 旁譯誤爲「地名」，字義是「無人煙的荒地」。此字曾見卷七第一八八節註㈠。

㈦ 原文「川命」，旁譯「地名」，同註㈥。

㈧ 「札木臣」jamchin旁譯「站戶」。按 jam 是路，chin 是人字之意。此字在現代語中是領路人或嚮導之意。站戶一詞則由 örtegechin 一字代之。

元史四九，兵志四站赤條稱：「元制站赤者，驛傳之譯名也。……太宗元年十一月敕渚牛舖馬站，每一百戶置漢車一十具。各站俱置米倉。站戶每年一牌內，納米一石，令百戶一人掌之。比使臣每日支肉一斤，麵一斤，米一升，酒一瓶。四年五月諭隨路官員並站赤人等，使臣無牌面文字，始給馬之驛官及元差官皆罪之。有文字牌面而不給驛馬者，亦論罪。若係軍情急速，及送納顏色絲線、酒食、米粟、段匹、鷹隼，但係御用諸物，雖無牌面文字，亦驗數應付牛車。」（百衲本第二頁上）

此一驛站制度元亡後依然存於蒙古地方。淸代所謂之台站，卽此一制度之延續，外蒙於獨立後始撤消之。

姚師前註：關於元代站赤的材料，甚爲豐富，玆略舉之。1.永樂大典站赤門，三册。2.元史卷一百一兵志第四十九；3.日本學者羽田亨博士的元朝驛站雜考與該書所引用的材料。4.同上羽田先生關於元代驛站的各種論文。（見一九五七年出版的「史學論文集」第一册，頁一到一百二十九）

㈨ 原文「兀剌阿臣」ula'achin 旁譯「馬夫」。此字非指一般馬夫，乃指應征調從事路政之馬夫而言。其應征調之馬匹車輛則謂之 ula'a，至今亦然。第二八〇節兀剌阿一字之原音譯則爲「鋪馬」，即此意也。（見續卷二第五十三頁下第五行）元史九九，兵志二，宿衞，四怯薛條稱：「……典車馬者，曰兀剌赤、莫倫赤。」（百衲本，第二頁下）彭大雅黑韃事略，稱：「其馬野牧，……牧者謂之兀剌赤，回回居其三，漢人居其七。」在這一段之後，徐霆亦提及兀剌赤牧馬之情形。（文殿閣本王國維箋證本第八十六頁）可能當時一般牧馬人均稱爲兀剌赤。所謂「回回居其三，漢人居其七」者，蓋爲蒙古帝國擴張後的情形。

㈩ 在地廣人稀的草原上旅行必須沿着有百姓人烟的地方旅行，不然得不到食宿的供應。但是這樣的行旅，對於當地的百姓却是一件極大的負擔。

⑪ **姚**師前註：這一節總述窩闊台大汗（元太宗）即位後所行的善政，至爲難得。這些大半都爲舊元史作者們，因爲不明瞭草原社會的實際情形所忽略。如元史百衲本卷三太宗紀，僅說：「元年（一二二九）己丑……敕蒙古（人）民有馬百者輸牝馬一，牛百者輸牸牛一，羊百者輸羒羊一，爲永制。始置倉廩立驛傳。」沒有講詳細情形，故不易引起後人的注意。應依據秘史，參考法儒葛魯賽（Prof. R. Grousset）俄蒙古史家拉得米爾造夫（Prof. Vladimirtsov）等研究的結果，查對舊元史，元典章等，加以補充。

第二八〇節

斡歌歹可汗說：「察阿歹哥哥、巴禿等右翼衆兄弟們，斡惕赤斤那顏、也古等左翼衆兄弟們，在內的公主、駙馬、萬戶、千戶、百戶、十夫長等全體都贊同了。」〔他們〕贊同說：「爲供應海洋〔般偉大〕的可汗㊀的湯羊，每年〔從羊〕羣中〔獻〕出一隻二歲羯羊，〔不〕算甚麼。從〔每〕百隻羊交出一隻一歲的羊羔，給與窮乏之人，是件好〔事〕。設定路線，供出站戶、馬夫，使許多百姓安寧，對使臣往來也方便。」大家都贊同了。

可汗的聖旨〔說〕：「經與察阿歹哥哥商議，並得察阿歹哥哥同意，〔詔告〕全國各地各千戶，依照可汗聖旨，每年從每羣羊中供出二歲羯羊一隻，作爲湯羊。從每百隻羊中供出一歲羊羔一隻，〔振濟窮困〕；供出牝馬，並派定放馬駒的、司庫的、管糧米的、派出站戶、馬夫，斟酌各適宜地點，設置驛站。命阿剌淺、脫忽察兒二人管理其事。一所驛站置馬夫二十人。每所〔各〕置馬夫二十人。」〔又〕降聖旨說：「驛站所備用的騸馬，食用的㊁羊，擠奶的牝馬，駕車的牛，及車輛〔等〕，倘比我們這裏所限定的缺了〔一根〕短繩，就劈開〔他的〕嘴唇，若缺少了〔一塊〕車輻，就劈破他的鼻子！」㊂

㊀「荅來—因　合罕」Dalai-yin Khaghan 旁譯：「海內的皇帝」。此處將 Dalai-in 一語譯爲四海之內」，不能算錯；不過 Dalai——海這一字，有無限偉大之意。所以阿拉坦（俺答）汗 Altan 贈給西藏黃敎派大師，以「達賴喇嘛」之號，意思是法海無邊，廣濶深邃之意。古余克（貴由）汗之印璽及其致敎皇國書中，均用 Dalai Khan之稱號。可知 Dalai-yin Khaghan 一詞，是成吉思汗以後，蒙古大汗所用的尊稱。關於此節伯希和博士曾有詳論。沃爾納德斯基博士亦曾於其「蒙古與俄羅

斯」一書中詳論之（見札奇斯欽漢譯本卷一第七十三頁）。姚師前註說：「海內可汗」，原文作「答來因•合罕」（Dalai-in Khan），旁譯「海內的皇帝」。這或者就是一二〇六年（丙寅）成吉思可汗建號以後，蒙古大汗所用的尊號。詳本書第二百零二節註㊂「成吉思」下的註文。

㊁ 原文「失兀速」shi'üsü 旁譯「分例」。在現代語中，這是「煮好的大塊羊肉」。可能是指元史兵志四，站赤條所說：「太宗元年十一月敕渚牛舖馬站，……使臣每日支肉一斤」的煮羊肉而說的（百衲本第一頁下）

㊂ 本節末一句，總譯作：「如有短少者。家財一半沒官。」或係根據元代中葉以後的體制而譯出的，與原文頗有出入。按原文是施以裂脣割鼻的體制而不是處以財產刑的。

第二八一節

斡歌歹可汗說：「坐在父親的大位裏，我在汗父之後，所做的〔第一件〕事，是我遠征金國㊀，滅了金國。我的第二件事，是爲使我們的使臣在路上可以疾馳，並搬運所需用的東西，設了驛站。還有另一件事，是在沒有水的地方，挖出水井，使百姓得到水草。我還在各方各城市的百姓中，設置先鋒、『探馬』〔等官〕，使百姓能生活安定。在汗父之後，〔我〕添了〔這〕四件事。可是汗父教〔我〕坐在他的大位裏，把衆民都擔在我的〔肩〕上；我却讓葡萄酒㊁和黃酒給制住了。〔這〕是我的錯，是我的一個錯處！另一件過錯，是無理聽信婦人的話，把叔父斡惕赤斤國中的女子拿來，構成錯誤。〔身〕爲國家之主，可汗，竟爲無理之事所動，這是我的一件差錯。還有寃害朶豁勒忽的一件過錯。怎麼說這是差錯呢？寃害在我汗父之前，〔努力〕向前的朶豁勒忽，〔便是〕過錯。如今在我的前面，誰肯〔努力〕向前呢？不了解在我汗父跟前，成爲衆人模範，謹愼守法的人，竟把他寃害了。我應當責備自己！還有，我恐怕由天地所生的野獸跑到弟兄們那裏，竟貪妄的築起墻寨來攔堵，以致我從弟兄們〔那裏〕聽到煩言。〔這〕也是過錯。在我汗父之後，我加添了四件事體；〔也〕做了四件錯事。」

㊀ 原文爲「札忽惕」Jakhud，旁譯爲「金人」。本節以前，均稱金人爲乞塔惕 Kitad。不知此札忽惕一字與一三四節所說帖木眞由金朝所得之官號「札兀惕－忽里」Ja'ud-khuri 有何關連否？請參照一三四節註㊀。

姚師前註：陳寅恪先生有專文元代漢人譯名考，載國學論叢第二卷第一號（頁一一六），討論這一名辭，甚佳，可以參看。

㊁ 日本岩村忍敎授曾作「元代葡萄酒考」一文，可參考。見同氏蒙古史雜考，東京，一九四三。

姚師前註：太宗嗜酒事，漢文中記述頗多；玆舉元史（一四六）耶律楚材傳一節，作爲舉例。「帝素嗜酒，日與諸大臣酣飲；楚材屢諫不聽。乃持酒槽鐵口（今日猶名酒槽。北平叫酒漏子。上爲圓斛形，中有長筒口，可以漏酒，使酒從罈子中轉入較小壺中，不致外溢。）進曰：『麴蘗能腐（是）物；鐵尚如此，況五臟乎？』帝悟，語近臣曰：『汝曹愛君憂國之心，豈有如吾圖•撒合里者耶？』賞以金帛。勅近臣，日進酒三鍾而止。」

第二八二節

大聚會㊀正在聚會，鼠兒年㊁七月㊂，各宮帳在客魯漣河，濶迭額—阿剌勒㊃〔地方〕，朶羅安—孛勒荅黑〔與〕失勒斤扯克兩〔山〕之間留駐之時，寫畢。

㊀ 大聚會，原文「也客　忽鄰勒塔」yeke khurilta。姚師前註說：元史（一四六）耶律楚材傳稱這樣的會議，爲「宗親大會」。海尼士教授德文譯本稱爲 der Grossen Reichstag，意卽「擴大的國會」。是十三、十四世紀蒙古時代的一種由大汗或親王召開，各部部長，王公勳親大臣均出席的最高會議。一稱「蒙古的國會。」日本史學家箭內亘博士曾有「蒙古國會忽鄰勒塔的研究」。（見一九一七年，史學雜誌第四號，第五號，可參看。）

㊁ 姚師前註說：這裏的鼠兒年，究爲那一年，秘史此節說的也不够詳細。普通認爲寫在元太宗（窩闊台，秘史多寫作斡歌歹）檢討卽位以來功罪之後，應當就是他死的前一年，庚子（元史卷二，太宗紀的十二年庚子），卽西元一二四〇年。關於秘史寫成的年代，目下尙有若干異說値得注意。可參看小林高四郎，元朝秘史的研究（一九五四），第六章：元朝秘史的成立年代（原書頁一七二到二一〇）；及洪煨蓮先生的元朝秘史流傳考（The Transmission of the Book Known as Secret History of the Mongols (HAS, Dec. 1951, Vol. 14，三四合期，頁四八七到四八八）等。

㊂ 七月，原文「忽闌　撒剌」khuran sara，此種說法，現已不存。

㈣ 濶迭額—阿剌勒 Köde'e-aral，已見第二六九節註㈣。姚師前註說：這次聚會的地方，也就是窩闊台大汗即位時大聚會召開的地方。又，這次大聚會在七月，也與遼史（卷三十一到二）營衞志所說「夏捺鉢，」「與北南臣僚會議國事，」有若干的類似。（蒙古大聚會與契丹的多、夏聚會，商議國事，兩者是否有關，容再詳考。）

蒙古秘史新譯並註釋

1979年12月初版 定價：新臺幣780元
2012年10月初版第四刷
2020年4月二版

譯註者 札奇斯欽

出版者	聯經出版事業股份有限公司	副總編輯	陳逸華
地址	新北市汐止區大同路一段369號1樓	總經理	陳芝宇
台北聯經書房	台北市新生南路三段94號	社長	羅國俊
電話	(02)23620308	發行人	林載爵
台中分公司	台中市北區崇德路一段198號		
暨門市電話	(04)22312023		
郵政劃撥帳戶第0100559-3號			
郵撥電話	(02)23620308		
印刷者	世和印製企業有限公司		
總經銷	聯合發行股份有限公司		
發行所	新北市新店區寶橋路235巷6弄6號2F		
電話	(02)29178022		

行政院新聞局出版事業登記證局版臺業字第0130號

本書如有缺頁，破損，倒裝請寄回台北聯經書房更換。 ISBN 978-957-08-5506-7 (精裝)
聯經網址 http://www.linkingbooks.com.tw
電子信箱 e-mail:linking@udngroup.com

國家圖書館出版品預行編目資料

蒙古秘史新譯並註釋 /札奇斯欽譯註 .
二版 . 新北市 . 聯經 . 2020.04
484面；14.8×21公分 .
ISBN　978-957-08-5506-7（精裝）
[2020年4月二版]

1.蒙古史

625.7　　109003612